弟子规四十讲

蔡礼旭 著

世界知识出版社

人以德为本，德以孝为本

中共中央党校资深教授　任登第

蔡礼旭老师是中国传统文化的饱学之士，对弘扬传统文化立下了汗马功劳。他那充满智慧和哲理的《弟子规四十讲》和《幸福人生十八讲》，以及在世界各大学殿堂的精彩演讲早已深入人心。

在蔡礼旭老师的书中，作者反复告诉我们：孝顺与行善，上可慰亲心，下可免灾殃，人生无常，行孝行善不能等，须速从当下做起。作者还讲了如何行孝、如何行善的方式方法，娓娓道来。作者尤其针对家长讲了如何让孩子接受品德教育。教育的成败是看孩子一生的成就，着眼在他的一生——家业能不能成就？事业能不能成就？更重要的是，德行能不能成就？为了孩子一生的幸福着想，德行的根基得要早早扎下去才行。蔡礼旭老师的每本书、每个观点、每个例证都以理服人，以情动人，是弘扬中国传统文化的杰出代表，“学而时习之，不亦说乎？”

“人之初，性本善。”所谓善，就是道德仁义，就是人的孝心、恭敬心、真诚心，是一个人本有的真心。“百善孝为先”，行孝是第一善，是大善。除此之外，还有中善、小善，都是善，都要修持，“勿以善小而不为”。蔡老师在这些书中，要求我们从小培植自己的真心，慕贤当慕其心，这是真正抓住了做人的根本。一门深入，长时熏修，结果一定能够圆满。

中国传统文化丢弃了一百多年，现在，举国上下出现了认祖归宗、弘扬中国传统文化的热潮。从上到下，不论以什么方式、以什么语言倾吐心愿，人人都希望做一个光荣的中国人。弘扬中国传统文化就是要通过学习古圣先贤留给我们的经典，把被西方文化污染了的真心恢复起来，把长期忘失的真心、孝心、恭敬心以及关怀他人的仁慈之心找回来。蔡礼旭老师系列书的出版，无疑给我们提供了一套好教材，我们一定要珍惜它，关爱它，认认真真地阅读它。

中国传统文化的精髓是国以人为本，人以德为本，德以孝为本。这是修身齐家治国平天下的至德要道。以人为本，首要的任务是把人教育好。社会是由人组成的，把人教育好了，一切皆好，家庭安乐，百事如意，风调雨顺，国泰民安。我们的老祖宗提出“建国君民，教学为先”，正是出于这种考虑。五千多年来，中国出现了许多大大小小的盛世，这些盛世的出现都是贯彻“教学为先”的结果。

人有德才两个方面。对人的教育，应该以什么为主呢？中国的老祖宗一贯把德行的教育放在人的教育的首位。孔夫子的教学有四个科目，首先是德行，其次才是言语、政事、文学。中国古圣先贤为什么如此重视人的德行教育呢？因为有没有德行是人区别于动物的根本标志。我们知道，人的需求有三个方面：第一，求食，以维持生命；第二，求偶，以延续生命；第三，求仁，以光大生命。求食、求偶，人与动物相同。求仁，为人类所独有，动物是没有的。一个人如果迷恋于食色，不修持伦理道德，那就同动物一样了。人以德为本，是人类社会的自然法则。没有德行的人，虽然披着人皮，实际上不能算是人了。

德以孝为本，说的是孝顺父母、尊重师长是德行的根本。孔夫子在《孝经》中指出：“夫孝，德之本也，教之所由生也。”这就是说，孝是德行的根本，不孝，就是没有德，就是缺德，这是其一；其二，德行的教育要从行孝开始，“孝门开，百门开”。

国以人为本，人以德为本，德以孝为本，这是中国传统文化的根。

中国传统文化实质上就是孝文化。而孝的精神内核，就是感恩，感谢生养之恩，推而广之就是对天地万物的感恩。以孝治天下，就是以中国传统文化治天下，这是可行的大道。蔡礼旭老师抓住了根本，其系列图书的出版正逢其时，功德无量。

二〇一一年五月

目 录

第一讲　抉择好人生真正重要的事情

诸位朋友，大家好！我们这一次的讲座是关于幸福人生。诸位朋友，幸福是每个人所追求的，每个人都希望幸福，那如何让人生幸福？我们人生走了几十年，你觉得幸福吗？很多朋友笑了，笑是有幸福的感觉。你睡觉时有没有常常睡到笑醒的？（答：有。）有没有朋友说说看，你睡到笑醒是什么原因？能不能让这些欢喜在你的人生中愈来愈多？假如欢喜愈来愈多，我们的人生就会愈来愈幸福。

哪些事情让你一想到就会觉得很欢喜、很快乐？有没有哪位朋友跟大家分享一下你幸福的感觉？好东西要让好朋友分享，施比受更有福。在座的朋友有的之前已经来听过课程，现在又把自己最好的朋友带过来。当我们把最好的朋友带过来，让他在这节课得到一生重要的观念，你的内心会觉得怎么样？很欢喜。假如通过这节课，他知道如何把孩子教好，让孩子懂得孝道，你这个朋友半夜睡觉都会笑醒。

所以诸位朋友，我们来回想一下，你人生中所有幸福的感觉，其实都是你下对了抉择，所谓人生最难的不是奋斗，而是抉择。诸位朋友，你的人生曾经下对哪些抉择？人生时时刻刻都在下抉择，现在有没有在下抉择？假如现在在底下说："今天好累，我打个瞌睡好了。"那这样做跟认真听课的效果截然不同。俗话讲"男怕入错行，女怕嫁错郎"，这句话也都是关乎抉择。"男怕入错行"，所以要选对行业；"女怕嫁错郎"，所以要选对人。其实二者有一个共同点，就是你要看人看得很准。你选对了行业，还要跟对主管，他才会提拔你，成就你，进而你的家庭也会很安定。所以，拥有看人的能力重不重要？很重要！女人嫁错人会不会幸福？很困难。所以要下对抉择，人生才会幸福。

人生还有哪些地方需要去抉择？今天早上吃过早餐的举手！还不

少，请放下。没吃早餐的举手！有些朋友没吃。诸位朋友，没吃早餐，我们的身体已经往不好的方向迈进一步。你抉择对了，身体就好；抉择错了，身体就不好。身体不好，人生会不会幸福？不会！所以择食也很重要。还有择友，择朋友也很重要，所谓“出外靠朋友”。但是现在的太太担心自己的先生、父母担心自己的儿子交错朋友。假如他交错了朋友，太太在家里吃都吃不好，睡也睡不好，他的父母也会有很多担忧。所以，你要让他懂得抉择正确的朋友，这样人生才会幸福，家庭才会幸福。

人生什么事情先做，什么事情后做，这先后顺序也要下对抉择。我们常说“至要莫若教子”，人生第一大事是要把孩子教好。假如我们的孩子没教好，你这一生会不会幸福？一个人有没有福报，一个人的人生能不能够过得自在，他的中晚年取决于孩子懂不懂事，孝不孝顺。假如养育出来的孩子不懂事，我们后半辈子会怎么样？很难熬！不知道孩子今天又会给我上演哪一出戏，来让我收拾残局。所以把孩子的教育放在第一位，那你就抉择对了。要怎么教孩子？怎么样把一个孩子教好？身教。

我在马来西亚演讲的时候，我问家长，什么叫教育？有位家长非常老实，他说考一百分。他值得鼓励，因为他一点都不虚伪，把他心里面想的讲出来。我带我的学生也很注重跟家长沟通，每次跟家长座谈，我会问家长：“您觉得教孩子做人、做事的态度重要，还是把他的分数从98分拉到100分重要？”到目前为止还没有人说后者。你看我们的家长明不明智？看起来很明智。请问大部分的家长在做前面的工作，还是在做后面的工作？后面的！“你这次考几分了？给我拿过来！”脑子里都是分数。

诸位家长，我们要反思，我们告诉孩子做人要言行一致，那为什么我们明明觉得做人、做事态度重要，却还是把重点摆在分数上面，怎么会这样？其实这不能怪我们的家长，因为他们还体认不到做人、做事对孩子一生长远的影响有多大，而分数，100分马上看得到，而且还可以拿出去炫耀，“我的儿子三科四科都100分”。我们要冷静思考，今天我们把孩子往分数这条路上推，请问他会走出什么样的人生？名利。

诸位家长，我也是升学主义之下的产物。我还记得我读初中的时候，考试考了98分，害我哭了半天，为什么？因为那时候要编特优班，差了两分，假如我没有编进去，我的人生不就毁了？你看我才上初中，患得患失的心就这么严重！一个孩子患得患失，这一生会不会幸福？常常要烦恼东烦恼西，只想要自己的分数上来，把别人踩下去。所以本来我应该有范仲淹的心胸，“先天下之忧而忧，后天下之乐而乐”，结果因为升学主义，只想到要击败别人。

我回想高中的时候，一发考卷都要瞄瞄别人几分，假如比我的分数高，我的内心就很不舒服。小鼻子小眼睛，这样的人生格局会幸福吗？记得我大学毕业后，有一次在一个商店里面遇到我初中的一个同学。在我的印象中，他总是班里面的第一名。但因为长期埋在书堆里，跟人相处的能力特别差。一谈到他的社会工作经验，他就发抖，说：“人为什么这么恐怖？我很怕跟他们相处。”你看他与人相处能力极低，相同地，包容别人的胸襟也没有形成。所以，他这样的人生不大可能会幸福。

我们再来思考，现在失业率最高的人是什么学历？现在高中毕业的都不会失业，为什么？洗碗、扫地，他愿意做，所以他不会失业。反而是大学、研究生毕业的，觉得那个薪水太低了，不愿意做。诸位朋友，请问本科、硕士给了这些孩子什么态度？屈不下去，而人生要能屈才能伸。现在每年大学以上学历的毕业生非常非常多，但是有很多都失业。在教育体系里面培养了十多年的人才，出来用不上！但是诸位，你的朋友如果是企业主，或是公司的主管，甚至于公家机关的主管，你问问他现在的年轻人里有没有好的人才，他会告诉你，“找不到人才！”教育的机器一直在生产，结果企业家觉得找不到人才。

诸位家长，你现在还会不会跟孩子讲“你只管考试就对了，其他的家事你都不用做。你就一直考上去，大学毕业保证你有个幸福美满的人生”？没有这种事！现在没有，以后也没有。今天他大学毕业了，但假如不会做人，不会与人相处，再好的机会也会让他当面错过。你告诉孩子一直考上去，其他的都不用做，那孩子就缺乏责任心。他念书为了什么？看谁的面子？看父母的面子。这样念，跟一个有孝心的孩子，那可是截然不同。有孝心的孩子是要让父母放心，希望往后能让父母有好的生活，所以他会不断提升自己的德行和能力，这样的孩子才会大有发展。诸位朋友，你去了解一下，真正成功的主管和企业家，学历很多都不是顶尖的。

我们同时要从另外一个角度思考，企业家觉得找不到人才，请问企业家需要什么样的人才？这个问题不见得要去问博士，因为每个人心中都有答案。人生一路走过来，我们也看了不少成功的人，还有失败的人。诸位朋友，你觉得成功的人要具备哪些特质？（答：诚实，责任心，谦虚。）还有没有？（答：信用，耐心。）好，既然知道具备这些特质的人才是真正的人才，请问我们教孩子诚实了吗？很多家长觉得诚实重要，但心里面想，假如太诚实，出去被人家欺负怎么办？假如很谦虚，被人家压下去怎么办？信心不够！所以信心是根本。

西方这几十年来注重品质管理，注重产品的质量，他们叫“全面品质管理”。几十年来的管理学都强调，只要把产品做好，让它很有竞争力，就可以高枕无忧，所以他们的专注点都在把产品做好。结果近一二十年发生了一些事情，比如在1995年，英国有一家两百多年的银行叫巴林银行，两百多年的基业，因为一个新加坡的期货员挪用公款，顷刻间就化为乌有，倒了下去。

诸位朋友，西方的思维是出现问题赶快解决，这叫作“症状解”。症状好不好解？不好解，就好像今天身体坏了，得了癌症，好不好处理？不好处理。西方科技很发达，但是它专门处理什么？症状。胃癌，马上把胃切了。切了没事了吗？暂时没事，过两年，别的部位又有事了。但你不要对癌细胞很仇视，是因为有人把它宠坏了，它才这么嚣张。谁把癌细胞宠坏了？十年十五年的践踏，身体坏了，癌细胞自然嚣张。

身体要坏其实不容易，因为它非常精密。所以把癌细胞割掉并没有根本解决问题，不只没有根本解决问题，还会产生副作用。所以很多癌症病人，在接受西医治疗以后，后面的日子都会很难熬。这样处理癌细胞，打个比喻，就好像拿了一包垃圾放在地上，很多苍蝇都过来了。你非常生气，怎么来那么多苍蝇？马上拿杀虫剂把它们统统杀死，问题解决了。过十分钟，苍蝇又来了。人现在的思维就是把症状解掉，这个男朋友不好，换了；这个女朋友不好，换了。有没有解决问题？不是男朋友不好，也不是女朋友不好，是谁不好？自己都没有学会包容，没有学会爱护他人。这个根本问题没有解决，再换几个也没有用。

现在西方人已经发现，原来还有一个比把东西做好更影响企业的因素，就是员工的德行。全球第七大企业安然集团，每年的营业额达数千亿美金，2001年，因为两个高级主管挪用公款，垮了。所以，现在西方不少重要的全球连锁企业，都在推展TEM（全面道德伦理管理），在要求提高员工的道德素质。这样做能不能解决问题？现在人有个错误的认知，觉得金钱是万能的，只要有钱就可以把孩子教好，只要有钱就可以解决问题。外国人也很有气魄，2002年美国强调伦理道德教育，还特别拨款，从本来的两亿五千万调到七亿五千万，整整调到三倍。有没有用？他们同时做了一个问卷调查，针对八千多个中学生，问卷结果是71%的孩子作过弊，68%的孩子打过人，35%的孩子在商场里面偷过东西。

测试里面有一道题：请问你觉得你的道德高尚吗？答道德高尚的中学生高达96%。诸位朋友，71%作过弊，68%打过人，35%在商场里面偷过东西，结果，结论是96%的孩子觉得自己道德高尚。请问这一群孩子，依循的是谁的标准？他自己。请问孩子这种态度跟谁学的？假如他的国家领导人动不动就发动军队去打人，打完回来说："诸位小朋友，你们不要跟人家乱打架，要注意这个教诲！"孩子听不听？不听。所以教育不是钱多有用，教育也不是说多了有用，也不是你讲理论的书很多就有用。

最重要的，在《说文解字》里面已经点出来了。什么叫教育？"上所施，下所效"叫教；"养子使作善也"叫育。才两行字，把教育的核心都点出来了。诸位朋友，你对老祖宗智慧的信心，取决于你对经典的深入。你真正去领受教诲，你愈读就会愈佩服。所以教育里面最重要的，第一个，要教对的东西，"使作善也"。当孩子有颗善良的心，他就有善良的行为，他自然而然就会有很多善良的朋友，他的人生会幸福。而我们如何教他这些善的行为？不是要求他读很多书，而是先要求自己做到。当我们表现出善的行为，孩子在潜移默化中都会受到很深的感动。诸位朋友，你相信我这句话吗？假如你没什么感觉，那你要冷静思考，你旁边有没有善人，有没有演出让你感动的戏。这一点我敢跟你打包票，因为"人之初，性本善"，只要有人演，一定有人感动，有人效法。

在深圳有一位老师，她当初也是学习了中华文化一段时间。那年3月15日，她邀请我过去讲课。有人就问这位老师我要讲什么，她就跟他们说我要讲《弟子规》。结果他们说："《弟子规》有什么好讲的？那不是给小孩学的吗？为什么不讲讲《论语》？”后来听我讲完，她突然觉得自己很多很基本的做人道理都还没有去落实，所以她调整了自己的态度，很认真地学《弟子规》。她说在学《弟子规》之前看过很多圣贤书，觉得自己善根真的非常深厚，有时候还蛮佩服自己的。结果学了《弟子规》，觉得连孝都没有做到，要好好检讨。诸位朋友，是觉得自己善根深厚好，还是觉得自己什么都没学好？前者是活得不清不楚，后者懂得“知耻近乎勇”。所以我们说修行修行，要修正行为。发现自己的过失，你才会愈来愈明白，当个明白人，从而改正自己的过失，这叫真修行。

五月份正好有母亲节，这位老师回到家乡。学了就要做，所以她要感谢父母的养育之恩，碰巧又遇到她的生日。诸位家长，现在孩子生日，第一个想到什么？蛋糕。教子使作善也！请问第一个念头想到蛋糕，是善吗？这么好的机会，应该教育孩子，生日是母亲的受难日，要谨记母亲怀胎的辛劳、生产的辛苦，让他生起知恩报恩之心，这叫教育。

生日那天，刚好她的外婆也在，这位老师拉了三把椅子，请外婆、爸爸、妈妈坐好。她的母亲比较敏感，说：“女儿，你到底要干什么？”这个老师就跟这三位长者讲：“我人生三十多年来，让你们操了不少心。现在我已经开始学习圣贤教诲，所以从今以后我要当个孝顺的女儿，不再让你们操心，而三十多年的养育之恩，我会记在心里。今天是我生日，我要好好感谢父母，跟父母行三跪九叩礼。”

这个老师第一拜拜下去，她的母亲眼泪马上流下来。诸位朋友，那是什么泪？欣慰的眼泪。其实当母亲的人不会去想要孩子回报什么，但是孩子有这份孝心，还是会让她很欣慰。天底下谁最傻？妈妈。妈妈最好骗，不要求回报，你给她一些好言好语，对她尽点孝心，她就满足得不得了。这个老师第二拜拜下去，她读小学三年级的孩子，马上走到她先生的旁边，开始帮她先生做按摩。她儿子好像觉得在这样的气氛之下，不做些什么好像怪怪的。不言之教！妈妈的这份孝心已经让她的孩子感受得很强烈，所以他觉得应该去给爸爸服务一下。所以身教潜移默化，力量非常强。这个孩子回到家里，进门后很大方地对他的父母说："爸爸妈妈，明年我生日也要拜你们两个。"这是教育，上行下效，要不要花钱？对人生真正重要的事，钱没什么大作用。

刚才我们也提到，西方人发现了德行很重要，但请问他们知道德行的根本在哪里吗？要治本才能解决问题，所以现在他们的大企业花很多钱做培训，用中国话讲，叫"临时抱佛脚"。请问一个人的亲和力、一个人有礼貌的态度能不能两个月练成？假如他本来很酷，都不会笑，去练两个月对人家笑，相信客户走进来，看他笑，全身起鸡皮疙瘩，很不自然。因为他那个微笑的意思是，你口袋的钱要到我这里来，而不是打从内心对人的尊敬。

中国扎德行的根在什么时候？从小！"苟不教，性乃迁"，长大了，再要把他拉回来就很困难，所以一定要从小教。《易经》里面有一句重要的话："蒙以养正，圣功也。"这个"蒙"代表天地初开，万物都还很脆弱，这时候要好好加以保护。引申到孩子的教育，就是孩子小时候就要养他的浩然正气、正确的处事待人的态度，你把他养好了，这个功德最神圣。假如你养出了一个范仲淹，圣功也！现在要养出范仲淹容不容易？容易！你把孩子养得很孝顺，他马上万绿丛中一点红。

我们在深圳，很多孩子都学圣贤教诲，回家乡后，让所有的长辈都刮目相看。现在还有哪个小孩子鞠躬90度的，他们都肃然起敬，看了很欢喜。有一次一个孩子跟全桌的人一起吃饭，所有的长辈看菜上来了，马上动手要去夹，突然看到这个孩子头低低地在那里念念有词，觉得很奇怪，都停下来。等这个孩子念完，就问他："你刚刚在念什么？怎么不赶快吃？"这个孩子对着全桌的长者说："我刚刚在念饭前祈祷文，感谢父母养育之恩，感谢老师辛勤教诲，感谢农夫辛勤劳作，及所有付出的人。”这些拿着筷子的长辈被上了一课：自己只是想到要吃，这个孩子感恩的心却可以常常存在心上。所以，你能把孩子真正教善了，他一定会去影响很多人，一定会是当代的范仲淹。所以我们当家长的要定位，“蒙以养正，圣功也”。

当孩子从小就学习这些圣贤人的智慧，诸位家长，你要不要担心他从学校出来没工作？你还担心，那叫杞人忧天。所以你格局要大，人生才会走得宽广；格局小，一辈子都活在患得患失中。最近我听一个朋友说，有很多大企业都到一个专门推广儒家学说的团体，来找些年轻人。这些企业家说，现在外面的人不讲诚信，没有责任心，他们用得提心吊胆，所以主动到学圣贤学说的团体去找人才。诸位家长，孩子如果扎的根是懂得如何做人做事，你已经让他这一生立于不败之地了。

诸位家长，你现在的抉择不只会影响你，还会影响谁？你的家人。不只你的家人，你世世代代的子孙都会受影响。人生就好像下一盘棋，假如我们思考的都是下一步怎么走，那你每一步都会举棋不定。假如我们下棋可以规划好一百步怎么走，那你的人生会走得从容，你的孩子的人生也能高瞻远瞩。现在有这样考虑的人不多，古代的中国人有没有这样的考虑？很多！所以中国的家训应该是全世界最多的，我们听过《了凡四训》《朱子治家格言》《颜氏家训》，还有诸葛亮的家训。很多圣哲人都有这样的态度，把人生的智慧传承下去。

而人生要下对抉择，必须具备什么？我的爷爷没有念过书，一个字都不认识，他是捕鱼的。他的兄弟统统捕鱼，不只他的兄弟捕鱼，他兄弟的孩子初中还没毕业就一起去捕鱼。他的兄弟轻松多了，孩子都帮着捕鱼，自己就不用那么累了。这样好不好？暂时很好。但是我爷爷觉得，人生因为没有读书没有智慧，很遗憾，所以他再怎么苦也坚持要让孩子念书。由于这个抉择、这个判断，我父亲那一代五个孩子，一个博士，三个大学毕业，一个高中毕业；到我们这一代全部大学以上，已经出了两个博士，这都是爷爷的抉择。

好，我们这节课先到这里，谢谢大家。

第二讲　正确抉择所需的智慧

诸位朋友，大家好！我们要具备正确的判断力，才会下对抉择。一个人是不是生下来就会判断？还要通过学习，才能够形成判断力，才能下对抉择。而这个判断力取决于他的理智、智慧。假如没有智慧、没有理智，就有可能会意气用事，俗话讲“后悔莫及”，后悔都是后面才来悔。

请问理智从哪里学？现在很多人读很多书，有没有理智？现在有个病叫抑郁症，很多患抑郁症的人看的书可不少，愈看愈抑郁。有个孩子才五六岁去看心理学，原先跟他的妈妈讲，“妈，我要一个弟弟”。结果看完心理学的书，马上跟他妈妈说：“你不能生弟弟，因为假如你生了弟弟，你就会比较不爱我。”看书好不好？好，但要看对书才好，看错书是污染。

诸位朋友，一杯清水，把一滴墨汁滴下去，才一秒墨汁便融入清水中，请问你要花多少秒才能恢复到本来的清净状态？可能要花十倍百倍的时间。假如孩子的思想被污染了，你要花更多倍的时间把污染清除。我跟一些同事聊天时，听那些同事说某些综艺节目真好笑，笑得他们都快要躺在地上，我都会跟他们说：“你看那些主持人在挖别人的隐私，在拿别人开玩笑，你觉得他做得对不对？”“当然不对！”“那你觉得很好笑，你儿子就在旁边陪你笑，他不知道对不对，他看到爸爸觉得很好笑，那这样做就是对的。”慢慢地，孩子就会对别人言语轻慢，乱开玩笑。当你发现他讲话没什么分寸，再要把他扭回来就很累了。电视如是，书籍亦如是。

有本书很畅销，叫《穷爸爸富爸爸》，应该有人看过。有个家长看了很高兴，跑来跟我说：“蔡老师，这本书真有效果，它可以让我懒惰的女儿瞬间变成勤劳的女儿。”她跟她女儿说：“女儿，帮我拖地，给你两块人民币；帮我晒衣服，给你两块；帮我洗碗，给你三块。”她女儿本来懒洋洋的，突然变得很有精神，变得好像不辞劳苦。有没有效？你看特效药都很有效，感冒流鼻涕，针打下去，药吃下去，五分钟十分钟马上见效果。现代人都很喜欢特效药，所以有很多人会被那些神棍骗。夫妻关系不好都已经十年二十年，结果那些人跟他说马上烧些纸钱，做哪些动作，保证你夫妻变好。都很希望吃特效药，都没有考虑到“冰冻三尺，非一日之寒”，有没有理智？没有理智的人特别容易被骗。

其实，人这种心理没有道法自然。感冒时为什么会流鼻涕？鼻涕是你的免疫系统跟病毒奋战所留下来的尸体。你看伤口是不是会化脓？这代表当病毒入侵的时候，你身体的免疫系统马上起来进行防卫。所以你看到鼻涕要很高兴：我的免疫系统在奋勇杀敌。但如果你一看到鼻涕，马上抗生素吃下去，一定会把病毒杀了，同时也会把你的免疫系统破坏了。不只破坏免疫系统，连肠胃里面好的细菌也统统给杀了。所以，孩子吃完药打完针，情况怎么样？比较明显的，两颊都会削下去，然后一两个礼拜看到食物都没什么胃口。所以你给孩子用特效药，他的免疫系统一直很弱，这样就会形成恶性循环，到最后，只要有流行性感冒，你保证要带着孩子去跟医生报到。那这样一直要到什么时候？你要花多少钱？所以，我们要了解道理，不要看到有效果马上就用。

这位家长过了一两个礼拜又来找我，她脸色不大好看，她说：“蔡老师，出状况了。”我就问她什么状况，她说：“今天我跟我的女儿说，今天妈妈很累，你去帮我把已经洗好的衣服晾起来，妈妈给你两块钱。”女儿跟她妈妈说：“今天我也很累，我不赚了！”她突然警觉到，这服特效药已经产生副作用了。诸位家长，家庭是不是谈利益的地方？不是。家庭是教付出的地方，家庭是教感恩的地方，家庭是教认知本分，懂得尽本分，懂得尽孝道的地方。所以我们要有理智的判断，你才能够拒绝书籍里面不正确的知识，才能防止孩子受到污染。

好，那我们再来看，到底要学哪些书本、哪些教诲才能真正建立理智？我们要进一步来思考这个问题。

有个心理学家，四十岁写了一本书，六十岁又写一本书，我们要看哪一本？六十岁。为什么？经验丰富。

经验分好经验跟坏经验，坏经验丰富也要学吗？是不是人活得愈老愈有智慧？不一定。社会是个大染缸，诸位朋友，二十岁的人比较单纯，还是四十岁的人比较单纯？单纯离智慧近，还是复杂离智慧近？很多事情你不能似是而非，要很清楚明白，你的人生才会走对；不然押错了，人生可不能逆转，所以要战战兢兢，要很谨慎。假如你只是相信他可能说对了，就把你的人生押给他，甚至于把你孩子以后的幸福押给他，这样太危险。不能听哪个人说你都相信，因为他所说的话还不能印证是智慧，还不能印证是真理。而中国传统文化，是已经经历几千年的人类共同印证，确确实实都是所言不虚的真理。中国圣贤的智慧是超越了时间跟空间的。

我们来看一看，四五千年前，做人要尽孝；四五千年之后，要不要孝？要，所以超越时间。中国需要孝，外国呢？请问外国人听到孝的教育，他的内心会怎么样？“人之初，性本善”，他们听了会很欢喜。我们在澳洲办《弟子规》的课，《弟子规》有很多经句都是圣贤人做出来的德行，比方说“晨则省，昏则定”，是周文王做到了；还有“冬则温，夏则清”，这是东汉的黄香做到了。所以每次在讲经句的过程中，都把这些故事娓娓道来。我们坐在后面就看到坐在前面的澳洲本地人频频点头，我们也很好奇他们点头的时候在想什么。上完课跟他们围起来做座谈，这些澳洲的朋友就说，做人应该这样。所以，孝穿越时间，穿越空间，这样的真理才值得我们用短暂的生命好好去追求，好好去深入。

当我们真正有理智，就会下对抉择。诸位朋友，抉择中有一个抉择最重要：抉择思想、观念，即择念。为什么思想、观念这么重要？思想决定你的行为，行为决定你的习惯，习惯形成一个人的性格，性格决定一个人的命运。所以一个人能不能幸福，从哪里看得出来？思想！我常会问朋友："你是炎黄子孙吗？"一个孩子假如从小在美国长大，他的父母都是中国人，长大以后，我们可以保证他的血液一定是正统的中国血液。他的思想呢？思想重要还是血统重要？血统不会影响你一生，思想会影响你的一言一行。所以，我们做人要重实质，不能重形式。

我们现在来检验一下，我们的思想是不是炎黄子孙的思想。现在的社会，人与人之间频频发生冲突，父子冲突，兄弟冲突，夫妻冲突。很多法院愈盖愈大，为什么？冲突变多了，他们处理不完。团体跟团体也是，我们看到很多团体互相攻击，互相批判。国与国之间呢？今天翻开报纸，假如你没有看到战争，你会觉得很欣慰。几乎每天都有战争发生。诸位朋友，这些冲突是结果，我们每天看着这些结果叹气，有没有用？没有用。全世界就像一亩地，现在长出来的稻子歪七扭八。你要不要对着这些稻子破口大骂？骂了半天，它有没有长好？没有长好，可能骂完，它马上就死了。

觉者畏因，觉悟的人会把原因找出来，迷惑的人只会害怕结果。所以我们担心自己的身体会不好，担心以后孩子会不孝顺，担心来担心去，一点帮助都没有。我们要把人与人、国与国的冲突根源找到，从根本下手才能够解决问题。根本就在思想，现在人的思想普遍都是以自我为中心。自我为中心，第一个先想到谁？自己，所以会损人利己，相互竞争。竞争再提升变什么？斗争。斗争再提升，战争；战争再提升，末日。诸位朋友，你现在看到战争，能不能站在中间说：“不要打了！”能不能解决？为什么会有战争？根源在哪里？人的思想、态度就会延伸出他的行为。

自我为中心，其实就是自私。诸位朋友，你现在拿到一颗很好吃的巧克力，你第一个会想到谁？我在一次课程里面，得出了三个答案。坐在前排有一位三十来岁的年轻人，他说“赶快吃下去”，他很老实。后面两排有一位女士，四十几岁，她说“留给孩子吃”。再后面一点，有一位六七十岁的长者，他说“先给父母吃”。诸位朋友，哪个有文化涵养？三十几岁还是四十几岁，还是六十几岁的？六十几岁。可是六十几岁的人可能不识字，三十几岁的人可能是大学毕业，所以学历愈高不代表他有文化，不代表他愈懂得做人。

我常跟小朋友说，大学毕业有没有文化？他们马上说有。我说不孝父母，有没有文化？他们说没有。我说大学毕业不孝父母有没有文化？他们答不出来了。真正的文化、道德涵养在你的一念之间就见分晓。三十几岁，第一个念头想自己，所以自私。四十几岁，想孩子，对不对？现在人慷慨激昂，“对！”假如回到两百年前，你可不要这样讲，你会被人家笑，人家会觉得你没有智慧。因为当你拿到好吃的东西是先给孩子，你已经给了孩子错误的示范，他会想到谁最重要？我最重要。你已经在长养他的自私。但是这块巧克力你假如是拿给爷爷奶奶，孩子在旁边看爷爷奶奶笑得这么灿烂，他会很感动，你培植了他的为人子之道。

刚刚这个事例，我们也好好省思一下。假如我们很自私，就不是炎黄子孙，自私多是受到资本主义跟功利主义影响。诸位朋友，现在受功利主义影响的人占多少？而且数字还在继续增加。诸位朋友，假如继续增加，社会冲突会不会解决？不会。要根本解决从哪里入手？从人的思想开始。我们常常在说，战争可能落不到我身上，末日我也不一定看得到。很多人对末日的想法是什么？觉得几颗原子弹爆炸了，地球毁了，叫末日。其实，生不如死更痛苦。什么样的生活会让人生不如死？孩子在外面为非作歹，家长每天担惊受怕，真的活得比死还痛苦。当道德都沦丧的时候，那是真正的末日到了。

在四川，有一个十三岁的孩子，煮饭给他爸爸吃，他爸爸吃完就暴毙了。家里很穷，没有钱验尸，所以就埋了。过一阵子，煮饭给他妈妈吃，他妈妈吃完也死了，跟他父亲安葬在一起。他去给父母祭拜，祭拜完很不耐烦，把那些饭菜赶快倒进垃圾桶。他的婶婶看了心里起疙瘩：这个孩子怎么对父母一点恭敬心都没有？结果这孩子走过来跟他婶婶说："我爸爸妈妈是不是有买保险？"他婶婶听完，很警觉，赶快报警，调查结果确实是他亲手杀了父母。为了什么？那个保险费才一万块，不多，两条命都没了。他为什么要拿保险费？因为要去买一部手机。

诸位朋友，欲望的力量强不强？强！欲令智昏。所以，我们教孩子是要长他的欲望，还是要长他的德行？那会差很多。假如你教导孩子是让他懂得孝道，懂得尽自己的本分，那他念书是他的一种责任，他念书觉得要不让父母担心，这是长他的德行。假如他念书，是你说今天考前三名带你去吃麦当劳；上了初中，你说考前三名给你一台数码相机；要考大学，你说你考上大学给你一台电脑，当我们这样引导孩子的时候，是在长养他的欲望。他没看到本分，他要的是他的欲望。

所以有个孩子考高中，考上了，就对他的父母讲："爸爸妈妈，你们要替我买几件名牌的衣服。"他父母很纳闷，说为什么。他说："因为我考上高中，你们省了很多赞助费。"因为他考上高中，他的父母不用再去帮他买个高中念，所以他觉得他很有功劳，替父母省了这么多钱，父母应该回馈他，帮他买几件衣服。他的父母听完，内心怎么样？为什么孩子有这种态度？一直用物质跟孩子互动，在教孩子，他物质化，就会很自私。早知今日，何必当初。

我们不希望道德沦丧，就应该从自己开始做起。很多人都会觉得，现在社会都变成这样，我再怎么做可能也没有效果。请问我们这样的念头，对家庭、对社会有没有帮助？没有！这样的想法理不理智？不理智。我们不要小看自己的力量，一个人的真诚心、真德行，能够唤醒身旁周遭人善良的本性。古代舜王为人非常孝顺，修养很好，父母虽然对他很凶，但是他依然尽他的孝道，因为他知道“亲憎我，孝方贤”。跟父母可不是交易，不能说今天父母对我凶，我就不对他好。我们是要时时刻刻记住父母的养育之恩，要去回报，而不是去渴望父母要对我们好，因为孝顺是一个人的本分。由于舜有这样的态度，所以他那份对父母的孝心改变了他的家人。因为他修身，所以能够齐家；因为他的德行让邻里乡党看了都很感动，都愿意效法他，甚至于都希望做他的国人，所以他能够治国。当时的君王尧帝看了很感动，觉得把天下交给这样的人，人民会幸福，所以舜进一步能平天下。诸位朋友，当我们真正修养身心，就能够对家庭、社会产生很大的力量。

新加坡有两个国宝，一个是他们的前总理李光耀，另外一个是一位女士叫许哲，她已经一百零六岁，对人很有爱心，对父母也很孝顺。她自己一个人照顾二三十个老人，这些老人都比她年轻二三十岁，都是七八十岁。她这样的爱心感动了新加坡人，不只感动了新加坡人，也感动了全世界千千万万的人。所以，其实要对这个社会、世界有所贡献，并没有我们想象的那么困难，只要好好地提升自己的道德修养就行。

所以老祖宗教诲我们“国家兴亡，匹夫有责”，这个态度很重要，有这样态度的人愈来愈多，这个社会就能转变过来。20世纪70年代，有一位英国的大哲学家叫汤恩比，他曾经讲过一段话，他说解决21世纪的社会问题，只有靠孔孟学说和大乘佛法。

请问孔孟学说在哪里？（答：在中国。）你确定吗？中国是礼仪之邦，但是现在人与人见面很客气，鞠躬，说“你好”，在哪里看到？（答：日本或者韩国。）所以我很担心一件事，五十年后，国际法庭会审理一个诉讼案，就是孔夫子是韩国人的老祖宗，还是中国人的老祖宗。诸位朋友，结果会是怎么样？法官会说重实质不重形式，让我们来看看现在是韩国人力行孔夫子教诲，还是中国人。到时候我们就欲哭无泪。所谓“知耻近乎勇”，我们要珍惜有这么好的老祖宗，珍惜他们的教诲。

为什么汤恩比教授这么讲？1988年，75位诺贝尔奖得主在巴黎发表了联合宣言，内容提到，21世纪的人类，要继续生存的话，就要回归到两千多年前，汲取孔老夫子的智慧。诸位朋友，诺贝尔奖得主都是什么来历？都是每个行业的顶尖者，为什么他们异口同声地提出，未来的社会问题一定要用孔孟学说来解决？其实我们只要静下来仔细想一想，就能得出答案。我们来分析一下，孔孟学说的核心在哪里？仁爱。大乘佛法的核心在哪里？慈悲。其实西方的圣哲也把解决21世纪的社会问题点了出来。西方的圣哲，上帝、耶稣教什么？博爱。既然都教了，现在为什么还是净尝恶果？因为不听老人言，吃亏就在眼前。但当人的思想观念回归圣贤的教诲，问题就能转好。

我们来看，仁爱存心，懂得互相帮助，再提升，互爱，就能够创大同世界。诸位朋友，大同世界不是高高挂在墙壁上的！当一个人真正有孝心，他把孝确确实实放在心上，他看到别人的父母，他会不会尊敬？会。所以《孝经》里面提到，“教以孝，所以敬天下之为人父者也”。若一个人真正有孝心，面对所有的父母他都会恭敬。我们试想一下，今天你有孝心，你坐在公车上看到一个老婆婆上来，你还会坐在那里吗？你马上会站起来，这是别人的母亲，很辛劳，赶快让她坐。当你看到长者走在路上，过马路很危险，相信你马上会自然而然去搀扶他。有这份孝心、仁慈心的人，自然就会去帮助他人、爱护他人。所以，当我们都重视每个人的德行，重视孩子的德行，整个社会慢慢地就会呈现祥和之气。其实是末日还是大同世界，看起来很复杂，但是你抽丝剥茧，理清来龙去脉，会发现根本就在一念之间。

现在市面上常谈生涯规划，诸位朋友，你怎么经营你的一生？你希望你的孩子怎么经营一生？当孩子自私，当孩子注重物质享受，他会走出什么样的人生？我们来分析一下。小时候很快乐，要玩什么都给他玩，要吃什么都给他吃，反正顺着他的个性去发展。诸位朋友，顺着哪个个性？人都会好逸恶劳，“苟不教，性乃迁”，很多不好的习性就娇惯出来。中国的为人长者，对这个问题看得非常深入，教育孩子不长这些习性。假如孩子很奢侈、懒惰、不恭敬，请问一辈子会经营好吗？不会。而且坏的习性一养成，要再把孩子导正回来就很困难。“由俭入奢易，由奢入俭难”，你让他小时候很幸福快乐，要什么有什么，等到他花钱习惯了就很难改。

现在一些一二十岁的年轻人，都还没有走入社会，花钱比赚钱的人更凶，信用卡都办好几张，这一张刷爆了再去办。以前的中国人是觉得欠人家钱很丢脸，现在年轻人是想尽办法先用再说，所以很多年轻人还没有踏入社会，已经把他的社会信用破坏、糟蹋了。他很奢侈，一辈子就会成为物质的奴隶。你们怎么知道？真有智慧。所以他努力的目标不是为了孝顺父母，不是为了照顾妻儿，而是满足他的物质欲望。

其实人一天要花的钱，吃饭、穿衣，多不多？不会很多。但是只要沾染上奢靡之气，就会挡不住诱惑。因为要还钱，他就必须很努力，要击败别人，看到人都觉得是敌人、对手，所以活得像在战场。西方很多人就是这种活法，国内目前受这种思想影响的人也有很多。这种人生，哪怕晚年物质生活丰富，但也不会幸福。

好，那什么样的生涯规划才是正确的？一个孩子从小有仁爱之心，他已经在为自己积福、培福，所以从小要培福、积福。年轻，因为有德行、有智慧，所以要造福；老年，福在晚年享，那才是真正的福。我们来看一下，为什么从小可以培福？你不要觉得孩子年纪这么小，哪会培什么福，俗话说“福田心耕”，当一个孩子从小念念都会替人着想，他这一颗心已经为他这一生培育了非常多的福田。而他有这样的态度，学的东西也一定会奉献社会。中年造福，晚年享福。

好，我们今天的课就先上到这里，谢谢大家。

第三讲　落实圣贤教诲，一生造福社会

诸位朋友，大家好！我们上一讲提到，社会、家庭的安定并不是没有办法达成，关键就在每个人的心念。假如自私，就会发生冲突；假如时时可以为人着想，家庭、社会就会圆满安康。我们也提到，一个孩子假如从小就能设身处地为人着想，那他从小的起心动念就在培植自己的福分。因为有这份存心，他知道读书志在圣贤，要把学到的道德学问好好地去奉献这个社会。所以，他一入社会就知道替社会造福，他的福分就愈来愈大，到了老年福报现前，就可以安享晚年。

我们中国人讲五福，其中有一福叫“善终”，也就是好死，不会死得很痛苦。俗话讲“不得好死”，这句话好像是骂人的话，不过现在这句话不算骂人，算什么？算一个普遍的现象。我记得小时候，还常常听到某位长者晚上睡觉很安详地就去了。现在这样的情况多不多？不多了。为什么以前的人可以很安详地离开这个世间，而现在的人死的时候可能都要急救，死的时候可能都不省人事？那都是因为他不懂得照顾身体，不懂得培植自己的福分，福太薄了，就没有办法善终。而人要有福分，根源还在一念善心。以前的人存心比较良善，处处为人着想，所以死得很轻松；现在的人比较自私，临终前还患得患失，很多事情还很执着，放不下。我们想要晚年享福，就要懂得心存善念，要懂得时时能够放得下来，不要执着。

很多人都觉得，人的一生好像要工作才会对社会有帮助，人老了，就比较没有办法尽自己的心力，所以觉得二十岁到六十岁这一段，才是造福社会的黄金时段。其实，当一个孩子从小就接受圣贤教诲，他造福社会不是只有四十年的光景。我们曾经在课堂上讲过，有个孩子才两岁多，第一天上课回来，他的父母问他：“你今天学到什么？”这个孩子马上精神抖擞说了四个字："孝顺父母。"他的父母也很震惊，两岁多的孩子学得非常笃实，非常扎实。

第二次去上课的时候，老师请很多同学上来分享本礼拜做了哪些孝顺父母的事情。因为学问贵在力行，学了以后，回到家里要好好落实，所以很多同学都上来讲，他帮父母端洗脚水、削水果给父母吃。这位两岁多的小朋友，看到这些大哥哥大姐姐都做到这些孝行，就生起效法之心。所以诸位朋友，大人教小孩是一个方法，小孩教小孩又是另一个好方法，所谓"相观而善"，他们会互相观摩。这个孩子第二节课回去，马上就拿着茶杯倒开水给他的父母喝。

诸位朋友，他两岁多就时时有这样的存心，所谓"福田心耕"，他已经在培植自己的福分。相同地，他这样的行为是修身，他也会感动他的父母。连两岁多的孩子都知道端茶给父母喝，都知道处处为父母着想，相信他的父母也会觉得，我们自己更要积极力行孝道。所以这个孩子已经开始在齐家。这个孩子的事例，我已经讲遍了大江南北，甚至于还让他扬名海外，把这个故事讲到了马来西亚、新加坡、印尼。因为有这个孩子真实的修身功夫，我们才能够把这些事例推广开，让更多的人、让天下的人都能够引以效法。

所以，一个孩子假如从小受圣贤教育，他的生命不是从二十岁才开始发光。从几岁？假如妈妈怀孕的时候就给他放《弟子规》的光盘，给他听这些圣贤经典，可能这个孩子一生出来第一句话就是"弟子规，圣人训"，那这个孩子从出生就可以弘扬圣贤教诲，他的生命可以从小就有价值。再来，从小读圣贤书的孩子，他长大造福社会，他的智慧与日俱增，他会愈老愈值钱。走到哪里，很多后生晚辈都要亲近他，因为只要亲近他就可以得到很多人生的启示，减少很多无谓的摸索。所以接受圣贤教诲的人，他的生命不是六十岁结束，而是到老都会很有价值。

我的老师今年已经七十九岁了，走到世界各地都有一大堆学生希望能得到他的教诲。不只我们中国人希望得到他的教诲，现在世界上很多宗教、种族都非常希望能亲近这位长者、这位老师。所以他的生命不是六十岁结束，他的生命什么时候结束？不会结束。因为他的教诲是从真诚心中发出来，真诚心可以超越时空。《中庸》里面讲，“诚者，物之终始”，真诚一定可以成就事情，而且至诚如神，至诚可以感通。用真诚心做出来的言语、行为，不会因为时空而改变影响力。所以诸位朋友，孔老夫子死了吗？他的精神长存，垂范后代。范仲淹死了吗？在2002年，山东曲阜举办了一场全球华人读经的活动，来自马来西亚、新加坡、中国香港、印尼等很多地方的华人都到了。活动还邀请了一个特别来宾，就是范仲淹的嫡传后代，已经八百多年，他的后代都很有成就。我在演讲中结识了两位，其中有一位我看他脸大大的，耳垂也很大，用我们中国人的话说，一看就是富贵相。所以范仲淹的教诲，八百多年来还影响着他的后代子孙。他的这位子孙在山东曲阜的活动中，上台唱了一首歌，人们把范仲淹的《岳阳楼记》谱成了一首曲，当他唱到“先天下之忧而忧，后天下之乐而乐”，相信范仲淹在天之灵，也会觉得他这一生真有价值，这一生没有白来一遭。所以，当我们的孩子从小接受圣贤教诲，就知道用真诚、用爱心去经营他的人生，相信他这一生会永垂不朽。

诸位朋友，作为父母，你到底要让你的孩子经营出什么样的人生格局，这个很重要！你是希望他能垂范后世，还是希望他不要饿死就好了？我们的思想观念会直接影响后代子孙。诸位朋友，做人要有志气，当我们知道传统文化可以解决这个社会跟世界的问题，我们就应该责无旁贷，要勇敢走出来。诸位朋友，勇敢走出来也不用抛头颅，也不用洒热血，只要从哪里开始？从自己的修身开始，很多大事业都是从小处一步一步做出来的。《大学》里面有一句非常重要的教诲，“自天子以至于庶人，壹是皆以修身为本”，意思就是说，不管他是国家领导人还是贩夫走卒，要把国治好，把家治好，下手处在哪里？提升自己的道德、学问。当你有道德、学问，就能齐家、治国、平天下。所以很复杂的事，你把它抽丝剥茧，其实很简单。

我们已经了解到，有仁慈之心，念念有仁慈，人人都有仁慈，社会就能够往大同世界发展。我们进一步要再思考，一个人的仁慈之心从哪里开始培养？从哪里下手才能够长养他的仁慈之心？我们常常把问题往根本去思考的时候，真理就出现了。一个人对父母都不孝敬，他会对其他的人孝敬吗？所以，《孝经》里面有句话说“不爱其亲，而爱他人者，谓之悖德”，不爱自己的父母而去爱护他人，叫“悖德”，这是不可能出现的。

我在课程中，也曾经请教过一些还没有结婚的女性，我就问她们：“有一个男士很积极追求你，数十年如一日地努力。他追求你三年，三年如一日，你有任何的要求，他一定尽心尽力帮你办好，而且只要有空都陪你喝咖啡，陪你爬山、郊游，但是他从来没有跟他父母喝过咖啡，也没有去爬过山。这三年，你也觉得他对你很好。然后，他跟你求婚。这时候有一位长辈，刚好是他的邻居，他告诉你，这位男士对他的父母不孝敬。请问要不要嫁给他？”不要！有些女士还会迟疑一下。当局者迷，假如作为旁观者还会迟疑，真正遇到的时候一定陷进去。

所以我们要理解，孝对一个人很重要，当一个人没有学到孝道，恩义、道义的人生态度就没有办法形成。因为对我们恩德最大的，莫过于自己的父母，怀胎的辛劳，生育、养育、教育的付出。如果他没有长恩义，没有长道义，会长什么？很多父母说“我的孩子没学好，也没学坏”，有没有这档子事？学如逆水行舟，不进则退。现在的社会是个大染缸，你不赶快教他好的，他一定学坏的。我曾经在一些比较偏远的地方教书，一般人会认为，在偏远地方污染比较少，所以孩子比较单纯。其实不然，因为现在有一个大魔王，无远弗届，就算你住在山上，它都会跑到那里，把不正确的观念告诉你。这个大魔王是谁？电视！我们要警觉，你不赶快把正确的态度、观念教给孩子，他每天都在学不对的。所以让孩子看电视，一定要选择没有污染的内容，要选择好的节目。

当孩子恩义、情义没有长，会长什么？会长利害。他喜欢的，就会尽力去追求；他不喜欢的，可能就翻脸不认人。孩子对人的态度都是利害，那利害靠不靠得住？利害是瞬息万变，今天没有什么利害，兄弟还相处得很融洽，明天因为父母的财产，可能马上就会翻脸。这个男士为什么在这三年来可以这样尽心尽力为这个女士去付出，原因在哪里？有利可图！现在的男孩子看到漂亮的女生，都会无怨无悔替她付出。半夜这个女孩子肚子饿了，打通电话给他，他马上就跑出去帮她买些热的芝麻糊，或是热的杏仁糊给她吃，这背后的动力是利。

当你嫁给他了，三年后也帮他生了个白白胖胖的儿子，但是生孩子很辛劳，所以脸上长了几条皱纹，没有像以前那样年轻貌美。结果这位男士出去工作，看到一个更年轻貌美的，那你从利变什么？变害。因为他又想追求那个女孩子，你就从利变害。当婚姻也变成利害时，离婚率就攀升了。离婚率一攀升，直接影响的就是下一代的教育。不只是你离婚以后影响这个孩子，离婚前夫妻的冲突，家庭不好的气氛都深深地烙印在小孩的心里。所以夫妻不和、夫妻离婚，对孩子是一辈子的伤害。

离婚率还会带动另外一个严重的社会问题，就是犯罪率。我曾经去问过一位监狱的领导人，他说监狱里面，百分之六七十的人都是来自不健全的家庭。因为家庭不健全，孩子从小没有好的家庭教育，所以他人生的根基就不扎实，到学校、到社会上遇到不好的缘分，马上连根拔起，很容易就被不好的朋友给带坏了。当社会的犯罪率愈来愈高的时候，诸位朋友，你再有钱、再有社会地位，你有没有安全感？没有。

现在呈现的社会治安不好是个结果，诸位朋友，原因在哪里？家庭没有稳定。再来，人从小没有学孝道，没有学圣贤教诲。今天婚姻不好，根源在哪里？根源在从小没学孝道。我们了解到这点，就要更重视孝道的教诲、圣贤的教诲。我们与其常常抱怨社会治安不好，不如现在从自己做起，教孝。再来，看到别人的孩子也要同时教育他孝顺父母，我们要尽心尽力去推广这个重要、正确的观念。孔老夫子在《孝经》里有一段非常重要的开示，叫“夫孝，德之本也，教之所由生也”，“孝”是德行的根本，教育要从这里开始。没有从孝道入手，一个人的德行是长养不起来的，所以教育首重孝道。根本找到了，路就不远了，所谓君子务本，本立仁道就生了。孔老夫子在《论语》里面就有讲到，“孝悌也者，其为仁之本与”，所以我们一定要从“孝”开始教起。

我们要讲的《弟子规》，就是从“孝悌”扎根。在我们开始讲《弟子规》之前，我们要先确立一些正确的学习态度。当我们有正确的学习态度，学习效果就会很好，所谓好的开始是成功的一半。学习首重立志，所谓“学贵立志”。我们在海口办教师课程，第一节课我们跟所有的老师共同立了一个志向，叫“为往圣继绝学，为万世开太平”。我们常常祈求世界和平，世界和平是个结果，要先种什么因？要先种每个人有仁爱的思想、观念的因，而仁爱的思想、观念要通过学习、教育，也就是要学习圣贤的智慧。所以“开太平”是结果，“继绝学”是种因。“为往圣继绝学”才能承先启后，要承先就要先自己学好。

我们有一位老师，他教的是五年级，他有这样的使命，所以每天除了教书以外，还安排三个小时深入圣贤经典。每天早上他都很早就到学校，然后打开《弟子规》《孝经》来读诵。他的学生一进门，本来还拎着早餐准备在那里慢慢地吃，结果看到老师已经正襟危坐在读经，马上走到自己的座位，坐下来把经书拿起来跟着念。所以诸位朋友，教育最重要的是什么？以身作则。由于他的用心，他们班成绩还有礼貌都有很大的进步。他们校长看了以后就问他，“你们班是怎么教的，怎么会教得这么好？”这位老师跟校长说，因为我请了数百个古圣先贤来教我们的孩子。

有一套书叫《德育故事》，里面有七百多个圣哲人的故事，分成八个单元来编排，这八个单元就是“八德”，孝悌忠信礼义廉耻。这位老师每天跟学生讲两三个德育故事，这些孩子听了以后懂得见贤思齐。他又以《弟子规》为他们班的班规，学生犯错不等老师讲，自己就会知道错在哪一句。比方说在教室里面跑，结果却撞到椅子，学生会说“宽转弯，勿触棱”“事勿忙，忙多错”。当孩子有不好的行为出现，他自己会想到“无心非，名为错，有心非，名为恶；过能改，归于无，倘掩饰，增一辜”，也会想到“德有伤，贻亲羞”。所以孩子变得勇于认错，勇于改过，不会推诿，不会掩饰。

诸位朋友，当我们的下一代遇到事情都能提起《弟子规》的教诲，他这一生一定会过得很充实、很踏实，也会很有影响力。他们班上表现好，校长重视以后，两次邀请我们中心的老师去跟他们全校的老师做演讲，然后我们又把《弟子规》都发送到他们学校去。所以一个人立定志向要“为往圣继绝学”，他的影响力就会不断扩展，进而他对自我的要求就会非常深，他就能够“苟日新，日日新，又日新”。这位老师跟我们接触了半年时间，就开始跟着我去演讲，把他的经验传授给各个地区的老师跟家长。

所以诸位朋友，“为往圣继绝学”不是遥不可及的事情，最重要的是我们这一念心是不是真正发出来！我们要立志“继绝学”，当然要从自己身旁最亲的人开始，我们去做他的榜样，所以我们可以先立志当孩子的好榜样。诸位朋友，你这个志真的立下去，保证你下一刻就变一个人，因为你开始讲话变得很小心，“奸巧语，秽污词”讲出去了，就不是孩子的好榜样。在家庭立志当好父母，在公司立志当好的领导、好的同事，在社会上立志当好公民。我们有个老师坐公车，看到一位长者上来，他马上站起来，请这个长者坐。结果他这个动作一做完，接连有四个人让座，他看了很感动，眼泪差点就掉下来，这也印证了每个人都有善良的本性。所以，当我们有志向要去改善社会风气，相信你的一言一行都会谨慎，会克制自己，我们的道德、学问也会因为立志而不断地提升。

我们在深圳面对的都是五六岁的孩子，我们问他们读书要做什么，他们的答案很标准，“要做圣人”。他们说不做圣人，读书干什么！六七个同学要从外面回他们的幼儿园，一路上就争先恐后捡垃圾。他们一看到垃圾好像看到宝一样，觉得自己可以为社会付出。有一次路上遇到了一些下课的初中生，这些初中生手上拿着雪糕，还有其他吃的东西，边吃边丢。突然看到一群小孩在捡垃圾，本来要丢的垃圾，在半空中停住了，没有丢下去。然后有一位初中生就对着其他的同学说：“我们别丢了，这么小的孩子都在捡。”小朋友的内心，会觉得原来我的一言一行都可以影响这个社会，所以孩子的定位就是“学为人师，行为世范”。而志立对了，这一生才不会白来一遭。

学习除了立志以外，还有另外一个很重要的态度，叫“学贵力行”。我们学习一句经教，一定要做一句，所谓解行相应，这样我们的道德、学问才能够提升起来。唐朝有位高僧叫鸟窠，唐朝的诗人白居易晚年好佛学，他希望能够去亲近这样的大德，提升自己的学问。当他遇到鸟窠禅师，就开始请教他怎么学佛。“佛”在印度本来叫“佛陀耶”，中国人喜欢简单，把它直接翻成一个“佛”字。“佛”用中国话来解释，就是觉悟的人、有智慧的人。再讲白一点，叫明白的人，明白道理的人。所以，学佛就是要去学当一个明白人。

鸟窠禅师对白居易说，学佛就要“诸恶莫作，众善奉行”。白居易听完哈哈大笑，说三岁小孩都知道。诸位朋友，你三岁的时候知不知道？（答：不知道。）以前教导善恶、教导做人，不是在学校，在家里就教了。所以确实白居易说得没错，三岁小孩都知道。鸟窠禅师又说，八十老翁都没做到。所以道德学问的枢纽、关键，不在你念了多少，而在你做到多少。我们自己学，并引导孩子学圣学贤，一定要确立这个正确的态度。

我是那年3月15日到了深圳，给当地的老师和家长上了一堂课。隔天，老师请我去给他们幼儿园的孩子上一堂课，我就给他们上《弟子规》。我一进去，就说：“诸位同学，我们今天来上《弟子规》。”孩子们异口同声地说：“老师，我们都学过了，都会背了。”诸位朋友，学《弟子规》给了这些孩子什么？这些孩子觉得那个我早就会背了，我都学会了，给了他们傲慢，而不是谦卑。所以老师一开始的引导，对孩子很重要。

然后我就在黑板上写了一个字，道德的“道”。我说：“诸位小朋友，传统文化博大精深，中国的文字是全世界唯一可以把人生哲学、人生智慧流露出来的文字。走字底‘辶’，加一个首先的‘首’，这个字就告诉我们，真正有道德的人就是首先能够实践，首先能做到的人，才是有道德的人。我们学《弟子规》就是要做有道德的人，诸位同学，《弟子规》哪一句话你做到了？”他们本来头抬得很高，听完，突然低下头，“父母责，须顺承”，昨天才跟妈妈顶嘴，所以马上开始反省。

接下来我就《弟子规》的经句，一句一句告诉他们如何落实在家庭生活中。其中有一个孩子回去，当天日记的第一句话就写：“今天蔡老师来帮我们上课，蔡老师说《弟子规》是拿来做的，而不是只拿来背。”诸位朋友，这个孩子会写在日记上，说明他的印象很深刻，这个印象很可能影响他一辈子。教育有三字真言，叫“慎于始”，当他一开始求学问就重视力行，那他功夫的得力一定跟其他的人不一样。另外有个孩子学完了，回去也很认真，隔天就站在他父母的门前，等着父母出来。父母一出来，他就跟父母鞠个躬说：“爸爸妈妈早上好，昨天睡得好吗？”他爸爸妈妈吓了一跳，赶快给幼儿园打电话，说：“昨天发生什么事了？我的孩子怎么今天会给我们问好、问安？”老师才说昨天讲到“晨则省，昏则定”。所以其实孩子好不好教？很好教，只是我们没教。

汕头有个孩子，才七岁，学习《弟子规》学了一两个月，在一次分享课上，他第一句话就说：“我上了《弟子规》才知道做人原来要孝顺。”诸位朋友，这句话很有味道，“原来要孝顺”，人不学，不知道，人不学，不知义。所以现在很多家长很生气：这孩子怎么这么不懂事，连这个都不懂！他真的都不懂，因为没人教。所以我们要明白，哪些道理一定要赶快教。

你看这个孩子，你跟他讲“晨则省，昏则定”，他隔天就去做。而这位家长懂得赶快打电话去学校，这个动作说明他很关心孩子的成长，他了解到把孩子教好，亲师合作很重要，所以这个家长很有教育敏感度。假如他觉得很奇怪，然后摸摸他女儿的头说：“女儿，你今天是不是发烧了，怎么这么有礼貌？”假如这样做，可能会扼杀了孩子的孝心跟学习的心。所以，当你的孩子学了《弟子规》，回去帮你端洗脚水，你应该怎么样？你可不要说：“不要这么麻烦，等一下烫到你怎么办？”不然，他要学习的机会都被你断送掉了。所以我们为人父母要懂得跟老师配合，要懂得成全孩子的孝心，成全孩子的德行。

有一位母亲说：“我的孩子这么小，到时候他把水打翻了怎么办？”我跟她说，打翻了更好。她就很纳闷，为什么打翻更好？因为他打翻了，除了你已经成全他的孝心以外，你还可以借机跟他说：“儿子，你这份心，妈妈很感动，这么小就能尽孝。但我们今天要想一下，为什么你会把水打翻，一定是你双手没有拿稳，下次拿稳就不会打翻了。来，我们一起把地擦干净。”你同时教他如何拿东西，又教他如何收拾突发情况，给事情收尾。所以，我们当家长的不要有太多顾虑，也不要有太多不舍，因为让孩子多做，他才能多学习、多体会。

好，这节课我们先上到这里，谢谢。

第四讲　学习圣贤教诲的注意事项

诸位朋友，大家好！前面我们提到，学习一开始的态度很重要，提到了“学贵立志”，要先立定志向才会有无穷的动力，去驱使我们不断地进步成长。第二个，“学贵力行”。我们现在要学中华文化，要学圣贤的学问，也不要很担心说，我现在才开始学来不来得及？其实最重要的是，学一句我们就做一句。很多人说等我学好了再来教孩子，等我学好了再来帮助别人。等我们学好了，来不来得及？来不及。现在学一条做一条，光是这样的精神就会感动你的孩子，感动你的学生。我们很多老师，之前比较少熏习中华文化，他们也是抱持着跟自己的学生一起学习的态度。往往这样的态度，孩子看了也很欢喜，因为我们把好学的态度演出来了。

有一个幼儿园，他们就教导孩子吃饱饭以后要有礼貌，起来的时候要跟同桌的老师、同学说“大家请慢用”，然后再拿着他的碗跟筷子去厨房自己洗。他们的老师同样也这么做，每个老师吃完向他们一鞠躬说“大家请慢用”，所有的孩子都会会心地微笑。诸位朋友，为什么？这些孩子的心中在想：老师也跟我们一样，要有礼貌，要遵守这些规定。其实我们跟着孩子一起做，效果非常好。有一次吃饭，全部的老师、同学都吃完了，只剩下一个孩子。这个孩子吃完站起来，对着桌椅、板凳深深一鞠躬，说“大家请慢用”，所有的老师看了都笑出来。但是我们感受到，这个孩子很老实，说一条、学一条就做一条。一个人要先学老实，再学灵活，这样学问才会成就。假如一开始就学灵活，对老师的教诲，五条中挑三条来做，很可能学问会不扎实，到时候会被自己的小聪明给害了。

除了力行以外，学习也要重顺序。《三字经》上有句话，“为学者，必有初”，读书是有次第的。“小学终，至四书”，就是把《小学》这本书学好，接着学“四书五经”。《小学》是朱熹朱夫子编的一本童蒙养正的书，这本书教导孩子怎么孝养父母，怎么尊重长辈，还有整个生活中洒扫应对之礼。这本书距离现在已经快一千年，历史比较悠久。为什么学《小学》这么重要？因为孩子从小先扎做人做事的根基，这个根基扎好了，他读其他的经书就不是只有读而已，他懂得要落实在与人相处中、要落实在生活中，所以这个根基一定要扎。但因为这本书离我们比较久远，我也只能看个六七成，很多术语都不懂。后来我又翻《弟子规》，这本书让我非常感动，也非常赞叹。《弟子规》是清朝编的书，离我们才几百年，很近。而清朝的李毓秀夫子，他就是根据《小学》里面最重要的内容，抓出它的纲领，编成这本《弟子规》；与我们的生活是完全相应的，没有一句做不到。李毓秀夫子编这本书，还是依据孔老夫子在《论语》里面一句很重要的教诲，“弟子入则孝，出则悌，谨而信，泛爱众，而亲仁，行有余力，则以学文”，以此为纲目，编纂而成。

所以，我们把《弟子规》学好，就是把《小学》的根基扎好。假如《小学》的根基没扎好，直接读“四书五经”，孩子读得愈多愈会跟生活脱节。有些孩子经读得很多，但是他会拿着《论语》里面的经句跟爸爸妈妈辩论。有个孩子六岁左右，有一次他妈妈批评他，他就跟他妈妈说：“妈，你有孔老夫子的温良恭俭让吗？你假如做不到，你也没有资格说我。”他妈妈心里一震：现在都已经用经典的言语跟我反驳，再读下去会怎么样？

我有个长辈，她带着她的孙女到我们家，我爸爸妈妈都在。她一坐下来就对她的孙女讲：“来，我们背英文给这些长辈听。”这个小女孩背得非常纯熟，我相信不是只有表演给我们看过，一定是上演不少出了，所以她也很自在。然后她的奶奶接着问：“苹果怎么讲？”小女孩说："Apple."“雨伞怎么讲？”小女孩说："Umbrella."问了好几个都对答如流，突然这个小女孩反问她奶奶一句话："奶奶，书本怎么讲？”她奶奶说："我怎么会知道！”小女孩说："奶奶，你怎么这么白痴！”孩子假如没有学会做人做事，学的知识、看的书愈多就会愈傲慢。“傲慢”是求学问一个很大的杀手，傲慢心只要生起来，学问很难有成就。所以《礼记·曲礼》提到“傲不可长”，这是以前的圣贤人给我们很重要的提醒。

林则徐一生归纳了“十无益”，假如人犯了十个错误，那人生是没有益处的。第一个叫“父母不孝，奉神无益”。对父母都不孝顺，每天拜神求神明保佑，有没有用？没有益处。“兄弟不和，交友无益”，在家里面跟兄弟相处都不懂得包容，都常常有冲突，这样的人去外面交朋友，能交到知心的朋友吗？不可能。在“十无益”中，其中两点是针对求学问很重要的提醒，“心高气傲，博学无益”“行止不端，读书无益”。“心高气傲”，一个人只要有了傲气，学历愈高愈瞧不起人，愈容易伤害别人。“行止不端”，假如他的言语、行为跟圣贤的教诲都背道而驰，那读的书跟他不相应，也不得利益。所以中国几千年的圣哲人所留下来的话，我们要很珍惜，要好好拿来警惕自己。这是学习的次序。

再来，学习的方法要抓住八个字，“一门深入，长时熏修”。一门，哪一门？中国圣哲告诉我们的教诲，假如用两个字来说，就是“道德”。道德两字就是圣贤几千年的教诲的整个纲领，纲举目就张。诸位朋友，什么是道？什么是德？认识超越时空的大自然运行法则，此之谓道；教导人类如何顺从大自然的法则，不违越地做人，此之谓德。

所以“道”是超越时空的大自然法则，俗话讲伦常大道。五伦关系就是道，所以天地万物都有它运行的轨迹，才不会发生冲突。不只人有正确的道路，像星球与星球之间的运转，也有它正确的轨迹。宇宙间的星球运转，它今天这样转，明天那样转，行不行？不行。可能一改轨道，就会跟其他的星球相撞、冲突、摩擦。万物如是，人亦如是。所以五伦关系，假如我们能够去遵守，那就会相处得很融洽。但是我们假如不愿意去遵守，就会发生矛盾，发生冲突。

诸位朋友，现在这五个关系有没有冲突？有很多冲突，打开报纸就知道。那我们来看看，这五个关系如何才能不逾越？如何用心地去经营？诸位朋友，这五个关系你觉得哪个最重要？夫妇关系。《中庸》里面提到，“君子之道，造端乎夫妇”，所以夫妇关系影响很深远。为什么夫妇关系最重要？因为夫妻是同室，夫妇假如和睦相处，孩子在这样的家庭环境中成长，父子关系自然会很亲；夫妇关系处得好，兄弟也会和睦。

昨天我的姐姐也来到现场听我讲课，她说她是家庭的代表。我跟两位姐姐相处得很融洽，因为我的父母在我们面前从没有吵过架，没有用过那种很冲的言语，家里面长养了一种祥和之气。我们就深刻感觉到，夫妻的相处确确实实给予孩子潜移默化的影响。所以夫妇一正，父子自亲，兄弟姐妹也会和睦。

当“父子有亲”，孩子知道要感恩父母的辛劳付出，他这份对人的感恩心就会油然而生。他踏进社会遇到对他很提携、很栽培的领导或长辈，他自然而然会效忠，做到“君臣有义”。古代有一句名言，叫“忠臣出于孝子之门”，这句话是相当有道理的。现在跳槽的特别多，跳槽的时候只想到自己的财富，没有想到那些领导对自己长期的栽培，有的甚至于直接就跳到作为对手的公司去，又跟自己原来的公司竞争起来。再有，兄弟姐妹能相处得好，在家里懂得互相照顾、互相帮忙，一跟同学、同事相处，他那种态度自然而然就表现出来，所以也会跟人家很好地交朋友。

所以夫妇一正，五伦就正，而如何把夫妇关系处好，这是个相当重要的学问。诸位朋友，你曾经学过夫妻相处之道吗？课本里面有没有教过？没有。这么重要的事怎么都没有教？你看，我们以前考试的那些题目，对现在人生影响不大，但是学很久；可是影响人生很重要的道理，我们却没学过。夫妇关系也要记住，“慎于始”。还没结婚之前，你就要睁大眼睛，要选好对象。当然你要选别人，别人也要选你。要找到好对象，不是一直跑出去相亲，这个方法很累人。最好的方法叫作“众星拱月”，你只要把自己的光圈擦亮，很多星星就会靠过来，到时候任你挑，这是最高明的找对象的方法。

夫妻要慎于始，婚前要去明辨对方是不是能够相处一生的伴侣，这不是可以马虎的事情。现在很多年轻男女，学夫妇之道，学男女相处，从哪里学？都从情歌里面学。情歌里面说男女相处都是什么情况？都是爱得很痛苦，爱得死去活来，有没有？好像年轻不痛苦就不叫年轻人，“人不轻狂枉少年”，这样叫爱吗？我发觉这一点，在教五六年级学生的时候，就很谨慎。赶快先跟他们打一些预防针，让他们对男女关系有正确的态度，不要被这些情歌误导。我跟他们说，人与人相处都会经过一个过程，一定是先从“相识”开始，认识了，再发展“相知”，互相了解，再来“相惜”，互相珍惜彼此的因缘，再到“相爱”，最后“结婚”。结婚是不是结束？很多人说“结婚是爱情的坟墓”，这都是误导。假如好好相处，酒会愈陈愈香，所以婚姻要经营。

什么是真情真爱？我常常举一个例子，真情真爱就是一位七十多岁的老爷爷牵着七十多岁老太太的手，在公园散步。然后老太太就跟先生说：“先生，明天是十五了，该吃素了。”你看老夫老妻才看得出来那种相爱相惜的味道，不是很激烈的那种情感，激烈的情感很容易变化。

假如今天有个男生跟你认识了，他马上跟你说“我好爱你”，这一定是骗你的，这不符合自然，这是错误的。或者，今天遇到你就告诉你“我这一生非你不娶”，你也要赶快清醒过来。他又不知道你是什么人，他也不知道你整个对人、对事的态度，然后就说他很喜欢你，这叫什么？花言巧语。但是花言巧语的力量很大，你没有相当的定功会承受不了，所以一定要先建立正确的认知。从相识到相知这个过程要很冷静，比方说你觉得这个男孩子不错，你就要细细地观察，看他跟他的同事怎么相处，跟他的朋友怎么相处；或者你跟他是大学同学，你就要看他跟其他同学怎么相处。你这样观察很客观，能真正了解他的做人、做事的态度。

假如一开始你还没有认识他，你就跟他单独看电影、爬山、喝咖啡，他一定把他最好的，不只是会把他最好的，还会超水准地表演给你看，把最不好的统统埋起来，所以你认识的他就不是他平常的样子。如果他对其他的同学、朋友都非常有爱心，非常关怀，一旦跟你相惜相爱，一定会对你有很多付出。所以相知也要客观、要理智，不能一开始就两个人去活动，这个很危险。诸位朋友，现在的年轻人都不知道这一点，所以都陷入很危险的境地。有句话讲，“因为误解而结合，因了解而分开”，对！因为对彼此的了解是表面，不是真正客观的了解。所以，相知很重要，要多观察，要冷静。

再来，相惜。珍惜彼此的因缘、相处的机会，之后相爱，再走上红地毯的那一端。在这个过程中有一点很重要，要有共识以后再走向婚姻。很多朋友很有雄心壮志，说：“他的观念不对没关系，我去改变他。”这种人还不少。我会跟她说，有一句诗叫“醉卧沙场君莫笑，古来征战几人回”，你假如是抱持这样的态度去，回来的、活过来的几率不大。因为到了二三十岁，很多习惯、性格已经比较稳固，除非他自己愿意改变，不然别人很难去扭转他。所以我们还是要随缘，不要去强求，要找到志同道合的伴侣，婚姻才不会走得很辛苦。

然后是相爱。怎么去爱别人？怎么去辨别人与人之间是真正的爱？现在很多人把这个“爱”字拿来威胁别人，我很爱你，所以你应该替我怎么样怎么样。当对爱不了解，很可能会拿着爱到处控制别人，到处让人家生痛苦跟烦恼。我们看这个繁体的“愛”字，中间一个“心”，外面一个“受”，所以爱是用心去感受。感受什么？感受他人的需要在哪里。当对方时时都感受到你的需要，都会懂得关怀你，你的内心会很温暖，不会像情歌写得那么痛苦。所以，爱的感觉是温暖的。我们现在要懂得判别是不是真正的爱，假如不是，要赶快抉择，不要执迷不悟。

爱的言语是正直的，不会是一大堆的花言巧语。今天他会对你花言巧语，改天他同样会对其他的人花言巧语。反而是不大会花言巧语的男人靠得住，因为他的精神、他的用心都没有摆在这种花言巧语上。那些花言巧语的人，就是把精神都放在这些言语的推敲上。有位女士，她说她第一次跟她先生见面，她先生什么话都没说，第一句就跟她说：“你的牙齿不好。”接着又说：“你的肠胃也不好，因为牙齿不好，你咬食物的时候咀嚼不充分，所以肠胃负担也会大。”后来她就想，这个人真老实，没有花言巧语，第一次见面就把我的缺点讲出来。她觉得很可靠，后来就嫁给了他。事后想想，她还真有智慧，她知道言语正直的人才可靠。所以，爱的言语应该是正直的。

再来，爱的心地是无私的。一个人懂得关怀、爱护别人，他应该是对父母、对妻子，还有对朋友，甚至于对陌生人，都是同样的态度才是。现在很多男女交往，女方不愿意继续交往了，男方就恼羞成怒，甚至于会伤害对方。这个不是无私的心，这是控制、占有，他们是穿着爱的外衣在骗人。所以你要会明辨那个叫欲，那是控制跟占有，不是爱，他们把爱给污染了。

再来，爱的行为是成全的。我们有位老师，她的先生有个妹妹，在夏威夷读书、生活。有一次妹妹在财务上出现问题，先生就跟太太讲：“我们这两三年存了一些钱，现在妹妹有困难，我想把这两三年存下来的钱统统汇过去。”诸位朋友，假如是你先生，你会怎么说？这位老师马上跟她先生说：“你这么做我很感动，你这样无私地照顾你的妹妹，相信你父母会很欣慰，所以我支持你这么做，明天我去帮你汇钱。”你看这个太太还亲自去帮先生做这件事，所以爱的行为是成全对方的善良，成全对方对的行为。这个太太隔天要去汇钱，另外一个朋友听到这件事很感动，说：“我先帮你垫上，我去帮你汇。”然后汇完钱，告诉这位老师说：“你什么时候给我都没关系，我已经帮你汇好了。”所以，一个人善良的行为会感动身旁周遭的人。

从这四个角度，我们可以去判断一个人是不是真正懂得爱人。有位朋友提出：“蔡老师，这四点后面还要加一点，还要喜欢读圣贤书。”我说这句话很有道理。因为做人的态度从哪里学？不是突然冒出来，要学圣贤教诲才能够形成正确的态度。

当我们已经选对了对象，接下来要经营，要取得共识。家庭里面第一件大事，是要把孩子教育好，所谓“至要莫如教子”。我们来思考一下，假如夫妻双方社会地位都很好，也很有财富，但是孩子每天在外游手好闲，他们的后半辈子会不会好？不可能好。不只是普通家庭要把孩子教好，我们几千年来的帝王，也认知到把下一代教好很重要，所以对他们来说，最重要的事情之一是立太子。他们也希望他们的朝代可以长治久安，而太子正则天下才会正，所以他们都是找来全国最好的老师来教导他们的孩子。当夫妻之间取得这样的共识，就会很好配合。

五伦关系中，夫妻伦叫“夫妇有别”，“夫妇”是道，“有别”是德。别在哪里？别在责任不同。古时候是男主外，女主内。家庭有两大主轴，第一个是物质生活，第二个是精神生活。男主外，把经济问题、物质问题解决；女主内，把精神生活、把孩子教育好。现在很多都是夫妻一起出去工作，教育孩子留给谁？留给老人、保姆、老师、外劳（指外籍劳工），好多！所以现在有个新的名词，叫作“代理父母”。有些老师下完课就把孩子送到安亲班（指专门在课余时间和假期照顾小朋友的机构）去了。还有一个“代理父母”也是很多家长都会聘请的——电视，现在还有电脑。

诸位朋友，当我们赚了很多钱，这些钱是不是你一直都能够留在身边？我们要了解，财为五家共有，水灾要你的钱，火灾要你的钱，贪官污吏要你的钱，小偷、强盗要你的钱；这四个还不够力量，最后一个最厉害，叫不肖子孙，你赚得很辛苦，他花得很痛快。所以，假如你这边在赚，他那边在漏财，那是守不住的。当我们都是用“代理父母”教孩子，到最后孩子不懂事，你可能一辈子都要担心，可能会得抑郁症。

我们来看一下现在小孩子的教育情况，首先看看安亲班的情况。我曾经深入去观察一种现象，全班前十名的孩子，差不多一半有补习，一半没有补习。有补习的孩子，他们上课比较不专心，觉得自己已经在补习班里面学过了，还会拍拍旁边的同学说：“那个我已经学过了。”那不得了！求学问最重要的就是要专心、专注，当他开始对求学变得轻慢，败相已露。补习班已经上过的课，他不专心；课上教新的内容，他也不专心，他会想补习班老师还会教。

我还发觉，这样的同学在考试前夕都会抱着几张纸在那里猛读。哪几张纸？补习班老师帮他们整理的重点，读书谁帮他们读？都是这些老师。考前他们很认真地背，考完试马上说：“解脱了！”我在想，两三天就把这些知识都忘得一干二净了。没有补习的，他们都是两个两个地在一起，“来，我整理了一些重点，我问你，看你会不会。你也问我，看我会不会”。都老老实实自己画重点，在画重点的过程中，已经在积累做学问的能力了。所以，很多觉得只要花钱就会有效果，但花了钱也没有去看看孩子是不是真的学到东西。

第二个，佣人。很多佣人连普通话都讲不清楚，所以下一代的言语、语文能力一直在下降。诸位朋友，语文的能力是所有学科的基础，语文学不好，学其他学科都会很吃力。不只是言语有问题，佣人在照顾孩子的时候用什么态度？是不是父母的态度？不是，是把他当老板、当皇帝伺候。很多佣人带出来的孩子，要出门，往小椅子上一坐，双脚一摊，让佣人帮他穿袜、穿鞋子，生活能力很差。这样的孩子，父母生意一失败，他可能会饿死。富贵不可长保，你要考虑到当家里没有那么富裕的时候，孩子没有独立生活的能力该怎么办？要高瞻远瞩。也有报道提到，在家里都是佣人伺候的孩子，到学校去，老师给他安排扫地工作，他会跟老师谈判，他说："老师，我给你钱，你帮我做。"他的价值观里面就是什么？无论什么，钱都可以帮忙打发掉。所以，佣人没有办法用父母的态度教养你的孩子。

再来第三个，隔代教养。很多长者当父母的时候还蛮有理智的，可当了爷爷奶奶，觉得孙子怎么这么可爱，就宠得不得了。我的母亲，她在教育我们的时候多有原则！我还记得有一次我对我母亲有个要求，不合理的要求，我妈妈就拿着一本书不理我。然后我就躺在地上开始打滚，一定要达到我的目的，结果我妈妈根本不看我，继续看她的书。后来我觉得打滚很累，也知道用情绪不能达到我的目的，就乖乖自己爬起来走了。所以，教育孩子一定要有原则，对孩子不能予取予求，会把他宠坏。你看我妈妈教我的时候这么好，结果带外孙就开始宠，常常跟我说："你对外甥不要这么凶。"我也不说话，后来过了半年左右，她就跟我说："你凶是对的。"因为这个外孙已经爬到她的头上去了。所以隔代教养效果不好，会宠。孩子还是自己带比较保险。

再来，电视跟电脑，那就更不用说了，学的都是贪嗔痴慢。我们看到很多孩子言语都非常桀骜不驯，言语都非常粗鲁，这个不见得是跟父母学的，可能都是跟电视跟电脑学的。而看电视、电脑有一种催眠的效果，大家有没有发觉看电视的人好像与世隔绝，旁边的人叫都听不到？为什么？因为电视的整个辐射线、磁波会让你的脑子跟隔离在一个屋子里面九十六个小时的状态一样。所以电视看得愈多愈不会思考。你看为什么很多很贵的商品都喜欢打电视广告，愿意为此花大笔大笔的钞票？因为人在看电视的时候没有理智，看那个SK-Ⅱ擦下去，脸马上就变得晶莹剔透，望眼欲醉，就去买了。我们网站上有一篇文章叫“电视带大的儿童”，大家可以去看看。科学已经研究证实，电视对孩子有很不好的影响。

现在我们了解到，孩子的教育还是要靠自己，才能够掌握得好，因为孩子的成长不可能重来一次。现在叫你自己带孩子，你做得到吗？有人马上说：蔡老师，人在江湖，身不由己，你讲的我都很认同，但是我们来思考第一个问题，就是经济问题。一般的人都会觉得，两个人不一起赚钱会饿死。诸位朋友，在我爷爷那一代，夫妻两个只有先生出去赚钱，而且还生了五六个、七八个，他们有饿死吗？没有。现在我们才养一个，还怕饿死，问题在哪里？问题在没有掌握治家很核心的态度：勤俭。“俭为治家根”，只要勤俭，不要乱挥霍，其实一个人赚的钱，足够家用了。而且一个人赚钱，家里用得很勤俭，从小就给孩子扎什么态度？非常勤俭的态度。这样你已经让孩子立于不败之地，他不会成为物质的奴隶。

好，我们下节课再就经济方面来分析一下，谢谢。

第五讲　解决家庭经济基础，专注教子

诸位朋友，大家好！上节课我们提到家庭有两个很重要的主轴，一个是经济，就是物质生活；另外一个是精神生活，孩子的教育方面。我们也提到现在的家庭情况都是夫妻一起赚钱，孩子大部分是留给安亲班，或者留给佣人，留给爷爷奶奶来带。人生的智慧在哪里看到？在取舍中看到，有舍才有得。少赚些钱，多教育孩子，还是多赚钱，忽略孩子教育，得到的结果一定会不一样。

我们看看上一代，现在五六十岁的人，跟我们这一代，二三十岁的人，来比较一下。上一代的人很有责任心，很孝顺父母。我们这一代呢？是进步了还是退步了？退步了。上一代有钱还是我们这一代有钱？我们这一代。为什么有钱了反而人生的态度退步了？所以有钱不一定解决问题。

我父亲那一代基本上都很穷，因为很穷，生活比较拮据，所以特别节俭。记得小时候在吃饭的时候，剩菜都是爸爸妈妈吃，因为他们已经习惯了不能糟蹋食物。第一个养成了勤俭的习惯；第二个，生活愈困难，人愈懂得感恩父母，友爱兄弟姐妹。所以我父亲那一代，他们念书都不是父母催的，都是自己很积极主动的，因为希望通过自己在学问上有所成就，往后能够让父母过好一点的日子。你看生活的贫穷、生活的拮据，让一个人更有志气，更有孝心。所以贫穷，我们要感谢它。

而我们这一代因为从小生活就很优厚，要什么有什么，所以习惯挥霍，习惯花钱，又不懂孝道，又没有生活的历练、承担。不只自己赚的钱花掉了，还要去花谁的钱？父母的钱。很多年轻人已经喜欢消费、享受到什么程度？一个月的薪水一拿到，马上就去好好地shopping

一下！可能把整个月的薪水在前面十五天就花光了，怎么熬？后面的日子买泡面一包一包慢慢吃。后来撑不下去了，回去找他老爸，说："爸，我没钱了。"爸爸很生气，说："告诉你不要乱花钱，你都不听，来，要多少？"还是拿给他。所以生活的优厚，不见得能够带给孩子正确的人生态度。

汉朝开国，刘邦打下天下分封了一百多个功臣，都有封地，给他们很多田宅。经过了一百年，汉朝的史学家突然想到，我去了解看看，这一百多个功臣的后代，一百年后是什么样的情况。结果让这个史学家非常惊讶，一百多个功臣的后代，基本上都已经没落了，很多已经流落街头在讨饭。只有几个人的后代境况很好，其中有一个人叫萧何，当初在分封土地的时候，萧何要了一块很贫瘠的土地。因为土地贫瘠，你要不耕作就没饭吃。萧何深谋远虑，希望他的孩子以后懂得勤劳节俭。其他分封很好的地的人，子孙后代好吃懒做，而且好的地你喜欢，别人也喜欢，就会引来很多人的觊觎，很多人的设计陷害。

司马光曾经说过，"积金遗于子孙，子孙未必能守得住；积书遗于子孙，子孙未必能读；不如于冥冥之中积阴德，以为子孙长久之计"。《易经》也有一句很重要的教诲，"积善之家，必有余庆"，阴德一定可以庇荫后代。阴德不只在往后可以庇荫后代，当我们在行善，当我们在立身行道时，已经给了下一代最好的身教。

我父亲那一代因为生活比较拮据，有五个兄弟姐妹，他们念书都不用父母推，兄弟姐妹感情都很和睦。所以只要生活过得去，好好地提升孩子的智慧和精神生活，还是可以把家庭经营好的。

我们再来看，是不是一个人赚钱就会赚得比较少？是不是两个人赚钱就会赚得比较多？很多夫妻一起赚钱，但是也没剩多少钱。我们要理解财富真正的来源在哪里，什么样的人生才能得到财富，要把这个道理搞清楚，不然你可能一辈子都在赚钱，但是一辈子也没剩多少钱。

古代中国的财神是范蠡，俗名陶朱公，他是春秋战国时代的人。范蠡跟文种辅佐越王勾践，然后复国。后来范蠡就跟文种说，越王勾践可以共患难，但是不可以同富贵。范蠡很会看人，所以会看人很重要，不会看人可能一辈子都会受到很不好的影响。文种不会看人，他看到荣华富贵就要来了，不愿意放下。后来越王勾践赐文种自杀。范蠡隐姓埋名开始做生意，从小生意开始做起。做了没多久，发了大财，范蠡马上把这些财富统统捐出去；过了几年他又发财了，他又把钱统统捐给那些贫穷困苦的人，之后再从小生意做起。历史上记载他“三聚财，三散财”。

所以，人为什么能够有财富？真正的原因在于他懂得财布施。范蠡这样的做法也是谨遵圣贤教诲，《大学》提到“财散则人聚”，当我们把财散出去的时候，什么聚过来？所有人对你爱戴，人心都向着你。不管你做什么生意，他们都要来买，要来支持你，因为你赢得的是人心。财散出去不是没有了，不是看不到就是没有，只要遇到缘就会起现行。所以我们分析，财富有因、有缘才会结果，“因”在财布施，“缘”加上你的努力，加上贵人相助，加上机会来了，自然而然就会结财富的“果”。所以，经营家庭的财富，一定要如理如法去经营，不然你一辈子的努力到头来可能是枉然。

我姐姐怀孕以后就把公职辞掉，很多亲戚朋友都觉得很可惜，连她的婆婆也常常跟她说：“你去工作，我来帮你带孩子。”她辞掉公职就在我们家待产，之后小孩都是自己带。我姐姐辞掉工作以后，就是我姐夫一个人赚钱，但是我的姐夫愈赚愈多。为什么愈赚愈多？我姐夫拿给我姐姐的钱，我姐姐说她一个人在家带孩子也没什么用，常常都会拿给我，她说：“你帮我拿去印印经书，做些善事。”我姐姐懂得帮先生布施财，所以她的先生愈赚愈多。有一次他们夫妻一起出去买东西，刚好遇到大卖场开幕，可以抽奖，特等奖是一辆轿车，我姐姐也参加了抽奖。过没多久，大卖场打电话来，说：“蔡女士，你抽到了一辆轿车。”所以懂得布施，“命里有时终须有”，不是很多人一起赚就赚得比较多，你要懂得种财布施的因。

很多朋友说：“我又没钱，怎么种财布施的因？”这个财不是只指钱而已，财布施包含“内财”跟“外财”。我们工作很努力，这是内财，劳力，还有你的经验、你的智慧，这都属于内财布施；外财才是金钱跟物品，这些都可以修财布施。那钱财的布施是不是捐得愈多福报就愈大？不见得！我曾经看过一个报道，有一对农夫年纪已经很大了，一辈子攒了一些钱。他们附近盖医院，是个很好的医院，他们夫妻两个就把一生的积蓄捐出来买了一辆救护车。大企业家捐几十万，他们也捐几十万，哪个福报大？农夫是把一生的积蓄都布施了，他们那一份爱心可以造福多少人？而企业家那几十万对他来讲可能只是零头而已。所以福田靠心耕，福分也是由心生，当我们能够尽心尽力去布施，不管钱多少都可以种无量的福分。

古代有一位女士，经过一个寺庙，她就进门很虔诚地礼佛，但身上只有两文钱，她就全把它奉献了出来。方丈看了很感动，亲自出来帮她念佛祈福，帮她回向。后来她嫁到宫中去，也富贵了，拿着几千两银子到这个寺庙来，也要把它布施出来。结果方丈没出来，让他一个徒弟出来帮她念经回向。这位女士就很好奇：之前我才捐两文钱，方丈亲自帮我忏悔回向，可是现在捐几千两，居然只叫徒弟出来。这位女士也很有智慧，她懂得去请教，把问题搞清楚。事后她就主动去找方丈询问，方丈告诉她：“你那两文钱是发自你的真心，所以我不出来帮你回向对不起你；这一次你虽然拿了几千两，但是你的心已经不像那一次那么真切，所以请我的徒弟就可以了。”

所以一个人的福田，根源还在他的存心。我们只要有这一份心，常常舍财来救济他人，我们的福报就会一直积累。财富的问题，我们有了正确的认知，就不会患得患失，看到别人赚很多钱，就不会忐忑不安。我们扎扎实实修我们的财布施，果报自然就会现前。

经济方面解决了，接下来是教育孩子这个问题，夫妻要取得共识。孩子教育首重以身作则，古代说的“三从四德”“夫义妇听”，就是对夫妻双方的要求。当丈夫的人要有恩义、要有情义、要有道义，这样就能给孩子当好榜样。对自己的父母有恩义，孩子就懂得也要孝顺父母；对太太要有情义，太太跟我们一起经营这个家庭很不容易，要时时念着太太的恩情。其中太太有一个恩情是我们这一辈子都报答不了的，就是帮我们传宗接代。这个使命很重大，无人可以代替，我们要感恩。所以当先生的，每次想到太太帮我传宗接代，时时把这个恩德放在心上，夫妻会相处不好吗？不可能！然后对孩子要有“道义”，一定要把孩子教好，这是为人父母的责任跟本分。

太太要有“四德”：妇德、妇言、妇功、妇容。太太要有德行，否则会搞得家里鸡犬不宁。本来家里还没事，嫁过去就搞得乱七八糟，所以“德”很重要。所以，儿子孝比不上媳妇孝。古人说娶个好媳妇，家族可以旺三代；那娶一个不好的媳妇，家庭会怎么样？会败三代。所以娶妻第一个标准是什么？德行，娶妻要娶德。现在有这种认知的男士多不多？不多了。我们要教育孩子，以后找对象要首重德行，要有“妇德”。

首先是妇德。妈妈的言语、行为对孩子有潜移默化的影响。我的母亲常常说我的爸爸“你就是心肠太软”，然后又说“你们全部都一样”。本来是在说我爸爸，到最后我们全部都被她说了，这时候我就会补一句：“那您不是也一样。”我记得小时候回外婆家，出租车司机技术不大好，在走一条小路的时候，一个轮胎掉到水沟里面去了。掉下去的时候排气管撞到了水泥就松了，所以后半段路程是伴着排气管“叩叩叩叩”的声音到了外婆家。我母亲把车费拿给司机，额外又拿了一百块给他。

那时候我还小，当我母亲拿钱出来时，请问她有没有告诉我她在干什么？她没有，她甚至于不知道她儿子在看。但是我心里很明白，妈妈觉得他们是靠劳力赚钱的人，很不容易，修车的费用一定会造成他家庭的负担，而我们生活比较宽裕，能帮他一些忙。我母亲那个动作让我很感动，后来我在讲课时突然回想到那一幕，就打电话给我妈妈讲这件事，她怎么样？她早就忘记这件事情了。所以“妇德”确确实实在无形中影响着小孩。

再来，妇言。母亲的言语什么时候开始影响小孩？从胎教开始。母亲的言语假如很柔和，孩子在胎中感受就很舒服；母亲假如大嗓门，讲话很刻薄，这个孩子从胎里面就开始了学习。我常常到一些朋友家里面去，觉得他们家讲话好像在吵架一样，都很大声，那就是一种习惯。所以讲话太大声，讲话刻薄，你的孩子都在学习。假如我们的言语很温和，言语很能包容他人，孩子就会受到好的影响。我回想到，我的父母从来没有在我们面前讲过哪个朋友的不是，这个很重要！当父母在孩子面前讲这个人很不好，那个人很不好，请问你的孩子学到什么？学到处处看别人不好，处处批评，会很傲慢。所以，我们言语也要谨慎。

再来，妇功。古代女人会织衣服，会做很多家事，这个叫“妇功”。现代的女子还要不要去织毛衣什么的？不需要，因为现代纺织业比较发达了。古代跟现代整个家庭状况不一样，但是一个母亲要把家庭维系好，还是要具备很多能力，比方说要把家里整理干净。孩子在整齐清洁的环境中成长，无形中他就会觉得东西应该擦干净，东西应该摆整齐。假如看到东西乱放，他会不由自主地动手去摆好。

除了整理屋子，还要能煮一些拿手的好菜，因为假如孩子跟先生都在外面吃，很少聚在一起，家庭气氛不融洽。外面的食物还又油又咸，所以现在患心血管疾病的人特别多。一个好太太要能常常煮些清淡的菜，让家里的人都很欢喜回到家里来吃，我记得小时候，还有一句很好的口号叫“爸爸回家吃晚饭”，就有很好的家庭气氛。

再来，妇容。女子的容貌，当然不是要涂得跟结婚当天一样。妇容代表端庄、朴素，不能生完孩子就自暴自弃。很多女人生完孩子，觉得自己注定要像老妈子一样，所以不修边幅，很可能先生走进门吓了一跳，然后又赶快跑出去，这样就不好；要让先生看起来赏心悦目。而且你仪容端庄给了谁好榜样？孩子。所以，妇容也是很重要的。

当先生太太都能够端正自己的品行、言行，那一定会把孩子教育好。现在说要男女平等，所以这个“四德”，女人要，男人也要！夫也要有德，言语上也要懂得轻声细语，常常能口吐莲花，给孩子好榜样。“夫功”，男人没本事还得了，怎么维系家庭！再来，“夫容”，你当爸爸的在家里面乱穿衣服，会带给孩子不好的影响；还有爸爸坐的时候把脚跷到桌子上面去，这也是夫容！孩子学到什么？所以，我们要时时提醒自己给孩子好榜样，以身作则很重要。

再来，教孩子要恩威并济，恩威并施。换句话说，就是要有人演黑脸，有人演白脸。中国人讲中庸之道，不能太过，也不能不及。假如只有恩，对孩子好得不得了，他会怎么样？他不怕父母，会骑到父母头上去。假如只有威，对孩子很凶，孩子跟我们就有距离感。所以，恩威要掌握好。

我的小外甥出生时，有很多时间都在我们家，我的姐夫工作比较忙。在我们家的时候，我也身负教育这个外甥的责任。大家看我适合演黑脸还是白脸？（答：黑脸！）我记得我第一年教书，有一次学生不守规矩，我训斥了他们一顿。从二楼走到一楼办公室，全校的同仁都看着我，说：“你还会发脾气？”他们都很惊讶。其实该发的时候假如不发，就不能把学生教好，我们发脾气是要让孩子警觉到，以后不能再犯同样的过失。人生如戏，该怎么演就要演得像样。所以，对我这个外甥我就是黑脸，他妈妈是白脸，黑脸跟白脸一定要配合得好。

有一年除夕，都在我们家吃饭，外甥拿筷子拿在下面夹菜的地方。我就跟他说："伟伟，这样拿会有细菌，你拿筷子一定要拿在上面。"他看着我，又往下一抓，我很有耐心，说："这样拿会有细菌，所以你应该拿上来。"他又看看我，他虽然没有讲话，你知道是什么意思吗？他说"我看看你的底线在哪里"。很多小孩会探父母的底线，如果父母对他予取予求，就会节节败退，孩子会用情绪来威胁你。我看劝了三次没有用，马上把他抱起来往我的房间走。为什么要往房间走？要把他所有的援兵都截断，他才会知道大事不妙。我刚把他抱起来，我妈妈马上说："都快过年了，就别打了！"要不要打？哪有过年犯错就不用处罚？那样孩子根本就不知道规则在哪里！

现在很多家长，逢礼拜六礼拜天就睡到中午。孩子五天正常，礼拜六礼拜天不正常，他的生活就乱了，就没规律了。礼拜一上学的时候，学生的表情都怎么样？懒洋洋的。所以，规则不能因为任何情况而改变，不然孩子一定会好逸恶劳，一定会往玩乐的方向去走。我都跟我姐姐交代，纵使带他出去爬山，出去玩几天，每天也一定要把该背的经典背好。这样孩子就会明白，不管在家或在外，自己的学习任务都要完成。当你的原则愈明确，他就愈觉得这是他的本分，他就愈不会心存侥幸。这个原则一定要抓稳。

当我把他抱进房间里面，这时候最重要的是要让他知道自己错了，而不是我们喜欢处罚小孩。我就告诉他："你再哭没关系，你哭得愈大声，舅舅就处罚得愈重。"你这么一讲，他可能会哭得更大声，你就马上打他一下。其实他那时候还包尿布，根本不会痛，只是你那种气势把他震住了。你再告诉他，情绪不可能达到目的，再怎么哭都没有用。当你很坚定的时候，他明白这样的方法不能够达到他的目的，就不哭了。当他不哭了，我们就要把道理跟他讲清楚，“舅舅这样教你是为你好，你应该接受长辈的教诲”，从很凶变得很慈祥。跟他讲完，我就出来了。

黑脸演完了，白脸要上演，所以我姐姐就走过去。一走进门，外甥马上到她面前来，抱着她撒娇。我姐姐推开他，说：“你刚刚犯了什么错？自己讲！”孩子不讲，又抱过来，她还是很坚持，对着她儿子说：“刚刚犯了什么错？自己讲！”要让他的记忆不是停留在舅舅处罚他，而是要停留在自己犯了什么过失。等他讲完，我姐姐就跟外甥讲：“去跟舅舅道歉。”还要他来跟我道歉，这就是把机会教育做到位了。很多父母教孩子只是处罚完，情绪发泄完，都没有做收尾的动作，所以孩子的记忆中就觉得爸爸的脾气很不好，妈妈的脾气很不好。所以恩威并施，黑白脸的搭配要谨慎。

现在黑脸有没有人在演？现在的父亲愿不愿意演黑脸？不愿意！为什么？因为他们工作很忙，对孩子有愧疚。难得跟孩子相处，都希望看到孩子的笑脸，所以他们每次回家都拿着礼物。不演黑脸，都演白脸，然后孩子跑过来说：“爸爸你真好！”赶快把礼物拿走。这样过了两三个月，孩子冲过来喊“爸爸”，他不是看着你，而是看着礼物，拿了就走了。突然有一天你回来没有拿礼物，他说：“爸爸，你怎么这样就回来了？”所以不能用物质去建立父子关系，这样很不好，应该用你的爱心跟关怀去建立父子关系。

父亲不演黑脸，谁来演？母亲演。女人天性就比较有爱心，对孩子都很关怀，所以她们演白脸是最自然的。但现在不只要演白脸又要演黑脸，很多女性跟孩子扮完黑脸，自己心里面会觉得很难受。而且刚演完黑脸，可能一下子又要变成白脸，好不好演？不好演。脾气刚发完，又要对孩子很慈爱，所以现在女人很严重的病叫内分泌失调。常常要演黑脸，一下子又要转成白脸，女人的身心负担很大。男属刚，女属柔，还是先生演黑脸合适，这样孩子才不容易造次。我记得小时候，只要父亲瞪我们一下，我们马上就会懂得收敛。

对父亲而言，因为工作比较忙，所以陪孩子的时间并不是一定要很长，最重要的是你有没有这一颗心。假如你每天拿出十分钟，这十分钟手机要关掉。这一段时间就是你跟你的孩子相处的时间，你把圣贤书拿出来，把《德育故事》拿出来，每天给他讲两则。你持续不断这样做，孩子会觉得你很在乎他，他听完故事，到学校去会跟同学讲："我爸爸每天都给我讲两个故事。"那同学会投以羡慕的眼光，然后他会说："来，我告诉你们这两个故事。"这样同时训练了他把这些圣贤的故事跟人家分享。所以，最重要的是你有这颗心，就能把孩子教育好。

以上讲的是夫妇关系，夫妇关系在五伦关系中最重要，夫妇正，五伦就正。所以"一门深入"，这一门掌握了道德的纲领，而《弟子规》就是道德的纲领，所以我们学习先从《弟子规》这一门去深入。如何深入？深入要做到"解行相应"，理解之后，一定要去落实。力行会帮你更深刻地体会圣贤道理，体会得愈深解得就愈深，解得愈深行得就愈扎实；解帮助行，行又帮助解。所以，我们每学一句，一定要懂得赶快去力行。"长时熏修"，"长时"是指时时刻刻。我常常会跟很多朋友讲，只要持续不断，每天早晚把《弟子规》念一遍，保证三个月后，道德学问有很大的进步。

我在海口的时候，有一个老师真正做到了。这个老师第一次来上课的时候，我印象很深，是去年的元宵节。他听课的时候目不转睛，我讲到很多圣哲的故事时，他都会奋笔疾书把它记下来。他学了三个多月，就走向前来跟我说："蔡老师，这么好的圣贤教诲，不能只有我的家庭得利益，我希望回到我自己的故乡去教《弟子规》。"他因为有立志，长时间不间断，早晚念一遍，所以提升得特别快。早上念的时候，提醒自己，今天要做到《弟子规》中的教诲；晚上念的时候，反省一下，今天哪些做到了，给自己一些鼓励，哪些没做到，要更加警惕，后不再犯，这样就能收到很好的效果。

“修”是修正。从想法、看法、说法、做法入手，时时提醒自己去修正。修正往往都是在你与人相交往时就要去修正，不能错了的时候再来修正。有一位朋友跟我分享，他说他最难修正的就是“人有短，切莫揭”，因为几十年来说长道短习惯了，所以他也是很用功，早晚念一遍。然后每当他要说长道短的时候，突然《弟子规》的这句经文“人有短，切莫揭”就进了他的大脑，他的嘴巴马上就闭上了。这叫历事炼心，不断地修正自己的想法、看法、说法、做法。

我们提到了整个学习的态度，第一个要立志；第二个要力行；第三个，一定要先扎道德的根基，再来读其他的经典；第四个，学习要能一门深入，长时熏习。

有了正确的态度，接下来我们要进入《弟子规》的学习。一般的人听到“弟子”，会有错误的认知，觉得是小孩学的。其实这个“弟子”不是指小孩，圣贤人的学生都叫弟子。“规”也是会意字，左边一个“夫”，右边一个“见”，叫大丈夫的见解。当然大丈夫的见解一定是随顺圣贤教诲，也就是随顺人生的真理来处事待人。《弟子规》我们先学才能把孩子教好，“教儿教女先教己”，要把儿女教好，首先要提升自己，自己先学好，这样才能够身教。

我们先把“总叙”一起念一遍：“弟子规，圣人训。首孝悌，次谨信。泛爱众，而亲仁。有余力，则学文。”

诸位朋友，假如你回去坐在书桌上读得这么有精神，一定会让你的孩子对你肃然起敬，你的好学精神会感动孩子。

我们这节课先上到这里，谢谢。

第六讲　人生成功和幸福的根本在哪里

诸位朋友，大家好！上节课我们已经进入《弟子规》，我们把“总叙”念了一遍。我们也提到了，这个“弟子”不是指小孩子，我们每一位愿意学习圣贤教诲的学生，都称为弟子。“规”是规范，我们遵守这样的规范，就能够让自己的德业日渐提升。

“弟子规，圣人训”。这是圣贤人的教诲，而这句教诲是从孔夫子的教诲中撷取出来的，我们在《论语》里面可以看到。

“首孝悌”。这个“首”也就是提到做人的根本在哪里。在孝道跟悌，尊敬长辈，友爱兄弟。“悌”里面还包含一个很重要的态度，就是恭敬之心，对长者的恭敬。而一个人的道德、学问都是从孝跟敬中不断地提升，不断地流露出来。其实一个人只要做到孝跟悌，相信他就可以齐家、治国、平天下。诸位朋友，有没有觉得这种说法很夸张？大道至简，很深奥的道理，其实都是很简单的。

我们回想一下历史，中国几千年的历史，哪个朝代历史最悠久，国运最昌盛？周朝。享国多少年？八百年。请问为什么周朝可以延续八百年？凭的是什么？孝跟悌。我们把原因找出来，就可以从中得到很好的启示。

周朝开国是周文王、周武王，而周文王的祖父叫太王。太王生了三个儿子，老大是泰伯，老二是仲雍，老三是王季，王季生了周文王，周文王又生了周武王、周公。当初太王看到孙子周文王诞生的时候，觉得周文王有帝王之相，有圣主之相。但是周文王的父亲排第几？排老三。结果他的大伯泰伯看到了父亲看到孙子脸上的喜悦，了解到他的父亲想把王位传给王季，希望往后能传到这位孙子的手上。泰伯很善体父亲的心境，所以他不声不响借着要去帮父亲采药的这个理由，跟他的二弟仲雍相约，两个人就上山去了，去了就没有再回来。因为他希望让父亲方便做事，不用顾虑他这个长子，而直接传位给他的三弟王季，继而再传给周文王。

诸位朋友，这个家族什么都能让，天下都能让出来，而这个让天下的动作成就了哪些德行？孝道！善体亲心，能圆满父亲的心意。再来，不只让出了孝道，还让出了什么？兄弟的友爱，连天下都可以让，还有什么东西兄弟不能相让？除了让出了孝，让出了悌，还让出了什么？让出了忠，忠于天下人民。因为他这么一让，可以让一个圣主领导全国人民，这一让是真正的德行，真正的家风。所以孔老夫子对泰伯、仲雍的赞叹是“德之至也”，没有至德做不出这样的行为。

周文王跟他的父亲王季都是早上、中午、晚上一天三次问候，所谓晨昏定省。三次去看父亲，一来看看父亲的气色，再来看看父亲吃饭的情况。假如父亲进食很好，他就非常欣慰；假如父亲吃得很少，他就很担忧。由于有这样的身教，他的儿子武王、周公也学得很好，周武王对周文王也非常孝顺。有一次周文王生病，周武王服侍在侧，十二天没有宽衣解带，帽子也没有拿下来，足足侍奉他父亲十二天。由于这样的孝心，他父亲的病好起来了。俗话说“人逢喜事精神爽”，有哪件事比孩子孝顺更能让父母欢心的？一个人快乐的时候，免疫力就会增强，这有科学根据的。

·家孝，一国就兴孝，当人们看到他们所崇敬的领导人都是这么样的孝顺，他们会很感动，会起而效法。所以《大学》里面说：“一家仁，一国兴仁；一家让，一国兴让。”他们的礼让带动了全国人民的礼让，很多纷争的事自然就减少。

周武王承传了周文王的孝道，周公也承传了他的伯父泰伯、仲雍对兄弟的友爱。有一次周武王生病了，周公就在他们祖宗的庙前（他们那时候叫太庙），写了一篇祈祷文，祈求折掉自己的寿命，让他的兄长可以延寿。我们感受到他不只是对兄弟的友爱，也感受到他希望兄长健康，能够治理好天下。至诚可以感通，周公把祈祷文念完，周武王身体就好转起来，而这篇祈祷文就一直放在太庙里面。

后来周武王去世了，接下来是周成王即位，周公辅助他，因为成王还年轻。周武王生前帮周成王选了几位老师，太师是姜太公，太保就是周公。假如你的孩子有姜太公教，又有周公教，好不好？好！所以，我们要替孩子找好老师。诸位朋友不要急，只要你有这份诚心，一定会有好的因缘进来。今天我们的孩子，还有我们，已经有了一个好老师，它就是《弟子规》，这本经书可以让你的家风有很好的提升，很好的延续。

后来周成王长大了，有这么好的老师提携他，他也能够治理天下。那时候国家有些谣言，都说周公要篡夺天下。周公不等他的侄子说话，就自请到山东去，让他的侄子好做人，不被流言蜚语所影响。周成王走在路上，天空突然出现异象，大白天打雷。以前的人很有反省的态度，看到天空有异象，成王就想：是不是我这个天子做了什么坏事？诸位朋友，这是不是迷信？不是！人心与天地万物是有交感的，人心善就会风调雨顺，人心恶就会灾难连连。现在的人心是善是恶？天灾人祸那么多，所以我们要反观内省，要开始好好地把这颗心守好，让它向善。

周成王看到这个现象，回去就好好反省，就想到，是不是我让我的叔叔离开这件事是不正确的？所以周成王也到太庙去跟祖宗忏悔。“慎终追远，民德归厚”，以前的人心很淳朴，都会谨记这些老祖宗的教诲。在周成王忏悔的过程中，看到周公为周武王的祈祷文，看到自己的叔叔为了让他的兄长能够延寿，不惜向天祈求折自己的寿。周成王看了很感动，马上以天子之礼亲自带文武百官去把周公迎请回来。可见，周武王跟周公的兄弟友爱也传给了后代子孙，周朝因为有孝悌，才能够绵延八百年。

一个家庭有孝悌可以绵延多久？中国历史上孔老夫子的德行最好，他的德行也感化了他世世代代的子孙，所以他的家风两千多年不衰。诸位朋友，假如今天突然你得到一个消息，说你是孔老夫子的后代，你会不会觉得今天跟明天不一样？心想我不能丢孔老夫子的脸，然后言语、行为都会很谨慎。

我在厦门讲课的时候，有一位老师上台分享。这位老师一上台，他就说："这五天的课程，才让我知道德行的根本在孝道。《孝经·开宗明义章第一》里说'夫孝，德之本也'。"他接着又说，他对这句话有很深的感受。他们整个村落有四十几户人家，都姓吴。他说这四十几户人家出了一百零九个后代，其中有一百零八个大学毕业，素质很好。而这第一百零九个是已经考上大学，但是读了两年因某种原因办了休学。

他接着又说，他终于知道为什么他们这一代能这么兴旺。因为他们村里的长者告诉他们，只要读书、工作一放假，就要记得回来看看父母。他们每年的大年初一，一定是陪着父母到寺庙里面去拜拜、去祈福，不做其他的事。除了陪父母以外，还要到邻居家里去跟长辈拜年，挨家挨户地拜。这是做到了什么？尊敬长辈，悌！跟长辈拜完年，他们这些差不多年纪的人，就聚在他们村里面的小学，一起讨论今年读书中的收获，工作上的经验，大家一起讨论，互相切磋。这是做到了什么？好学！有孝有悌又好学。所以这个村下一代能有这么好的发展，不是偶然的，不是说那边是龙穴，风水很好，不是这样。

所以孔老夫子说"首孝悌"，当一个人孝、悌做到了，他会推己及人，看到别人的父母同样也会恭敬对待。所以《弟子规》有教导："事诸父，如事父；事诸兄，如事兄。"

诸位朋友，我因为以前教书养成了一个坏习惯，特别喜欢考试，所以这几天我都会考前面讲过的课程。我们求学问有个很重要的态度，要温习，要复习，还要预习。所以还没讲到的《弟子规》，希望大家把它读熟，这样在上课时提到这些经句，你会很有感觉，这样学习效果一定会特别好。

“次谨信”。“谨”是谨慎，谨言慎行。生活要有规律，不能搞得乱七八糟，连照顾自己的能力都没有，更遑论去承担家庭的重责。

“信”是会意字，代表人言。《弟子规》说“凡出言，信为先”，孔老夫子也说，人无信不立，一个人假如没有信用，很难在社会立足。而孔老夫子的教诲重视四个学问：第一个是德行，第二个就是言语，第三个是政事，第四个是文学。言语为什么摆在仅次于德行的重要位置？因为人与人的互动跟交往，使用言语的频率最高，所以言语很重要，“一言可以兴邦，一言可以丧邦”，一言可以让家庭和乐，一言也可以让家庭纷争不断。

“泛爱众，而亲仁”。“泛爱众”，广泛地爱众人，这在现代，叫人际关系法，教人如何跟人相处得很和乐。《弟子规》能赶得上时代，很注重人际关系学。

再来是“而亲仁”，亲近仁德之人。我们时时亲近仁德之人，就能够提升自己的道德学问，所谓“入芝兰之室，久而不闻其香”，你每天接触的都是这些善人，无形中德行就会提升。“入鲍鱼之肆，久而不闻其臭”，假如身旁都是狐朋狗党，自己每天的言语、行为都会愈来愈粗俗。所以亲近仁德之人很重要，亲近仁德之人也能长我们的智慧，人生有智慧才会下对抉择，才会愈走愈轻松；假如没有下对抉择，那人生会愈走愈沉重。

“有余力，则学文”。当我们把这些德行都扎实地学好，还有空余的时间，就可以多看些好的文章。古代的文章是文以载道，文以明道，所以古人写文章非常慎重，都是真正有把握可以利益后人，才把它留下来。现在人写文章怎么样？想怎么写就怎么写，也不管会不会天下大乱，对自己的言行不够谨慎。所以“学文”还是看古圣先贤的文章比较保险，因为这些文章都是历经几千年印证，确实可以启发人的智慧。

诸位朋友，你会不会觉得一天时间很不够用？我们现在很难一天花两个小时来读书，所以我们要善于把一些零散的时间好好利用。《弟子规》可以随时带在身上，还有《格言联璧》，我每次都放在包里，一有空就拿出来背个一两句，日积月累，滴水可以穿石。不要小看一天十分钟二十分钟的积累，所谓“宽为限，紧用功，工夫到，滞塞通”。

以上是《弟子规》的总叙，下面我们进入经文第一单元，“入则孝”。我们来看这个“孝”，上面一个“老”，下面一个“子”，老指上一代，子指下一代，上一代跟下一代合成一体，就是一个“孝”字。上一代时时念着要好好把下一代教好，现在为人父母者有没有这个态度？我在教书的过程中，往往会听到学历不算高的家长这样流露心声：“我只希望我的孩子不要成为社会的负担，这是我为人父母的责任。”他学历不高，可是他在讲这句话的时候令我肃然起敬，你看他懂得教育好孩子是他这一生的本分。

父母时时想着要把孩子教好，但是教育孩子一定要有好的方法。中国有一篇很重要的教育哲学文章叫《礼记·学记》，里面提到什么是教育，“教也者，长善而救其失”，这句话把教育的两大主轴抓到了。所以我们今天要把孩子教好，一定要清楚，要长他什么善，同时要防止，甚至于要导正他哪些过失，因为“苟不教，性乃迁”。很多孩子有些不好的习惯，我们要赶快帮他纠正过来，什么时候纠正？当下！刻不容缓！因为学如逆水行舟，不进就是退。

诸位朋友，我们思考一下，现在的孩子有哪些习惯、有哪些行为一定要赶快修正？“顶撞父母”，以前的人是一言九鼎，现在的孩子是一言九“顶”，很会顶嘴。再来，“懒惰”“叛逆”“自私”“敷衍”“生活没有规律”，等等。

我们在海口成立的是国学启蒙中心，很多家长会来跟我们探讨小孩的问题，一看到我就忍不住滔滔不绝，“我的孩子自私，很爱顶嘴又很懒惰……”我怕家长太口渴了，赶快说：“您请坐，我倒杯水给您喝。”等他喝下水去，我就问他：“孩子自私是结果，原因在哪里？”诸位朋友，你有没有见过孩子一出生，头顶就写着“自私”两个字？孩子懒惰是结果，原因在哪里？你有没有看过哪个小孩子一两岁就动不了的？一两岁都是活蹦乱跳，怎么后来变得那么懒惰？

还有，孩子叛逆是结果，原因在哪里？有人说叛逆叫正常，这是误导！请问五十年前，人们有没有听过“叛逆”这两个字？几千年的中国史书上，你有没有看过“叛逆”这两个字？都没有。中国人四千多年的历史都没有叛逆，我们居然在短短二三十年之间就产生了叛逆，厉不厉害？为什么四千多年来没有产生叛逆的下一代？为什么在几十年中却快速产生了叛逆的小孩？这不是偶然的！现在的孩子有没有接受中国圣贤教诲？有没有接受孝悌的教导？没有孝心，没有恭敬心，当然言语、行为上对父母就会有冒犯。

我小时候还很慎重地跑去问我妈妈：“妈妈，我有没有叛逆？”我妈妈想了半天，说没有。那时我们对父亲是什么态度？又敬又畏。当我们对父亲敬畏的时候，根本不可能会叛逆。父亲为什么能让我们产生对他的敬畏？最重要的是父亲言行一致，他很孝顺，他做出榜样给我们看。所以现在的孩子会叛逆，我们做家长的要省思一下，为什么孩子对我们没有恭敬之心？有的家长在那里打麻将，然后跟孩子说“你给我去看书，我数到三”，孩子依依不舍，慢慢离开电视屏幕，靠着墙壁，久久不肯离去。妈妈很生气，最后通牒：“再不走，我棍子就要过去了！”这时孩子才心不甘情不愿地上楼。当他坐在椅子上，请问，他的身体在书桌前，他的心在哪里？电视前，不知道男主角怎么了，女主角怎么了。

当父母没有做出榜样给他看，他的内心服不服气？不服气！你说对你讲话要很有礼貌，你对爷爷奶奶讲话怎么没礼貌？当这些不服气慢慢积累，总有一天会爆发。有一天他的身高跟你一样高，拳头跟你一样大，他还要不要听你的？所以叛逆是结果，根源在孩子从小没有对父母生起孝心，生起恭敬之心。这个原因又加上外面大环境的影响，他去效法那些同学、朋友，到最后叛逆的现象就愈来愈严重。要让叛逆的现象消失，重要的是要延续圣贤教诲，同时家长要懂得以身作则，当孩子的好榜样。

我们接着看，“自私”是怎么形成的？你要时时处处懂得去找出原因，就能够对症下药，就能很快地把很多情况转成良性的发展。我们回想一下，夫妻俩跟孩子一起吃饭，爷爷奶奶也在，妈妈夹起第一口菜，给谁吃？这个是普遍现象，但是这一口菜夹下去会产生什么效果？爷爷奶奶看了也不甘示弱，“孙子，这几盘菜也很好吃”。爷爷奶奶也帮谁夹菜？帮孙子夹菜。谁的碗满满的？孙子。所以一个家庭里面谁最大？孙子最大。这样有没有颠倒？颠倒了，所以小孩也就颠倒了！这样合不合理？所有的人都必须服务他，小皇帝、小公主产生了。

请问小皇帝跟小公主的特色是什么？自私，因为所有的人都要服务他，所以他只会想到自己。俗话又说，“伴君如伴虎”，现在的小孩脾气都很大。当你对他百依百顺，十件事顺了他几件，第十件不顺他，他会怎么样？会大哭大闹。你又没有原则，他一发脾气你就妥协了，那他就攻城略地，你就节节败退。所以诸位朋友，教孩子从哪里开始？从夹菜开始。小地方大学问，每个动作做出来都是给孩子学习的榜样。当你夹起菜来给你父亲，“爸爸，多吃一点”。你的孩子看了，会不会因为爸爸没想到他而生气？不会。他看到自己的父亲在行孝道，他内心会很感动，因为每个人都有本善的心。《大学》里面说“知所先后，则近道矣”，做任何事，先后顺序对了，道才能建立起来。所以，你菜夹对了，你就教给孩子正确的为人子之道了。

我们打开冰箱，水果拿出来，先给谁吃？我的父亲把先后顺序搞对了。假如我父亲弄错了，那现在我就不能站在这里跟诸位朋友讲课了，“差之毫厘，失之千里”。有人说：“蔡老师，有这么严重吗？拿个水果就能影响这么大？”有没有影响？真有。小时候我们看父母从冰箱里面拿出来的东西都先给爷爷奶奶吃，我们很自然就效法、就学习。其实我是很有可能变成败家子的，因为我是独子，又是长孙，又是长曾孙。我记得我小时候去给我曾祖母扫墓，那时候三四岁，跪下去头抬起来，看到了自己的名字刻在墓碑的第一位，不由得生出一种使命感，以后这个家族的兴衰，我要尽心尽力。假如我的父母宠爱我，爷爷奶奶又宠爱我，那我今天就不可能学习圣贤之学，可能早就不知道到哪里挥霍去了。

现在的家长拿水果出来，不知道有没有给爷爷奶奶先吃？我还听说有些妈妈会买些特别贵的水果，然后先把它藏起来。爷爷奶奶去睡觉了，赶快拿出来，“儿子赶快过来，这是妈妈特别买给你吃的”。儿子吃得很高兴，他也学得很彻底，他以后一有钱，买水果给谁吃？给他儿子吃。你是用好恶，你的孩子就学到好恶，而不是学到情义、恩义。所以，我们还是要循天道而行，要演出孝道，启发孩子本善之心。

诸位朋友，假如孩子已经十多岁了，还来不来得及纠正？你要相信《三字经》第一句话，“人之初，性本善”。听我们课程的，各个阶层、各个年龄层的人都有。有个中学生来听课，每一天回去都有很大的进步。她的阿姨觉得很纳闷，为什么一个十多岁的孩子听了课有这么大的改变？结果第五天，她的阿姨就跑到我们上课的地点去找我们，不巧我们已经离开了。

她又跟旅馆里面的人问到我们的电话，打过来说：“我的侄女每天上课回去都有很大的进步，不管对父母，或者对家里的人态度都很好。我的孩子一个两岁，一个四岁，可不可以交给你们教？”你看现在的家长，一遇到好的，没想自己先做，先推给老师。我们就跟她说，我们这些老师都从海口、从深圳来，地方太远了。结果这个母亲说：“没关系，我从北京把他们送到深圳去。”

还有一位四十岁的男士，我在杭州天目山讲课的时候，他被主办单位安排来当我的保镖，因为来听课的有四五百人。如果我要休息了，他就说：“老师要休息了，现在不方便讲话。”帮我处理这些情况。而且他还学过武术，当武警当了十多年。他听课听到第三天的时候，下完课带我们去吃饭。一路上他就说：“太好了！太好了！真是太好了！”我们确实不知道他在说什么，只感觉他的内心很喜悦。到了餐厅他说：“蔡老师，我现在的心情只能用三岁小孩的言语来代表，就是太好了！”接着他就说：“我活了四十年，终于知道我人生错在哪里！”

其实我们听到他这句话，内心感到很心酸，一个四十岁的硬汉，他不是不愿意学，是没有人教！你看他的态度多好，学了马上就像个赤子一样，很欢喜。他说他终于知道太太为什么跟他离婚，为什么孩子跟他不能沟通，同事跟他很有距离，都很怕他。他终于找到了问题的根源。他跟我说，他回去第一件事，就是要找他的前妻好好谈一谈。“人非圣贤，孰能无过，过而能改，善莫大焉。”第四天早上吃饭，他说：“蔡老师，您在这里坐一下，我跟您聊一下。”我就觉得气氛怪怪的，他想干吗？

好，我们这节课先讲到这里，下节课再把答案告诉大家。谢谢大家。

第七讲　解决全部坏习惯的关键点

我们上节课讲到，一位男士四十岁，接受五天圣贤的教诲，内心生起很大的欢喜，有很深的体悟。所以在第四天的时候，他说要跟我坐下来聊一聊。我的感觉就怪怪的，坐下来有点如坐针毡。他走到我面前，他说："我这一辈子只拜父母，只拜老师。"我一看大事不妙，赶快跳起来，确确实实是因为圣贤的教诲让他很感动，我没什么功劳，所以承受不起。结果四十岁的壮汉，一把就把我纤细的双手抓住，让我不知所措。我看他这么有诚意，心也安住了，就成全了他这一份恭敬之心。

我们也感受到自己肩上的责任很重，希望通过我们这些课程能够真正让更多的人了解到，确确实实中国的古圣先贤非常伟大。通过学习他们的教诲，未来21世纪一定能够家庭和乐，社会安定。所以诸位朋友，纵使你现在已经四五十岁，纵使你的孩子已经二十几岁，你都不要害怕，精诚所至，金石为开，只问我们的道德、学问够不够，不要担心人会不会改变。

我们再看看其他的，为什么孩子会懒惰？根源在哪里？诸位朋友，孩子懒惰不可能是长大才养成，所谓"少成若天性，习惯成自然"。教育为什么一定要抓得愈早愈好，因为一旦养成就不好修正。我记得我外甥小的时候，看到母亲在擦桌子，擦到一半有事先去处理，这个孩子就跑过来拿起抹布，也在那里模仿。后来我姐姐走过来，马上就跟他儿子讲："伟伟，你怎么这么小就这么懂得孝顺父母！还懂得帮妈妈擦桌子，真乖！"结果他愈擦愈有劲。所以，孩子要通过我们多鼓励，多肯定，潜能才能激发出来。他擦完，母亲又跟他说："小伟，擦桌子假如边边角角都很仔细地把它擦干净，那你这个桌子就擦得很完美。"

一来肯定他的孝心，二来又教他做事的方法。所以我这个外甥很爱干净，三四岁棉被都是自己叠，看起来就白白净净的。所以，从小给他的态度很重要。

假如这位母亲跑过去气冲冲地说："哎呀，你搞什么！走开，不要在这里捣乱。"你这只手给他推了两次、推了三次，他以后会不会过来？不会了。所以当父母的要抓住机会教育，不然很多好机会当面错过。等到他已经不再帮你做家事了，那时候你再生气也于事无补。很多家长都说："你只要把书给我念好就好，其他的事都别管。"这样好不好？他只会念书，其他事都不做，那他信不信任自己做事的能力？不信任。他愈不信任就愈不敢去承担工作，不承担工作，会不会有责任心？没有！所以这都是连带关系，我们要深思熟虑。孩子多去活动，对他的筋骨有很大的帮助。在活动中，孩子也会感受到：原来母亲持一个家真不容易，我才拖客厅的地就累了，妈妈还要上班，回来还煮饭，还要做那么多事。他一边拖，一边心生感恩。所以俗话说"习劳"，他真正付出，真正去劳动，才知感恩，才知付出者的辛苦。所以不能让孩子不劳动，不能让他养成懒惰的习惯。

我们再来看，为什么孩子生活没规律？我曾经问过我的学生："今天没吃早餐的举手？"很多，差不多一半都没吃。我接着就问："妈妈没煮吗？"他们说："妈妈还在睡觉。"他们的早餐就是几个铜板摆在桌上，上面写着两个字叫"早餐"，家长出钱。请问出钱的家长有没有真正去了解过，那几个铜板有没有转成早餐？没有！转成什么？转成电动玩具，转成含有色素的一大堆零食。这种情况持续半年一年，体质会直线下降。

我为什么知道？当时我教的是六年级，六年级的孩子正值发育期，肚子特别容易饿，差不多十点多就咕噜咕噜叫了。所以我的抽屉里面随时都会放着饼干，他们都很爱吃我的饼干。很多人基本上九点多、十点，上课的时候脸色就有点发青了，肚子饿。一了解，他的铜板没有变早餐，拿去花掉了。所以我们为人父母，要让孩子生活规律，要让他的三餐正常，我们就要多付出一点，这些付出将影响孩子的一生。

诸位朋友，这些坏习惯，你们相不相信只要长了一个善全部都解决？长哪个善？“百善孝为先”，这句话随着你深入圣贤教诲，你的体会会愈来愈深。这句话有两个意思，第一个意思是孝为百善之首，第二个意思是孝心开了，百善自然就开。我们来看看，一个有孝心的人会不会自私？不会！一个有孝心的人会不会顶嘴？“父母呼，应勿缓，父母命，行勿懒。”诸位朋友，不要小看《弟子规》，一个“入则孝”就解决你小孩所有的问题。当他知道“身有伤，贻亲忧”，他会不会生活颠倒？不会！他会不会没责任心？“德有伤，贻亲羞。”他会很勤劳，因为“亲所好，力为具”，希望能让父母欢喜，让父母欣慰。

所以孝心一开，除了对父母孝敬，对兄弟也友爱，因为兄弟发生冲突，谁最难过？父母，所谓“兄道友，弟道恭，兄弟睦，孝在中”。而且，一个人真有孝心，他对其他人的父母也会有恭敬之心。所以推而广之，他这一份孝、这一份敬会延伸到对一切长辈。那他会不会去欺负别人的孩子？不会。因为他知道当孩子受伤害，父母最痛苦，他这份同理心就会自然而然延伸开来。所以一个人的仁慈之心是从这个原点，从“父子有亲”扩散开来。

教孩子孝，首先要告诉他为什么要孝，所谓知恩才懂得报恩，所以我们会引导孩子去念父母的恩德。一开始我们会说，在两三千年前有位圣者叫佛陀，有一天他带着他的学生走在郊外，看到一堆白骨。佛陀把白骨分成两堆，一堆颜色比较洁白，一堆颜色比较灰暗。学生也很好学，他们知道“心有疑，随札记，就人问，求确义”，懂得学问学问，要懂得发问。佛陀接着就跟他们说，这堆颜色灰暗的是女人的骨头。女人的骨头为什么比较灰暗？因为当母亲的要怀胎十月，在这个过程中，孩子所有的营养都来自母亲的身体。当小孩的钙质不足，就必须从母亲的骨头中提取出来，所以母亲的骨头是灰暗的。

我们曾经做过一个活动，叫孩子们拿一个鸡蛋放在身上，叫“一日护蛋活动”。我告诉他们:“你们今天感受一下保护一颗蛋的感觉，只要一天，看能不能把它保护好。”孩子一开始小心翼翼，但差不多过了一两个小时就忘记了，所以就不断听到“啊”。到当天最后一节课，剩下没有破的寥寥无几。老师就引导他们，说:“你们看，你们守一天都守不住，假如妈妈像你们一样，每天蹦蹦跳跳，你们生出来就会这边青一块，那边紫一块。母亲十个月都要很谨慎地保护你，而且你的体重一天比一天重。母亲在怀胎的时候还会有生理反应，会呕吐，吃不下饭，但是母亲吃不下饭的时候，还勉强自己一定要把食物吃下去。诸位小朋友，为什么母亲都没胃口了，还要把食物吃下去？为了让她的身体有营养可以输给你。所以诸位小朋友，你们可不可以偏食？妈妈为了你们，都愿意把食物吃下去，你们也应该回馈妈妈，不要偏食，该吃的、营养的要吃下去，让身体强壮，让妈妈欢喜。”我们这样引导，孩子就会感同身受。

怀胎十月的时候身体很重，走起来都不容易。我们也曾经拿篮球让孩子放在身上，让他去感受，因为很多事情你要去体验才生得起那个感触。接着我又会引导学生，我说:“老师曾经了解到，产房生产的床两边有两条钢柱，很粗，但都弯掉了。诸位小朋友，什么力量让这个钢柱弯了？”小孩就说“痛的力量”。因为母亲生产很痛，所以抓着这些钢柱，日积月累，钢柱都给拉弯了。据证实，生产的痛比癌症还要痛，很多癌症患者为什么自杀？痛得受不了。而母亲居然是承受比癌症还要辛苦的痛。母亲把孩子生下来，第一句话、第一个念头是什么？“孩子健不健康？”母亲对你的疼爱可以让她把这样的疼痛完全抛在脑后，这样的恩德我们这一辈子都要记在心上。

接着是孩子的养育，那更是辛苦。有一位朋友说她在生孩子以前，常常想赶快把孩子生出来，结果生出来，又很想把孩子放回去。所以养育的功劳大过生育，多少的夜晚都要跟孩子“作战”！他假如晚上不睡觉，家里的人就必须怎么样？轮番上阵，搞接力赛。我的外甥不睡觉，我也排过班，但是我接棒差不多二十分钟就撑不下去了，手都快断掉了。我抱着这个外甥，对他说：“以后你对你母亲不孝，我就第一个好好地责罚你。”孩子一定要孝顺父母，因为多少个夜晚都是父母辛劳地带孩子入眠，陪着他熬夜；多少次的生病，都是父母在半夜带着孩子去看医生；多少次不吃饭，都是父母在担心着孩子的营养跟不上怎么办。这些生活的压力，养育的重责，时时都担在父母的身上。

所以佛陀告诉学生，父母的恩德我们这一生是不可能报得了的，我们应该力行孝道。我们跟孩子讲父母的整个辛劳，在讲的过程中，有些孩子也会感动得掉下泪来。我们进一步就跟学生说：“父母的辛劳让我们很感动，掉了眼泪之后要怎么办？你真正感受到父母的恩德，就要起而去做孝顺的事。当你能够做到《弟子规》里面的一条，你就是尽到一份孝心；当你把《弟子规》统统做到了，你的孝就做得很圆满。”当孩子起了知恩之心，我们要进一步引导他报恩。

从哪里力行孝道？我们来看《弟子规》这一段经文，我们一起把它读一遍：“父母呼，应勿缓；父母命，行勿懒。父母教，须敬听；父母责，须顺承。”

“父母呼，应勿缓”。这是提到对父母讲话的态度很重要。其实一个人的道德、学问从哪里看出来？从他的一言一行，而孩子对父母讲话的态度，对他影响很深远。当他所起的是孝心、是恭敬心，那他的学问就扎下很好的根基。当他没有这一份孝跟敬，他生起的是什么心？可能是傲慢，可能是不恭敬，这很有可能就毁了他一生的道业。我这么讲不夸张，《大学》里面有提到，“欲治其国者，先齐其家；欲齐其家者，先修其身；欲修其身者，先正其心”，所以孩子要能诚意、正心，他才能修身、齐家，而长养孩子的孝跟敬就是正他的心。如何诚意、正心？必须格物致知。格物就是革除他的物欲，革除他的坏习性。不耐烦、傲慢就是坏习性，从小就能够把这些坏习性转化掉，就是格物致知，就能诚意正心。所以，大学问都是从小地方开始扎根的。

我们思考一下，现在的孩子你叫他，他会怎么回答？如果他走过来说：“叔叔，您有什么事吗？”你会突然对他怎么样？肃然起敬。这真是现在硕果仅存的孩子。所以孩子要教！我说孩子从小要教他礼貌，看到长辈要叫人，有些家长说：“叫人？他能对着你笑一笑就不错了，还叫人！”诸位朋友，这样教育孩子的态度对不对？我们现在把标准降低，会造成什么结果？一代不如一代。你看结果不都呈现出来了吗？所以教孩子的标准不能因为时代而改变。我们要引导孩子，父母叫你的时候要赶快过去：“爸爸妈妈，有什么事吗？”当然我们做长辈的要先做给孩子看。当爷爷奶奶叫我们时，我们一定要恭恭敬敬去演给孩子看。当我们做出这样的态度，这种孝心跟恭敬就会相互熏染，就会在你的家庭形成风气。

“父母呼，应勿缓”，这样的恭敬心除了对父母，还要对谁？还要“师长呼，应勿缓”“长辈呼，应勿缓”“领导呼，应勿缓”。假如你学了这句经文然后去上班，你的领导叫你，你马上跑过去：“经理，您有什么事吗？”你的经理可能马上说：“你今天有没有发烧？”没有关系，从我们开始改变，整个地球都会变，不要小看自己心的力量。

心是根本，所有的行为都从你的心延伸出来。当一个人的内心真正恭敬，他会对一切人都恭敬。《礼记》第一篇“曲礼”开头就说“毋不敬”，对一切人事物都要恭敬。诸位朋友，一个人对父母，对兄弟、长者都恭敬，对父母交代的事，他会怎么样？尽心尽力。因为他对人敬，对事就会敬。当他对人恭敬，父母辛辛苦苦赚钱买的食物，他会不会糟蹋？不会！当孩子对人懂得恭敬，对事、对物自然而然也会心生恭敬。所以诸位朋友，恭敬心太重要了。

那对孩子要不要“儿子呼，应勿缓”？你不要说蔡老师说对一切人都要恭恭敬敬，所以回去你儿子叫你，你马上跑过去：“儿子，有什么事吗？”那你就学呆了。对孩子，我们是长辈，他是晚辈，我们要让他对我们恭敬，要去成全他的恭敬心。所以孩子假如今天说：“爸爸，你过来一下。”你要不要过去？不可以，要说：“你怎么不过来？”然后他过来再跟他说：“来，我们一起来学《弟子规》。”你不要训斥他，要循循善诱，跟他一起学，他自然在听这些圣哲故事时心生效法。

有一位老师，她的孩子有一天在敲她的门，她的婆婆就走过来，可能是要叫孙子吃东西，结果孙子有点不耐烦，就回了一句话：“你别吵了！”怎么办？教育要慎于始，你一发现就要赶快处理，不然等他习惯了就很难改。这位老师很有敏感度，马上开门跟她的孩子说：“跟奶奶道歉。”这孩子死都不道歉，她的婆婆就说：“天气这么热，别道什么歉了。”这时候怎么办？这在考验我们为人父母的智慧。

看孩子不道歉，母亲马上就说了：“妈妈，孩子没有教好是我的过失，我跟您道歉。”这个妈妈话才说完，儿子眼泪就掉下来了。眼泪掉下来代表什么？惭愧。接着母亲又告诉孩子：“你看你对奶奶这么不恭敬，奶奶却念念都想到你，怕你太热了，你有没有看到奶奶的心都是时时为你着想？”当儿媳妇的帮婆婆说话，这个婆婆听了很感动，然后就走了。之后婆媳关系因为这件事都会有很好的发展，因为婆婆觉得这个儿媳妇知道她的心。

最后妈妈跟孩子说：“你今天晚上要写日记，好好反省一下。”结果这个孩子晚上写日记，说他有两个我，一个是很善良的我，一个是不善良的，那个不善良的跟善良的在那里拔河。诸位朋友，小小年纪就有这么大的挣扎，长大以后还有更多的挣扎。但是假如孝心从很小就扎根，他的人生就不会有这些矛盾，他的人生也不会有因为不恭敬，因为坏脾气，做出让自己后悔的事情。所以，当孩子一犯错，我们为人父母的要很敏感，赶快去处理。

其实当一个人能深刻体会父母的恩德，他的心就自然柔软，自然恭敬。记得我姐姐出嫁的时候，我是我们家的独子，所以是我去帮我姐夫开门。一路有很多迎娶的礼仪，其中有一个礼仪让我的印象最深刻，就是仪式最后我的姐夫带着我姐姐拜别我的父母。当我姐姐跟姐夫跪下去的时候，我的父亲眼泪瞬间就迸出来，一看父亲这样，瞬间我的眼泪也掉出来，我在那个时刻感受到一个父亲的心境。父亲照顾这个女儿二十多年，不知道操了多少心，不知道挂念了多少事情，念念都希望孩子长得好，孩子书念得好，孩子能有个好的归宿。所以父亲的眼泪，还有那么一点安慰，今天终于帮女儿找了个好归宿。

而父母对子女，是不是成家了就不操心了？不是，是一辈子的爱护。所谓“母活一百岁，常忧八十儿”，母亲纵使活了一百岁，八十岁的儿子在她眼里还是她的小孩。因此我就告诉我自己，这一辈子父母的恩德都报不完，不能再对父母讲一句忤逆的话、不恭敬的话。因为有这一份体会，再看到自己的父亲自然而然就会心生恭敬，心生欢喜。我们要能念念把父母的恩德放在心上，自然而然“诚于中，形于外”，我们的恭敬的言语跟行为就会表现出来。

“父母命，行勿懒”。我们答应帮父母做的事不可以懒惰，答应了就要赶快去做，这个我们用来要求孩子也很管用。你不是说要去洗澡吗？赶快去洗，“父母命，行勿懒”。当你跟孩子有了这个共通语言，一起遵守孔老夫子的教诲，你们就能很好地沟通。那我们要反思，我们长这么大了，父母命令、父母交代我们的事，我们有没有“行勿懒”？我们答应的事情，最容易失信于谁？最亲的父母，跟最亲的先生、太太。跟我们最亲，都是对我们的人生最重要、最有恩德的人，我们反而很容易对他们不守信，什么原因？因为对客户不守信就没钱赚，对父母不守信还可以找找借口，“我最近很忙，不好意思不好意思”。所以人要省思！我们应该对父母更守信用，这样才是正确的态度；当然对父母守信，对一切人也都要守信用。今天上完这节课，我们要想想，有没有答应父母的事现在还欠着，有的话要赶快去做。

深圳有位老师听了课，就说：“我前几天回家，看到我爸爸拿一个很不好用的刮胡刀。我就跟他说：‘爸，这个那么旧了，不要用了，我去给您买一个。’”然后就把他爸爸的刮胡刀丢到垃圾桶里面去，结果一转身就忘记了去买新的，他爸爸为此已经气了好几天。他听完课才突然想起来，赶快打电话回去跟他爸爸道歉，赶快买了寄回去。无独有偶，有另外一位老师，想起答应爸爸要买刮胡刀也没买。所以人确确实实需要被提醒，你身旁有好朋友，你常常能够看经书，就能够常常看到自己还有哪些不足之处。

古代很多孝子，不等父母命令，都能够感受到父母的需要，主动去做。三国有个孝子叫孟宗，他母亲已经很长一段时间吃不下东西，突然很想吃竹笋煮的汤。可是当时并不是出笋的季节，他也不知道怎么办，就走到竹园里面哭泣。结果他这份孝心，这份真诚心，感动了竹子，长出了竹笋，留下“孟宗哭竹”的典故。

所以，大自然跟人心是一个互动关系。古代这么多的孝子，为什么能感动竹子，感动很多动物，甚至于感动最凶猛的老虎？凭的都是什么？孝心！这样的好戏，我们的老祖宗上演了几千年，这样的好戏，我们应不应该继续演下去？应该！只要我们能够学到他们的孝心，人生一定可以上演一出一出感人的好戏。孟宗的母亲吃了竹笋煮的汤，病就好了，可见真正的孝子能够让父母宽慰，让父母身体健康。

“父母教，须敬听”。父母教训我们的时候，我们要恭恭敬敬地聆听，不能一言九“顶”。假如父亲在训斥我们的时候，讲了十件事，其中只有两件事是真的，八件事是他误会你了，你要不要马上就把他顶回去？不要！因为父亲在训斥我们的时候正是气头上，这个时候你只要说“是”，父亲本来火气很大，可能慢慢就消下去了。等他骂完你，他的情绪已经平和许多，突然又想想：我好像骂儿子骂过头了。他可能就会很主动地削一点水果，“来，一起吃水果”，打打圆场。这个时候你也要很自然地走过去，若无其事。你可不能马上又说：“爸爸，怎么样？要跟我和解了吗？”不要这么死脑筋，我们要顺势而为。

当父母对你责备你都没有回嘴，对你的误会你都能够平心静气去接受，你父母对你的认可，对你的佩服就会提升，慢慢会觉得谁最值得信任？就是我的儿子，就是我的女儿。当然，你的父亲有心脏病，你也要视情况而定。比方说他骂你骂得很凶，心脏病已经要发作了，你还站在那里说“父母教，须敬听”，要不要？所以，学问要学得很灵活，念念为父母着想，你就知道当下应该怎么样进退才得当。

“父母责，须顺承”。父母有责罚，甚至动手，我们也应该欣然接受。想想为什么父母这么生气，我们的过失到底在哪里。不过，也要灵活，不能学死板了。有一次曾子的父亲因为曾子犯了一个错，他很生气，拿起一根大的木棍打曾子。曾子因为学过“父母责，须顺承”，所以动都不动给父亲打，结果父亲用力过猛，把他打晕了。这件事传到孔夫子的耳中，他就跟学生讲，曾子这样做不孝。为什么？孔夫子就说，父母在生气的时候，情绪可能控制不了，假如失手，刚好一棒打到你的头上去，那儿子死了，谁最伤心？父母！所以孔夫子说“小杖则受”，拿小棍子可以乖乖地接受处罚；“大杖则走”，看父亲拿起来的棍子可能会打死你，赶快跑！不能陷父母于不义。诸位朋友，学圣贤学问要能灵活运用。

我会问学生：“你每次被妈妈爸爸骂完，你的内心有什么想法？”孩子的答案是什么？“好衰！被爸爸妈妈看到，下一次一定不要被看到。”孩子的心态不对，所以这个时候我们要适时替父母讲话，把他的态度扭转过来。我会跟学生讲：“当你的父母在责罚你的时候，在生气的时候，其实他们的身体已经受伤了。发一次脾气要几天身体才会恢复正常？要三天左右。有没有人喜欢骂人？没有。你的父母是因为要让你记住这个教训，以后不要再做对自己不利的事情，所以宁可发脾气伤害自己的身体，也不愿意你学坏。你要能体恤父母这一份存心，为了让你的道德、学问能提升，不会堕落，才要教训你、责罚你，你要对得起父母的这一份关怀、爱护。”

父母爱你的方式，有时候是对你轻声细语，有时候却是对你非常凶，但同样都是对你的一份爱心，你要能体会。我们要对得起父母的教诲，不能白让父母身体受伤害，挨骂要能换得进步。我们要学习孔老夫子的好学生颜渊的德行，要能“不贰过”。这次被父母骂完了，一定要记住，下次不能再做让父母生气、伤心的事。当孩子有这样的心态，他就不会觉得很衰，他所记住的就是下一次不能再犯。

今天的课就上到这里，谢谢大家。

第八讲　用心孝养父母的身、心、志

诸位朋友，大家好！大家有没有每天早上把《弟子规》念一遍？（答：有！）“好学近乎知”，只要大家保持这份好学的心，道德、学问一定可以成就。苏格拉底是西方一位很有名的哲人，第一次上课他就跟学生说：“今天只教一个动作，很简单，就是把手摆到前面，然后再往后面摆，就是这样甩手，甩三百下。”做完，他要求学生每天都做一遍。学生觉得很简单。过了一个月，他就问：“现在还有在甩手的请举手？”坚持在做的差不多占了90%；过了两个月再问，占了30%而已。一年以后再问，只剩下一个人在做。那个人是谁？柏拉图，就是西方承传苏格拉底的第二位很重要的哲人。

这个故事启示我们，求学问最重要的就是坚持。当我们每天都能够化整为零去深入圣贤的经典，滴水必能穿石，必能有所成就。比方说每天把《论语》背五句，或者三句，这样一年下来，可能整本《论语》都可以背下来。所以，我们一定要有坚持学习的态度。

我常常会跟很多上完课的老师做交流，我就问他们这一生，有没有比这五天更用功的？他们都说没有，都觉得这五天是他们人生中上课最专注的时候。我说这是一个开始，应该保持这样的学习态度。有个教务主任来上课，他就说这五天所记的笔记多于他上四年大学的笔记。可见，一个人学习的潜力是不可估量的。那为什么这五天他的学习状态能那么好？因为他觉得圣贤的学问确实能够利益学生，所以把他的使命感调动了起来。学习除了持续之外，还要力行。昨天我们学到了“父母呼，应勿缓；父母命，行勿懒。父母教，须敬听；父母责，须顺承”。这段经文教诲我们，最重要的是有一份恭敬的心对待父母。“父母呼”，我们要马上能够过去；在跟父母交谈时，态度要很温和，语气要很婉转。有时候表面上看在跟父母应答，说话不会很大声，但是心里面会有不耐烦的感觉，这个时候我们要能够观照自己的心，要赶快修正。落实道德、学问的根本，就是时时能观照好自己这颗存心。当念头不对了，马上修正，那你的言语、行为就不可能有太大的偏差。

有一次我去找我一个朋友，刚好他面临人生的抉择，要从一个私立大学转到一个公立大学，他跟父亲说起这个抉择，希望父亲能够支持他这么做。我进去的时候，他刚好讲到一半，于是对我说："你先请坐，我先跟我父亲把话说完。"我坐在旁边，看到一个孩子恭恭敬敬地在跟他父亲汇报他的工作状况，那种娓娓道来，那种礼敬的态度给我留下深刻的印象。相信他的孩子在这样的家庭里面熏陶，也会是一个翩翩君子。现在的年轻人在做人生的决定时，有没有去询问过父母的意见？有没有把自己的情况跟父母讲清楚，减少父母的担忧？假如父母常常都不知道孩子在干什么，那不知道会多操多少心！

除了在家对父母要恭敬，"老婆呼""太太呼"也要"应勿缓"。当夫妻之间言谈非常尊重，已经在给孩子做最好的榜样。现在夫妻之间谈话有没有注意到这一点？人愈熟愈不能随便，应该愈熟愈要尊重，礼不可失。纵使再亲的人，礼貌也要时时提得起来。有位妈妈讲完电话把电话挂掉，儿子就跟她说："妈妈，你刚刚是不是在跟爸爸讲话？"你看，儿子从母亲讲话的口气，就可以知道一定是跟爸爸讲话。为什么？母亲跟先生讲话的口气都不好。有时候看到手机显示是先生的，一拿起来："喂，干吗？"一样的口气，孩子因此就能够辨别出来是爸爸打的。听了孩子的话，这个母亲马上修正。刚好当天先生又打电话来了，她就很有礼貌："喂，你好。"先生说："对不起，我打错了。"把电话挂掉后，又打过来，先生说："是你吗？"当我们的态度一修正，家庭就会修正过来，所以不要小看言语的态度。

这一次过年，我们有些老师把我在香港做的"幸福人生讲座"的光盘拿回故乡给一些朋友看。其中有一位，他回到宁波就去找他的同学。这位同学的先生好几天都在公司忙，除夕夜忘了打电话，结果又怕被太太骂，又撑了两天。大年初二想打，又想想一定会被骂，就一直拖，拖到初五才打回家，太太刚好正在看光盘。先生有点诚惶诚恐，恐怕被太太骂，就说："对不起，我现在才打电话回来。"他太太马上说："你辛苦了，连过年都不能回家，我们很感谢你在外面辛勤工作。"先生听了觉得怪怪的，挂完电话过没多久，又打电话过来，他说："你还是骂我几句，我心里好受一点！"太太的转变，先生还一时难以适应。但太太只要真正转了，夫妻关系一定会好。

"父母命，行勿懒"，我们对父母交代的事不可以失信；相同地，对妻子、儿女已经答应的事，我们也要言而有信。当我们言而有信，孩子对我们就会非常尊敬。当老师的，也不能失信于学生。当你所说的话都真正做到了，学生对你会很尊重。

记得我第一年当班主任，有一次开运动会，所有的学生都到操场排队。我刚好有东西要拿，就走回办公室，结果撞见一位家长提着一些饮料要上我们教室。这个家长为什么抓着学生都去排队的机会把饮料拿上来？不好意思。看得出来，这个家长很少到学校来，很少到学校也代表很少跟老师沟通。为什么家长很少来跟老师沟通？我们当老师的也要自我反省一下。当我们对孩子愈关心，可能愈会调动起家长主动跟我们沟通的积极性，从而形成良性循环。而我们常常利用联络簿多多称赞孩子，自然而然这个桥梁就可以搭上。这位父亲不习惯跟老师讲话，所以就抓这个空当尽一点心意，打算把饮料放到教室就走，结果被我碰见了。他碰到我退了几步，好像很不好意思的样子。然后我就开始跟他聊天。

我们跟任何人谈话，要抓住一个原则，要见到就夸。你可以称赞他的孩子，我们都欢喜别人对我们赞叹。当你称赞他的孩子，他的内心会喜悦，会觉得受尊重。假如一开始就把他孩子的问题一一点出来，那他会觉得很不好受。所以与人交谈，我们要随顺人情。

我就开始把他孩子这段时间好的表现跟他分享，让他也了解。聊的过程中这位家长就说："老师，我的孩子比较尊重您，不尊重他上一个老师。"我带他六年级，五年级是另外一个老师带。他接着说："上一个老师说吃中饭的时候大家齐了一起吃，可是学生到了一半还没动筷子，老师就在后面吃起来了。蔡老师，您都是跟学生一起动筷子。"其实我都不是跟学生一起，学生坐好了，我会教他们一句俚语，比方说，闽南话有句话叫"树头站得稳，不怕树尾做台风"，这句话用于我们德行教育就相当契合。当孩子德行的根没扎好，他的能力愈强愈危险，因为如果禁不起诱惑，爬得愈高摔得愈重。这些地方俚语对人生都有很大的启示，所以我都会先教他们一句俚语。教完，他们才动筷子，我就走下去巡视一下，"对饮食，勿拣择"，用《弟子规》来加强他们的生活规范，不可以偏食。看到学生哪个菜都夹一小口，我马上跟他说："要不要老师帮你服务一下？"他就很害怕，赶快多夹一些青菜，这样饮食才会均衡。所以往往我坐下去吃的时候，已经有两三个学生吃饱了。当你言行一致，才能真正赢得学生、赢得小孩的尊重。

"父母责，须顺承"中的"顺"我们要理解准确。父亲的要求，我们是不是统统要顺着他？在这几十年中，很多人对传统文化有误解，觉得儒家说孝顺孝顺，就是什么都要顺，那是愚孝。讲这种话的人，可能连一本经典都没有从头看到尾过，中国圣贤不是这样教的。"顺"有两种情况：当父母责备我们的事都是正确的，我们要赶快记住，好好地去落实，这时候要顺；当父母的责罚跟要求是不对的，这个时候不要当面顶撞，要懂得顺势而为。如果你顶回去，只会让父子之间冲突加剧，不如我们先退一步，等待好的时机再跟父母沟通。所以，这个"顺"不是说父母的所有要求我们都要去做，要先分辨对错，要用理智去孝顺。当父母有过失，我们没有去劝，那是陷父母于不义，这不是我们为子者应该有的态度。

除了“父母教，须敬听”，“老师教”也要“须敬听”。一个人能不能有很好的道德、学问，除了要有好老师之外，更重要的一个因素是自己的学习态度，一定要有虔诚恭敬的心对老师，绝不可以阳奉阴违。一分诚敬就得一分利益，十分诚敬就会得十分的利益。因为老师所吩咐、交代的每一件事，很有可能我们还不能够完全了解。打个比喻，学问一共二十层楼，老师可能在十几层楼，我们只在两三层楼。十几层楼所能看到的景物，我们能不能看到？看不到。老师指的都是比较长远的目标，你说：“老师，我都看不到，我都感受不到，为什么要这样做？”这个时候我们不老老实实地依教奉行，那就得不到利益了。

现在的人为什么很难在学问上成就？都犯了一个比较严重的过失，就是我们常用小人之心度君子之腹。把《论语》里面的道理都依照自己的想法去理解，把孔夫子的境界从二十层楼拉到多少？拉到二三层楼，有时候还觉得孔夫子哪句话讲得不对。所以，一开始跟老师学习，不能批判，应该是先老老实实做，你老实地做，你就会感受更深。当你的境界提升了，你就慢慢理解到，老师所讲的话确确实实真实不虚。所以“老师教”也要“须敬听”。

再来，“领导教”也要“须敬听”。一个人在学问上、在事业上能否有好的成就，都要从他的恭敬、谦卑心中去求得。人要能屈才能伸。我们的小孩，我们也要教导他懂得恭敬、谦卑，懂得处处学习。到一个新的环境去，不要先抱怨一大堆，先多看、多听、多学。领导怎么教，我们就怎么做，等学问、等对公司的了解愈深，再适当地给予一些建议，这样会比较得当。

好，我们接着看下一句经文，我们一起把它念一遍：“冬则温，夏则清；晨则省，昏则定。出必告，反必面；居有常，业无变。”

“冬则温，夏则清”，这里讲了一个典故。东汉有个孩子才九岁，他叫黄香，母亲很早就去世了，他跟父亲相依为命。父亲的身体又不是很好，所以冬天的时候他怕父亲太冷，就钻到被窝里先把棉被焐暖和了，才叫他的父亲上床睡觉；夏天天气太热，他就先拿着扇子把床扇凉，再请父亲上床睡觉。我们从这里可以看得出来，黄香念念在观察父亲的需要。相信黄香不只有冬温夏清，当他有时时去关怀父亲的心，相信父亲的整个生活起居，他都会尽心尽力去照顾。

九岁的孩子能够尽这样的孝心，当地的官员看了很感动。当黄香到了可以当官的年龄，当地的官员就举他做“孝廉”，后来他官至尚书。所以，确确实实有孝心的人，他也同样可以忠于国家，忠于人民。“忠臣出于孝子之门”，确实不错，因为孝子这份心一定可以推而广之，去爱一切人的父母、一切人的子女。那时候的皇上给黄香一个很高的赞叹，说“江夏黄香，天下无双”，黄香的典范因此流传千古。皇上做出这个动作，对人民有没有影响？他所带动的是全国人民效法黄香，所以领导人的一言一行都会带动整个国家风气。像我们当家长的、当老师的，你所强调的、你所爱好的是什么，也会同时影响你的小孩跟你的学生。所以，当父母的重视德行，小孩就重视德行；当老师的重视德行，学生也会起而效法。

我们从黄香这个例子，不只是学到冬温夏清，更重要的是要体会到黄香的存心。存心是他的本质，冬温夏清是他的行为、形式。本质不会因为时代、形式而变。举个例子，以前遇到君王要行什么礼？三跪九叩礼。它的本质是什么？恭敬心。国家领导人日理万机，时时为人民着想，我们是恭敬领导人对于人民的贡献，所以我们跟他行礼。现在假如遇到总理、总统，马上三跪九叩，这样行不行？国家领导人会说这是谁教出来的？怎么教成这样？这不符合现在的时代。所以很多人说，时代不同了，什么都要改！是形式改，而不是本质改。

传统文化，我们假如把它比作一棵五千年的大树，本质跟原则就像树干一样，这个树干是屹立四五千年不倒。树干每年都发新芽、发新叶，而新芽跟新叶都是随顺那一年的阳光、空气跟水源的，每一年都不一样。我们学习任何一部经文，都要抓住它的本质，进而掌握纲领。

从“冬温夏凊”我们就体会到，黄香能时时看到父亲的需要。父母在哪些方面需要我们常常去关怀？孝养父母，我们把它归纳一下，“养父母之身，养父母之心，养父母之志”，这个“志”也可以当心愿。“养父母之身”，意思是生活起居、衣食住行都应该去关怀。假如我们跟父母住在一起，或者住得很近，在吃的这方面，我们回去的时候可以带些水果、蔬菜。我小时候就常常看到我母亲差不多两三个礼拜就回我外公外婆家，我是标准的跟屁虫，所以每次都跟我母亲一起回去。一来可以学习到母亲的孝心，二来因为每次回去外公外婆都很高兴，常常就拿很多东西给我吃。一罐饮料喝完，马上又去拿另外一罐，有时候一连会喝两三罐。在这个过程中，也能够感受到外公外婆对我的疼爱。其实让孩子多跟爷爷奶奶、外公外婆接触，他就能够感受到天伦之乐，这也很重要。对自己来说，常常回去，就能够观察到，米快没有了，油快没有了，我们都主动帮父母去买，父母一定会觉得非常开心。

另外，人老了就怕身体不好，所以我们也要常常跟父母介绍一些健康的观念，有健康的知识才会做出健康的抉择跟判断。比如现在吃清淡一点才不会患高血压，才不会得癌症，因为这样吃，身体的负担少。但是我们的上一代穷怕了，觉得不多吃些鱼肉，好像营养不够。关于这一点，我们要耐心地跟父母沟通。再比如现在都提倡吃糙米、胚芽米，比较有营养，而白米饭营养成分单一。但是假如我们拿糙米，甚至于拿番薯给父母吃，他们会觉得现在生活比较好了，还要我吃这些东西，而心生抵触。他们的观念一时间转不过来，你就要循循善诱。

在建立父母还有家人的正确观念上，绝不能一蹴可就。欲速则不达，我们不可以操之过急，不可以强加于人：“你给我吃就对了，不要说那么多！”这样父母也好，家人也好，心里好不好受？不好受。当心里不好受，吃的东西再有营养也不好消化。

有位朋友，她听了我的课程，了解到饮食应该少肉类，多素食，这样对身体才会有很大的帮助。她听完很高兴，回去就跟她先生说：“从今天开始，我不再煮肉给你吃，我是为你的身体好，你要领情。”当天回去就实行，有没有魄力？很有魄力！但是操之过急，会有反效果。所以实行一两个礼拜，她到我们中心来找我，脸色很不好看。她跟我说：“我先生真是不受教，我为了他好，希望他健康一点，所以就不煮肉给他吃，他居然不接受。”发了些牢骚。

我给她倒了一杯水，等她情绪缓和了，告诉她：“你先生假如有外遇，你要负责任。”她吓一跳，我说：“你先生假如得了高血压，你也要负责任；你的孩子愈来愈少机会跟他父亲相处，父子关系受到影响，你也要负责任。”我愈讲她愈纳闷，怎么会这样？我接着就问她：“你今天不煮肉给你先生吃，请问他有没有吃？”她说：“有！他都到外面去吃了。”我说：“对！如果到酒店去吃，那里有很多女生，一旦遇到不好的缘分，是不是有可能会出状况？所以，有外遇你要负责任。到外面吃东西，外面的菜又油又咸，可能吃三年就得高血压，你也要负责任。先生每天都在外面吃，跟孩子都不能够有很好的沟通，父子关系搞砸了，你也要负责任。”

看她很委屈的样子，我跟她说：“你当初做这件事的目的是什么？是为了让先生、让家人更健康。那请问你，现在达到这个目的了吗？”人很多时候目标都正确，但是路走到一半就忘记了。我跟她说：“你要让一个人接受一个观念，不是一下子的功夫，你要做得不露痕迹。比方说这个礼拜煮三样肉，下个礼拜把它变成两样，再下个月变成一样，慢慢减少，让先生没有察觉。但是你把肉拿完了，端上来的菜要很好吃，所以你要赶快去跟别人学习如何把素食做得比肉还好吃。你先生一边吃一边会说：‘这道菜是什么？怎么这么好吃？’你说这个叫素食什么什么菜。这样他对素食就更能接受。”

或者，太太还可以发挥女人的温柔，就跟先生说，他的健康是你一辈子的幸福，所以他的健康太重要。那怎么吃得健康？雷久南博士这本书写得很好，或者哪个专家写得很好，里面有什么观念，你就一句两句慢慢给他灌输进去，他就很能接受。我接着又跟她建议，我说："有时候你就带你先生一起来上课，上完课中午就留下跟我们中心的老师一起吃饭。你也吃素，他也吃素，他就不会觉得吃素是很稀奇的事情。吃的时候，旁边的老师就会跟他说：‘素食不错吧！’你先生就会说：‘不错，不错！’”两三个月以后，她先生也很自然地吃素了。

所以，我们在关怀父母、关怀家人时，不能操之过急。当然，你要关怀别人的健康，首先你自己的知识要足够。所谓知识就是力量，很多人在某些方面的知识就特别丰富，不是说妈妈的身体有点状况了，才懂得去研究这些学问等。家人身体出状况了才学，这个时候你就会觉得比较辛苦了。我们现在先好好学，好好把这些观念带到家庭，这是“养父母之身”。

再来，“养父母之心”，让父母心里面能够常常很欢喜、很自在。这里有个前提，就是我们所作所为一定要让他安心、放心。假如我们的德行不好，纵使你每天都供养父母很好吃的饭菜，父母吃了会不会快乐？也不会。他可能边吃还边为我们提心吊胆。中国的父母比较含蓄，他心里面的感受，有时候不会在言语中流露，所以我们要善于去体会父母的心境、父母的需要。

《论语》里面说，君子要有“九思”，要有九个观照的态度。哪九个？第一个是“视思明”，第二个是“听思聪”，要能从父母的言谈中，听出他们心里的需求。比方说我们很久没跟父母打电话，母亲打了过来，问问你现在的工作状况，那我们应该能听出来，他已经在想念我们，甚至于是想念孙子。我们听得出来，我们就不等父母开口，主动回家去探望。其实人只要上了六十岁，老得就会愈来愈明显，当我们一两个月没看到父母，一回去会有什么感觉？怎么老这么多！所以我们要珍惜跟父母相处的机会，善体亲心，常常去关怀、去问候。这是“养父母之心”。

再来要“养父母之志”，“志”即父母的心愿。《孝经》里面有句话，“身体发肤，受之父母，不敢毁伤，孝之始也”，所以我们把身体照顾好，这是孝道首要的工作。“立身行道，扬名于后世，以显父母，孝之终也”，假如我们用自己的德行，对家庭、对社会有所贡献，最高兴、最满足的是谁？是父母，还有老师。这是养父母之志。因为每个人其实都有一份善心，希望能对社会有所贡献。很多父母因为全心全意栽培孩子，而在社会很多方面想尽力却心有余而力不足，所以当他的孩子能够对社会有更大的贡献，他会觉得很欣慰。

我们在海口有位老师，她学《弟子规》三个多月，而且是早晚一定念一遍。三个多月以后，她主动走过来跟我说：“蔡老师，这么好的东西，不能只有我跟我的孩子得利益，应该让更多的孩子能够听闻圣贤的教诲。”所以，她决定回她的故乡去推广《弟子规》。俗话说“人有善愿，天必从之”，当她那一步跨出去的时候，她不用怕自己站得不稳，因为旁边一定会有人把她扶住，怕她把事情搞砸了。所以知道了她的意愿，我们中心很多老师马上把他们的教学经验跟她分享。我也把一套《德育课本》，内含七百多个圣哲的故事送给她，她也很欢喜。

这位老师本来是在航空站上班，也没有受过什么师范学院的训练，但是因为有这份善心，这份教育的爱心，所以她自己能花很多时间去揣摩怎么教。很多心境是必须通过实际的行为才感受得到。跟孩子上完这一句“事诸父，如事父；事诸兄，如事兄”，她跟学生说，我们学完“入则孝”，已经了解到父母非常辛劳，所以我们要尊敬自己的父母。相同地，别人的父母同样也很辛劳，所以我们要尊敬所有的父母跟长辈，所有的老人都把他们的青春奉献给了这个社会，我们都应该尊敬他们。

她之前特意买了一笼荔枝，跟学生讲：“我们现在拿着这些荔枝去给我们村里面的长辈吃，你们拿给他们的时候要很有礼貌，要跟他们行礼问好。”孩子们听完也很高兴，然后这些孩子就一起在这个村里面跑来跑去，整个村很热闹。整个村弥漫着什么样的气氛？敬老尊贤，敬老爱幼的气氛。相信每一位长辈接到这个荔枝的时候，内心一定非常喜悦。而这些长者喜悦的表情，一定会烙印在孩子们的心中，往后他们再对人恭敬就会生欢喜心。那天过后，这位老师的父亲给她打了电话，说：“女儿，整个村里面，很多长辈都打电话到家里来，说我们家乡嫁出去的女儿，从来没有一个人这么爱护自己的家乡。”已经嫁出去了，还这么关心自己的家乡，这些长辈都很感动。

诸位朋友，她的父亲内心是什么样的感受？很引以为荣，这是养父母之志。父亲接着跟她说：“女儿，你能找到人生的价值，父亲很替你高兴。”诸位朋友，女儿的这个行为，带给父亲的喜悦是一天还是两天？是多久？是一辈子的安慰。这跟我们拿一包好吃的东西给父母吃，是截然不同的。所以，我们学习了“晨则省，昏则定”，要善于去体会，把对父母的关怀延伸到生活的点点滴滴，延伸到养父母之身、养父母之心、养父母之志。

这节课我们就先上到这里，谢谢大家。

第九讲　让父母亲、爱人对我们很放心

诸位朋友，大家好！我们接着前面的课程，下一句：“晨则省，昏则定。”“晨昏定省”我们在课程前面有提到，周文王对于他的父亲王季就做到了“晨昏定省”，这份孝心也感动了全国的人民起而效法。曾经有位老师跟我提到，《弟子规》里面有糟粕。“糟粕”就是米处理完剩下的那些米壳，完全不吃的那些东西。诸位朋友，假如人家说《弟子规》有糟粕，你会怎么办？要不要马上跟他辩论？辩论可能没什么效果。我们可以先用一种谦恭的态度请教他：“请问哪一句是糟粕？”他说：“‘晨则省，昏则定’是糟粕。”

我接着又问他：“您为什么觉得这是糟粕？”他说，一天要问两次太麻烦了。我接着就跟这位老师说，孩子一大早起来，去跟父母恭敬问安，妈妈一看，儿子额头发亮，代表昨天睡得很好，所以父母很安心。一大早就有孩子的问候，让父母精神非常愉快，一天工作也很有动力，这是早上问安的好处。晚上或者孩子放学回来，跟父母报告：“爸爸妈妈，我回来了。你们今天过得好吗？”父母一看，孩子的气色不错，代表今天在学校学得很好，应该没有跟同学起冲突，父母也很放心。所以，早上问一次，晚上问一次，就会让父母心里面比较放心，比较安慰。

我们一天才念父母两次，请问父母一天念我们多少次？有位妈妈曾经跟我说，春秋两季温差变化特别大，因为怕孩子在半夜踢被子而着凉，他们自己盖被子都盖得特别薄。睡到半夜被冻醒了，赶快去看看孩子，如果没盖好，就帮孩子盖好被子。诸位朋友，父母连在睡觉时都不忘关怀子女，可想而知，父母一天念我们多少次？时时刻刻在关怀。说到这里，在我的记忆里也有很深刻的印象，小时候睡觉，半夜都会感觉有人帮自己盖被子，眼睛迷迷糊糊睁开，有时候是爸爸，有时候是妈妈。而父子、母子之间的亲情，就在这个过程中很自然地流动。所以我跟这位老师说，我们当子女的，尤其年纪还小，很难说在生活工作中，甚至在经济收入方面，能给予父母什么支持；但是最起码要让父母少操我们的心，要让父母放心，“晨昏定省”就能让父母放心。

这位老师听完就说：“蔡老师，你的传统文化学得不错。”当然我很不敢当，诚惶诚恐。结果他突然又说：“蔡老师，那你自己都没有做到。”我们读圣贤书的人，很怕别人说你自己都做不到。我很紧张，我问他：“为什么你觉得我没有做到？”他说：“你现在离家这么远，你哪有可能早上问一次，晚上问一次？”我就跟这位老师说：“假如我早上打一通电话，晚上又打一通电话，我妈妈一定会骂我，‘你不知道长途电话费很贵吗？’”

所以我们学习这句“晨昏定省”，最重要的是要安父母的心。我一般礼拜六晚上打电话回家，妈妈一定先坐在那里，电话声一响，她马上可以判断是儿子打来的。而在每个礼拜的电话中，我一定详详细细把我这一个礼拜的工作情况、生活情况跟妈妈报告，让她了解，让她不要操心。做到自己的言语、行为跟德行不让父母操心，这个最重要。假如我们自己的工作、家庭没有办法处理好，纵使每天打三通电话给妈妈，妈妈会放心吗？我们学习要抓住每一句教诲的本质，好好去落实。

“出必告，反必面”。出门的时候要跟父母讲我们要去哪里，回来的时候也要跟父母报告已经回来了。这些习惯都很重要，不要小看每个细节。当孩子懂得晨昏定省，他每一句对父母的问候，都在提升父子之间的情谊；而“出必告，反必面”都是在让他了解，自己所有的行为都不应该增加父母的担忧。曾经有个学生，他下课以后，回到家没有跟家里的人打招呼，就跑进书房去打游戏。过了一个多小时，他的母亲以为他没有回家，就打电话到学校来，说有没有被老师留在学校。我一接，说已经下课一个多小时，怎么可能还没回家？他妈妈很紧张，就说要不要报警。我说先不要，在家里面再仔细找一找。后来一看，窝在那里打游戏。回家不打招呼，让父母多操了很多心。所以，这个好的习惯一定要养成。

除了对父母要“出必告，反必面”，对家里人，比方说对太太，要不要这样？要！对于关心我们的人，我们都应该让他们安心才对！做人应该互相体谅，所以去哪里要跟太太讲。但是现在夫妻之间有没有这么坦诚？假如夫妻之间不坦诚，还要遮遮掩掩，这样几十年相处下来会非常辛苦。持家有个很重要的原则，就是没有秘密，相处起来真诚，互相包容，这样才能轻松自在，所以去哪里要跟太太讲。然后当我们确定不回家吃饭，一定要提前告诉太太，不要中午十二点才打回来，太太都已经帮你准备好午餐了。我们不能糟蹋别人对我们的付出跟关怀，我们应该珍惜，应该体谅。当亲人之间都能互相体谅，那就家和万事兴了。

除了在家里要“出必告，反必面”，我们在公司里面，也应该“出必告，反必面”。比方说，你临时有事要出去处理，假如你没有告诉其他的人，到时候突然有事问你，又不知道你去了哪里，那大家会非常焦急，领导对你也会颇有怨言，觉得你做事不稳健。所以我们要懂得说一声“我现在要出去一下，二十分钟以后就回来”，或者说“我现在要去办事情，假如有事要我处理，就打我的手机”。总之，做到“出必告，反必面”就能让身旁的人不要因为不知道我们去哪里而焦急。我们也要常常去观照自己，我们的一言一行是否给别人造成负担。

“居有常，业无变”。这个“居”，我们可以从几个角度去理解。在学校，学生时代是学业；进入社会，是事业；结婚了，还是家业。无规矩不成方圆，你的生活要很有规律，你的学业、你的事业、你的家业才能够经营得当。我们来看一下，现在的学生、孩子有没有“居有常”？常常遇到礼拜五放假了就开始放纵，有的看电视看到半夜，还有的跳舞跳通宵。礼拜六礼拜天拿来做什么？睡觉。睡眠补得回来还好，补不回来，身体一点一点就会损耗。父母看到孩子这样的行为，应该怎么样？不可以放纵，要及早修正。还在他小的时候，就不允许他在礼拜五晚上肆无忌惮地看电视。

我们要清楚，一个人的坏习惯一旦养成就很难戒掉，所谓“玩物丧志”。更何况现在的孩子都没有志向，那再“玩物”就真正是“欲令智迷”，沉溺在玩乐中不能自拔。一些学生上网都能上到半夜。在这个时代当中，为人长辈的要特别谨慎，因为很多高科技的东西，是未蒙其利先受其害。我们看学生这么早就接触网络，请问学生研究学问的能力提升了吗？他们的道德、学问提升了吗？没有。孩子的定性不够，你又没有去了解他上网的情况，他很可能会交到一些不好的网友。他没有判断力，又没有理智，网友给他几句甜言蜜语，他可能就误入歧途，并有可能一失足成千古恨。如果当孩子犯了很难弥补的过失，那将是父母一生的遗憾，所以不可不谨慎。

还有一个山东的大学生，半夜常常打游戏，杀来杀去的，结果打到最后脑神经异常，常常都会感觉到很多人要杀他。他就把这个情况告诉他的老师，老师听完觉得不对劲，赶快通知他的父母。他父母赶过来要接他，但是还没接到，这个学生已经在街头拿着刀砍伤了很多人，其中有几位已经丧命了。所以你看玩物丧志，这一错人生就毁了。

所以诸位家长，想要孩子的学业上轨道，就要让孩子的生活有规律，就要培养孩子的读书习惯。很多家长心想很难，现在孩子这么爱玩。我们好像都会往坏的地方想，你都往坏处想，真的就心想事成了。我回想我跟我两个姐姐从小都不看电视，父母从来没有说“你们不要看电视”，他们是晚上吃完饭，就到房间里看书。父母在看书，我年纪这么小，敢不敢坐在电视机前面看电视？不敢！所以很自然地就和两个姐姐一起上楼去看书。所以在初中、高中时代，我母亲上楼来不是叫我们看书，都是叫我们“去睡觉了，不要再念了”。读书对我们来说已经习惯成自然了。可见，教育孩子，没有想象中的那么困难，最重要的是以身作则。父母“居有常”，孩子也会起而效法。

事业也要“居有常”。假如我们工作不稳定，常常换来换去，最担心的莫过于父母。说到这里我就很惭愧，因为我毕业一两年左右就换了将近十个工作。但是诸位朋友，你们要体谅我，为什么我换十个？因为我在摸索，想知道哪个行业是自己真正喜欢的。说起来也很可悲，读书读了十多年，也不知道人生要往哪里走。我的父亲非常好，他对我说：“你好好去摸索，只要在我可以承受的范围之内，我都支持你。”有这么好的父亲，我就可以大胆去尝试。在这个过程中也做了生意，花了他一点小钱。不过我父亲都说：“好，就当作你的补习费用。”

后来因缘际会，我去代课两个月，教的是一年级的孩子，站起来比我的腰还要低。之前他们来找我的时候，我也不知道自己适不适合，就很害怕，我说：“你们去找别人吧，不要找我，我从没想过要当老师。”人生很微妙，常常都会有你意想不到的剧情发生，这个时候你要稳下心来，说不定好缘分就来了。我推掉以后，过一个礼拜，他们又来了，说真的找不到代课老师。这个时候我心里想，不能拒人于千里之外，所以就咬着牙根去了。结果代了几天感觉很累，尤其心理上的负担，每天都希望孩子有成长又安全。但是累了几天，突然高兴起来，我说我终于找到一个工作是真正对社会有帮助的，所以安下心来把那两个月教完。回到家里，我马上就去备考师范院校，后来也很顺利地考上了，并这样一路走过来。

我考师范院校，不是为了收入，而是为了教育。我相信孔夫子、孟夫子冥冥中会保佑我，而且我没交女朋友，很多同学都交女朋友，他们心不专。人有志向就会把方法都找出来，所以在上课的时候，比念初中、高中更用功。那个时候我的目标就是当节课听完了要统统都会，不能打包回家，所以那时候念书的状态特别好。真的，志向对一个人特别重要。后来也很顺利地毕业了，然后就一直从事教育事业。由于我自己找到了人生方向，也能够“居有常，业无变”，所以现在我的父母对我很放心。

我在海口做了四个多月，那年过年我回家，一进门就跟我母亲讲：“妈，您的修行很不错。”我妈妈听了愣住了：“你在说什么？”我说我这四个多月，心里面都没有担忧，工作都很积极努力，代表这四个多月母亲在家里都没有操心，都没有担心我，让我无后顾之忧。其实，父母对我们的担心，我们能不能收到？收得到。假如我们收不到，代表我们对父母的关怀心不够。

孔子的学生曾参，有一次上山砍柴，刚好家里来了他的远方朋友。他母亲一想，人家打那么老远过来，还让人家等，就很失礼。但是曾参又不知何时回来，他母亲急得咬自己的指头，曾参在山上马上觉得心很绞痛，知道一定是家里有事，马上快步回家。一看到妈妈就说：“母亲，有什么事吗？您好吗？”他母亲才跟他说了实情。所以诸位朋友，母子确确实实连心。我在海口那段时间，有一天半夜十二点刚躺到床上，突然觉得心脏不舒服。我没心脏病，所以担心母亲出事了，可是已经半夜了，打电话回家不方便，第二天才打回去。我妈妈说昨天本来是要吃促睡眠的药，结果吃成血管扩充剂，半夜很不舒服。所以，我们当儿子的确确实实可以感受到。

除了学业、事业，家业方面，夫妻相处和乐，下一代能够教育好，才可以让父母放心。孟子有说“不孝有三，无后为大”，诸位朋友，什么叫“后”？生了个儿子就是有后了吗？解得太浅了。假如生了个败家子，爷爷奶奶有可能觉得还不如不生，甚至被气个半死。“无后为大”

更深入的意思是没有教育好孩子，如果丢了父母、丢了祖宗的脸，那真是“无后为大”。所以，要让父母能够对我们的家庭放心，我们确实要好好长智慧，跟太太相处融洽，夫妻融洽，孩子就可以教得好。

夫妻相处怎么融洽？现在的事实是，离婚率很高。我记得有一次在海口跟一群朋友吃饭，聊天时我了解到同桌有四位女性，三位已经离婚了，还有一位孩子才一岁多，正准备离婚。诸位朋友，看到这样的情景怎么办？我实在不忍心看到又有一个孩子因为父母离异而造成人生的遗憾，所以就想找机会谈谈夫妻相处之道，希望能够力挽狂澜，把她要离婚的念头扭转过来。

我们边吃边聊，突然我把话锋一转，说：“夫妻相处只要守住一句箴言，保证夫妻白头偕老。”结果这位女士眼睛马上瞪得很大，耳朵都竖起来，静静地要听我讲。我说：“从结婚到老，只看对方的优点，不看对方的缺点。”我讲完，这位女士眉头紧锁，说了一句话：“蔡老师，好难！”诸位朋友，欣赏太太、先生这么难？有一次我在珠海演讲，我刚讲完“只看对方优点”，有位太太就说：“蔡老师，我先生没有优点！”我接着跟那个女士说：“我真是佩服你，你先生完全没有优点，你还敢嫁给他？”所以你看，人都很健忘，容易意气用事。

男女在谈恋爱的时候，你有没有听过哪个人说他在热恋，然后说“我好痛苦”？没有！为什么在热恋的时候，能够“情人眼里出西施”？因为都看对方优点，而且时时都想着我能替他做些什么。打开报纸，就留意哪部电影特别好，哪个地方又有书展，又有什么活动，可以带着女朋友一起去玩。那段时间上班，一看表，怎么才四点半？五点要跟我女朋友共进晚餐。所以，那个时候只有一个念头：我能为对方做什么。这就是用心感受对方的需要！

结婚了，念头变了，本来是我能为对方做什么，结果变成他应该替我做什么，就处处要求对方。这样双方压力就比较大，久了摩擦产生了，慢慢地就不再感恩对方的付出，不再相包容、宽恕。所以诸位朋友，一念之差，就从天堂到地狱了。

有这样一个故事：有个人遇到了小天使，小天使跟他说："我带你去看天堂跟地狱，你要先看哪个？"这位朋友说："我先看地狱。"到了地狱，看到有一排长长的桌子，差不多一米宽，有两排人对坐，两排都坐满了人，中间摆了很多菜，但每个人的筷子都是一米长。一喊开动，每个人都想到自己肚子饿，菜夹起来猛往自己的嘴巴里塞。但因为筷子太长了，在中途打起架来，每个人都很生气地骂对方，愈骂愈凶，菜都掉满地。他们活在哪里？地狱！都是互相指责，互相谩骂。

这个人看了内心很难受，说："我不看了，我要去看天堂。"小天使就带他去天堂，一看桌子还是那一排长桌子，筷子还是那么长，菜还是那些菜，他就很纳闷。结果一喊开动，所有的人拿起筷子，不慌不忙，夹起菜来先放在对方的嘴巴里，帮对方夹菜。有一个人人缘特别好，突然之间有三个人夹给他，他说："慢一点，我快要噎着了。"所以你看，当每个人处处为对方着想，菜吃下去不只肚子饱，情绪也很欢喜。

我曾经到海口的乡下去演讲，演讲很有意思，还要带翻译。因为当地人讲海南话，我听不懂，我说的他们又听不懂，所以镇长听完我讲的，再翻译给其他人听，我讲的笑话都要经过他，然后他们才会笑。刚好那次也讲到这个天堂跟地狱的故事，当天晚上，镇长、副镇长陪我们吃饭，镇长跟副镇长就一直夹菜到我们的碗里面，我们旁边一位李老师马上就说："我们来到天堂了！"所以你看，当我们学会了做人处事，那整个人与人的互动就会非常愉快。

诸位朋友，相信你们现在吃饭也会觉得很愉快，因为每次都有人会说"大家请慢用"。当别人以礼貌对我们，我们就会很舒服。而如果跟同事一起吃饭，有人吃饱了，马上一声不响就走了，给别人什么印象？旁边的人说："我刚刚有得罪他吗？"另外一个同事说："他是不是昨天跟朋友吵架了？”所以，礼貌是人与人之间最优美的距离。我们吃完饭能想到别人，“你们慢用，我先离开了”，人与人就能相处得很融洽。

我讲这个故事，最主要就是要告诉大家，其实夫妻相处最重要的还在于心态，当我们常常懂得欣赏对方的优点，对方也会觉得自己愈来愈好才是。虽然我没结婚，不过听说我最叫座的就是谈夫妻相处之道。所以，一个人不一定要亲身经历了才有经验，可以多跟别人学习。我有位老师，我曾经在她家住了半年，常常看到他们夫妻相处的一些诀窍。不管是老师还是师丈，一进门就一定会说：“我回来了。”屋里面的人不管在忙什么，一定放下手边的工作，走出来说：“啊！你回来了。”不要小看这个轻声的问候，当这个问候不见了，人与人的距离就会愈来愈远。很多人，家里人进门来，头都低低的，继续在那里看报纸，没有任何表情。爱的反面不是恨，是冷漠！冷漠比恨还有杀伤性。你恨，有时候发发脾气骂一骂，感情还可以交流，是不是？但是假如对对方的付出都视若无睹，那种冷漠会让人寒心。

我们曾经拿苹果来做实验，一个苹果放在前门，一个苹果放在后门，前门都是称赞这个苹果，后门都是骂那个苹果。真理要靠自己去印证。结果一个礼拜下来，前门那个苹果比较光滑，后门那个苹果已经有了几条皱纹。我一个朋友就说：“来，这个被骂的苹果给你吃。”你要不要吃？要吃下去的话，岂不是就把这些骂的言语统统吞进去！

还有个实验是拿白米饭做实验。三碗白米饭，一碗是称赞它：“就是因为有你，才让我们身体得到营养。”第二碗就是骂它：“你怎么这么难吃！”第三碗是不理它，都不跟它讲话。结果一个礼拜下来，第一碗饭有点发酵了，香香的；第二碗饭发臭了，黑黑的；第三碗也发臭了，而且比第二碗还臭。为什么？冷漠，你都不理它。所以诸位朋友，冷战比较厉害，还是热战比较厉害？热战不太会得癌症，而冷战很容易得癌症，很辛苦，很痛苦。

我讲到这里，那个孩子的父亲就看看他太太，拍拍他太太的肩膀，然后看着她。我虽然不知道他讲什么，但从他的眼神了解到，“你看，老师在讲你”。我在讲台上替他捏一把冷汗，果然他太太回过头来狠狠地瞪了他一眼。我在那里想，这个男人实在很不敏感，少一条筋，他都没有体会到为什么太太跟他冷战。其实女人哪有这么难相处！我在想，一定是太太为他付出一大堆，他连一声肯定、称赞都没有，所以这个太太常常生闷气，闷久了二人之间的冷战就愈来愈严重了。所以，我们男士要记住一句话，叫“好话一句，做牛做马都愿意”。要多肯定太太，比如吃饭的时候一定要说：“这个菜怎么煮得这么好吃！这个饭怎么煮得这么香！”太太说不定又说：“我再去给你煮一样。”假如你都快吃饱了，却说：“怎么这么难吃！”太太可能会给你罢工三天。所以，要处处肯定对方。

夫妻相处还要多一点幽默。有一次师丈走进门，老师迎上去说：“你回来了。”师丈提了一些东西，她马上帮他拿过这些东西，然后就对着先生说：“来就来，这么客气，还带那么多东西。”一定要记住，不管先生买什么东西回来，不可以嫌东嫌西的。说不定他挑了半天，你没有帮他提不打紧，但怪他又买一大堆没有用的东西，他会觉得他的热忱被一桶冷水浇下去了。

师丈的手艺特别好，又会煮饭，又会泡茶，我观察后发现，可能都是被老师称赞出来的。那个茶一喝下去，老师会说：“怎么有人可以把茶泡得这么香！”有时候切水果，切柳丁，一吃下去说：“这个柳丁切得真甜！”常常欣赏对方，对方就会愈来愈觉得他很有价值，愈来愈懂得帮你的忙。所以如果哪天你的先生心血来潮，帮你洗碗，你应该怎么做？如果有洗得不干净的，这个时候要按捺你的不悦，比方说洗了五六个，说不定就有一个洗得特别干净，你就要把那一个拿出来：“洗得这么干净，我第一次洗碗也没有洗得像你这么干净。”你看他下次帮不帮你洗？他下次一定会帮你洗，因为他得到肯定了。所以多一些包容，多一些肯定，夫妻关系会相处得很好。

夫妻相处，只要遵守一个好的方法，叫“四摄法”，一定能相处得很融洽，这个是人际关系法。第一个叫“布施”，也就是要多请客、多送礼。假如先生常常可以馈赠一些小礼物给太太，太太就会觉得，先生走到哪里都会想到自己。所以我们出差的时候，什么都可以忘，就是不能忘记帮太太买个小礼物。你不可以一买就买一颗珍珠，这样会受不了，关键是要礼轻情义重。太太生日了，或者结婚纪念日，就要带太太去吃个馆子。“你煮饭真辛苦，来，我们去吃馆子。”你这份心意会让她觉得付出很值得。

第二个是“爱语”，多给予对方肯定，多给予对方一些安慰的言语。当然这个“爱语”不见得都是好听的话，爱是真心关怀对方。我们当太太的要能相夫教子，所以面对先生的一些过失，我们也要给予规劝。当然规劝也要注意态度、方法，应该用什么态度？《弟子规》有没有教？有。所以《弟子规》能不能解决夫妻问题？可以！你看“见人善，即思齐”，你都看对方的优点，他就很喜悦。再来，“恩欲报，怨欲忘”，你时时都想着太太的辛劳，先生的辛劳，那夫妻关系一定很好。牙齿跟舌头都会打架，夫妻怎么可能没有摩擦？你不往心里去，“怨欲忘”。所以诸位朋友，不要小看《弟子规》，它可以解决你人生各种问题。

再来，“利行”。因为人往往会忘东忘西，我们要常常帮对方记住一些重要的事，也就是时时处处想着如何方便对方、利益对方。比方说今天先生下班回来比较晚，我们就要把走廊的灯打开，让他回家不会觉得乌漆墨黑的。然后在桌上写一张字条，“我帮你煮了一碗面，辛苦了，吃完再睡觉”。这样也是“利行”，让他觉得他工作再辛劳都有一个人陪伴着他。

最后一个，“同事”。夫妻共同拥有什么事业？家业。把家庭经营好，把下一代教育好，所以夫妻常常能够就孩子的教育多做沟通。这个问题其实是很多家长觉得比较需要突破的问题。我们在把一些正确的观念跟爱人讲的时候，态度也不能太强势，你可不能回去之后跟你先生说：“从今天开始，教育孩子你都要听我的。”你也不能说：“我已经听过蔡老师讲课，以后都听我的。”你假如这样，我以后不敢来了。因为我走在路上，可能会有人过来说：“你是不是蔡老师？”我一定会说：“我不是！”因为他已经有杀气过来了。所以“同事”要有共同的观念，我们可以通过看一些《弟子规》光盘，或者我演讲的光盘，慢慢达成一些共识。

这节课先上到这里。谢谢。

第十讲　如何教导孩子守规矩

诸位朋友，我们接着上一堂的课。“居有常，业无变”，我们的学业、事业、家业要好好经营，让父母能够安心。上一讲也提到，行业应该选择自己适合的，然后尽心尽力去发展，不能好高骛远。很多人常常想快速致富，但天下哪有白吃的午餐。当有这种很想快速致富的念头，“欲速”则会“不达”，因为他的心非常躁动。一个人心躁动的时候，会不会下对抉择？很困难。

比方说一个医院很有名的医师想自己开家医院。来找他看病的人很多，可是我们要想一想，不只是因为他医术好，还因为医院有很好的管理和制度。在这个医院已经这么长的时间，有很多人成就了自己工作的稳定。所以不能只想到自己很不错，要有大发展，然后就在原来的医院对面又开一家，自己来做老板，又有可能还带了其他的同事一起出去开。这样的做法很有可能会失去什么？人和。我们做人要稳扎稳打，不可躁动。而且比好聚更重要的是要好散，否则积攒下来的怨气将阻碍你事业的发展。

而生命中的财富，不是你去争就可以争得到的，俗话说“命里有时终须有，命里无时莫强求”。我们在前面也有提到，获得财富的真正原因是要多行布施，多为这个社会付出，财布施自然就能够得到财富。像香港的首富李嘉诚，他每年捐的款项都非常大。他是汕头人，致力于汕头很多公共设施的改进，以回馈乡里。所以，我们对工作也要稳扎稳打去经营，不可好高骛远，不可太躁动。我们一动，就会牵动你身旁的亲人，我们做事愈稳健他们就愈安心。

我们来看下一句，我们一起把它念一遍：“事虽小，勿擅为，苟擅为，子道亏。物虽小，勿私藏，苟私藏，亲心伤。”

“事虽小，勿擅为，苟擅为，子道亏”。很多大善都是从小善做起，很多大恶也是从小恶积累起来。所以刘备给他的孩子一句很重要的勉励，“勿以善小而不为，勿以恶小而为之”。孩子在家庭中的一言一行，你都太随便了，往后孩子出去就会有犯大过失的可能性。当然，要让孩子“勿擅为”，首先我们家长要“勿擅为”，要先当榜样给孩子看。比方说在看电视的时候，能不能把脚抬到桌上？虽然是一件小事，给孩子的就是榜样的示范。

我们在深圳有个老师，那天他刚好带着一个小朋友，五岁多。老师开着车，遇到红灯他就停下来。这个小朋友看到老师停下来，就跟他说：“老师，你不用停，你直接往右转，绕一个小弧度再直接开过去。”从哪里学的？他妈妈是警察。这位老师也很有敏感度，觉得有必要赶快跟家长沟通，都做错误的示范，那还得了！这个老师讲话也很有艺术，打电话跟那位家长说：“您的儿子今天教我开车。”他妈妈马上就笑起来，自己心里有数。诸位朋友，我们做长辈的不能知错还犯错，这样就很不好。很多细节之处，我们要有敏感度，要给孩子当榜样。当你有这样的态度，保证你会觉得自己的德行、学问也在与日俱增。

对孩子有很多事要多多叮咛，尤其在安全方面，否则有可能会造成生命的危险。那哪些方面要提醒？比如过马路，一来是提升孩子的安全意识，二来也是培养孩子守规矩的态度。常常寒暑假期间都会发生一些意外，小孩子玩鞭炮造成火灾，小孩子相约去游泳而溺水身亡。而假如我们常常叮咛孩子，他的安全意识就特别高。比方说在端热水的时候，你就要让他小心一点，这样就能减少很多意外的发生。

除了自己要注意安全之外，也要提醒孩子，会对别人造成危险的动作绝对不能做。当他有这样的态度，他就会时时观照自己的一言一行有没有给别人造成伤害。我记得有一次看到一篇报道，一个孩子因为好玩，在他的同学要坐下去时把椅子拉开，他的同学直接就坐下去，结果脊椎着地摔得很严重，造成终身瘫痪。借由这个例子我会告诉学生：“你看，一个小小的动作，造成别人这么大的痛苦！这位同学，他数十年都要在床上熬过。你自己去躺着看看，让你躺三天，你就全身不舒服。不只他痛苦，还有人比他更痛苦——他的父母。孩子养了十多岁，居然变成这个样子，每次看到相信都是一种煎熬，所以对父母也是一生的伤害。一个人不只父母会关心他，所有疼惜他的亲友都会非常伤心。所以诸位小朋友，会造成别人痛苦的事绝对不能做。”“事虽小，勿擅为”，这里讲的是安全方面的问题。

我们也要告诉孩子守规矩，比如不可以随便丢垃圾。丢垃圾看起来好像是一件小小的事情，但是当丢垃圾已经成为习惯，那将不只是丢家里的脸，还有可能会丢国家的脸。曾经听过一个笑话，说爬山的时候，假如你不知道路怎么走，就沿着有垃圾的地方走。真是悲哀！几千年的中国历史有没有这样？以前的人接受圣贤教诲，“天为父，地为母”，要爱惜这一片长养我们的厚土。

网上曾经报道过三个新闻。第一个在美国的珍珠港，垃圾桶上面都会写一行汉字，“请把垃圾丢在这里”，写给谁看？第二个在泰国的皇宫，厕所里也写了一行汉字，“便后请冲厕”，写给谁看？在巴黎的圣母院，也写了一行汉字，“请勿大声喧哗”。这些都是小事，一个是丢垃圾，一个是冲厕所，一个是讲话，三件小事成了一件大事。我跟小孩子讲这些事，小孩会说：“老师，把它擦掉。”我说怎么擦？你做了错事，人家要讲你，你把他的嘴巴捂住，人家就不讲了吗？你捂得住一个人的嘴，捂得住全部人的嘴吗？如果不想丢自己国家的脸，就要好好从自己开始做起，不要乱丢垃圾，处处维护公共卫生、公共秩序。

诸位朋友，你们去过泰国皇宫吗？去过法国巴黎吗？我相信大多数中国人都没去过，能去的都是哪些人？留学生，很有财富的人，有一定社会地位的人。所以统统是社会上有地位或是高学历的人，但起码的生活规范都遵守不了。这也透露了学历不代表教养，学历不代表会做人，而教育最重要的是要教导一个人做人、做事的正确态度。假如学校里面没有办法教这个，那家庭教育就要先把基础扎好才是。其实学校的老师都很尽心尽力地在教，但是因为每一个人要面对几十个孩子，确实不容易。所以需要家长非常积极地跟老师多配合，这样孩子就很容易学会守规矩。

小时候特别怕别人对我们说："你这个行为真没家教！"往往听到"真没家教"，不管我们在做什么，马上会变得收敛许多，因为生怕自己的行为让父母蒙羞。"身有伤，贻亲忧"，"德有伤"就"贻亲羞"，所以羞耻心对一个人非常重要。

"物虽小，勿私藏，苟私藏，亲心伤"。小孩子还没有是非判断能力的时候，有时候会随手拿东西，他可能是觉得好玩。所以做父母的养育孩子确确实实要多用心，因为孩子做一些不好的行为，会马上表现在脸上，他会心虚。有位母亲察觉到孩子回来的脸色跟往常不大一样，就去翻他的书包，结果发现里面有几个苹果。在妈妈的追问下，孩子也很紧张，支支吾吾的，后来就招了，说跟几位同学经过水果店顺手就拿了。其实他不见得是要吃，是几个同学一窝蜂似的，那种气氛让他觉得好玩。

这位母亲二话不说，马上带着这个孩子到水果店去，到的时候先跟老板鞠个躬，然后跟他道歉。老板还在忙，也不知道发生什么事。她说："我的孩子拿了您几个苹果。"然后妈妈就把钱付给老板，并要求他的孩子跟老板道歉。当孩子第一次犯错，你马上制止他，他会终身记住，不会再犯。当看到母亲在跟人家鞠躬赔礼，其实这个孩子内心会觉得很惭愧。母亲的身教，就唤醒了孩子的惭愧、羞耻之心。

孩子不可能不犯错，犯了错，我们若能适时地指导他，也会是一次很好的机会教育。有位妈妈带孩子去书店逛，展卖的很多日记本都附有一把小小的钥匙。出了书店，妈妈发现孩子拿了一把小钥匙，就拿回去还给收银员。收银员说:“这个拿回去也不知道装在哪里，就送给你吧！”妈妈也不以为意，就拿回去了。后来小孩上学了，孩子会顺手拿同学的一些小东西回来。所以，孩子还没有是非判断能力的时候，做了错误的动作，你不纠正他，他有可能以后会习以为常。当父母的在孩子五六岁以前多付出，谨慎教导，相信孩子区分是非好坏的能力会扎得很稳固。

古代的母亲教诲孩子“一瓜一果之弗贪”，一瓜一果都不能贪；“一丝一毫之不苟”，不能让孩子有贪小便宜的行为。俗话说“小时偷针，大时偷金”，要教导孩子“物虽小，勿私藏”，不可以拿人家的东西，否则因为他贪，到最后很可能想要的东西他就会不择手段地去偷、去抢。所以养孩子的不贪，就是养他的廉洁之心。廉洁非常重要。古代有“举孝廉”，为什么要用“孝”跟“廉”来衡量一个人能不能替国家服务？我们来看一下，“孝，德之本也”，做人的本在孝;“廉”是做事之本，一个人廉洁，办事才不会图谋自己的私利，才能大公无私，把事办好。一个国家的政治好或不好，从哪里看？看廉不廉洁，廉就是政治的根本。假如从政的人不廉洁，人民生活起来就很辛苦。

现在社会有很多现象，我们回过头来想一想，根本都是教育问题。教育已经缺失了一段时间，我们现在去抱怨没有用。从自己开始，从每位家长、每位老师开始，教孩子不贪，养他的廉洁之心，这样往后几十年社会风气才会愈来愈好。当社会风气愈来愈廉洁，愈来愈懂得孝敬父母、长辈，我们的晚年才有福可享，所以每位家长跟老师的付出都不会白费。

“勿私藏”，还指自己的东西也不要只顾自己享受，应该懂得分享。不然孩子拿到东西统统只想到自己，那心胸会愈来愈狭窄。记得有一次几个孩子一起上课，其中有一个孩子的母亲拿了几罐牛奶给他，在哪里拿给他？是跑到房间里面，然后告诉儿子说“这个都给你喝”，很怕其他的同学看到。他的孩子喝牛奶也要偷偷摸摸！没有错，这个牛奶确实是给他喝下去了，但是这件事对他整个人格是什么影响？我相信他喝得也不痛快，吸收状况也不好，因为要遮遮掩掩。

他们的老师很仔细，观察到这一点，当天晚上就跟这个小朋友说：“你有这么多瓶牛奶，‘独乐乐，不如众乐乐’，好东西要跟好朋友一起分享。你愿不愿意拿出来给大家喝？”孩子也很单纯，他说：“好！”其他的同学都很欢喜。然后每个人就倒一点，一个很微妙的现象就发生了，当人很愿意付出就会唤醒很多人的一种欢喜心，也会替别人着想。当牛奶倒得太多的时候，小朋友会说：“好了，好了，其他的同学还要。”当每个人都有了牛奶，再一起喝下去。

这几个同学要喝的时候，都说谢谢那位同学，所以他也很高兴。当天晚上他写日记，就提到请大家喝牛奶的事，觉得那一杯牛奶特别香，特别好喝。刚好他的妈妈翻了他的日记，一看孩子这么慷慨，还觉得请别人很欢喜，妈妈突然反思自己是不是做得不恰当。“财散则人聚”，人要慷慨才能赢得人和，人生跟事业才会有所发展。

我们的慷慨、我们的不贪都可以给孩子做很好的榜样。古代有个人叫杨震，汉朝人，他为官非常清廉，而且常常会帮国家举荐一些好的人才。当时他在东莱做太守，举荐了一个读书人叫王密，举荐他当昌邑令。这个人很感谢他，有一天晚上就带了一些黄金送给他。杨震跟王密讲：“我这么理解你，还举荐你当官，你怎么这么不理解我，还要送我黄金！”王密跟他说：“这个没有关系，只是我一点心意，现在没有人知道。”杨震说：“怎么会没人知道？天知，地知，你知，我也知。”一个人的品德在哪里看得出来？在没有人看到的地方才能显现一个人的节操。王密听完，觉得很惭愧，就走了。

杨震非常清廉，他这个榜样也影响了他的后代子孙，他的孩子秉、他的孙子赐、他的曾孙彪做官统统都做到三公的位置，都是国家的高官。没有贪念那些黄金，才赢得了更大的功德跟福分，所谓“积善之家，必有余庆”。

再要引导孩子，对公物也要爱惜，不能拿来私用，这个也是很重要的一点。我曾经遇到过很多很成功的人，他们都有提到，小时候他们的父亲母亲担任公职，但只要不是单位的事，绝对不搭乘单位的车去办事，甚至于单位给家里装的电话也不拿来私用，非常廉洁，所以留给孩子很深的印象。

我会问小朋友：“你们学校的椅子是谁买的？学校里面的公物是谁买的？”小孩很单纯，会说是校长买的。那我接着问：“那校长的钱从哪里来的？”他们说：“政府给的。”“政府的钱又从哪里来的？”“从纳税人来的。”“纳税人有多少？”最少有数亿的人。所以学校的公物，比如说一张椅子，它有多少主人？数亿位主人。你偷了这个东西，就是欠数亿人的债，你以后做牛做马都还不了。所以我们引导孩子，任何一个东西都是有主人的，绝对不能因为自己喜欢就把它拿走。这是“物虽小，勿私藏，苟私藏，亲心伤”。

我们再看下一句，我们把它念一遍：“亲所好，力为具；亲所恶，谨为去。身有伤，贻亲忧；德有伤，贻亲羞。亲爱我，孝何难；亲憎我，孝方贤。”

“亲所好，力为具”。父母的所好，比方说希望我们学业好，希望我们功课好，我们都要尽心尽力去完成。但是我们要思考一点，现在的父母到底好什么？假如父母是好名好利，这样对于孩子有什么影响？可能孩子也好名好利。当孩子这个态度一形成，对他一生会有很不好的影响。所以，当父母的还要有正确的人生价值观。

对于一个国家，君王的所好也会直接影响到臣民。在古代，楚王很喜欢腰很细的女子，结果宫中的女子很多都饿死。上所好，底下的人就会迎他所好，带动的就是不好的风气。一个家的家长带坏风气，家会垮；一个国的国君带坏风气，国就垮，所谓“一家仁，一国兴仁；一家让，一国兴让；一人贪戾，一国作乱”。一个国君假如很贪钱财，到最后的下场很可能是跟人民发生冲突。古代纣王宠爱妲己，其实在纣王那个时代有没有贤臣辅佐？有！其中有位贤臣叫箕子，他看到纣王送妲己一双象牙做的筷子，就断定商朝要亡了。有这么严重吗？我们细细推敲一下，当妲己拿着象牙的筷子，请问她要用什么酒杯？可能是犀牛玉杯。拿着犀牛玉杯，请问用什么盘子？可能是金子银子打造出来的盘子。那用金子银子打造出来的盘子会不会盛的是豆腐青菜？一定是山珍海味。盛的是山珍海味，你会不会穿个T恤衫在那里吃山珍海味？一定穿绫罗绸缎。穿着绫罗绸缎，吃着山珍海味，会不会住小木屋？一定住豪华的宫殿。这些都要钱，钱从哪里来？对人民不断地压榨。到最后人民一定会起而跟他对抗。你看古代这些贤哲确确实实很有智慧，他们懂得抽丝剥茧，看得长远。

后来商朝被周武王推翻了，周武王对纣王的子孙有没有赶尽杀绝？没有，而是额外再划一块地方，让他们继续在那里生活。古代的君王有王天下的胸怀，以仁德服人，打仗是迫不得已。周朝因为有这样的胸襟，也很快赢得天下人的归顺。

所以无论对一个家庭，还是对于一个国家，好名好利都要不得。世间人说，人生的目标就在求富贵，那到底什么是富贵？人忙忙碌碌一生就是要享受富贵，到底有没有享受真富贵？现在人的一生都被误导，很多畅销书把如何赚进生命的第一个五百万、第一个一千万当作成功。所以现在人的专注点都在钱，好像觉得一有钱人生就好，殊不知欲望一开，见不到底，所谓“欲是深渊”。

很多人觉得有钱叫富，其实愈有钱愈觉得钱少，看到别人比自己有钱，比方说别人有五千万，自己才一千万，觉得很穷。等自己有了五千万，看到别人有一亿，又觉得自己很穷。所以这样的人有没有富？没有！“知足者富”，这才是富真正的意思。当人不知足，再有钱也会觉得很匮乏。

我曾经接触一些企业家，他们说企业家假如没有听闻圣贤的教诲，这一生真的是穷得只剩下钱而已。当人生有钱而没有智慧，钱可能是什么？祸患。当有钱了外面又有那么多诱惑，他就会开始糟蹋自己的人生。有调查显示，大企业家有几种下场：第一种下场叫“劳心劳力”，每天工作很努力，工作超过八个小时，超过十个小时，但是正值中年突然发现自己得了癌症，生了重病。努力了一二十年，到头来什么也带不走，这个叫劳心劳力。他躺在医院里，心里快不快活？不快活，心里想着自己这么大笔财产，不知道会落到哪个男人的手里。赚了大半辈子到头来都花不到，他的内心会怎么样？死不瞑目。这个结果好不好？不好！但是现在有很多人确确实实是往这个方向在冲。

所以我常说人生是三个“máng”，哪三个“máng”？第一个是忙碌的“忙”，这是个会意字，左边一个“心”，右边一个“亡”，代表心死了！都不能够去感受父母、感受妻儿的需要，每天就是忙得不得了。忙久了就进入第二个阶段“盲”，眼睛看不到了，所有自己的本分事忘了，只知道赚钱。等走到中年，“奇怪，太太怎么跟我连话都不说了，孩子也跟我不能沟通了，我这么拼命不都是为了他们吗？怎么到头来是这个下场！”他会觉得人生很茫然，到底我在干什么？这是第三个阶段“茫”。

很多家长忙到自己孩子上几年级都不知道。某位明星有一次去接儿子，跑去学校等他儿子出来。等了半天，儿子都没出来。后来他儿子的老师走出来说：“你儿子都上初中了，你还来小学等？”所以我们要想想，人生努力的真正目的在哪里。当初努力的真正目的，不就是希望能有个好的家庭生活吗？所以我们要谨记自己的目标，不要走到半途就不知道方向了。要做到这一点，确实不容易，因为现在社会攀比的现象太多了。人家的衣服比我们穿得贵，人家的车子比我们开得好，自己的心就受影响。

企业家第二种下场叫“锒铛入狱”，因为在赚钱的过程中常常铤而走险，触犯了国法。我记得有一次在飞机上看到当年俄罗斯的首富，还很年轻，看起来也就四十岁左右而已，现在已经变成阶下囚，被关起来了。所以，人生绝对不能够贪婪，应该以诚信去经营事业，老老实实去付出，这样才会有很好的回报。要让孩子往后不铤而走险，就要从小教他“物虽小，勿私藏”，教他廉洁有守，这才是根本。

第三种下场的企业家，也赚了些钱，常常有很多应酬，但是把身体搞坏了。当一个人中晚年身体不好，他的福享得了吗？可能后半生都要跟药为伍，这样也不是好的人生。

而真正有成就的、成功的企业家，就是能够兼顾事业跟家庭，这是最完美的。我有一个长者，他姓卢，我叫他卢叔叔。他在企业界也相当有成就，曾经做过雅马哈的总裁，底下员工有八万人。他做事很有原则，只要是礼拜天中午，他就一定陪太太跟孩子一起吃饭。当他坚持这么做，带给妻子跟子女的感受是什么？温暖。当爸爸的、当先生的非常在乎家庭，那家庭的凝聚力就特别好。其实当我们认识到家庭重要，你自然而然就会做出来，事在人为，不要找借口说人在江湖，身不由己。

我们这节课先讲到这里，谢谢大家。

第十一讲　什么才是真正的富贵、快乐

诸位朋友，大家好！我们上节课讲到“亲所好，力为具”。父母所好的东西，子女会起而效法。当父母所好的是非常有价值的人生，孩子也会立志往这个方向走；假如父母所追求的是虚华的人生，那孩子可能就会受不良的影响。我们常说人生要追求富贵，什么是真正的富贵？我们做父母的要清楚认知什么才是真正的富贵。

什么是富？这个问题假如问中学生，都会怎么答？很有钱叫富。答案为什么这么标准？谁给他的影响？我们要引导孩子，绝对不是钱很多才叫富。一个人假如不知足，纵使给他再多钱，他也不会觉得快乐跟满足；一个人真正知足，他的内心常常会觉得很充裕，知足者才能够常乐。所以真正的富在知足。不知道诸位朋友身旁有没有很有钱的人，他们有没有觉得他够花了？有很多就想要更多，因为人的欲望之门只要一打开，就很难关上，所谓“欲是深渊”，这个深渊踏下去不见底。所以我们不要追求虚华的人生，应该追求真实，知足才是真正的富。而当我们这样引导孩子，他这一生懂得知足，才不会成为物质的奴隶，才不会崇尚虚华。

什么是贵？一般孩子说官做得很大叫贵。官做得大并不一定贵。做官的如果拿着权位去压迫别人，甚至于为自己谋福利，等他下台会有什么结果？所有的人都唾弃他。对于贵，我们要明白其真正的意义，“人敬则贵”，当每个人看到你都心生欢喜，都打从心里尊敬你、佩服你，那才是实在的贵。

当我们有机会可以当政府、公司的领导者，我们应该提起的不是权势，而是本分。当领导的，比方说一个企业的老板，最重要的应当时时念着如何带领员工走向更美好的生活，不只是在经济层面要带领员工，在精神层面我们也要跟员工一起成长。当你有这个定位的时候，相信你的员工会很尊敬你。在政府做官，每一个决定影响的层面都非常大，所以处高位者更应当战战兢兢，谨言慎行。当我们能处处为下属、为人民着想，相信当你离开这个位置的时候，他们一定会感你的恩德，对你像以前一样爱戴，不会一朝天子一朝臣。

而且，人是不是一定要有权位的时候才能有贵气，才能让人家尊敬？那不见得！孟子说："爱人者，人恒爱之；敬人者，人恒敬之。"在新加坡有一位许哲女士，已经一百零六岁，她每天只吃一两餐，她食物方面的欲望很少。诸位朋友，她是不是强迫自己忍出来的？不是！人都说每天最少要吃三餐，有的还吃四餐五餐，其实吃饭实在很浪费时间，你有没有这个感觉？人为什么要吃饭？因为消耗了很多能量，所以要吃饭加以补充。当人的烦恼多，需要的食物就多；烦恼少，需要的食物就少。

许哲女士吃那么少，那是自然的。因为她烦恼很少，她不为自己谋私利，她时时只想着如何帮助别人，所以自然而然就不需要那么多的食物。从许哲女士身上我们也可以体会到，当初颜渊跟孔夫子学习，他是法喜充满，纵使是"一箪食，一瓢饮"，一般的人都受不了这种生活情况，但是"回不改其乐"。当一个人的精神层面提升了，对于物质的需求自然慢慢就放下、减少了。

许哲女士不只吃得少，她说她没有买过衣服，她穿的衣服都是从垃圾堆里面捡的。很多衣服可能也没有破洞，可能款式过时，很多人就把它扔掉，她觉得很可惜，把它们捡回来穿。她穿这些衣服，除了惜物以外，还有一个很深的用义。她一个人照顾几十位老人家，都是登门把一些生活用品，吃的、穿的送给他们。她为什么要穿这些衣服？因为她去探望的都是生活比较贫乏的老人。假如她身上穿着旗袍，很高雅，然后提着一包白米走过去，接受的人一定会觉得很有压力，“我会不会弄脏你的衣服？”当她穿得跟他们一样的时候，就倍感亲切。

当她走到他们的家里面，我看到他们看到许哲女士那种欢喜、雀跃的表情，就好像见到自己的亲人一样。新加坡尊她为国宝，世界很多国家也邀请她去演讲，对她也是非常尊敬。所以我说许哲女士才是真正的富贵之人，这样的富贵非常有意义，人生也会觉得充实。当我们懂得好的富贵是这样的富贵，那你的孩子也会往正确的方向去经营他的人生。

我常常问家长：“你希望你的孩子以后能过什么样的生活？”诸位朋友，你们说说看，你们希望孩子以后过什么样的生活。（答：平安快乐。）诸位朋友，你希望孩子快乐，那你快乐吗？很多朋友回馈说“我只希望孩子快乐就好了，也不希望孩子以后赚多少钱”。这样的要求听起来很简单，事实上做起来很困难，因为假如你自己都不快乐，你如何引导孩子去过快乐的生活？

什么才是真正的快乐，你们想清楚了没有？（答：知足常乐。）真的，一个人知足，他与人相交往就懂得感谢别人，他愈是这样，朋友跟亲戚就愈喜欢他。

还有什么是真正的快乐？（答：要无忧无虑。）所谓“理得心安”才能无忧无虑，什么道理？比方说中国有句话叫“儿孙自有儿孙福”，不该你担心的，你就不要多操心。不是叫你不要管孩子，而是在他还没有成人以前，在他小时候你就把他的根基扎好了。之后因为他已经有了德行，自然有他的人生因缘，你就不要去操纵他，不然你累他也累！

我常常做一个比喻，就好像教儿子开车，当他要上车以前，你要把他教好。等他已经手握方向盘在开车了，你就不要在旁边一直拉他的方向盘，否则会怎么样？车子会晃来晃去，到最后可能“砰”撞了。所以你要先让你的孩子懂得如何看人，如何选对象，你要把他教好。如果没有教好，等到他已经长大了，到时候他选了一个人要结婚了，你又在那里阻止，你会痛苦，他也会痛苦。所以，无忧无虑确确实实要看破世间很多事。

还有什么是真正的快乐？（答：身体健康。）身体健康也不能轻易求得来，你对自己的饮食，还有对自己的情绪都要有很好的管理才会有健康。中国说“五福临门”，其中一福就是身体健康。人假如上了年纪，身体不好，纵使子孙贤孝可能也不大快乐。

还有没有？（答：帮助别人。）这个很重要。当人处处为自己着想，人生只会活在患得患失中。助人为乐，能不能用讲的教孩子？要让他身体力行去感受。假如有机会到医院做义工，你把他带在身边，当你帮助那些病人，病人给予你真诚的感谢，甚至于病人的亲人都在感谢你的时候，你的孩子一定会在旁边学习，也能够欢喜地感受到别人的善意。

有一个老师，他学了传统文化，都拿《弟子规》来教诲他的学生。那年三八妇女节的前一天，他的学生就走到讲台前来跟他商量，说：“老师，我们已经决定，明天三八妇女节要买两朵花。”这位老师觉得很纳闷，就说：“买两朵花干什么？”学生就跟老师说：“我们全班决定一朵送给全校的女老师，一朵送给自己的妈妈。”老师一听马上随喜功德：“太好了，老师支持你们。”你看，孩子学了就能够去落实老师曾经教过的道理，要尊敬老师，要孝顺父母。

三八妇女节那天，同学们把花送给各个年级的女老师。有一位男同学回来，满脸笑容，老师问他：“你怎么这么高兴？”他跟老师说：“当我把花拿给女老师的时候，她的笑容非常灿烂，还跟我说谢谢。”老师接着问：“你在这个时候体会到什么？”学生说：“施比受更有福。”所以，让孩子去付出，他就会感受到付出的快乐。我们助人为乐，也要从小带着孩子去体会付出的快乐，这是助人为乐。

还有没有？（答：吃得下，睡得着，然后大便通畅。）这个是真的！我们看到很多很烦恼的人，或者病重的人，这几点都做不到。我们说好吃好睡有福报，但现在人要好吃好睡不容易，烦恼的事太多了。所以要好吃好睡，首先要烦恼少，首先要智慧长。

孟子曾经提到人生有三乐，第一乐叫“父母俱存，兄弟无故”；第二乐，“仰不愧于天，俯不怍于人”；第三乐，“得天下英才而教育之”。第一乐，我们常说“家有一老，如有一宝”，这是真实的。我们从小都跟爷爷奶奶一起住，假如不跟爷爷奶奶住，当父母的要教孝道，还真不容易教。跟爷爷奶奶在一起，父母就能时时关怀自己的父母给孩子看，所以父母能够让我们奉养，那是人生最大的福田。而当我们在回馈父母的恩德时，也会觉得人生非常踏实、非常快乐。所以诸位老师，你们假如现在跟父母住，一定要好好珍惜。我们一位老师说他常常帮爸爸洗头，我听了很羡慕，因为我常常不在家里，想帮爸爸洗个头都没机会。“兄弟无故”，兄弟姐妹们的生活、事业都发展很好，没有出现意外、死亡的情况。兄弟是陪我们人生走得最久的亲人。“父母俱存，兄弟无故”，家和万事就兴，所以这是人生第一乐事。

人生第二乐，“仰不愧于天，俯不怍于人”。每天尽自己的本分跟义务，活得很踏实，这样才能够做到能吃能睡。假如常常做亏心事，又很怕别人看到，遮遮掩掩，这样的人生不会痛快。“从前种种譬如昨日死，从后种种譬如今日生”，以前犯的错是因为以前没学《弟子规》，可以不算。但从现在开始要做俯仰无愧，从现在开始自己的行为要尽心尽力，随顺孔老夫子的教诲。相信你有这样的态度，一定会赢得更多人对你的赞叹、尊敬。这是第二乐。

第三乐，“得天下英才而教育之”。这一乐是不是只有当老师才有？不是。比方说公司里面有新进的同事，一个人到一个新的环境，内心一般会焦躁不安，这时候你适时地伸出援手，让他熟悉环境，熟悉他的工作，在能力上扶持他；他家里可能还有些问题，你年龄又稍长于他，还可以把一些好的经营家庭的观念分享给他。你这样做相信他一定会很感动，他很有可能会在别人面前说："我这一生就是遇到了这个好的同事，好的主管，人生才走得这么顺畅。"所以，你在这位朋友的心目中，就像一位老师一样。当你身旁有很多人对你是这样的评价，相信你也会觉得这一生没有白过。

人要真正做到"仰不愧于天，俯不怍于人"，最重要的是敦伦尽分。文天祥有一句很有名的话叫"人生自古谁无死，留取丹心照汗青"，"汗青"是历史的意思。我们人生走了几十年，现在回头看看，你是满意还是不满意？你是欣慰还是惶恐？都这么大了，还有很多事没做。所以，人首先要对得起自己。除了要照自己的历史，你还可以用你的真诚照一照周边的人。我们要"知所先后"，你不要一下子就照到美国去了，身边的要先照好。先照家人，我们说"百善孝为先"，所以要先用自己的真心去力行孝道，让你的孝心、孝行写在父母的人生历史上，让你的父母面对别人的时候说"我这辈子养这个儿子真有价值"。当他们讲出这样的话，相信内心是无比的欢喜。

再来，还要照子女。当我们用我们至诚的父爱、母爱好好陪孩子一起成长，让他扎下德行的根基，让他建立正确的人生观，等到他进入社会跟其他的人比较起来，他会觉得非常幸运，"我这一生就是有这样的父母，才让我有这些正确的观念"。当子女每每想到有我们这样的父母，才成就了他的一生，那我们当父母的也算用真心在孩子的人生历史上写下了你的智慧、你的挚爱。

除了父母、子女，还要照兄弟姐妹。兄弟姐妹能和睦，其实最让父母欣慰、欢喜。我的两个姐姐跟我的感情也非常好，那时候我决定辞掉公职去推广圣贤教育，我的姐姐就告诉我："你安心地去做，每个月我给你一万块钱支持，你不要有后顾之忧。"我姐姐的真心马上照亮了我的心。当然你们不要关心我有没有拿那一万块，很多朋友听完就说："蔡老师，你有没有拿？"心意最重要！二姐这一份心会伴随着我，让我一生都觉得心里很温暖。当然家人这么支持我，我一定要尽心尽力去做。所以我做了一年多，她很高兴，有一天上课还坐在第一排，她说她是家族代表来听我上课。后来她就跟我妈妈说："我有这个弟弟真的很高兴。"所以我也回馈了，用我的真心照姐姐的历史。

接下来要照先生的历史、照太太的历史，怎么照？时时能够看到对方的优点，给予肯定，给予鼓励，从而激发对方的潜能。我们也要尽心尽力辅佐对方，让他工作时没有后顾之忧。当你的先生跟他的朋友聊天："我就是娶了这个太太，才让我的人生有这么好的发展。"这个时候你就在你先生的人生历史上写下了恩义，写下了情义。如果先生说"我就是娶了这个老婆，才开始倒霉"，那就不好。

还要照谁的历史？"一日为师，终身为父"，我们还要照老师，我们要让老师真正觉得教我们这样的学生很有价值。那照老师最重要的要怎么样？依教奉行。我小学有一位老师，我上五年级的时候刚好是他带我。他问我妈妈："这个孩子怎么带？"我妈妈就说："他不爱念书，不过很爱面子。"老师说："那我心里有底了。"

第一天老师说："蔡礼旭，带两个同学去领扫把。"小学生被老师叫到去服务都很有精神，快步向前跑，然后把扫把领回来。"蔡礼旭，你跟五个同学一起去领书本。"我又跟其他同学去领书本。把这些该忙的事都忙完了，大家都坐好，老师就说："来，现在我们选班长，我提名蔡礼旭，其他的你们提名。"真是很民主，对不对？我就第一次当上了班长。在小学生的心里，班长等于品学兼优，所以老师不费吹灰之力就把我的成绩一把推上去了。我从那个时候开始，名次就没有低过前三名。

所以这个老师对我有知遇之恩。后来我考上师范院校，也开始教书了，我就打电话给我的老师，约他一起吃饭。吃饭的时候跟老师聊得很愉快，因为我在继承老师的志业，也在教书，他就把很多教书的经验跟我娓娓道来。旁边的服务员看我们聊得很愉快，就问我他是谁，我说是我的老师，服务员听了也很感动。

后来我接触了很多圣贤的经典，也拿了几本送给老师，结果老师拿了这些经书对我说："今后我是不是要喊你学长？"我马上跟老师说："'一日为师，终身为父'，老师就是老师。"后来我辞掉工作，开始推广传统文化，我就跟我的老师打了一通电话，跟他报告我做了哪些事。我的老师在电话那一头很高兴，他说有我这样的学生真快乐。我在那个时候体会到，两种人不会嫉妒你的成就，这两种人就是父母跟老师。所以我们更要用自己的人生好好地奉献社会，让我们的师长因我们而荣。

再来，我们都是炎黄子孙，我们这一生要能继往开来，能不愧几千年中国老祖宗的教诲，承先启后，可不能让几千年的文化断在我们手里。当初我就是抱持着这样的态度，希望能够在道德沦丧比较严重的情况下，赶快推广传统文化，推广圣贤教诲。那个时候我的父亲就说了，教育这件事情很难做，没有几个人做得起来。我就跟我父亲讲，假如有一万人去做，只有两个人成功，要不要做？有两个成功，代表会成功，对不对？我们不用去问九千多个人怎么失败的，"宁为成功找方法，不为失败找借口"，重要的是看这两个人怎么成功的！

假如这两个人成功了，是因为有万贯家财，或者父母当大官很有权位，那我不去做，因为我都没有。假如他们没有钱也没有权却做到了，我就要看看他们是如何做到的，好好跟他们学习。像我的老师，他没有钱，也没有亲人的相助，他却能够把圣贤的教诲弘扬开来，甚至于弘扬到全世界去。凭的是什么？诸位朋友，很多事其实很单纯，都是从一颗真诚心出发。老师有真诚恭敬的心，他写信给很多著名教授，每个人从他的信中看出他的好学，都回信给他说愿意收他当学生。他生命中有三位好老师，都是由于他的好学，而特别关怀他。

由于真诚，所以得到学问；由于有使命感，才希望圣贤教诲能利益更多的人。有这样的心，就感得很多人对他的支持跟爱戴。在《老子》里面讲到“天道无亲，常与善人”，天道都跟随在善人的身旁，所谓善有善报。《中庸》又讲“诚者，物之终始”，做事情成败取决于一个字，“诚”。用真诚做出来的事，不会因为时空而减少了它的影响力。范仲淹很真诚，所以他的人生态度一直影响了几百年的读书人。相同地，我的老师用真诚心去传递圣贤教诲，相信他的这一份心也会留在他所有的学生心中。所谓“至诚如神”，至诚可以感通，这都是可以印证的。

而当我们不真诚的时候，则会“无物”，往后会衰败下来。比方说你对孩子不真诚，这个家会衰败。你对你的员工不真诚，纵使你现在赚了点钱，迟早也会垮下来。你仔细去观察，真诚对待家人、对待员工的人，他的家业跟事业才能长长久久，不然保证“富不过三代”。现在这句话要改一下，还有三代吗？因为做人的分寸愈来愈差，折掉太多的福分，所以富不过一代了。

真诚就能够把事做好，所以我们都要有一颗真诚的心，一定要“为往圣继绝学，为万世开太平”。诸位朋友，不要觉得压力很大，我们抱持着一个态度，“岂能尽如人意，但求无愧我心”，尽心尽力去做就行了。做父母的把圣贤的教诲用在教育孩子上、用在家庭里面，那你已经在传承传统文化；也用在跟同事相处上，当同事觉得跟你相处很欢喜，你就告诉他，你这些人生态度就是看《论语》学的，就是看《弟子规》学的，我们随分随力去做，也是功德圆满。

当我们的人生都是往这个方向去发展，那你的孩子会非常佩服爸爸跟妈妈。你的孩子有你这样的榜样，相信他的人生也会走向正确的方向。方向正确了，接下来我们再讨论细节问题。比方说孩子现在在念小学，我们怎么去开解“亲所好，力为具”？像我们当老师的就会引导孩子:“比方说父母希望你身体好、学习好，这些要求我们当子女的要尽心尽力去满足”。

古代的孝子们也常常会去满足父母的需要。汉朝有一位孝子叫蔡顺，生在兵荒马乱的时代。他母亲喜欢吃桑葚，所以他就去采集桑葚，拿了两个篮子。回来的途中不幸遇到盗贼，盗贼很奇怪，问他:“你采桑葚，干吗拿两个篮子？”因为他的母亲喜欢吃甜的，所以他把比较黑、比较紫、比较熟的放一个篮子，先给母亲吃，比较红、不太熟的放另外一个篮子。蔡顺确实做到了“亲所好，力为具”。

盗贼了解到原因后很感动。所以，盗贼也会感动。他杀人放火是坏习性，但是不管怎么坏的人，还是有一颗善良的心，因为“人之初，性本善”，只是他当下被坏习性、被欲望主宰了。当我们的行为很有德行的时候，就能够唤醒他的良知。

我们下节课再继续谈蔡顺的故事，谢谢大家。

第十二讲　对治人生的坏习性

诸位朋友，大家好！我们上节课提到蔡顺去采桑葚，用一个篮子专门装甜的给母亲吃，自己吃酸的。这样的孝心感动了盗贼，就把他放了，还把一些食物送给他。诸位朋友，假如你是蔡顺，要不要拿？（答：不要！）如果人家诚心诚意，说："拜托你了，拿去孝敬你的母亲。"要不要收？（答：要！）你们怎么这么快就变了！好，蔡顺听了你们的意见，把送的东西拿回去。拿到家里刚坐下，突然官府的人来了，"张三家的米怎么在你们家？李四家的菜怎么在你们家？来，把他抓起来！"那个时候你就百口莫辩。孔夫子说"君子有九思"，其中有一个叫"见得思义"。当你要获得任何东西的时候，首先要考虑它的来路是否清白。盗贼的东西都是怎么来的？抢来的！所以绝对不能拿。

诸位朋友，你们听了这个蔡顺的故事，印象深不深刻？所以我们讲故事，很重要的一点是要把其中的道理讲给孩子听，做到理事结合。假如你只是讲故事，讲完一遍再讲，你的孩子只会说："我听过了！"假如你不讲故事，只给他讲道理，他听了没有五分钟就会说："妈，我想睡觉了。"所以理事结合，听的人才觉得格外有收获。不管你是老师还是家长，都可以在讲故事当中融入一些道理、提醒跟启发。

我们给孩子讲这些故事，就要进一步引导孩子："你看以前的孝子，第一个念头都是想到父母，那你们知不知道妈妈喜欢吃什么？"一问，他们都想半天，有几个比较有良心的，还能想得起来，很多都想不起来。我看他们那种窘况，就说："那妈妈知不知道你喜欢吃什么？"他们马上露出灿烂的微笑，"当然知道！"还可以讲好几样。接着我就跟他们说："你看，妈妈都知道你喜欢吃什么，你却不知道妈妈喜欢吃什么，这样公不公平？你看妈妈这么爱你，你居然都不爱护妈妈，所以今天的作业是，要搞清楚妈妈喜欢吃什么，这样你才能做到‘亲所好，力为具’。以后出去买东西，不是先买自己喜欢吃的，而是先买妈妈喜欢吃的，先买爸爸喜欢吃的。”

父母其实都非常关怀我们的健康状况，一个人要健康必须要身心调和。中国有句话又说“祸从口出，病从口入”，所以吃东西要格外注意，不然一大堆文明病就产生了。诸位朋友，你有没有把握不得文明病？知识就是力量，正确的知识才可以给你信心。如何让自己吃得健康，这个问题已经有很多人投入几十年在那里研究了，你要不要从头开始？不需要。所以我常说：“站在巨人的肩膀上，可以看得更远。”诸位朋友，谁是巨人？我们要教导孩子智慧，孔夫子、孟夫子就是巨人，你可以直接把他们的智慧、经验学过来。

在健康方面，谁是巨人？我在很多年前拜读了雷久南博士的《身心灵整体健康》，其中提到要少吃肉、多吃菜，这样才会健康。为什么要少吃肉？现在人身体不健康多是因为营养不良，还是营养过剩？过剩！你看，明明是营养过剩，但是人的脑子好像都慢半拍，都还是停留在怕这个不够怕那个不够。现在的孩子要找到营养不良的不容易，多的是寒暑假还上减肥班的，孩子一边跳一边想：“我只要撑过今天，明天就可以去吃麦当劳。”这样减有没有用？不从根本下手，一味消耗热量，他肚子更饿。

一般人觉得肉有高蛋白，其实人所需要的蛋白质不是很多，蛋白质摄入太多会损害肝脏、肾脏。一个人一天所需要的蛋白质是40克到60克。当体内的蛋白质过剩，身体就会呈现酸性。有句话叫“酸性体质是慢性病的根源、温床”，为什么这么说？内脏长期处在酸性的环境里面，很容易功能衰退，所以才会有这么多的慢性病，而且发病时间愈来愈早。我听说有个十八岁的孩子中风死了，不知道还有没有更早的。

不只是内脏容易衰竭，现在还有一种病也很厉害，叫作骨质疏松症，听说是现代人十大死因中后来居上的一个。当你骨质疏松很严重，有时候打个喷嚏骨头都会折断。你们不要被我吓倒，这也不是我讲的，是被报道出来的。我们常常说，老人最怕摔，因为一摔可能骨头碎了，就站不起来了。现在不只老人摔了骨头会碎，很多年轻人也严重存在这个问题。三四十岁去测，检测显示是八十岁的骨龄，那就麻烦了。

为什么酸性体质会造成骨质疏松？人体是一个很大的化学工厂，它要维持酸碱平衡。当身体呈酸性，它必须把碱性物质拿出来中和，而人体里面碱含量最大的就是钙质。哪里是钙质的仓库？骨头。钙质一点一点从骨头里流失，久了就会骨质疏松。

再来，肉类不只是蛋白质过高，里面还有有形毒素跟无形的毒素。什么是有形毒素？现在的鸡养多久就大了？差不多五六个礼拜。以前要养多久？半年。为什么能够长得那么快？中国人常说要“道法自然”，这都不是随顺自然养出来的，必须靠生长激素、抗生素。而这些药物最后到谁的肚子里？我们！我记得当时我还没吃素的时候，吃鸡块，一剖开鸡的肚子看到油油的一团，那是什么？激素。所以现在小女孩的月经来得愈来愈早，有的还没到十岁月经就来了。所以这些食物都在残害我们的下一代，当父母的不能不谨慎。

除了有形的毒素之外，还有无形的。我们设想一下，动物被宰杀的时候，一定非常恐惧、非常愤怒。我们发一次脾气要多少天才能平息？三天。你有没有看过发完脾气神清气爽的人？没有！发脾气时，肾上腺会分泌一种毒素，分泌会剧增，人因此会觉得全身无力。动物在被宰杀的时候非常愤怒，就分泌了很多这样的毒素。

不只吃肉对身体有危害，大量饲养食用性牲畜，对我们整个地球也有很大的危害。整个地球是一个生命共同体，牵一发而动全身，你可不要小看每天吃的东西！人类大量食肉，所以必须毁掉很多原始森林，来种麦子、谷类以作饲料。原始森林毁掉了会造成什么影响？大量土壤的流失。再来，原始森林是地球的肺，能够帮忙清洁空气，当原始森林愈来愈少，整个地球的空气质量就会愈来愈差。

大量饲养牲畜除了对空气有影响，对土壤、对水源也有直接的影响。养了这么多的动物，它们会大量地排放粪便，粪便会污染土壤、污染水源。

其实人类可以过得比较轻松、比较环保，只要我们懂得选择对自己、对环境有利的饮食习惯。这种习惯自利又能够利他，何乐而不为？所以，你在吃饭的时候也要有使命感，也要念着地球的健康。

“亲所恶，谨为去”。父母不希望我们有的坏习惯，我们应该赶快把它去掉；或者你交了一些朋友，父母每天都很担心，那你应该考虑远离他们，因为朋友对我们的影响特别大。诸位家长，你们担不担心以后孩子会交到不好的朋友？担心有没有用？首先要提升孩子对人的判断能力，他才知道亲近善良的人，才知道远离恶友，对他们敬而远之，甚至他也会知道，把自己演好就会感动那些朋友。

如何去抉择朋友？一个人值不值得交往，你只要依据《弟子规》看他做到多少。所以我跟很多朋友说，《弟子规》是照妖镜，你无论选朋友还是选配偶，照一下马上就知道对方的本来面目。《弟子规》也是显圣镜，能做到很多，这样的朋友你要终身相交。

“亲所恶”，我们就从习惯来谈。这里先跟大家讲一个故事。有三个犯人同时进了一间监狱，典狱长很仁慈，跟他们说：“你们三个要关三年，你们有什么愿望？我做得到的就满足你们。”第一个是美国人，他连想都没想，就说“给我一包烟”。典狱长说：“好！没问题。”拿给他烟就把他关进去了。第二个是意大利人，他想了想说：“我要一个女人。”典狱长说：“好！我还做得到。”然后也把他关进去了。第三个是犹太人，犹太人很会做生意，就说：“我人生已经跌倒了，应该好好汲取教训，所以你可不可以给我一个外线电话。”典狱长说：“好！没有问题。”就送给他一个电话。

三年以后，三个犯人的门打开了。美国人的门一打开，他冲出来，“火柴呢？火柴呢？我的火柴呢？”三年里他在想什么？每天在那里后悔得发抖，怎么忘记要火柴！他三年的时光就因为抽烟这个坏习惯白白耗尽了。诸位朋友，一个人假如养成坏习惯，他这一生就不能主宰自己，只能被坏习惯牵着走！这样的人多不多？多！如何让一生不被这些坏习性牵着走？从小有志向，长大才不会玩物丧志。

这个美国人有抽烟的坏习惯，不抽烟就很难受。我们不要笑美国人，其实我们也有些坏习惯，每天不做很痛苦。哪些事？比方说看连续剧，每一次看完就说：“怎么演得这么无聊？真是乱来！”隔天还是乖乖地坐在那里。看的都是别人的人生，每天耗那么多时间，对自己的人生有没有帮助？没有。一天一天过去，人生该做的事不做，想做的时候可能就都没机会了。所以孔老夫子站在河川的上面，讲了一句话，“逝者如斯夫，不舍昼夜”。你看孔夫子看到流水马上想到，时间就像流水一样，一去不回。时间很宝贵，我们不能让我们的生命白白地耗在这些对自己无益的事情上面。

第二个意大利人，他的坏习惯是什么？“色”，好色。所谓“色字头上一把刀”，这一把刀会毁掉你的人生，会毁掉一个家庭的幸福，甚至毁掉一个国家。唐玄宗还没遇到杨贵妃的时候，是“开元盛世”，尽心尽力地治理国家。遇到杨贵妃变成什么？“安史之乱”。所以诸位朋友，唐朝的衰败，谁要负最大的责任？男人都说杨贵妃，女人都说唐玄宗。不过真理只有一个，“色不迷人人自迷”，所以根本还在唐玄宗。换作唐太宗在，杨贵妃可能也没什么作用，因为他念念以江山社稷为重。所以人生遇到很多问题，不能把责任推出去，要反省自己。

这个意大利人的门一打开，他人还没走出来，先听到很多小孩子的声音。很多中学生听到这里都哈哈大笑，我就问他们：“意大利人比较惨，还是美国人比较惨？”“都很惨！但意大利人更惨！”讲这个话的是个女学生，她说：“因为他一出来不只要打理自己的生活，还要照顾好多小孩。”请问他能照顾吗？不能，因为他只是纵欲，提不起责任心。

通过这个故事，我会跟学生讲，找对象要找有责任感的。我会找一个平常扫地都不认真，常常不交作业的学生，我让他站起来，然后对他说：“以后你不要结婚！”他吓得不知道我在说什么。我说：“你连自己都照顾不好，不能为自己负责，你没有资格结婚。结了婚会害了下一代。”这个学生会记多久？虽然我是在骂他，其实是骂给谁听？全班所有没有责任心的男学生。女孩子会留下什么印象？找对象要找有责任心的才能有所依靠。所以很多预防针要及时打，不能等到他们心花怒放的时候再来打，那时就来不及了。

第三个犹太人，他出来后恭恭敬敬走到典狱长面前，给他深深一鞠躬：“谢谢你！给我这个电话，这三年来，我通过电话得到很多外面的讯息，也做了一些投资，所以我现在已经有一笔资产，以后的路我会好好去走。”三个人做了三个不同的抉择，也产生不同的命运。可见，坏习性是多么害人！我们绝不希望我们的孩子因为一些坏的习性而堕落下去，所以从小就要根治那些不好的习性。

还有一个习性会害了自己，甚至是家破人亡，赌！假如一个男人好赌，不要跟他交往，太危险了。因为赌他无法克制，很可能把家里的财产，甚至于祖产都耗进去。

中国圣贤提出有四个习性要去对治，那就是“骄、奢、淫、逸”。我们对照一下，第一个自己有没有？所谓修身才能齐家，有的话，要赶快修正。然后再看看孩子有没有？假如有，要赶快导正。“骄”，骄傲，傲不可长，一骄傲不只自己的学问上不去，无形中也断了自己贵人相助的因缘。有道德、学问的人喜欢交什么样的人？谦虚的人！你只要傲慢，这些人就会远离你。

我很幸运，上初中的时候，有一天理化老师写了一行字："人不可以有傲气，但是不能没有骨气。"当他这句话写出来，仿佛有一道光芒照入了我的心田，我也期许自己不可以傲慢。

我在澳洲学习的时候，遇到很多长辈。在学到"事诸父，如事父；事诸兄，如事兄"的时候，我觉得学了就要做，还因为也深刻感受到为人父母确实不易。而且每一位为人父母者，不只对孩子有贡献，还对这个社会有所贡献。所以当天我回到寝室就找这些长辈，其中有一位姓谭的长辈，我问他是哪年生的，他一讲，比我爸爸大，我就鞠个躬说："谭伯伯您好。"诸位朋友，这个躬鞠下去，发生什么化学变化？这位长者笑得合不拢嘴，他说飞了几万里还收了个侄子，他很高兴。我又继续问候，问候到一位陈先生，我鞠个躬说："陈叔叔您好。"因为他比我爸爸小。这时突然有位长者跑过来，说"我也要"，这位叔叔就是影响我人生很深的卢叔叔。

事后想想，卢叔叔真是非常爱护我们这些晚辈，他生怕我没去叫他叔叔，还自己跑过来说"我也要"，制造机会给晚辈。当时我也毕恭毕敬给他鞠了个躬："卢叔叔您好。"这个鞠躬下去，我的人生就出现了翻天覆地的变化。隔天下午卢叔叔就把我找过去聊天，他跟我说，他二十九岁就当总经理，怎么当上的？股东坐两排，一一询问他企业出现什么问题，人事出现什么状况的时候，应该怎么样解决。他都对答如流，所以二十九岁就当上了总经理，专门解决企业的危机。这么有能力的人我们很难遇到！而且很幸运，就因为我的礼貌，让长者觉得很欣慰，主动找我聊天，把他几十年人生的经验跟智慧跟我娓娓道来。

我是又欢喜又惭愧。惭愧什么？自己的眼光太差，不识庐山真面目，这个卢叔叔听课一直坐我旁边，我都看不出来。不过我也从中体会到一个道理，愈有能力的人愈谦卑，就好像你隔壁家很亲切的叔叔，不会跟你炫耀东炫耀西的。两个多小时聊下来，我的内心很激动，那个时候真的深刻体会到，为什么中国人这么重视师道！老师确确实实是无私的，只希望用他的智慧成就你的人生，完全不求回报。当下我就跪下去。卢叔叔年轻时就学柔道，所以动作特别快，马上就把我拉起来，他说：“使不得！”

从那天开始，每次我们上完课，卢叔叔就说：“来，我们去散步。”边走他就边问我：“今天听《弟子规》听得怎么样？听《德育故事》听得怎么样？”我把心得告诉他，他就会说：“你看得不够深，不够广。”然后他就一一分析给我听。所以，虽然只相处了两个多月，但真的是给了我一生的助力。后来离开澳洲，只要有机会我都会主动打电话给卢叔叔，他都会非常无私地给我很好的建议、很好的启发。所以诸位家长，傲不可长，所谓满招损，谦受益，一定要长养孩子的谦卑态度。

第二个，“奢”，奢侈。一个孩子习惯了奢侈，那就很难转变，因为“由奢入俭难”。有位书法老师，有一天一个学生家长打电话来，说要晚一点才能够来接他的孩子。然后又说，老师可不可以先跟孩子吃个晚饭，之后他才来接。这位老师答应了，带小孩去吃饭。进了餐厅，小孩拿起菜单，随口就说：“来！”服务员来了，他说：“给我两瓶可乐。”然后他就大摇大摆开始点菜，“这个，这个，这个”。这个老师都看傻眼了，等他点完，把菜单拿过来一看，点的都是很贵的菜。

诸位朋友，这个孩子跟谁学的？他父亲是当官的。你看父亲奢华的行为直接传给谁？儿子。所以诸位家长，我们不要常常带孩子去大吃大喝，他吃习惯了，就吃不惯清淡的菜了。而且到大餐馆去，常常会看到一些大人不好的行为，所以不是必须要去的场合，尽量不要带孩子去。

我的母亲不常化妆，要去一些正式场合才会化些淡妆，所以我两个姐姐也不大化妆。不过很有意思，不化妆反而皮肤很好。《朱子治家格言》里面提到，“奴仆勿用俊美，妻妾切忌艳妆”，当太太的不要每天擦得花枝招展，不然出去会有一大堆苍蝇飞来，困扰自己也困扰别人，这不好。有个孩子要跟他父母一起出去，他妈妈妆化得很浓，儿子就说“妻妾切忌艳妆”，因为刚好背完《朱子治家格言》。夫妻两个相视而笑，妈妈觉得孩子说得有道理，就去把妆稍微弄淡一点。

再来，“淫”。淫，一般世间人的看法就是女色。其实不仅仅指女色，这个“淫”还指陷在某一些欲望中不能自拔。比方说现在的孩子一打游戏、一上网就多久？几个小时。玩物就丧志，所以，玩乐的东西尽量也要有所节制。其实当一个人真正感受到求学问的快乐，感受到他身上的使命，就不会把很多时间耗在这些跟自己人生不相关的事情上。所以，与其我们在那里一直叫他不要干这个不要干那个，不如扩宽他的心量，让他的人生立定志向，然后带着他一起学习，长养他好学的态度。这个很重要。

最后一个，“逸”，就是游手好闲。我们看很多家训，都非常注重养成孩子勤劳的态度。《朱子治家格言》第一句话提到，“黎明即起，洒扫庭除，要内外整洁；既昏便息，关锁门户，必亲自检点”。以前很多家里面的活谁干？孩子干，劳动才不会好逸恶劳。当孩子懂得分担家务，他才能够体会到做事的辛劳，习劳才会感恩。有没有发现现在孩子的感恩心很难起得来？原因在哪里？从小茶来伸手饭来张口。有个小朋友听完，对我们说：“老师，茶来不伸手，饭来不张口，不然该怎么样？”

有个小孩，他的老师用《弟子规》来教导他，告诉他，生日是母亲的受难日，所以生日那天要多尽一些心力，让父母不要那么辛苦。有个四年级的小女孩，回去就跟她妈妈说，她要炒一盘菜给妈妈吃，她要炒黄瓜。进了厨房，因为身高不够，搬了个椅子踏上去。油倒下去，溅起来，她马上跑去找了个大手套戴上，怕手被油溅到。接着又把黄瓜倒下去，结果油溅得更高。她情急之下，就跑去把她爸爸的安全帽拿来戴上，全副武装，终于汗流浃背把菜炒出来。她那一盘菜端出来，心里面有没有成长？以后她吃她母亲炒的菜会不会嫌东嫌西的？她有付出就会知恩，妈妈要工作还要煮那么多菜，真不容易。子女或者上班了，每个月薪水才那么一点点，突然会觉得钱难赚，也会感受到，以前花钱太凶，真是对不起父母。

习劳除了知感恩，孩子还会因为常动变得非常勤劳。勤快对身体好，而且在做事的过程中，脑筋随时在动，所以常常帮忙做家事的学生脑筋特别灵活。有一些成绩很好但是在家啥事都不干的，你派事情给他做，有时候会被他气死，因为他没有经验。我还遇到一个学生，他只要有啥事一定要他妈妈打电话给我。我就跟他说："你就直接跟老师讲就好了，干吗还麻烦你妈妈？"他就头低低的，下次还是叫他妈妈打电话给我。孩子不常去承担事情，临事都很怯懦，其实这是害了孩子。

劳动还会增强一个人的意志力。卢叔叔曾经说他小时候，有一次隔壁家的水缸没水了，他的母亲就说："去，把水缸担满。"那个时候已经四点多，来回两趟可能都八九点了。要不要担？他们那一代对父母很尊敬，"父母命，行勿懒"，所以就去了，回来都八九点了，才吃着凉掉的饭菜。你舍得吗？你舍不得就养不出像卢叔叔这样的儿子。他母亲懂得多帮助别人，顺便磨炼他的意志力。卢叔叔说每次他面临很大的压力，脑子里面都会浮现出他担水的这一幕，途中快要撑不住了，但也没办法，还是坚持一步一步跨出去。所以，当他再面对挑战的时候，他第一个念头是什么？跨过去！可见，劳动会让一个人的意志力不断提升。诸位朋友，现在孩子是不是缺乏这些？所以要赶快让孩子多做家事、多去付出，这样才能长他好的德行、好的态度。

这节课我们先讲到这里，谢谢大家。

第十三讲　以真诚心去化解矛盾、感化他人

诸位朋友，大家好！我们前面讲到了“亲所恶，谨为去”。人要避免很多坏习性的养成，提到赌的问题、好色的问题，提到四个习性不能长，“骄、奢、淫、逸”。对治“逸”，最重要的是要让孩子从小养成勤劳的态度、做家事的习惯。我们已经讲了勤劳的三个好处，还有最后一个好处，他的人际关系会特别好。

我曾经教过自然课，每次上完课有很多器材要收拾。有几位学生很自然地留下来帮我整理、打扫。诸位朋友，你看到这样的学生，你的内心会怎么样？心生欢喜。对这样的学生，我们一定会多加照顾，所以孩子勤奋很容易得到长辈的提携、关怀和爱护。在跟平辈相处时，假如他很勤奋，对他的人缘也有直接的影响。比方说他到大学去念书，跟几位同学一起住在一个寝室，他一进去看到别人在打扫卫生，就马上动手一起做，这样留给同学的是什么印象？懂得处处帮忙、处处体谅别人的辛劳。虽然还没有长期相处，但这个动作已经赢得同学对他非常好的印象，他很容易就能融入团体中。

但是，假如他在家里都不帮忙，到了寝室，别人在打扫，他依然看着他的电视，那其他同学对他的印象就不大好。不帮忙还不打紧，但因为不帮忙就不知道做事人的辛苦，有时候拿了公用的东西乱放，人家要用的时候找不到，这个时候他在团体中的信用及大家对他的印象就会愈来愈差，怨言慢慢积累，到最后就会爆发出来。

很多大学生被学校退学，原因是什么？就是生活自理能力太差，老师跟同学都不愿意跟他相处。深圳有位大学生被学校退学，报纸报道了这件事情，画了一张漫画，他戴了一个学士帽，他的母亲在喂他吃饭，一旁写着：“专业的高才生，生活的低能儿。”诸位朋友，不要觉得很夸

张，他大学的时候确实还是他妈妈喂他吃饭，因为他跟他妈是死对头，假如没有他妈妈喂，他就不吃。

但是我们话说回来，孩子为什么会是这种态度？当初可能在两三岁的时候，喂一次饭要喂多久？全家跑全场，喂完要一两个小时，大人腰都快断了。所以无规矩不成方圆，教育孩子一定要让他养成好的生活习惯，不能放纵孩子。到他养成坏习惯，长大了要扭转都扭转不回来。比方说这个孩子去找老师，有时候中午老师正在睡觉，他也去按老师的门铃。在寝室里一边玩电脑，一边吃东西，东西吃得掉满地，都不整理。所以老师很怕他，同学也很怕他。我们希望孩子往后人生能够走得顺利，就要养成好的习惯才行，不然他的人生会遇到很大的阻力。以上是“亲所恶，谨为去”的内容。

关于“亲所好”，我们在这里再做一点延伸。不只是父母，其他亲人所希望的，我们也要尽力去做。比方说妻子、儿女一定希望我们能够多陪伴他们。有句话说“所有的成功都弥补不了家庭的失败”，但很多人说：“现在工作那么忙，哪有时间陪孩子？”他们都说“人在江湖，身不由己”。这句话有没有道理？这叫找借口。人只要有心，一定可以把事情做好。当然确确实实存在人情往来的情况，所以一定要学习一种能力——拒绝的能力，不然你的时间统统会耗在应酬上，耗在很多对家庭、对人生不太相关的事情上。

拒绝容不容易学？（答：不容易。）拒绝他人，其实有两大法宝，这两个法宝拿出来，一般来说朋友就不会为难你。第一个法宝就是父母。比方说朋友要找你去花天酒地，你实在是不想去，一去又要熬到半夜一两点，且谈的都是“言不及义，好行小慧”的话，你这个时候就可以把父母请出来，就跟他说：“我已经答应我妈妈要回去，今天晚上陪她，我一两个礼拜前就答应她了，所以我得回去。”一般情况下，朋友听到你要回去探望父母，他当然不会勉强你。说不定你这么一讲，他也突然想到，我也很久没有回去看我父母了。你这个拒绝还唤醒了他的孝心，这是第一个法宝。第二个法宝是妻儿。当你不想去应酬，你可以跟朋友说："今天晚上我要给我儿子讲两个德育故事，都已经跟他约好了。《弟子规》说'凡出言，信为先'，孩子还小，我不能失信于他，所以我必须回去。"当你把这两张王牌拿出来，基本上朋友不会强你所难。假如两张王牌拿出来还是没用，对方还是硬要拉你去，怎么办？人生应该有所取舍，这样的朋友应该敬而远之。

当我们有更多的时间，就能够做到"亲所好，力为具"。我们之前也提到"晨昏定省"，常常回家看父母，父母会很欢喜。有些年轻人也会利用礼拜六或礼拜天回家看父母，怎么看的？带着孩子，一进门就坐在沙发上看报纸。夫妻两个都坐在沙发上，孩子东跑西跑，爷爷奶奶忙得不亦乐乎。一大早出去买菜，回来又赶快煮菜，煮完端出来："吃饭了！"吃完饭也没有帮忙收拾碗筷，就说："妈，我要走了。"拍拍屁股，带孩子走了。爷爷奶奶坐在沙发上喘了几口气，累死了，还不如不要回来，清净一点。所以我们要理解到，我们回家探望父母一来是尽孝心，二来也要多体恤父母。我们提前买好菜，到了家夫妻俩应该主动去做菜，这样才能减少父母的负担，这样我们这颗孝心才是真正尽到了。

"身有伤，贻亲忧"，身体不好了，会让父母非常担心。所以我们对自己的饮食要非常谨慎，要吃得健康，让父母不操心。除了吃的方面，在生活细节上也要多多关照身体，春秋交替气温变化很大的时候，要记得添加衣服。我在教书的时候，都已经寒流来袭了，很多学生还穿一件短袖，觉得自己不怕冷，这个时候我都会跟他说："把衣服穿上。"接着我跟他说："假如你感冒了，谁照顾你？"他想想："爸爸妈妈。"我说："对！假如你生病了，是你自己照顾自己，那我没话说。但是你一生病都是拖累家人，所以你有责任让自己不生病。你看你一生病，妈妈还要请假，还要骑着摩托车带你去看医生，再把你送回家里。而且不只是这样忙碌，她在公司上班，心里安不安？不安稳。所以时时要注意冷暖，不要让身体着凉。我们在运动、在爬山时会流大量汗水，所以也要记得带毛巾，带干衣服。当我们在这些细节中都能够关照好身体，那你的父母对你就会愈来愈放心。”

很多年轻人说：“我父母怎么管我这么多！”我会反问他：“父母为什么管你这么多？当然是你很多行为不能让父母放心。假如你能够真正好好照顾自己，父母对你放心了，你就能够得到真正的自由。假如你很多事都不会照顾自己，父母也不提醒你，那父母就没有尽到他们的责任！你要体谅父母的用心，要让自己更懂事，这样才能真正自由又让父母放心。”

有个孩子感冒了，在日记中写道：“我感冒了，我很难过，不是因为我感冒难受，而是因为感冒是不孝。”你看孩子接受《弟子规》的教诲，面对很多事的观照能力、自我反省的能力就会与一般的孩子不同。《孝经·开宗明义章》说“身体发肤，受之父母，不敢毁伤，孝之始也”，一个人的孝道一定是从爱护自己的身体开始落实。

“德有伤，贻亲羞”，当我们的道德有损伤，会让父母蒙羞，会让家人蒙羞，甚至于会让国家、民族都蒙羞。汉朝末年有个臣子叫董卓，董卓有了权势就依仗权势作乱，后来很多人起而攻伐。董卓下场很不好，他被灭族，他的母亲已经九十多岁了，还到刑场被处死。我们当子女的，假如我们的行为还造成父母这么大的痛苦，那就真是没有把子女做好。现在虽然没有“灭九族”的刑罚了，但是假如我们在事业中出了差错，比方说公司倒了，则有可能连累父母。父母已经辛苦了大半辈子，到时候可能连退休金都保不住，甚至于为了你还要奔走法院，那时候就很凄凉了。所以我们为人子女的，人生要有诚信，要稳扎稳打，不可好高骛远，不然自己犯下了错误，也连累了父母。

假如我们的道德能够不断地提升，用我们的德行去造福社会、国家，就能够做到《孝经》说的“立身行道，扬名于后世，以显父母”，这就是“孝之终也”。“以显父母”，是不是要父母去世以后才来显？不是！你当下就能够好好奉献社会，你的父母会引以为荣，后半生会非常欣慰。孟子有一段很重要的教诲：“事孰为大？事亲为大。”侍奉父母，人生第一大事。“守孰为大？守身为大”，要守住自己的身体、名节，不能做出违反道德、法律的事情，而让父母难堪。现在网络太发达，人跟人之间的交流很频繁，假如没有判断力，又没有理智，很有可能会犯下让自己一生遗憾的事情。

比如说“一夜情”，这不只自己蒙羞，可能连子女都会抬不起头来，所以我们要谨言慎行，不可以自取其辱。人为什么会犯下这样的过失？男人可能是因为纵欲，从小没有志向，人生只图享乐、挥霍。女人为什么也会犯下这样的过失？很多是因为爱慕虚荣，爱慕虚荣就很喜欢听好话。很多存心不良的男人，用花言巧语就能让她踏出错误的一步。总之，要让孩子从小不爱慕虚荣，让孩子立定人生的志向，人生充实，道德有提升，就不会“一失足成千古恨”。

“亲爱我，孝何难；亲憎我，孝方贤”。父母跟我们相处得很好，我们也尽力奉养父母。但父母可能也有脾气不好的时候，这时我们要能够包容、宽恕，因为每个人的情绪都会有起伏。人与人相处，我们要记住一个原则，“不管别人对不对，自己一定要做对”。假如父母对我们的态度不太好，我们也用不好的态度对待父母，那父母错了，我们也错了！假如我们错了，还有没有资格去批评别人错？就没有了。所以不管是父母也好，你身旁其他的亲友也好，他们用不好的态度对你，我们依然要用好的态度去面对他们，不然我们就是跟他们一般见识，根本没有资格去说别人错。这是个理智的态度，不管别人对不对，我自己首先一定要做对。因为有这样的人生态度，我们中国有很多圣哲，都能够在“亲憎我”的状况之下，依然保持那一份至诚的孝心。也由于这份至诚的孝心，扭转了家庭的气氛，进而家庭和乐。

周朝有个孝子叫闵子骞，他的母亲去世较早，父亲娶了个后母。后母待他不好，冬天的时候做衣服，后母用棉花给两个弟弟做棉袄，却用芦花给他做衣服。衣服做好了蓬蓬的，但是不保暖。有一次他的父亲叫他驾车，冷风飕飕吹过来，闵子骞冻得直发抖。他父亲一看衣服都穿那么厚了还在发抖，觉得他是故意想让后母的名节受损，人家看了还以为后母在虐待他，所以就很生气，拿着鞭子就抽闵子骞，结果鞭子一抽，衣服破了，芦花飞出来。他父亲看了很生气，后母怎么可以虐待我的儿子？气冲冲地回家要把他后母休了。

情急之下，闵子骞马上就跪下去，跟他父亲哀求，他说：“父亲，不要赶后母走，‘母在一子寒，母去三子单’，母亲在的时候，只有我一个人寒冷，母亲假如离去，我跟两个弟弟都要挨饿受冻。”闵子骞讲出这席话，他的父亲听了很感动，气也就消下来。他的后母更觉得惭愧，一个这么小的孩子都能念念为她的孩子、为她着想，而她这么大的人却跟一个孩子斤斤计较。闵子骞的这份心感化了他的后母，从此家庭过得很和乐。

诸位朋友，假如闵子骞没有用宽恕、包容，没有用至诚的孝心去对待他的后母，这个家庭会怎么样？最后可能会家庭破裂。所以，人不能够意气用事，假如都是以怨报怨，结果不会圆满。我们要相信“精诚所至，金石为开”，用一颗真诚心，用一颗孝心，才能上演人生一出一出的好戏。

另外还有位孝子叫王祥，历史上有个关于他的著名故事，叫“王祥卧冰”。寒冷的冬天，后母叫王祥去抓鱼给她吃。冰天雪地里有没有鱼可以抓？没有！假如王祥不去抓鱼会怎么样？可能会挨打，甚至后母不让他进门。面对后母这样的对待，他没有怨言，到了结冰的河上独自流泪哭泣。由于这份诚心，天地都感动了，冰面就裂开来，跳出了两条鱼，他拿了两条鱼回去奉养后母。当然，无理的要求绝对不是只有这一件事。在很多事上后母还是百般刁难，王祥并没有因为这样而退缩。有一次外面要下雨了，后母跟他说："现在外面刮风下雨，假如果树上的果子掉下来，那我就要处罚你。"王祥就跑出去抱着这些果树哭泣，祈求它们不要让果子掉下来。因为这一份真心，确实果子没有掉下来。后来很多情况都是由于王祥的一份孝心才能够化险为夷。

王祥大了，也娶老婆了，后母不只虐待他，连他的太太也一起虐待。不过他的德行已经感动了他的弟弟王览，王览是他后母生的。因为他的德行，弟弟对他非常尊敬，每次在后母虐待王祥还有王祥的太太时，王览都会带着他的太太一起去帮助他的兄长。后来王祥的德行愈来愈好，名声也远播开来，后母心生嫉妒，很不高兴，居然拿了毒酒要给王祥吃。因为他弟弟事先已经知道了，情急之下，把那杯酒夺过来，要替他喝下去。诸位朋友，他的弟弟已经是用什么来劝他的母亲？用死来劝母亲。所以当场他母亲就把那杯酒打翻，自己也觉得很惭愧，她的儿子居然能以死来保他的兄长，她又怎么能做人这么没有分寸？这个动作也唤醒了他母亲的良知。两个兄弟的赤诚，也把家庭转化过来。

当时朝中有位大臣叫吕虔，吕虔有把宝剑，他就把宝剑送给王祥，他说有这把宝剑的人可以庇荫后代子孙，都会很有成就。王祥拿到这把宝剑，第一个念头是什么？不是占为己有，而是转送给他的弟弟，祝福他弟弟的子孙能够昌盛。确实，有这样的兄弟，这么好的德行，他的后代一定会得到很好的教化，正所谓"积善之家，必有余庆"。后来，王祥、王览的后代绵延了九代，都是公卿，都在朝中当了大官，服务社会、国家。所以，我们确确实实要用一颗真诚心，去转化家庭里面的不圆满。这个叫"亲憎我，孝方贤"。

我们接下来看下一段经文，我们一起把它念一遍：“亲有过，谏使更，怡吾色，柔吾声。谏不入，悦复谏，号泣随，挞无怨。”

父母有过失，我们有责任去规劝。这个“亲”我们也可以做一下延伸，你所有的亲人、朋友有过失，我们都有责任去规劝。这句经文非常精辟，它不只告诉我们劝诫亲人是我们的本分，连方法、态度，甚至于劝诫的时机都帮我们点了出来。

规劝一个人应该注意四点：第一是存心，第二要注意时机，第三要注意态度跟方法，第四还要很有耐性。劝一个人也不容易，需要你很有修养。有没有人，当场劝，他当场就改过的？假如有，你一定要介绍他给我认识，因为他可能是颜渊转世。因为颜渊做到什么？“不贰过”。现在还有这样的人，一定要叫他出来弘扬传统文化。一般成年人因为很多行为都不是一天两天了，所谓“冰冻三尺，非一日之寒”，已经冻了那么久，你那个火要慢慢烤它才会融化。

所以，我们劝诫亲友，要先观照自己的存心，一定是要一颗念念为对方好的心，而不是一种控制，“你就是要听我的，不听我的就不行”。假如我们是这种控制的态度，一种强势的态度，可能就会出现反效果。劝别人劝到吵起来，甚至于让对方恼羞成怒，这样我们就失去了劝诫他的真正目的。所以，时时要记住我们是希望他更好。当这一份心很坚定的时候，方法、态度自然而然会去修正。

像我在教书的时候，很多小孩子喜欢过来告状。我就会问：“你现在讲这个同学哪里没做好，你是用什么样的心来告诉老师？是幸灾乐祸还是真的想要这个同学改过？”然后我接着跟他说：“假如你真正希望这个同学改过，那你自己去跟他讲，不用老师来讲。不过前提是，你要有很好的做人、做事的态度。”比方说，全班都学过《弟子规》，《弟子规》里面有句话叫“闻誉恐，闻过欣，直谅士，渐相亲”，一个人面对别人的称赞，会觉得诚惶诚恐；面对别人的规劝，会觉得感谢你指出我的缺点。当全班都有这样的态度，这位同学过去规劝另外一个同学，他们就能够互相成就、感谢，另外一个同学就会跟他鞠躬："谢谢你，指出我的缺点。"当孩子懂得去规劝别人，也懂得接受别人的规劝，这样的态度会对他的人生有很大的助力。所以，劝别人第一个要先注意存心问题。

第二个，时机。什么情况下规劝人比较好？俗话说"扬善于公堂，规过于私室"，在称赞别人的优点，称赞别人做的好事时，你可以在人群中讲，因为可以让其他的人"见人善，即思齐"；你给他的肯定，他也会更积极地去努力。但是规劝别人应该在私底下，在没有其他人的时候。我们成人最重的是什么？面子！人情要能够体谅到。当你能这样做，对方也会觉得你很替他着想。假如你是在公众面前讲出来，可能当场就会发生冲突。《论语》里面提到"可与言，而不与之言，失人"，时机已经到了，你可以劝诫他，但是却没有劝，这样我们就失职了；又说"不可与言，而与之言，失言"，时机还没到，你太急躁就跟他讲了，你的善心可能就行了恶事。

第三个，态度跟方法。"谏不入，悦复谏"，这个"悦"字是很有学问的。当父母第一次没有接受，要在什么时候再劝？父母高兴的时候。这个时候就要察言观色，这个是方法。"怡吾色，柔吾声"，这就是态度，规劝的人要平心静气。你动了气，就会让他也动气，你不动气，他就不容易动气。再来，"悦复谏"这个"复"是什么意思？一而再，再而三，也就是要很有耐性才行。这就是规劝人时要注意的第四点。耐性是从哪里发出来的？从孝心，从友爱的心，从尽忠职守的心。

所以我们假如劝别人没有效果，我们要明白问题不在对方，而在自己。当我们处处反省自己，那我们劝诫别人的智慧就会愈来愈高，自然而然别人就愈能感受到我们的真心诚意，进而转化过来。我们要抱持一个态度，假如别人不听我们的劝告，是因为我们"德未修"，所以“感未至”。

劝别人还有一个前提,《论语》里面提到“君子信而后谏，未信，则以为谤己也”，劝别人一定要先让对方很信任我们才可以劝诫；假如对方还不够信任我们，我们就规劝他，对方还会以为我们是在有意中伤他。所以要规劝别人，首先要赢得对方对我们很深的信任，这样劝诫才会有效果。

如何赢得别人的信任？我们都很渴望亲人、朋友对我们很信任，但信任是求来的吗？我们很多时候都在羡慕别人的人缘好，羡慕别人很得大家的信任，我们只在结果中打转，没有从原因去思考。

好，那我们下节课再来了解为什么。

第十四讲　赢得信任是劝诫的基础

诸位朋友，大家好！我们上节课提到了，劝诫别人有个先决条件，一定要先赢得对方的信任。假如信任不足，可能你劝他的时候，他会误解你看他不顺眼、毁谤他，所以要先有信任。如何能够赢得别人的信任？这个信任绝对不是凭空而来，必须通过我们真心的关怀、付出才会建立信任。也有些朋友很热心，喜欢帮助别人，但是别人看到他会赶快跑，觉得他很烦人、很啰唆，然后会跟他说："拜托你，你不要再照顾我了。"有没有这样的人？有！做得要死，却被人家嫌得要死，他的关怀跟付出没有针对别人的需要。所以，我们要善于观察他人的需要，然后去付出，赢得信任，我们说的话对方就能够接受。

比方说在父子关系中，父亲对某个孩子非常信任，这个孩子应该就是最让他放心，最孝顺他的，常常在父亲需要的时候，他都会去尽他为人子的本分。再来，在君臣关系上，领导最需要我们帮他承担一些工作，每次我们都能够默默地做，而且每次做都能够让他放心，这也是针对他的需要去付出，所以他就很信任我们。再来，夫妇关系也是，太太在家里把家事处理好，然后又把孩子教育好，让先生没有后顾之忧，所以先生很信任这个太太，那太太所讲的话自然就有分量。

媳妇嫁到夫家去，什么时候可以进谏？什么时候可以劝诫先生，甚至于先生家里的人？能不能嫁过去第一天就说这里不好那里也不好，能不能这样？假如一过去就指指点点，这里要改进那里要改进，那会有什么后果？一定会让夫家的人对我们很排斥，因为才刚嫁过去，还没有建立深厚的信任。所以我们要随顺人情，要体会别人的感受。卢叔叔曾经跟我说过，到一个新的环境一定要多看，看别人的需要在哪里，再去付出；多听，听出别人的需要，有时候也会听出一些忌讳，别人不愿意提到的，我们就避开；同时要少讲、少出意见。我们到一个新的公司去，是不是也应该多看、多听、少讲？当你做得多说得少，你的主管、领导就会很信赖你，到时候你的意见他就很重视。所以道理都是相通的。

我们当媳妇的，也要能够观察到，什么时候应该扮演什么角色，这个我是从我母亲身上领会到的。我母亲要嫁给我父亲的时候，小姑小叔都还在念书，所以我的外公极力反对，他分析说：“你看你嫁的是长子，他的弟弟妹妹还在念书，公公又是捕鱼的，收入不稳定，所以你嫁过去一定很累。”我妈妈就说：“我还是要嫁。”为什么？因为她觉得我父亲很孝顺，孝顺的人才有情义，才有道义，所以看了一大堆有钱人都不要，就要一个穷小子。

嫁过去以后，确实很辛苦，教书的钱都拿出来家用，还要给小姑小叔攒念书的费用。诸位朋友，假如是你的女儿，你嫁不嫁？所以，一来要有眼光，以孝道传家的家庭，往后一定会兴盛。再来，中国人说吃亏就是福，当你舍得吃亏，就会赢得他人对你的尊重、佩服。我母亲家里还算富裕，嫁过去还懂得这样付出，所以小叔跟小姑对她就非常佩服，对我母亲也很好。慢慢地家庭状况就改善过来，因为有孝心的人对家庭一定有责任感。我母亲嫁到我们家差不多二十多年，她才开口。当信任已经达到某种程度，一开口就很有力量。所以，我们要厚积薄发，不要太躁动，否则会欲速则不达。而且给他人建议，不要一下给出五条六条，这样也不好。就偶尔建议一条，他们可能没有照你说的去做，但结果印证你讲得很准，慢慢那个信任度就愈来愈高。

所以父子关系、君臣关系、夫妇关系都需要建立在信任、付出当中。再来，兄弟亦复如是，你愈照顾兄弟，兄弟就愈信任你。最后，朋友。朋友是没有血缘关系的，这都是要通过长期的相处，所谓日久见人心，才能真正赢得朋友的信任，进而重视我们给他的规劝。

我们中国古代很多圣贤都做了很好的表演。隋朝末年，李渊带着军队南征北讨，李世民都跟在身旁。有一次李渊决定好了行军路线，李世民一看，这个路线很可能会遇到敌军埋伏，导致全军覆没。所以，李世民就一直劝他的父亲不可以走这条路，但是他的父亲不听。那天早上就要出发了，突然帐外有人放声大哭，李渊很奇怪，出来看到李世民坐在地上放声大哭。李世民说："父亲，这样去铁定会全军覆没。"他愈说哭得愈大声。《弟子规》说"号泣随，挞无怨"，这个"号泣随"就是唐太宗李世民的表演。他父亲一看，这个儿子还真难得，坚持劝诫他，后来真的就改了路线。

一个孩子的孝心拯救了一个军队。假如李渊的部队全军覆没了，那中国历史会怎么样？诸位朋友，有没有感觉到人生确实要很谨慎，差之毫厘，谬以千里。你现在回想一下，这几十年，假如在某一个关键时刻你抉择错了，现在我们可能就没有这个福分在这里听闻圣贤的教诲。所以，人要时时谨慎，还要时时感恩，因为在这个过程中，很多亲友给予我们很重要的提醒、引导、规劝。

刚才这个例子是儿子规劝父亲，当然也有父亲劝儿子。不过如果儿子已经成年了，就不方便对他像小时候一样大吼大叫了，否则他可能不接受之外还会怨恨在心。有一位年轻人十八岁，开着车带他父亲到一个游乐的地方，把他父亲放下来，跟他父亲相约下午四点在这里碰头，然后他就开着车去加油。去了加油站，他觉得还有几个小时，所以就想先到旁边的电影院去看电影，然后再到加油站，加完油再开回去接他父亲。结果电影一看忘了时间，回过神来，已经耽搁一个多小时了。他赶快跑到加油站加完油，把车开到要跟他父亲会合的地方。

一路他心里就想，父亲一定会骂他，就想了一个理由，车子抛锚去修理，所以耽误了时间。我们不能怪他，因为他没有学过《弟子规》，"无心非，名为错"，现在是"有心非"就"名为恶"了。他自以为很聪明，看到父亲就说："父亲，因为车子抛锚去修理了，所以才这么晚回来。"他父亲说："你为什么要欺骗我？"他还不放弃，说："父亲，我讲的都是实话。"他父亲接着说："我已经打电话到加油站，他们告诉我，你的车子一直都放在那里。"他看自己的谎言被揭穿了，很惭愧。

他父亲接着说："我很生气，我不是生你的气，我是生我自己的气。我教了十六年的儿子，居然会为了怕我责备而欺骗我，这是我教子无方，所以我应该好好检讨我自己，这一段旅途我自己走回去。"那里离他们家二十多公里，他父亲真的就这样一步一步走回去。儿子开着车在后面跟着。后来这个儿子说这是他一生走过的最煎熬的路，但也是他这一生上过的最好的一堂课。从那时候起，他再没有撒过谎。所以，这个父亲是用他的德行、用他的惭愧心唤醒了孩子的惭愧心。

这是父子之间的规劝。君臣之间，当臣子的有责任劝诫他的君王。提到劝诫，我们一定会想到哪个大臣？唐朝的魏征。魏征给我的感觉应该是个很可爱的人。他刚开始辅佐唐太宗，就把话讲在前头。他跟唐太宗说："皇上，我不要做忠臣，我要做良臣。"唐太宗听了觉得很纳闷，为什么不做忠臣要做良臣？魏征接着说："因为做忠臣都要被砍头，做良臣才不会没命。"唐太宗一听就在那边哈哈大笑。其实唐太宗是个聪明人，他在那里哈哈大笑的时候会想："忠臣都是被谁杀的？被暴君杀的。假如我把他杀了，那我不就变成暴君了！"所以，魏征这段话其实已经把自己这条命保住了。

魏征常常在唐太宗有过失的时候，对他直言不讳，也常常提醒唐太宗"水可以载舟，亦可以覆舟"，人民可以拥护你，成就你的功业，当你不关心人民，人民同样可以把你推翻。所以，唐太宗治理国家也是兢兢业业。有一次魏征进谏时态度很激烈，把唐太宗气得半死，气冲冲地回他的寝宫，边走边说："气死我了，我一定要杀了他。"皇后一看就明白了，马上就去换了非常端庄的礼服，然后走到唐太宗面前，跪下来说："恭喜皇上！贺喜皇上！"唐太宗本来气得半死，对皇后这个举动觉得莫名其妙。然后皇后就说："皇上，一定有明君圣主出现才有臣子敢这样直言不讳。"唐太宗一听，转怒为喜："那我是明主！"假如这个时候皇后又进了魏征几句谗言，我看"贞观之治"可能就要改写了。

所以一个家的兴旺，一个朝代的兴旺，都要有非常多人的付出、非常多人的参与才可以。我们明白这一点，人生成就的一些事，一定要把功劳回馈给所有的人，一定是众志才可以成城。你看，唐太宗不只有魏征，还有身旁的皇后，有这么多贤德之人的辅助。

后来魏征去世了，唐太宗哭得很伤心，他说他有三面镜子，"以铜为镜，可以正衣冠；以史为镜，可以知兴替；以人为镜，可以明得失"。魏征死了，从此他少了一面镜子。从这里我们也可以看出来，一个贤明的君主一定非常惜才、爱才，他才能够赢得大臣对他的信任。

治理国家如是，现在做企业亦如是。诸位朋友，现在企业界很强调管理，其实我们的"四书"里面有没有管理学问？有！而且都是非常精辟的管理学问，都是纲举目张。《中庸》里面提到"凡为天下国家有九经"，治理天下有九个好方法，"修身也，尊贤也，亲亲也，敬大臣也，体群臣也，子庶民也，来百工也，柔远人也，怀诸侯也"，这九个方法，用在现代可以让你的企业蓬勃发展。

第一个，一定要"修身"，自己真有德行才能赢得真正好的人与你一起共事，只要有人就不怕事情做不好，所以《大学》也提醒我们"有德此有人"。有钱的人不一定找得到人才，现在暴发户很多，但是他要请人都请不到优秀的人。只要自己有德行，所谓"物以类聚，人以群分"，自然而然就会感召一些有志之士，所以根本还在修身。

第二个，"尊贤"，尊敬贤能的人，自然而然就有更多的贤哲来投靠。真正贤能的人不是用钱可以请得到的，用什么请？孔明是"三顾茅庐”请出来的，我们恭敬对待贤德的人，他就很愿意与你共事。除了真诚心、恭敬心，还要有一个为人民服务的心，才能请得出贤能的人。刚刚讲到唐太宗这样珍惜魏征，一定会带动更多读书人来效忠他，这是“尊贤”的效果。假如今天当老板的不尊贤，还会嫉妒很有工作能力的部属，甚至于还好女色，纵使当下如日中天，迟早也会衰败下来。

第三个，“亲亲也”，这个“亲”是指父母亲人。当一个领导者首先把孝道做出来，一定可以以德感化他的员工。我知道有个企业，已经亏损了七八亿，亏了那么多，很多企业可能都爬不起来，但是它还是坚持继续努力。在这个过程中，每到重要的节日，董事长一定带着他自己的孩子、孙子一起拜他的妈妈，所以这个家里有孝道之风。然后他对员工的培训也很用心，把员工当亲人看待，用《弟子规》来培训他们。

用《弟子规》培训员工，这一点很难得！一般的企业培训员工都培训什么？怎么把东西卖出去，是不是？但是他却是用《弟子规》，说明他希望员工在这里能够成长，能真正学会做人做事。哪天纵使员工离开了，他也觉得对得起这个员工。有他的这一份孝道，也有这一份对下属的关怀、栽培之意，从亏损七八亿人民币，到现在企业发展得很快速，也很成功。所以确确实实我们老祖宗讲的这些道理，不会因为时空而改变。现在很多企业为什么不能长久？因为他们都没有回归到根本的做人态度，很多人是倒下来了，但不知道自己为什么会倒下来。

我们刚刚是从唐太宗懂得接纳臣子对他的进谏，知道他尊贤。我们从一个圣主的言行举止，也能够学到他为什么能这么成功！当我们知道了，就应该怎么做？人生这场戏的主角是谁？是自己！所以我们在听故事的过程中，谁是唐太宗？我就是唐太宗。要有去学习故事中主角优点的态度，不然闵子骞是闵子骞，子路是子路，那不就白听了吗？

有位老师的成长特别快，有一天他就跟其他的老师说：“我觉得蔡老师讲课时，每句话都在骂我。”他为什么进步得特别快？他这句话就已经点出来，他时时听到好的就提醒自己要效法，听到不好的马上“见人恶，即内省”，就好像句句都在说自己一样，这叫善学。所以，同样听课听那么多，每个人学到的都不一样，善于学习很重要。

汉武帝时，也是文治武功相当兴盛的一个朝代。但是汉武帝晚年发生了一件很不幸的事，叫“巫蛊之乱”。有人诬告太子、皇后，说他们用了些巫术要去陷害别人，太子很生气，就起兵杀了这些蛊惑的人，杀了这些欺骗皇帝的江湖术士。但是由于这个动作，汉武帝以为太子要造反，所以把太子全家统统都关押起来，搞得整个宫内一片混乱。汉武帝那时候在气头上，就说只要在监狱里面的统统杀掉。

太子家有个孩子刚出生，是汉武帝的曾孙，也就是后来的汉宣帝。有个大臣叫丙吉，负责审理这个巫蛊之事，但是他不愿意把宣帝交出去。汉武帝派人来要人，丙吉虽然知道汉武帝正在气头上，但是他非常有正气，回答说：“没有罪的人，我们都不应该杀他，更何况这个人还是皇上的亲人。”来人就把这个话带回去给汉武帝。汉武帝突然醒过来了，大赦了那些还没杀的人。当时皇帝在气头上，言行稍有不慎则可能受到株连，但丙吉以死进谏，才把汉武帝唤醒。

后来汉宣帝即位，丙吉没有再提这件事。所以，以前读书人的所为，比方说“杀身成仁，舍生取义”，是为了什么？不是为了自己以后有没有什么好处，而是看有没有遵循圣贤人的教诲，服务人民、国家，还要对得起自己的良心。这是我们在唐朝、汉朝看到的臣子对于君主的劝诫。

再来，夫妇之间也要劝诫。刚刚也提到，唐太宗的皇后很善巧地劝诫了他，我们要学习她这种善巧劝谏的智慧。比如，怎么劝先生戒烟？有位女士叫先生不要抽烟，但有一次跟一些朋友一起吃饭，朋友递给她先生一支烟，她马上把烟抢过来，这么做会不会戒烟成功？一定会造成反效果。所以我们劝的时候要看存心，不能是那种控制性的，“你就是得听我的”。存心一定要想着让对方得利益；再来，时机要抓对，你这么一抢，先生的面子都挂不住了。

另外一个劝先生戒烟就不是这样，她跟她先生说：“你看我们的孩子还小，还都这么可爱，你的健康才是我们一生的依靠。”不是男人讲甜言蜜语有效，女人讲也很有效，先生会突然觉得“我很重要”。不只是劝，还买了很多瓜子，跟她先生说：“你只要很想抽烟就赶快嗑瓜子。”先生嗑了一阵子瓜子，遇到一些境界来了，又抽起来，所以第一次没成功。第二次不惜重金，换巧克力，想抽烟的时候吃巧克力，这样持续了一段时间，颇有效果。

突然有一天一位朋友来找她先生，一坐下来，朋友马上拿一支烟递给她先生。这时候假如你是他太太怎么办？情急之下，这位太太就走过来，也是“怡吾色，柔吾声”，对这位朋友说：“你要多体谅我，我已经让我先生戒烟了，第一次给他买瓜子，嗑了很久，但失败了，又给他买很多巧克力，我已经花了那么多钱，接下来再戒不掉，那我不知道要花多少时间、多少精神，拜托！拜托！”假如你是她先生的朋友，你还会递烟过去吗？所以用柔和的言语把人家劝退了，她先生的面子也保住了。所以确确实实，我们除了要有一颗心，也要能够人情练达，用些好的方法去规劝。不能别人不听，我们就恼羞成怒、意气用事，那样人生愈走会愈多后悔跟埋怨。

历史上的郑庄公，因为他的母亲对他的弟弟比较宠爱，甚至于还支持他弟弟积蓄力量跟他作对，郑庄公对他母亲非常生气，气头上就讲了一句话，说跟他母亲不到黄泉不相见。意思是什么？这辈子死都不再见他母亲。郑庄公这句话讲完，你觉得他会怎么样？会觉得很痛快吗？其实人讲气话，讲完都很后悔，因为收不回来了。而且他又是一国之君，一言九鼎，说话要算话，所以后来真的不再跟他母亲相见。

有句话说“勿以小嫌疏至亲，勿以新怨忘旧恩”，不要因为小小的嫌隙就疏远了最亲的亲人，不要因为新的摩擦就忘记了几十年的恩德，这样做非常折自己的福分，害了自己，也伤了亲人的心。人不要那么傻，我们不要尽干一些损人又不利己的事！

郑庄公这样的情况，他的一个臣子看到了，这个人是个孝子，叫颍考叔。诸位朋友，一个孝子看到君王这样对待母亲，他会想着一定要劝。一个孝子一定可以体会母亲的辛劳，当别人的母亲不能够得到孩子的奉养，他的内心也会很难过，他能够感同身受。《孝经》里面提到“教以孝，所以敬天下之为人父者也”，一个真正有孝心的人，他会尊敬全天下人的父母。而且我在想，这个颍考叔不只考虑到郑庄公的母亲，他还考虑到一个更深远的影响，就是当一国的国君都不孝母亲，结果会怎样？全国的子民会说：“君王都不孝母亲，干吗叫我孝！”那全国的风气很有可能瞬间就变坏。所以一个为人臣者，碰到这种情况要赶快劝。

有一天颍考叔拿着礼物送给郑庄公，按照当时的礼仪，臣子送国君东西，国君一定要回礼，一定要请他吃饭。吃饭时，颍考叔把很多美味的食物都放到一边。郑庄公愈看愈觉得好奇，他说：“我赐给你的食物，你为什么不吃？”颍考叔说：“我从小到大，所有好的食物一定是我母亲先吃，我才吃。我的母亲从没有吃过君王您赏赐的食物，所以我要把它包回去，我母亲吃剩了我再吃。”他这么几句话把郑庄公的孝心唤醒，郑庄公听了很感动，就说：“唉！你有母亲可以孝敬，寡人现在都没有母亲可以孝敬。”颍考叔借机就说：“您可以孝敬您的母亲，因为我已经找到一个地方，它有个山洞通往地底下，那个地名就叫‘黄泉’。您跟您的母亲只要相约在那里相见，您再把她接回来，那就统统都圆满了。”所以，郑庄公就跟他母亲在“黄泉”相见了，然后用很隆重的礼仪把他母亲接回来。我们可以想象，人民看了这一幕也会欢欣鼓舞。你看，颍考叔一个劝诫影响的面还是很大的。

再来，兄弟之间也要相互规劝。这个难度很高，因为兄弟的年龄差不多，要产生很深的敬意，除非你的德行让他很佩服。不然你劝到一半，他会说：“你是五十步笑百步，你也差不多，你有什么资格说我？”假如我们的兄弟这么讲，我们要怎么样？“此时无声胜有声”，有时候一默如万雷，你沉默的时候，他讲些刻薄的话会愈讲愈心虚，因为毕竟你是好意相劝。

明朝有位读书人叫陈世恩，他的弟弟游手好闲，常常半夜才回来。陈世恩的哥哥看了就很气，每次看到弟弟就骂他，甚至于要处罚他。他弟弟都这么大的人，这样骂有没有用？愈骂愈不回来，起反效果了。所以我们做事要看结果如何，假如效果不好，要赶快修正方法、态度。陈世恩一看效果不好，就跟他哥哥说：“哥哥，您让我来试试！”那天陈世恩就站在门口等他弟弟回来。结果十点过去了，十一点过去了，人还没有回来，这个时候我们要沉得住气。假如沉不住气，可能你一看到弟弟火气就上来了。

等到十二点，终于看到弟弟了，陈世恩不等弟弟走到门口，就赶紧跑过去抓着他弟弟的手说：“弟弟，外面天气很凉，你冷不冷？”然后就牵着弟弟的手，一边走一边又说：“你一定肚子饿了，我叫大嫂帮你煮碗面。”把弟弟牵进来，又亲手把门闩好。他就这样坚持了好几天，他弟弟慢慢地回家就愈来愈早。当然当他弟弟已经生活正常，这个时候哥哥更要进一步把很多圣贤的教诲教给他，因为弟弟也要有正确的人生观，他才可以把人生经营好。而最重要的是，陈世恩用他的真心，用他的关怀，不用言教，用身教，赢回了他们兄弟之间的情谊。

汉朝有位读书人叫郑均，他的哥哥在当县令，他看到哥哥常常接受别人的贿赂，心里很急，担心这样下去，迟早会东窗事发。那怎么劝？他又是哥哥。诸位朋友，你们想一想，看能不能想出跟郑均一样的方法，我们下节课再说，谢谢大家。

第十五讲　教孩子“孝”的四项基本原则

诸位朋友，大家好！我们上节课讲到汉朝的郑均，如果你是他，会怎么劝这个兄长？郑均去当了别人的仆人，去做最卑微的工作，整整做了一年，用劳力赚了些钱，全部拿给他哥哥。然后就跟他哥哥说：“我们缺的东西，只要靠我们的劳动，赚到了钱就买得到。但是人的名誉只要丧失了，一辈子等于完蛋了。”他哥哥看到他为了劝诫他，还去做人家的佣人，整整做了一年，做哥哥的也很惭愧，从此变得很清廉。郑均的仕途发展得也很好，后来做到了尚书，相当于宰相的职位。他也时常跟皇帝谏言，皇帝感于他的协助，等他退休后还封给他一个“白衣尚书”的名号，到老都享以尚书的俸禄。

诸位朋友，郑均当初为了劝诫他的哥哥，还去当了仆人，是不是损失很多？不是！所谓“福田心耕”，一个人真正都是用道德去立身行道，他的福分会愈积愈厚。福报不是不到，是时候还未到，到的时候，该是他的福分绝对跑不掉。中国人说“吃亏是福”，这句话很有深义。

刚刚提到的兄弟之间的劝诫，五伦关系还有一个是朋友关系。我曾经跟卢叔叔去拜访他一个朋友，这个朋友已经跟他相交十七年。那一次卢叔叔还带了很多圣贤经典，有的是要给他孩子读的，有的是要送给他的，还有送给他太太的。一路上卢叔叔就跟我说：“我认识这个朋友十七年，一开始他生意做得很大，资产很多，但是那个时候我已经看出来，他很有可能财富会保不住。因为当一个人很有钱的时候，奢靡之气一沾染，再多的钱财也会败尽。而且不只沾染了奢侈之气，很有可能傲慢、不可一世的坏习气都会在这个过程中养成。当一个人傲慢的时候，他就会轻率，就很有可能下错一些判断，再多的钱都会因此耗掉。后来确实如此，事业垮下来，还负了点债。”

当他在负债的时候，所有的朋友都不见了。其实祸福相倚，财产都没有了，也正好让他学到哪一课？真正的朋友不是用钱买得到的。就在他最低潮的时候，卢叔叔每个礼拜坐好几个小时的车，去帮他解决财务问题。不仅不收他钱，还自己掏腰包来来回回帮他处理很多事。在这个过程中，彼此就建立了更深的信任、情谊。卢叔叔可以用十七年来协助一个朋友，所谓“勿自暴，勿自弃，圣与贤，可驯致”，我要以他为榜样。所以，当我在劝别人，在协助别人，觉得有点不耐烦时，突然会想到一个数字，“十七年”，然后就会觉得很惭愧，就会再提起对朋友的道义，继续帮忙、协助。

另外在澳洲的时候，我也有幸看到卢叔叔很善巧地劝诫身旁的朋友。当时我们八九个人同住在一个寝室里面，桌子上面有很多垃圾（不是我扔的），显得比较杂乱。我就看到卢叔叔一句话也没有讲，默默地把桌上整理干净，做了差不多四五天，再有人乱扔垃圾的时候，突然有位朋友站出来说：“你们还这样乱扔，没看到人家每天给你们整理得这么干净，你们不觉得太过分了吗？”所有的人都很惭愧，都低下头来。从此以后，干净多了！卢叔叔不以言教而以身教，让所有的人都警觉到自己应该维护环境的整洁。所以在成人的世界里面，确实最重要的还是自己要先做好榜样，这样自然而然就能够去感化他人。

我是在差不多二十五岁的时候开始接触圣贤的学说，之前升学主义教给我们的是什么？竞争。看到别人分数很高，就很难过，就小鼻子小眼睛。但是学了圣贤学问，内心很感动，也很惭愧。我记得我在上高中的时候，语文很差，差到什么程度？初中考高中，总共考了七科，扣了八十八分，语文一科扣四十四分。我记得还有一道填空题叫“老气（　　）”，备选项是：一、横春；二、横夏；三、横秋；四、横冬。我觉得这个题目在侮辱我，但是我确实不会。我还在那里唱了一首歌，唱一个字就点一下，看最后点到哪个，结果后来还是做错了。

上了高中，噩运还没有解除，上语文课确实提不起劲来。有一次上课老师把我叫起来说："蔡礼旭，你上我的课假如再打瞌睡，我就记你旷课。"后来我大学联考语文也没及格。但是高中上语言课时，我的脑中放了两次光明，那是在念到两篇文章的时候，第一篇就是诸葛亮的《出师表》，当听到"鞠躬尽瘁，死而后已"，本来还在打瞌睡，突然一惊：这句话怎么这么震撼！不过就亮五秒钟而已，后来又乌云密布。第二篇是范仲淹的《岳阳楼记》，念到"先天下之忧而忧，后天下之乐而乐"，虽然也不是很懂，但是又觉得莫名的感动。后来开始接触圣贤学问，在看《德育故事》时常常都会感动得克制不住，体会到圣贤人的存心确实非常仁慈、宽广。感受到了，我们就要起而效法。

我去念师范的时候，学校离家里比较远，第一天上课我很早就坐上火车，到的时候，全班的同学一个都还没到，就只有我一个人。那是刚放完暑假，一走进教室，所有的椅子跟桌子都一层灰。诸位朋友，你会怎么做？我就去找了一块抹布，就从头擦到尾。擦得很快，为什么？很怕别人看到，得赶快把它擦完。擦完，自己也觉得今天没有白过，可以服务到别人。后来，同学进来都坐得很安稳。

当你有这一念心为他人的时候，请问你跟他人有没有交流？我们人有种执着，好像一定要面对面讲话，才叫沟通。其实不然，当你一念心起了，你已经在跟身旁的人沟通。所以那一年我们班每一个都跟我处得很好。因为我都比较早到，教室后面的垃圾，我每天都主动把它拿去丢掉。结果没过多久，有一次我要拿去丢的时候，同学就跑过来了："你别丢了，我来就好。"所以确确实实，朋友之间一定是自己先用心付出，才能唤醒别人的向善之心、体谅之心。

以上讲到五伦关系中如何去劝诫，举了这么多例子，目的是长养我们大家的存心、为人处世的智慧，还有我们的耐性。相信在往后的日子里，每位朋友的生活就会有一出一出的好戏上演。

我们接下来看下一句经文：“亲有疾，药先尝，昼夜侍，不离床。丧三年，常悲咽，居处变，酒肉绝。丧尽礼，祭尽诚，事死者，如事生。”

“亲有疾，药先尝”。父母生病的时候，儿女先尝尝看药会不会太烫，不太烫再端给父母吃。我们都知道“文景之治”，而文、景这两位皇帝能把国家治理得这么好，根源也在以孝治天下。其实要把团体、家庭带好，甚至把国家带好，并没有想象中的那么复杂。文帝侍奉他的母亲整整三年，母亲病了三年，他都是亲手服侍汤药，后来母亲的病情也好转过来。

那现在你有没有听过父母生病时随侧在旁的子女？一定有。因为就像老子在《道德经》里面说的，国家昏乱，你才看得出谁是忠臣。当人愈来愈不孝的时候，你也可以看到真正的孝子，他会随顺时代的洪流，他会屹立不摇。相信当他能做出这样的行为，他父母的身体也会很快好转。我们之前也提到“孟宗哭竹”，孟宗一份真心感得竹笋都长出来，他的母亲吃了也特别欢喜，病就治愈了。

学了这句经文，我会问小孩：“母亲生病了，药你要不要先尝？”当然假如母亲吃的是中药，可以舔一下，看看会不会太烫；假如是吃西药，可不可以“药先尝”？我们教《弟子规》，要配合生活情境才行，不然到时候吃下去，妈妈说：“你怎么这么做？”孩子说：“我们老师教的，‘亲有疾，药先尝’。”所以，我们就进一步引导孩子，给父母端白开水的时候，要考虑到不要太冷也不要太热。再有，当父母生病的时候，或者有紧急状况的时候，我们做子女的应该怎么样去应对。比方说妈妈有高血压，突然发病倒下去了，这时候孩子怎么办？诸位朋友，不只企业讲危机处理，家庭也要懂危机处理。你从小就教导孩子，面对一些紧急情况应该怎么去应对，真正到了紧急关头他才能从容不迫地去处理。

那应该在哪些方面要注意？药物放在哪里？紧急的时候，怎么拿到这些药？假如一堆药在那里，如何快速找到所需的药？再来，急救的电话，最亲的人的电话，这些都要让孩子知道，让他在遇到的时候懂得处理。甚至于当父母卧病在床，应该怎么照顾，你都要让孩子晓得，甚至给他练习的机会。相信在这个过程中他能够愈来愈细心，愈来愈能体谅到患者的痛苦在哪里、需要在哪里。

一个人生了病，除了要对治这个病之外，还应该做哪些事才能够让父母，甚至亲人的病好得更快？这也是值得去思考的。俗话说“医生可以医病，不能医命”，你看很多很有钱的人，也不能长寿。所以人要想长寿，也要如理如法去求。天地之间，只要你如理如法去求，什么都可以求得到。我们前面的课程已经提到了，财布施是得财富的真因，所谓万法因缘才会生。

一个人的聪明智慧怎么提升？法布施得聪明智慧，这一点我蛮有体会。我记得我为了考师范院校，就到补习班去补习，那时候我也给自己一些期许，就是课一上完就要懂，也很专注，就坐在前三排。坐在前面的基本上都是女同学，很多女同学的数学、物理、化学比较差，就常常拿过来问我，我就常常花些时间，把她们不会的问题解析给她们。后来我一个很熟的朋友就走过来，对我拍桌子，他说：“你教这个同学都教了一个多小时，你自己还要不要念书？”他是看不下去了，怎么把自己的时间耗那么多给别人！我就对他笑一笑，说：“其实我告诉她，我自己得到最多，因为她是要把这一题学会，我是必须把她教会，那不一样！我的思考会更清晰、深入。”

我教别人数学，但是我自己很少去做很多题目，实际上也没时间。结果后来考试，我第一年数学考了八十八分，满分是一百分。第二年考代课老师，没时间复习，考了九十分。第三年再考，还是八十八分。这说明当初我很欢喜地把解析方法告诉别人，自己的逻辑思维的能力也得到很大程度的提升。

有了这样的体会，我就常常会问朋友一个问题：记忆力是不是跟年龄成反比？一般都会说活得愈老，记忆力愈差。其实活得愈老记忆力愈差是结果，原因在哪里？你不用它，又一大堆烦恼，当然就愈来愈差。李炳南老师九十七岁讲课的时候要不要翻书？不要！我从二十五岁开始接受圣贤经典，也很认真在学习，记忆力一直都保持在不错的水平。所以确确实实，法布施可以得聪明智慧，而且每个人都可以做得到，正如孟夫子说的："舜何人也，予何人也，有为者亦若是。"

最后，无畏布施得健康长寿。"无畏"就是让别人免于恐惧，这个叫无畏。我们举个最实在、最真实的例子，新加坡一百零六岁的许哲女士。她不断地帮助别人免于病痛，甚至生活上的苦痛，她也主动去帮忙。她是五十几岁才去学当护士，那一份精神真是让我们很感动、佩服。她时时都在帮助别人，都在解决别人的痛苦，所以她就得什么？健康长寿。一百零六岁走路很快，讲起话来也很有精神，都看不出来已经一百多岁了。所以，真理是要通过我们自己去印证，这样你的信心才会很足。

在我去澳洲之前，我的爷爷（那时候八十四岁）中风了。他中风的时候是半夜，我们送他到医院去，结果医生就说："八十几岁，我们不敢动刀，但是整片的血管都塞住了（一般中风是一条），所以你们等着办后事吧。"之前我爷爷心脏也没什么问题，长得高高瘦瘦的，看起来身体也很好，那段时间爷爷觉得头晕，但是他也没有高血压，所以以为就是感冒。听医生这么一说，我父亲还有我的叔叔姑姑都急得不知所措。

我看爸爸还有这些长者都慌了，我就跟爸爸说："爸，你现在拿五万块钱给我，一定要是我爷爷的钱，我要拿他的钱去做无畏布施，这对他的帮助最直接。"我父亲也蛮信任我的，就拿给我。然后我到加护病房跟爷爷说："现在贫苦的人、面临饥饿的人相当多，我们还有余力可以帮助他们。”我爷爷就点头，话都讲不出来了。我赶快拿着钱去做国际赈灾，去帮助那些困苦的人。结果加护病房住了五天，我爷爷就移到普通病房。

后来出了普通病房，医生又说：“八十几岁的人中风，不可能会走了，你们要做好准备。”那时候我已经辞掉工作要到澳洲去学习，我就跟爷爷相约：“我下一次回来，您要走给我看。”因为学院在培养很多弘扬圣贤学问的老师，所以我也带了些钱，也是以我爷爷的名义捐出去。捐完当天，我打电话给我妈妈，我妈妈说：“你爷爷今天会走路了。”所以很多真理，我们要用至诚的心去求证，圣人不可能讲妄语的。“亲有疾，药先尝”，除了治“亲”的病之外，还要治“亲”的命，当一个人的无畏布施愈多，身体就能愈健康。

“昼夜侍，不离床”。这是孝子至诚的心所表现出来的行为，当然假如你身体不大好，也不要硬撑，该休息的时候就休息一下。但是父母需要你，你要马上知道。也可以睡在旁边，拿一根绳子绑在自己身上，只要你母亲或父亲需要，拉一下，你就起来。我们要懂得变通，你不要说汉文帝都不睡，我也来学，不需要这样。

“丧三年，常悲咽”，这是指父母已经去世了。在《孝经》里面有一段很重要的教诲，“居则致其敬，养则致其乐”，父母在世的时候，我们要用恭敬心，用一种让父母欢喜的心去奉养他；“病则致其忧，丧则致其哀，祭则致其严”，父母不在了，我们在办丧事的时候，要感怀父母的恩德，祭祀的时候要很庄严肃穆，不忘父母的教诲，这是一个孝子应该尽的本分。所以在办丧礼的时候，我们也要办得庄严肃穆，不要吵吵闹闹。办丧事还请一大堆人来帮忙哭，有没有意义？哪有什么意义！应该把父母的恩德常常记在心上。欧阳修有一句很好的教诲，“祭而丰，不如养之薄也”，祭祀得再好，不如在父母生前好好奉养更有意义。生前不奉养，死的时候花一大把钱，真是太颠倒了！

现在父母健在，我们要非常珍惜，好好奉养；父母走了，我们也会觉得踏实、安慰，毕竟我们已经尽力了。古代有一句名言，“树欲静而风不止，子欲养而亲不待”，这样的遗憾不要再发生在我们的身上。如果父母已经离去了，你可不可以再尽孝心？当然可以，只要你能“立身行道，扬名于后世”，就能“以显父母”。再有，我们尽心尽力把自己的孩子教好，让家族的血脉能够愈来愈好，这也可以告慰父母在天之灵。

“丧三年”是古代的礼仪，要服丧三年。“常悲咽”，很多人就依照文字来解，说：“要哭三年，那不累死了！”这样来解义，圣贤人都喊冤枉！是一个孝子，自然而然就会有“常悲咽”的情绪。因为孝子几十年来念念都把父母的恩德放在心上，当父母离去，他很难接受，所以只要想到父母，他的眼泪忍不住就掉下来。

因为有这种感怀之情，才会“居处变，酒肉绝”，所以“礼”其实是发自一个人的内心。父母都离去了，他还会去花天酒地吗？不可能的。父母去世了，常以悲痛心情感怀父母的慈爱，自然生活朴素断绝荤腥。

“丧尽礼，祭尽诚”。“祭”就是每年固定的时间祭祀父母，这是我们中国人很好的美德，所以我们有宗祠。《朱子治家格言》提到，“祖宗虽远，祭祀不可不诚”；《论语》也提到，“慎终追远，民德归厚”。人要常常想到因为有父母、祖宗，才有我们，时时有这样感恩的心，人心就会很厚道。

祭要尽诚，每次的祭祀不一定要搞得很复杂，但是我们一定要持之以恒，做给我们的孩子看。有位父亲对父母很孝顺，后来父母走了，他固定时间去扫墓，他的两个孩子都看在眼里。有一天幼儿园发给他们一人一颗糖果，都是很好吃的糖果，孩子没有当场把它吃下去，反而拿回家里给爸爸。这个父亲很感动，孩子说：“爸爸，爷爷奶奶在的时候，您每次有东西都会先给爷爷奶奶吃。爷爷奶奶已经去世了，您也常常带东西去祭祀，今天我们学校发了两颗糖果，也给爸爸先吃。”这是上行下效。

“事死者，如事生”。父母不在了，侍奉他们的态度跟生前也没有两样。父母对我们的期许跟教诲，不会因为父母离去而有所改变，甚至要更加努力才对，要对得起父母的养育之恩。有一位小朋友，他的外婆去世了，在灵车上面，他的舅舅抱着他外婆的骨灰。路上比较颠簸，他的舅舅马上跟开车的人说：“您开慢一点，我母亲不习惯坐快车。”这个孩子看了也很感动，回到学校就跟老师说：“老师，我舅舅这个行为是不是‘事死者，如事生’？”所以诸位朋友，不要小看孩子，孩子是很有悟性的。

“入则孝”这部分我们就讲到这里。教孩子“孝”有很多方法，我们都可以好好在生活中去应用。首先最重要的是“以身作则”，这个太重要了。第二个要“亲师合作”。老师教，家长在家里配合，孩子的行为很快就能循规蹈矩。所以我们在深圳的幼儿园，家长每个礼拜都上一节家庭教育课，都上《弟子规》，一句一句学习。这些家长跟老师就配合得很好，孩子行为的转变就特别快，因为老师跟家长在孩子小时候是最有影响力的。你看小孩子开口闭口都是什么？“我爸爸说”“我妈妈说”。上了幼儿园说什么？“我们老师说”。所以这么好的机会要好好利用，这是“亲师合作”。

再来，要“夫妻配合”。老师教得少，没关系，因为老师不一定懂教孝的重要，当然，当老师不懂的时候，你应该拿着《弟子规》去跟老师讲。因为社会是一个互动，我们不要小看自己的力量，我们在海口很多学校《弟子规》的推动都是家长去带动的。当老师还没教，我们要赶快教，夫妻要做好配合。你是妈妈，“儿子，妈妈生你很辛苦，你要孝顺我”，讲不讲得出口？好像觉得怪怪的，总不能自己往自己脸上贴金。这个时候可以由父亲来说："儿子，你可以不孝顺我，但是你一定要孝顺妈妈。因为你妈妈怀孕的时候很辛苦，每天在那里呕吐。"你就把母亲所有的辛劳都告诉儿子，你儿子可能听到一半，眼泪都掉下来，他知恩就能够报恩！你可不能说："蔡老师，那一段我都不知道，我都去忙了。"这样当先生不合格，要多陪陪太太。

太太要帮谁讲话？帮先生讲。要告诉孩子，父亲工作很辛苦，让他去体会父亲每天的辛劳，他自然而然对父亲就能生起恭敬的心。有些女士不只没有讲先生的功劳，有时候还会在孩子面前数落自己的先生："你这个爸爸……"这样的言语会产生什么不好的影响？孩子对父亲的恭敬心一点一点消退。所以今天不管你先生哪些做得不好，我们都要做到隐恶扬善。你净挑不好的，孩子对他父亲就不尊重。当孩子对父亲不尊重，父亲能不能感受到？能。"太太瞧不起我，孩子也瞧不起我，好，那我就坏给你们看！"其实人一定都是好坏参半，你常常对孩子说父亲有哪些好，孩子就对父亲说你那里很好，你这里也很好。父亲一看儿子这么瞧得起自己，就会更珍惜，更奋发图强，要对得起儿子的这一份支持，这样自然而然他就会往好的方向去发展。

还有，在家庭里面教育的原则要一致，也就是要有共识。假如先生跟太太教育孩子的原则不一样，那孩子听谁的？假如爷爷奶奶又加进来，那就变成几头马车？那个时候孩子会听谁的？孩子一定挑那个躲在他后面就没事的，那时候就不好教了，所以确确实实大家要多沟通才行。有一位女士也是自己默默先教《弟子规》，也没有说"公公你要怎么做""先生你要怎么做"，她先自己一点一滴去教孩子。有一次孩子到爷爷的房间，跟他爷爷说："爷爷，这个我可不可以打开来看一看？"爷爷突然觉得这个孩子这么小，居然这么有礼貌，他说："谁教你的？""妈妈教我的，妈妈说'事虽小，勿擅为'。"老人一听很高兴，马上就去跟他儿子说："媳妇很用心教孩子，你要跟她好好配合。"后来他们家每天早上起床都放《弟子规》的读诵带，一起学习。

自助而后人助，用我们的真诚付出，自然而然就能够让身旁的人慢慢达成共识。

好，我们这节课就先上到这里，谢谢大家。

第十六讲　兄友弟恭，再现祥和家风

诸位朋友，孔老夫子说，一个人求学问有三个法宝，“好学近乎知，力行近乎仁，知耻近乎勇”。“好学近乎知”，只要好学，就离智慧不远。当我们力行圣贤的教诲，就能慢慢感受到圣贤的存心，也能感受到众人的需要，然后仁慈心、同理心就会生起来。“知耻近乎勇”，真正能够了解自己的过失，进而改正自己的过失，能降伏自己的烦恼、坏习性，这才是真正的勇者。很多朋友已经做到“好学近乎知”，而你的好学也将带给你的家庭很好的影响。

我记得父亲五十几岁时，接手他们银行的证券所，但接证券所需要通过执照考试，所以就派了很多员工一起去考。我的父亲是年纪最大的，我就看着父亲晚上在那里看书。考试结果只有一个人考上，其他年轻人都没考上，居然是我老爸考上了。你看父亲没说什么，以他的行动就已经赢得我们对他的佩服。我们这些当儿子的能够不好学吗？能够输给自己的老爸吗？所以上行下效，当我们这一份好学的心能够持续不断，相信对你的家庭一定是个很好的开始。早上的课程刚好把“入则孝”告了一个段落，接下来是第二个单元，“出则悌”。

这个“出”是指家庭以外，“悌”包含兄友弟恭，包含尊敬长辈的礼节、态度。在家里面兄弟能够友爱，能够以礼相待，出去外面与人相交就能够把这个态度带出去。假如在家里面跟兄弟就是吵吵闹闹、不守礼节，那出去会不会突然变得很规矩？不可能！所以，要认识一个人，到哪里最能看清楚？有句话讲“不入虎穴，焉得虎子”，直接到他们家。很多我们为人处事的态度，确确实实是在家里养成，这就是为什么家教如此重要！

《孝经》里面有一段很重要的教诲：“教民亲爱，莫善于孝；教民礼顺，莫善于悌。”意思是说教导人民如何亲爱他人、关怀他人，没有比教孝更有效果的；教导人民有节有度，懂得尊敬他人，没有比教悌更好的方法。所以“悌”还包含了礼节的教诲，孔夫子也说“不学礼，无以立”，没有礼貌很可能在人群中无法立足。

我小时候养成一个习惯，就是只要长辈到我们家，我的耳朵听到了声音，不管我在干什么事，我一定会跑到他们面前来，跟他们说：“叔叔好！阿姨好！”孩子有礼貌，大人非常欢喜，我也很满意。当一个人在做有德行的事，其实他的喜悦已经从内心散发出来了。

我跟家长开亲师座谈，就跟他们说：“你们的孩子以后能不能遇贵人相助，我现在就可以判断。”他们眼睛都瞪得很大，现代人很现实，一提到孩子可以遇到贵人相助，他们就很专注。孩子有礼貌，走到哪里都能赢得众人对他的疼爱；相反的，孩子假如没有礼貌，不只不会遇贵人，不只不会有很多助力，在言语、行为中还会遇到很多阻力，而且自己还会觉得莫名其妙，“他们怎么都看我不顺眼”。所以，礼貌太重要！

诸位朋友，礼貌这么重要，什么时候教？我会问家长：“考试多两分重要，还是教孩子做人做事的态度重要？”“做人做事！”但是家长虽然觉得做人做事重要，可是大半的时间跟孩子耗在分数上。重要的事不能再拖了，再拖，孩子都长大了，习惯则成自然。许多事刻不容缓，一定要重视培养影响孩子一辈子的重要德行，这样孩子将赢得非常多的助力。

我们来思考一下，假如人与人交往没有礼节，会出现哪些情况？比方说，我上次去爬长城，有些关口很窄，只能够让另外一边一个人过来，我们这边一个人过去。在过关口的时候，很多人不守规矩，想要插队，横在迎面来的路上。结果发生什么事？整个人群就堵在了这个关口。我们中心的老师一看，不行，后面的人不了解情况，会一直往前挤，另外一边的也一直往前挤，到时候可能会发生意外。我们的老师马上站出来，开始指挥交通，叫那些要插队的赶快排回去。那些人都看着我们，还以为我们是长城管理处的。有时候，该出手的时候还是得出手，不然到时候糟到你想做都来不及，所以时机很重要。后来我们就成功疏通了。

那次我上杭州天目山讲了五天的课，我们在上山的时候，迎面来了两台车，我们一看就主动靠在旁边，让他们先走。第一辆开过来，车上的人很欢喜，对我们挥手，我们也对他们挥手。所以当一个人有礼貌的时候，一定会让人家如沐春风，何乐而不为！我们等了一会儿，第二辆没有过来，我们觉得很纳闷，就派人去看。结果对面的车早就停在那里等我们过去，所以我们就开过去，两边车上的人都露出了灿烂的微笑。当人与人都这样礼敬，感觉就非常舒服。我们还没上山以前，就听说天目山的人民很淳朴，事实的确是这样。我们从生活中也要明白，懂礼、懂让才能让人生的路顺畅，才不至于塞车、起冲突。“教民礼顺，莫善于悌”，我们就先从家庭来落实友爱、礼节。

我们先来念一段经文：“兄道友，弟道恭，兄弟睦，孝在中。财物轻，怨何生；言语忍，忿自泯。”

“兄道友，弟道恭”，兄弟是同气连枝，血浓于水，兄弟很有可能是陪我们一生走过最长路的亲人。法昭禅师曾经写了一首描述兄弟情谊的词，叫：“同气连枝各自荣，些些言语莫伤情。一回相见一回老，能得几时为弟兄。弟兄同居忍便安，莫因毫末起争端。眼前生子又兄弟，留与儿孙作样看。”

“同气连枝各自荣”，兄弟就好像同一棵树长出来的树枝一样。“些些言语莫伤情”，家里的人沟通最常用的就是言语，所以言语要柔软、要和谐，不要很冲。《弟子规》说“言语忍，忿自泯”，人与人的冲突，一半以上都是因为言语不合。“一回相见一回老”，确确实实我们上了三四十岁，每次看到兄弟姐妹都会有这么一点感觉，白头发多了一点。“能得几时为弟兄”，我们老了，人生的路就快走到尽头了，更要好好珍惜这段情谊。“弟兄同居忍便安”，住在一起要懂得互相忍让、谦让。“莫因毫末起争端”，不要因为小小的事就起了争执。“眼前生子又兄弟”，兄弟姐妹都生孩子了，他们又各有兄弟姐妹，我们上一代应该做出兄友弟恭的榜样，才能“留与儿孙作样看”。法昭禅师这首词值得我们细细去品味。

这首词让我想起我的一位老师曾经跟我说的话，她说唯有子孙贤孝，都有很好的发展，才能让她的父亲非常宽慰。由于她有这份心，希望她父亲母亲这棵大树枝叶能够愈来愈茂盛，所以她很年轻的时候就开始教导她的甥侄辈读圣贤的经典，还写书法。这位老师有十八个晚辈，十八个她都教过。由于她有这份心，他们这一代非常优秀，很多是老师，还出了几个医生。确实，一个家族能好，必然是长辈带头示范、真心付出。所以兄友弟恭，不只是在老师他们那一辈，还延伸到后代子孙。老师没有孩子，但是每一次母亲节、父亲节，他们家都特别热闹，因为她有十八个甥侄辈。我在他们家住了半年，遇到这些节日都特别热闹，她教导过的甥侄辈确实对她非常孝顺。

我另外有一位结拜的大哥，他们兄弟姐妹之间也特别友爱，礼拜六礼拜天一有时间，不用相约都会主动回到父母亲的身边。他父亲较早离开了，所以他母亲后半生都是他们兄弟姐妹陪伴的。他母亲前几年去世了，去世的时候我曾去参加告别仪式。去了我很感动，看到他的下一代，那些甥侄辈素质都非常好，他们兄弟这么友爱，就已经给了下一代很好的榜样。这位大哥又跟我说，当他母亲离去，他的内心很充实。为什么？因为母亲去世前的十多年，他都尽量推掉很多无谓的应酬，统统去陪伴他的母亲。当他母亲离去的时候，他觉得很安慰，觉得他的抉择很正确。

古代人的兄弟姐妹之情，也让很多人感动流泪。在晋朝的时候，有个小孩叫庾衮，他们村闹瘟疫，他的兄弟已经死了几个，还有一个兄长病床在卧。所有的长辈要带着孩子赶快离去，庾衮不愿意走，他说："我不能放下我的兄长不管。"长辈一再劝说："这太危险了，我们走吧！"他就跟这些长辈说："我天生不怕病，你们就让我留下来！"长辈拗不过他，就走了。这么小的孩子亲自帮他哥哥熬药，常常半夜还在另外几个兄长的灵前痛哭，在那里感伤。由于他这份对兄弟的友爱，他的哥哥奇迹般地好过来。诸位朋友，为什么哥哥的病可以好过来？友爱、关怀一定会让他哥哥的免疫力上升。中国人对待病毒并非势不两立，我们叫"解毒"，而不叫"消毒"。当我们的心念很纯正，自然病毒就会慢慢转化。所以，爱心可以解毒，慈悲心也可以解毒。后来他的长辈、他的父母回来了，看到他们兄弟还活着，都非常欣慰。

我们从庾衮这个事例也可以看出来，虽然他年纪小，但也读过圣贤书，在他的人生价值观中，有比生命更重要的事，哪一件事？道义！圣贤人的存心是道义胜过生命。由于他们有这样的存心，才留下几千年来可歌可泣、让人非常感动的故事。

唐朝有一位大臣叫李勣，其实他原本不姓李，姓徐，因为对国家非常有功劳，所以唐太宗赐他国姓叫李勣。有一次李勣生病，御医就说需要人的胡子做药引，唐太宗听完，马上拿起刀子把胡子削了一段下来，拿给御医。李勣除了是忠臣，也必然是孝子，也必然对兄弟友爱，因为我们知道，一个人的德行都是从孝跟悌建立起来的。

李勣那个时候年纪也很大了，他还有个姐姐，有一次姐姐生病，他去探望姐姐。姐姐要喝粥，他就亲自帮她煮，并把仆人支开。古代当大官的人都有一把长长的胡子，因为风很大，不小心火烧着胡子了，他赶快把火灭掉。他的姐姐在旁边看到了就说："弟弟，你这是何苦！家里的仆人这么多，你就请他们做就好了，不要自己在那里这么辛苦。”结果李勣就回答说：“姐姐，您的年纪都这么大了，我不知道还有多少机会能够为您服务！”所以诸位朋友，李勣在煮粥的时候，内心是充满感恩的，时时都记着姐姐在他成长过程中给予他的扶持。

我也很幸运，我有两个姐姐，也特别照顾我。我的大姐跟我是同一个大学，记得那个时候我身体不太好，要吃中药。中药一煮要煮一个多小时，从一大锅水煮成一小碗。我那时候大学一年级，住在宿舍里面，不方便煮药。我姐姐就在校外她住的地方，每天帮我煮两次，早晚各一次。煮完，她就端着一碗热腾腾的中药到我们男生宿舍门口，门口写着“女宾止步”，她又不能进来，所以就走到我宿舍的窗口，敲几下，然后打手势说“来吃药了”。我看到那一幕，病都快好一半了，赶快跑出来喝下那碗充满姐姐关爱的中药。所以我们姐弟之情非常深，也因此让父母非常放心，所谓“兄弟睦，孝在中”。父母会想，等他们百年之后，你们还能互相友爱，这样他们就放心多了。

家庭里面能做到兄友弟恭，相信家族一定会有很好的发展。宋朝有个读书人叫陈昉，他那个家族十三世的子子孙孙都一起同住，有七百余口人。他们遵守祖宗的遗训，不分家，不请佣人，所有的活都自己干，这样做好不好？好！我们之前也讲过，真正让孩子去习劳，他才知道感恩。假如孩子花钱很凶，他会奢侈；什么家务活都不干，他会懒惰。又奢侈又懒惰，就会有很强的依赖心，然后又不知道感恩。你看，一个不勤劳引发的坏习性可真不少。所以有见识的长者，知道习劳对孩子往后的影响，就会有所坚持。

曾国藩在清朝算是汉人中当官当得最大的，官至四省总督。权位已经这么高了，但是他规定所有的家务活、自己分内的事统统自己动手。这个决定重不重要？重要！所以曾国藩先生的后代，延续到现在几百年不衰！台湾有一位他的子孙，也很成功，叫曾仕强，也常常到各地去演讲，所以家风的承传至关重要。

人很有钱，又很有权势的时候，若没有原则，家道必然在几代之内迅速败掉。我们去研究林则徐的后代，曾国藩的后代，范仲淹的后代，你一定会了解到，他们定的那些家规确实是看得非常深远。家道往往两三代就败掉的，商人居多，因为人一有钱就会觉得什么最大？“有钱能使鬼推磨”，这句话是错的！他一有钱，会瞧不起读书的人，“你读那么多书有什么了不起，还没有我过得好！”往往这种财大气粗谁学去了？小孩就给你全盘吸收。

有一本书非常好，叫《保富法》，讲如何让你的财富可以绵延下去的方法。你保住了财富，那没什么了不起，你带得走吗？两手空空什么都带不走。如何让子子孙孙都真正有福、有慧，那才是本事。曾国藩先生的外孙叫聂云台，他长期住在上海。上海这个地方非常繁华，富可敌国的商人很多，他在那里几十年，看到非常多的大富翁在一代两代之间迅速垮下来，就去找寻原因在哪里。

其中有一个姓周的商人，是开钱庄的，到处都有钱庄，有几百万的银两。有一次他某个钱庄所在的地方发生水患，当地很贫穷，钱庄管事的就代他捐了五百两。几百万两捐五百两多不多？不多！结果被周老板骂得狗血淋头：“你怎么可以把我的钱捐出去？”这个周老板说，他留住财产只有一个方法，进他的口袋就不能流出去，也就是一个字——“积”，积财。

诸位朋友，积财就怎么样？“积财伤道”。俗话说“一家饱暖千家怨”，你们家这么有钱，旁边的邻居都快要饿死了，你还不去救济，他们已经对你颇有怨言。过几天你们家失火，他们一定会在那里说：“太好了，苍天有眼！”但是，假如你处处都能够施予他们，在生活中，甚至于在他们子孙的教育中，尽一些力量的话，他们就会时时感你的恩德。哪天突然你们家起火了，他们一定百米冲刺，要去争谁先泼了第一桶水，对不对？因为当你是真诚的付出，对方会感受到，而他一定会念念想着，只要有机会我一定要回报。这叫“爱人者人恒爱之，敬人者人恒敬之”，所以中国古圣先贤的智慧，我们一定要好好地去体会。

钱是通财，中国人说财富如水，水假如不流动就会发臭了！这个周姓的商人到他临终的时候——那个时候是民国初年，他的财产换成大洋是三千万大洋。他有十个子孙，他就把三千万分成十份，每个人三百万。经聂云台先生观察，短短几十年，他这十个子孙的家全部都败掉，所有的钱财都挥霍完了，甚至于有人走上街头去乞讨。其中有一两个还比较有修养，但是钱财也都散掉。

从这件事我们也体会到，《易经》所言真实不虚，“积善之家，必有余庆；积不善之家，必有余殃”。如果一个人做人还不错，却还是祸不单行，就有可能祖宗积不善而余殃未尽，这个时候你要鼓励他坚持行善，等余殃消尽，就会有善报现前。有这样的见识才能够有好的子孙出来，所以曾国藩也好，陈昉也好，都了解到一定要让子孙习劳，所以都不请任何仆人。

我们可以设想一下，陈昉家里每次吃饭都是七百口人聚在一起吃，一定相当热闹。他们家养了差不多一百只狗，这一百只狗一定要全部都到了才开始吃饭，有句话就是叙述这个情况，叫“一犬不至，群犬不食”，他们家的孝悌之风感动了他们家的这群狗。这个盛况传进了皇帝的耳朵，皇帝很感动，免去了他们家所有的徭役。

明朝有个读书人叫包实夫，他在私塾教学，有一次回家去看他的父母，结果走在路上遇到了一只老虎，老虎就把他衔起来，带到另外一个地方，准备把他吃掉。这个包实夫并没有惊慌，古代读书人知道“生死有命，富贵在天”，但是他很诚恳地跪下来跟这个老虎说：“我被你吃是我的命，但是现在我有七十多岁的父母要奉养，可不可以让我奉养完父母，再来让你吃？”这一片孝心让最凶猛的老虎都感动了，放下他就走了。所以当地的人就给那个地方取了个名字，叫作“拜虎岗”。连最凶恶的老虎都可以感动，那最忠诚的狗还有什么困难！不只是动物，还有植物，所谓“万物交感，以诚以忠”，真诚到极处，天地都会感动。

元朝有个读书人叫李忠，他的孝行闻名远近，有一次他所居住的村子发生大地震，所有的房子全部都倒塌了，唯独他们家的房子完好无损。这是历史上记载的事实，我们不得不信。《中庸》里面有讲到“祸福将至，善，必先知之；不善，必先知之”。假如是善，就知道是福；不善，就是祸。所以，李忠的孝行必然让他避过这个劫难，我们要相信这个真理，坦坦荡荡、光光明明地去走我们的人生，这样人生必能逢凶化吉。

“兄弟睦，孝在中”，那人与人如何和睦相处？我们来想想，陈昉的家族有七百人，人家还和睦相处，我们现在家里几个人？三个就已经和不了！所以确实我们退步不少。甚至于还没生小孩，有的夫妻就已经闹得不可开交。人家能包容七百个人，那可是大学问！和睦相处是结果，因在哪里？因在“平等对待”。因为“平”，所以人心也平，人心平才不会有纠纷产生。所以，教自己的孩子一定要抓住一个原则，要平等地照顾，不能对大儿子好，对小儿子差一点。在中国几千年的历史中，很多因为宠爱某一个孩子，最后造成什么结果？兄弟阋墙的很多。

我们再深入去思考，比方说我们现在对某个孩子比较好，对他有没有帮助？你对他太过溺爱，他会愈来愈自私，你是害了他。那个被我们忽略的孩子，内心就很不平衡，有时候会变得很消极。你是两边都害了，这就太不理智了，所以“平”很重要。我虽然是家里唯一的儿子，但是我父亲对待我们三个孩子很平等，比方说给奖金的时候都一样，也没有多给我，不然我可能就会恃宠而骄了。

明朝有个读书人叫郑濂，他们家族是七代同堂，大概一千多个人。明太祖朱元璋很佩服他，赐了匾额给他，上面写着“天下第一家”。还送了他两个梨，明太祖也很有意思，他想：我送两个梨，看你一千多人怎么分？还派了锦衣卫跟在后面，去看看郑濂怎么处理这件事。诸位朋友，你会怎么处理？

我们先想一下，下节课来讨论，谢谢大家。

第十七讲　把愤怒化为宽恕

诸位朋友，大家好！我们上节课提到明太祖送给郑濂两个梨，假如你是郑濂，你会怎么处理？郑濂拿了两个大水缸装满水，一边放一个，把梨弄碎，让汁滴在水缸里面。处理完了说："来，一人喝一碗。"平等，人心都很平，觉得真公平！有的虽然跟郑濂的血脉不是那么亲，但是也觉得这个长者值得尊敬。

后来明太祖又问他："你怎么管理这一千个人？你到底是用什么方法？"结果郑濂就回答四个字："不听妇言"。诸位女同胞，不要听了这句话就说"我不想听，我要走了"，不要依文解义，任何一句话都有它时代的意义。我们要了解，古代的女人没有什么机会读圣贤书，没有领受到圣贤人的那种心胸，难免会比较自私一点。一自私，为自己的孩子多留一些，就会造成其他人的怨言。当整个家族里面，很多人都开始在那里争夺的时候，一千个人就散了。

现在的女性都有读书，可能不太会自私自利，反而是有些男人会比较自私，只为自己着想。所以，"不听妇言"这句话的意思就是，在家中不能斤斤计较，否则一定会造成纷争。

"财物轻，怨何生；言语忍，忿自泯"。如何让家人和乐相处，这一句给了我们很重要的启示。古代有个孩子叫孔融，他才五岁，分梨的时候，他就把那个比较大的让给哥哥吃。其实这样的态度是完全正确的，因为他可能干的家务活比哥哥少。现在我们都说要跟孩子平等，这句话对不对？这要看你怎么解。"平等"应该在人格上平等，你很尊重他是一个个体，而不是附属在你身上。但是因为他还小，他的人生经验不可能跟你平等，你要引导他，所以要有长幼尊卑，他对你才生得起恭敬心。假如都跟你平起平坐，那他怎么对你恭敬？

当孩子懂得长幼尊卑，才知道“或饮食，或坐走，长者先，幼者后”。为什么以前父亲没有回来不能吃饭？那也是对父亲辛劳的感念，因为整个家庭的重担压在父亲身上。假如父亲上班都还没有回来，儿子就大摇大摆，筷子也没拿就在那里下手抓了，长期下来他学到什么？我行我素。“苟不教，性乃迁”，所以现在孩子很难教。我们要细细去研究，为什么以前上千个人都可以循规蹈矩，方法到底在哪里？在《弟子规》！但是要真做，你才会得到利益。孔融让出了大的梨给他的哥哥吃，他知道“财物轻”的道理。他哥哥拿到了他弟弟的大梨，对他的弟弟会更加爱护。

再来，五代有个人叫张士选，也是个读书人。他的父亲较早去世，他是叔叔带大的。当他十七岁的时候，叔叔跟他说：“你已经大了，我们现在把祖宗的财产分成两份，你一份，我一份。”结果张士选马上跟叔叔讲：“叔叔，您有七个孩子，所以应该把遗产分成八份。”他的叔叔说：“不行，你是代表你父亲，应该分成两份。”但是张士选很坚持，一定要分成八份。这么一让，吃亏了吗？这一让，让出了他的德行，让出了家庭的和乐，让出了他的心量，量大福大。后来他进京赶考时，路上遇到一个算命的人，算命先生觉得很奇怪：这个人脸上怎么这么多阴骘纹（就是积了很多阴德）！这个算命先生就跟他说：“这一次你必然高中。”果不其然，他一次考试就高中。相信他这样的榜样会做给他的子孙看，世世代代一定也会有很好的发展。

其实，当人了解到“命里有时终须有，命里无时莫强求”的道理，理得心安，就不会患得患失，再去跟人家争夺。要了解命运的真相，我们就要去读一本很好的书，叫作《了凡四训》。袁了凡先生小时候遇到一位很会算命的孔先生，孔先生是我们中国邵子《皇极数正传》的传人，算得特别准。为什么命运会被算得这么准？因为一个人的善恶业会呈现在他这一生。

但是有些人的命却算不准，哪些人？有两种人：一个是大善，一个是大恶。而一般的人所行的多是小善小恶，心量又没有扩大，想的都是儿子、孙子、妻子、房子、钱，所以命运就被算得很准。命运有加、减、乘、除，比方说你命中有一千万的财富，结果你行了一点小善，一千万加多少？五万，所以算得很准。你做了一点小恶，变成九百九十五万，也还蛮准。但是你假如行很多善事，一千万乘以五变多少？五千万，那绝对算不准。假如做了伤天害理的事，一千万除以五，变两百万，那也算不准。

我们要了解，一个人用不法的手段抢到了两百万，那也是他命中本来就有的。他抢到两百万，还在那里扬扬得意，"你看我多厉害"，其实他已经亏损掉八百万了。所以"君子乐得作君子，小人冤枉作小人"，他拿到这两百万，都不知道还有没有命花。因为他做了坏事触犯法令的话，很有可能过没多久就锒铛入狱了。这样的人多不多？多！因为现在功利主义流行，很多人在某些情境下会铤而走险。

其实我看到这样的人都替他惋惜，毕竟他也是有大福之人，只是没有好的教育，所以把人生搞砸了。我们对这样的人应该抱持一种怜悯之心，因为"先人不善，不识道德，无有语者，殊无怪也"，他的父母没教他，他的爷爷奶奶也没教。德行都没教，只教他唯利是图，当诱惑来的时候，他当然就受不了。

当我们遇到学生在争的时候，怎么办？有一班的孩子，刚好那天吃西瓜。西瓜已经切好放在桌上，很多同学狼吞虎咽地吃饭，要干吗？饭一吃完，马上健步如飞要去抢那个最大的西瓜。那个老师也很沉稳，看到"兵荒马乱"也不动声色，等同学吃完西瓜，睡了午觉，下午第一节课，这个老师就讲了："诸位同学，我们假如第一个去抢那个最大的西瓜，会产生什么效果？产生什么影响？"他有没有指出哪个人抢最大的？没有，这是在给他们留余地。结果很多同学就说："那个人真自私，还抢最大的。”老师接着说：“这样的人你要不要跟他交朋友？”“当然不要！”老师就是通过这个情境让孩子了解到，他的一举一动都在影响他在别人心中的形象。不然欲令智迷，他受欲望驱使，只想着去抢最大的，都顾及不上会造成哪些后果。

老师接着又说：“这个同学抢到最大的，他很高兴，赶快把它吃掉，保证肠胃受影响。为什么？因为他吃得很快，消化不良。再来，他抢到最大的，高兴多久？一下子。然后看到别人看他的眼光，马上快乐变成不舒服了。还有，当他抢到最大的，下次他还是想要最大的。当他下次没有拿到，他就很痛苦，‘气死我了，没抢到！’当一个人时时处处都要去抢最好的，当他没有办法获得的时候，他会怎么样？他可能就会动歪脑筋，去偷，去抢。”老师说完了也没下什么结论，只是让他们讨论讨论。结果隔天吃西瓜的情况就不一样了，学生都走过去拿最小的。所以确确实实，家长跟老师只要肯教，孩子就很容易受教。

下一句，“言语忍，忿自泯”。人跟人相处，冲突最多的情况就在言语。言语起了冲突，脾气就上来了，“一念嗔心起，百万障门开”。障门在哪里？障碍了自己的心量，也障碍了人与人之间良好的关系。你可能发脾气发了五分钟，但你要花多少时间才能把坏脾气所产生的不良影响去除？“君子九思”中有“忿思难”，提醒我们愤怒不可发，谨慎！因为愤怒一发，很难回归到原来的样子。

俗话说“利刃割体痕易合，恶语伤人恨难消”。人生这么短暂，为什么不好好相处？我们看到这样的结果，慢慢就要找到方法对治我们的愤怒。而这个对治的功夫要练到什么程度？要能忍。我们看一下，“忍”是会意字，上面一把“刀”，下面一个“心”，意思就是人家拿着一把刀捅在你的心头，你还要如如不动；不管别人怎么骂，你就是不回嘴。你能忍到这种功夫，必然能够让身旁的人很佩服，所以“忍”是一门大学问。

你时时处处都在考验忍的功夫，比方说现在听课也在考验忍耐，对不对？忍住不要打瞌睡。曾经有个女士就跟我说："蔡老师，传统文化不错，不过到底要忍到什么时候？"她对这个"忍"字很无奈。我说："假如你是这样的心态，我保证你一定忍到火山爆发。"比方说学了我们这些课程，知道夫妻要互相体谅，所以回去突然变得很勤劳，开始扫地，打理家务。结果做了一个礼拜，先生都没什么反应，突然怒火中烧，把扫把摔在地上："我做了那么多事，你都看不到吗？"假如这一口气忍不住，爆发出来，会怎么样？前功尽弃！先生马上会冷眼看她："还说学什么《弟子规》！"所以，忍要能够忍得明明白白，忍得为大局着想。

一般来说，夫妻两个来自不同的家庭，生活习惯差异很大。所谓"冰冻三尺，非一日之寒"，要想改变，不能一蹴而就，这个时候你要安心，别人对不对是别人的事，只问自己有没有尽好本分。应该做的，就应该做得心安理得。当我们明白，就能够去包容。所以，现在你回去要叫孩子变勤劳，你可不能因为他没有马上变勤劳你就气得半死，这不是孩子错了，是我们自己的态度不对。习惯的养成必然有一个循序渐进的过程，我们还是要道法自然，忍得为大局着想。而当你处处能忍让，也会唤醒对方的惭愧之心。

我在北京上课的时候，有位女士五十几岁，上完了"出则悌"，当天就给她妹妹打电话。她们因为一个口角，已经两年没讲过半句话。她一听完课，觉得自己错了，就赶快给她妹妹打电话："妹妹，对不起！"她才讲了三个字"对不起"，她妹妹马上稀里哗啦就哭起来了。其实两个人都憋着那一口气。我说幸好才两年，假如继续下去，保证两个人都是癌症的高危群体，血脉都不通畅了，何苦来哉！所以你看，一个道歉，整个嫌隙就化开了。嫌隙一化开，不只姐妹心上的石头掉下来，还有谁的石头也掉下来？妈妈爸爸。所以，人生确确实实可以走得圆满幸福，只要我们放下不好的习气、执着。

我们现在懂得了“怒”要收敛节制。诸位朋友，你在愤怒的时候怎么处理的？（答：慈悲，怜悯。）很好，扩宽心量自然就没有障碍。这个方法很高明，我可能还要练三年五年。

我跟很多朋友讨论这个问题，他们就说，打电话跟朋友发泄一下。我说这样你舒服多了，但对方不舒服了。对方听完会说人生苦短，怎么这么多冲突！所以，我们不能把垃圾到处丢，你的朋友总当垃圾桶会有什么情况发生？到时候垃圾溢出来了。你看很多专门在给人家做心理治疗的，到最后他也怎么样？需要治疗了。所以，我们要提到更高的境界，要当焚化炉，垃圾一来马上就“轰”地把它烧了。这就要借助我们的德行，就像刚才这位朋友讲的，用慈悲、仁爱的心。

“怒”的处理很重要，当人的怒气不消除，会障碍你整个身心状态。我们来看“怒”这个会意字，上面一个“奴”，下面一个“心”，说明当一个人愤怒的时候，就是当奴隶了，被坏习性牵着鼻子走，要他去东他不敢去西。很多人发完脾气，很后悔，“我刚刚怎么这样！”但是也无法再拉回来。

有一个孩子脾气特别不好，父亲为了教导孩子，就说：“你假如发一次脾气，就到我们家后院那个木柱上面钉一个铁钉。”那孩子一发脾气就拿一个铁钉把它钉上去，一开始一天钉五六个。钉了几天，密密麻麻，那个孩子吓了一跳，他突然有所感悟，说：“我的脾气居然坏成这样！”其实很多脾气很不好的人，有时候还说：“我脾气已经不错了，假如像前几年一样……”根本不知道自己脾气不好。

然后这个孩子就开始收敛，一段时间之后不发脾气了。他的父亲跟他说：“你只要哪天不发脾气，就去把铁钉拔一个下来。”儿子拔得很有成就感，最后拔完了，很高兴，就跑去跟他父亲报告：“我都拔完了。”父亲不疾不徐把他带到这个木柱前面，说：“虽然你的铁钉都拔光了，但是留下了多少的坑洞！”能不能回到原来的样子？回不到！所谓“利刃割体痕易合，恶语伤人恨难消”，到时候你再怎么说“对不起”，也不见得能回到原来的那种关系了。

所以，我们明白了就要更谨慎，下次要发脾气的时候，要马上想到“言语忍，忿自泯”，这一句经文要像一道光射到你的脑袋里来，能不能做到？早晚念一遍《弟子规》，保证有这样的效果。我在北京有个朋友，他确实做到了早晚念一遍，他说他最难改的就是“人有短，切莫揭”，东家长李家短习惯了，虽然现在学完了，但是一下子也改不过来。可是每当他再想讲的时候，这句经文就跑过来，他马上闭嘴，很有效果。

人生要有志气，要当自己人生的主人，不要让坏习性主宰我们的命运。你提起这样的志气来对治它，就能从“怒”转“恕”。这两个字像不像？像！把你的棱棱角角削一削就变“恕”了。“恕”上面一个“如”，下面一个“心”，会意字，代表设身处地地从别人的心、从别人的角度去看事情，你的怒气就可能消一半了。我在教书的过程中发现，有些孩子的行为确实偏颇，我有时候会觉得，怎么这么大了还做出这样的行为！但是我们不能在结果打转，要从原因探索。往往这些孩子，经了解他的家庭状况，怎么这么可怜！没人照顾，才会养成一些坏习惯。从这个角度去想，你当下就能从“怒”变“恕”，从怒火变慈悲！

我曾经遇到一个孩子偷钱，偷了不少，十万块，但是其实他只是想抽一张一千块的。那天我们一个同事收了一些学费，可能是这孩子听到这个消息了。他本来只想抽一张，但情急之下多拿了。那个同事也很警觉，发觉他在学校里面，就赶快跑回来，结果逮个正着。希望给这个孩子一个教训，于是就安排警察来给他做笔录，以期他记忆深刻。

笔录结束后，这个孩子就坐在楼梯口，刚好我没课，经过那个地方看到他的背影，虽然没看到他的脸，可是已经感觉到他很落寞。我就走到他的旁边，陪他一起坐下来，这时候无声胜有声，我们要先让他静静心。过了差不多一分钟，这个孩子开口了，他说："老师，我很想死！"人生如戏，我们当老师的也要很会演戏，你不要听他说很想死，你就说："不能死！"不可以这样，要稳得住。我就问他："你为什么很想死？"让孩子把原因找出来。他说："老师，因为没有人喜欢我，每个人都讨厌我。"他情绪很不好，所以我们要适时地安慰他一下。

我说："哪位老师？福裕老师会讨厌你吗？"他一听，情绪就比较好点了。我说："那蔡老师很讨厌你吗？"他摇摇头。情绪比较稳定了，就可以好好跟他谈。我说："人家不喜欢你，那是什么原因造成的？""因为我又打人，又骂人。""那你就不要打人，不要骂人，人家不就喜欢你了！"结果这个孩子讲了一句让我印象很深刻的话，他说："老师，我很想改，可是我改不了。"这是一个六年级的孩子，他已经觉得他的人生控制不了了。所以不能长孩子的坏习惯，当孩子的人生已经被坏习惯主宰，那人生真是不堪设想。

我拿了一本簿子，左边写个"善"，右边写个"恶"，跟他说："你每天做了哪些好的，写在左边，做了哪些不好的，写在右边，只要求自己明天要比今天好。"说实在的，孩子这个行为十来年了，你要把他导正，如果花三年能做到，那你就是一代名师了。所以我们要有耐性，当你时时可以宽恕，相信你整个人生也会翻转过来。

我们接着看下一句，我们一起把它念一遍："或饮食，或坐走，长者先，幼者后。长呼人，即代叫，人不在，己即到。"

"或饮食，或坐走，长者先，幼者后"，当孩子知道要尊重长辈，他这一份恭敬心就会落实在生活的点点滴滴中。这一句只指出了几个动作。第一个，吃东西。当孩子夹菜先给长辈吃，他的德行就在这夹菜中提升了。我们有个学生才七岁，他读经典读了一个礼拜，以前都是爷爷奶奶给他夹菜，上了一个礼拜回去，他就主动给爷爷奶奶夹菜，爷爷奶奶一看心生欢喜，马上就对传统文化认同了。现在人都很现实，所以我们只要把孩子教好，孩子就会带动家长。

但是真正要让家庭教育有很好的进展，还是必须从家长开始提升，“教儿教女先教己”，这很重要，因为上行才能下效。比方说《弟子规》说“置冠服，有定位，勿乱顿，致污秽”，结果爸爸回到家，袜子一丢，躺下来看报纸，孩子心里会想：“怎么这样？叫我做，爸爸都不做！”他甘不甘心？不甘心！假如你是妈妈，怎么办？马上走过来说：“你不知道儿子在学《弟子规》吗？赶快给我捡起来。”那先生一定说：“不要学那些了。”有位母亲就跟她儿子说：“爸爸一天工作很辛苦，你赶快帮爸爸一个忙，把袜子拿去，你看爸爸这么累。”这样，儿子就很容易接受。

第二个，坐也好，走也好，晚辈都应该后坐后行。我们在海口、深圳，孩子学完之后坐电梯，都会请老师先走。但是我们会跟他们说：“坐电梯还是你们先走。”为什么？小孩小，有时候那个门控制不好，会造成危险。有个孩子跟着我们一群老师去深圳讲课，这个孩子很不简单，经典已经读了好几年。他的面相圆圆的，耳朵很大，一看到就觉得他是很有福气的人。什么是最大的福气？能够听闻圣贤的教诲，那是人生第一大福。那次讲课，有人送我们一盒饼，里面有十块饼，一共九个人，每个人都发一块。过一会儿这个孩子从房间里面跑出来，说：“这个饼很好吃，还有没有？”已经分掉九块还剩一块，这个孩子走过来拿起这块饼，然后走到我面前，说：“这一块应该给蔡老师吃。”

所以你看，学礼的孩子会呆吗？不呆！学礼的孩子知道处处尊重别人，替人着想，脑筋灵活。现在人对“活泼”有误解，什么叫活泼？三秒钟都停不下来，在那里跑，叫活泼！我们有时候在机场排队，很多孩子都站不住，在那里撞来撞去的，后面的旅客还说：“这个孩子真活泼！”这哪是活泼！那叫随便，没家教。真正的活泼是思想活跃，是处处能替人着想！

“或饮食，或坐走，长者先，幼者后”，这个习惯影响孩子的恭敬心，也很有可能影响孩子往后事业的发展，你相信吗？曾经有一个企业主管请一位广东来的客户吃饭，带了几位公司员工作陪。这些员工好几位是湖南人，湖南人喜欢吃辣，广东人比较不吃辣。请广东的客户，点什么菜？广东菜。点好菜开始吃了，几位员工在那里说，这个怎么那么难吃，那个怎么那么难吃。带他们来是干吗的？照顾客人的。结果他们是来干吗的？搅局的。好不容易上了一道辣的，主管就把它转到客户面前，客户夹了一口，那几位员工马上转到他们面前吃起来。主管又把它转回来，他们又把它转回去。这样的员工你敢不敢重用？成事不足，败事有余！

而当一个孩子处处很有进退之礼，事交给他办，你会很放心。所以领导带下属去赴宴，都是带那些夹菜夹得很好的，倒水倒得很好的，是不是？所以从小就要这样训练孩子，有这个态度，会为孩子的未来铺很好的路。

今天就先讲到这里，谢谢。

第十八讲　应该称赞孩子的德行，而非其他

诸位朋友，大家好！我们昨天进入第二个单元“出则悌”，提到了“兄道友，弟道恭，兄弟睦，孝在中”。俗话讲“家和万事兴”“兄弟一条心，黄土变成金”。家里有和乐的气氛，家风确确实实会鼎盛，事业也会兴旺。很多孩子听了这些古圣先贤的故事，也是见贤思齐，听完“孔融让梨”的故事，他们也都起而效法。有一位姐姐就很慷慨，把仅有的一个梨子给弟弟吃，这个弟弟就大口大口地咬。当咬到一半多的时候，这个姐姐忍不住了，就把梨子抢过来。母亲看到这个现象，就打了一通电话给老师，这是很好的亲师合作。每一句经文，小孩不可能一步到位，还需长期的引导。

老师隔天就跟他们讲了一个故事，说汉朝有两个兄弟，一个叫赵孝，一个叫赵礼，赵孝是兄长。很不幸赵礼被盗贼抓去了，赵孝得知后，马上寻找到这个山寨，直接就冲到盗贼的大本营去。盗贼很饥饿，正打算把他弟弟宰来吃。赵孝看了非常着急，就跑到这些盗贼的前面，跟他们说：“我弟弟有病，身体又瘦，你们不要吃他，吃我吧，我比较胖，身体又比较好。”赵礼听兄长这么讲也很着急，就赶快把哥哥推开，说：“我被你们抓到是我的命，所以我被你们吃是应该的，不可以连累我哥哥。”两个兄弟就在那里争着要为对方死。盗贼看了很感动，就把他们都放了。

讲完了，老师就说：“诸位小朋友，赵孝跟赵礼连生命都愿意为兄弟付出，那我们能不能因为一个苹果、一个梨子跟兄弟争吵？我们应该效法古代这些圣贤人的精神。而且赵孝赵礼为了兄弟不惜牺牲生命的精神，传到了皇帝那边，后来皇帝就让他们兄弟都当了官，可见他们有后福。为什么皇帝要用他们来当官？友爱兄弟的，一定会孝顺父

母，有这么好的德行，出来当官必定会爱护人民。”

所以，我们要善于抓住机会教育点，给予孩子一些引导。当然当孩子有很好的表现，我们也要给予一些肯定。有个孩子，他的拖鞋有一点点坏掉，就换了双新的拖鞋。可是那双有一点坏掉的拖鞋，他又舍不得丢，就把鞋放在他的床下，可能他学了“勿厌故，勿喜新”，对旧的拖鞋有感情了。刚好有另外一个同学的鞋子已经坏得不能穿，他的老师就跟他说：“你去把你那一双旧拖鞋拿来给同学穿。”这是不是帮助同学？是，不然同学没鞋子穿，冬天很凉。后来老师突然发现，那一双旧拖鞋是在他的脚上，而那一双新的拖鞋居然是在他的同学的脚上。你看他真正做到了“财物轻，怨何生”。他的同学一定可以感受到，他非常照顾自己。

老师当下就鼓励这个孩子说：“你确实是孔老夫子的好学生。”接着进一步给他期许说：“在这些同学中你是大哥哥，所以往后一定要当好榜样。”我们肯定孩子，还要不忘让他立志。所以称赞孩子也是一门学问。我们常听到一句话叫“小时了了，大未必佳”，很奇怪，为什么小时了了，能力非常好，但是长大了却不见得有很好的发展？“没有榜样可以看”，这是个很重要的原因，我们可以就这个问题好好思考一下。

有一个父亲就讲：“我儿子两岁的时候，我觉得他可以当国家领导人；我儿子上初中的时候，我觉得他只要能考上大学就不错了；我儿子上高中的时候，觉得他以后出来有工作就好了。”怎么差这么多？父亲对孩子的期许愈来愈低，孩子会不会有出息？不会！当长者没有好的榜样给他，他就没什么志向，慢慢就终日悠悠放任，大喊无聊。所以，我们一开始就强调“学贵立志”，以及学本事的目的是什么。读书志在圣贤，而现在的人读书志在赚钱，目标错了，会有好结果吗？

为什么“小时了了”，有本事，到最后却是“大未必佳”？因为很多本事是拿来炫耀的。比如孩子学了一些英文，有了一些能力，长辈带着他到处表演，他小小的心灵会觉得他怎么样？“大人都给我拍手，大人还说都要跟我学习，我好厉害！”好话听多了，建议就听不进去了。所以称赞人也要用理智、用智慧才行。

《礼记·曲礼》第一页就写着“傲不可长，欲不可纵，志不可满，乐不可极”。我们来看看这四句，现在的人有没有犯？第一个，“傲不可长”。人只要傲慢心一起，就没有办法受教，就很难再成长。假如孩子从小就傲慢，他这一生很难有大作为，因为学问要成就重在受教、重在谦卑的态度，这样他才会知道“人外有人，天外有天”。第二个，“欲不可纵”。玩物丧志，无数的事例都血淋淋摆在那里！第三个，“志不可满”。现在的孩子没有志向，常常就是游手好闲，觉得好无聊。所以“志当存高远”，一个人应该有高远的志向，他的人生才会充实，才会时时觉得要提升自己去服务社会、服务他人。第四个，“乐不可极”。“乐极生悲”，当一个孩子从小不懂得分寸，常常一玩就不见人影，很有可能出现一些危险。诸位朋友，老祖宗在几千年前就把这些教诲写在经典中，老祖宗很对得起我们，我们可不能对不起老祖宗！

因为我是长孙，所以我从小得到的掌声特别多。去做一件事的目的是什么？得到掌声！在意别人有没有看到我在做，所以就变成活在掌声之中。后来我有一次上台讲课，那时我大学四年级，我的一位长辈听我讲完课，就很高兴地跟我说：“你真是活在掌声中的人！”他是在肯定我，可是我听了那句话突然反观自省：假如没有掌声，我还做不做？不做！但是很奇怪的是，人生很多非常重要的事都没有掌声。当一个人只活在掌声中，他的得失心就必然很重，这样的人生也不会自在快乐。

所以我就开始修正。但以前好话听得太多，一句批评的话来，内心就觉得很不是滋味，所以就要常常念“闻誉恐，闻过欣，直谅士，渐相亲”。我们只有两只眼睛、两个耳朵，能看多少？能听多少？而当我们有一颗谦卑的心，你不知道多了多少双眼睛帮你看路，多了多少双耳朵帮你听取意见！所以，孩子要长的是谦卑，而不是自满。我们夸孩子，要针对他好的品行去夸，而不是针对他的才能去夸，才能夸久了一定出问题。还有很多家长都夸什么？“你怎么长得这么漂亮！”你夸他漂亮对他有什么帮助？你要跟他说：“你气质真好！是不是每天都念《弟子规》？是不是常常对长者都很有礼貌，所以能够‘诚于中，形于外’？”夸的同时还顺便复习复习经文。

很多小女孩，很多大人一看到她就说：“五官长得真好，鼻子是鼻子，嘴巴是嘴巴！”小女孩被你这样夸两年夸三年，会有什么结果？她每天一定在身上带有一样东西——镜子。有一个幼儿园来了一对姐弟，姐姐跟弟弟都漂亮得不得了，但女孩子的漂亮还是比较能吸引人，每个人看到她都夸她漂亮。结果这个小女孩上课上到一半，还会拿起镜子来照一照，她的学习跟她弟弟差距就非常大。因为她只重视外表，常常就不专注，会留意别人有没有在看她。这样的孩子往后很容易变得虚荣。所以不要称赞孩子的相貌，不要称赞孩子的才华，应该称赞他的德行。

而纵使你称赞他的才华，也要引导他有才华的目的是为什么。有才华，比如古筝弹得很好，目的在哪里？表演给别人看，然后让他觉得自己很厉害吗？不对！假如是这样引导，这个孩子的古筝会有瓶颈。假如我们告诉他“移风易俗，莫善于乐”，音乐可以陶冶人的性情，可以改善整个社会风气，所以你学古筝一定要用真诚心去学，才可以弹出利益社会大众的曲子。当他有这个目标，整个心态就会截然不同。当你称赞他的品德，比方说：“你真孝顺！”孝顺跟他的自性相应，他就会愈做愈起劲。品德的标准在哪里？《弟子规》！一门深入，这一门是掌握纲领。所以诸位朋友，《弟子规》要念熟！

有一个母亲带着小女孩上街买东西，遇到了一个朋友，这个朋友就跟那个小女孩说："你怎么还没去念书？"小女孩还小，就问她妈妈："妈妈，念书要做什么？"那个朋友马上跟她说："念书可以赚大钱。"假如你是母亲，怎么办？现在这样的价值观占很大的比例！这个母亲马上就抓住这个机会点，用眼光示意她不要继续说下去，然后跟她女儿说："念书最重要的是学本事，我们有了本事，就可以去帮助别人，在社会上有所贡献，我们要记住'社会国家者，互助之体也'。"当孩子觉得在社会上就要互相帮助，她面对各行各业的人会怎么样？尊敬，感谢。但是假如她学本事的目的在赚大钱，往后她看各行各业用什么标准看？看钱的多少！她就会去轻慢很多行业的人。所以，学问在存心，只要心偏颇了，就跟道德、学问背道而驰。

但妈妈这样说很抽象，孩子还那么小，不一定能理解。从超市出来，妈妈买了一些馒头，就说："像刚刚那个叔叔，因为他有本事，他会做馒头，让我们有的吃，所以我们要感谢他。可是我们感谢他，能不能把你的玩具熊送给叔叔？还是把你的小汽车送给叔叔？叔叔不一定需要。我们感谢叔叔，可以拿些钱去买他的馒头，那叔叔就可以拿着这些钱去买他需要的东西。"借由这个机会引导孩子，学习的目的在增长本事，以便服务他人。当孩子有这种态度，她就不容易傲慢。

我也曾经看到一位二十几岁的朋友，这么年轻就已经在读圣贤书，第一次见面我就按捺不住喜悦之情，称赞了他一番。后来相处了一个多礼拜，我观察到他有一个生活上的细节不是很好，因为他小我不少岁，所以我也是抱持着我是他的大哥哥的想法，也是"怡吾色，柔吾声"地跟他讲。结果当我一说出来，他的脸色马上就变了，我也是很敏感的人，马上踩刹车。因为假如他听不下去，气氛搞僵了下次就不好说话了。我从这个事情也体会到，称赞人要顺着品德称赞，不然人确确实实会在称赞声中迷失了自己。

为什么以前家里的老大都特别优秀，都特别有担当，为什么？父母从小就期许他：爸爸妈妈工作很辛苦，家里你要多多把弟弟妹妹带好。你看他有期许、有责任，自然能力就会增长得快。这讲的是如何称赞孩子。我们在教导孩子的过程中，也会有很多机会点，我们要好好利用。

我们上节课讲到了“或饮食，或坐走，长者先，幼者后”。这虽然是生活里面的一个小细节，但它能长养孩子的恭敬心。所以真正的学问就在存心，有句话讲，第一等学问就是“为人着想”。

范仲淹的大儿子，取名叫范纯仁。中国人取名字的目的在哪里？通过名字给孩子期许，让他能时时提醒自己。范仲淹给他儿子取名范纯仁，期许他的孩子要能时时存着一颗仁慈之心。我们看这个“仁”字，左边一个“人”，右边一个“二”，什么意思？两人。想到自己就要想到别人，所以要“己所不欲，勿施于人”“己所欲，施于人”“己欲立而立人，己欲达而达人”。孩子从小知道这是父亲对他的期许，自然而然就会常常鼓舞自己，督促自己往这个方向去做。

范纯仁也确确实实没有辜负父亲的期望。有一次范仲淹准备了五百斗的麦子，叫范纯仁从京城把它运回江苏老家。在中途范纯仁遇到了他父亲的老朋友，得知他父母去世了，没有钱安葬，还有女儿都还没有嫁出去，生活比较窘困。范纯仁听完了，马上就把五百斗的麦子卖掉，把钱拿给他。结果钱还不够。帮人要帮到底，他当场把运麦子的船也卖了钱才够。

范纯仁处理完，就回京城见他父亲，跟父亲如实汇报情况，当讲到他把五百斗麦子卖了钱还不够时，范仲淹就抬起头来跟他说：“那你就把船也卖了！”所以父子同心，家道才可以长久不衰。范家存的是一颗仁厚之心，吃亏了吗？没吃亏，得了大福。

我父亲给我取名字，也是给我期许，要我把礼貌做好，而且要有使命感，要让礼貌像九颗太阳的光亮一样，要把它发扬光大。这样我才不辜负父亲给我取这个名字。

所以，学问要长养的，就是存心、仁心和恭敬心。为什么说读书可以变化气质？从哪里变？从心！因为经典中，以《弟子规》为例，它讲到“或饮食，或坐走，长者先，幼者后。长者立，幼勿坐，长者坐，命乃坐”，在读这些经文时，一个人慢慢会去实践。而当他在力行的时候，就会从外慢慢内化成他的存心，他的恭敬心就愈来愈扎实，恭敬心扎实，“诚于中”自然就“形于外”。

吃饭的时候要先让长辈先坐、先吃。我们在深圳有一群孩子，老师不只教导他们吃饭时长者先吃，还教导他们座位要怎么坐，主位一定要让老师坐，小朋友不可以抢着坐。这一点对孩子以后重不重要？重要。我就听一个老板说过，有一次跟客户谈事情，带了一些公司的人。结果他的一个员工，一进去就坐到那个主位上了，其他的人都不知道要怎么办。都这么大人了，当场说他也实在很难为情。主位一定是正对门的那个位子，主位一般是留给长辈或领导，他坐在那个位置可以掌握全局状况。能不能让主管坐在一进门的那个位置？那谁进来他都搞不清楚。所以，所有的礼仪都是随顺自然，都是很有道理的。

然后老师又说：“桌子假如有条纹，那个条纹不能指向主位，这样不恭敬。”这样一点一滴都在增长孩子的恭敬心，还有细心。结果有一次，我从外地回来，跟这些孩子一起吃饭，一坐下来，他们就在那里转桌子。我说：“奇怪，你们干吗转桌子？”他们说条纹不能指向蔡老师，这样不恭敬。我听了实在很感动，相信这些孩子这种恭敬心可以一辈子都不改。

再来，坐下时，要先让长辈坐。有个孩子四年级，跟他妈妈一起去拜访亲戚，进门后，他就跟他妈妈说：“妈，您坐！”他妈妈就说：“你先坐。”结果他又说：“妈，您坐！”他妈妈就觉得很奇怪：“叫你坐就坐，怎么那么啰唆！”他说：“妈，您不坐，我不能坐。”他在落实所学的经文，这时候我们为人父母、为人师长的要保持敏感，你要成全他的孝心跟恭敬心，他才能立身行道。在学《弟子规》以前，谁先吃？谁先坐？都是孩子先。所以颠倒了！颠倒了，他的行为当然也颠倒，你现在要赶快把他扶正才行。

“坐”还可以延伸到乘坐公共交通工具，一定要有秩序，排好队，不可以争先恐后。上了车要先往后走，把前面的位置让出来。不要一上车，尽挑前面的坐，这样就不给人方便。假如后上来的是老人家，你还要让他走那么远吗？所以，我们要处处为老者着想，处处为后者着想。诸位朋友，现在大人做得到吗？你注意去观察一下，某个团体、某个企业一起出去旅游，早上车的人都坐前面，后面来的人就得往后走。

有一个学校出去旅游，很多男老师就坐前面，有一个女老师学过《弟子规》，知道他们这样不妥，但是大人又很爱面子，你直接说他做错了，他可能会恼羞成怒。所以老师也要好好学《弟子规》才行，不然可能言语、行为都成为反面教材。老师成为反面教材会怎么样？会堕到十九层地狱。有个故事是这么讲的：有个医生草菅人命，阎罗王很生气，判他下十八层地狱。他下去以后很懊恼，在那里大喊：“我又不是故意的，只是不小心！”你看，他没学《弟子规》，所以错了还不承认，他不知道“过能改，归于无”，假如他在那个时候有一念忏悔，可能就离开十八层地狱了。他就在那里跺脚，很生气，突然底下就有人说：“你不要再跺了，灰尘都掉到我的身上来了！”他吓一跳，十八层不是最低了吗？下面怎么还有人？他说：“我是干医生的，草菅人命堕十八层，你是干什么行业的？怎么堕到十九层？”底下的人说：“我是当老师的。”医生断人生命堕十八层，老师是断人慧命，生命有限，慧命无穷。学生往后还有他的孩子，他的孩子还有孩子，你给予学生一个正确的观念，可能会影响他世世代代的子孙。而一个老师一生又可以教上百上千的学生，老师做得好，叫“功德无量”，做不好叫功德无“亮”，前途一片黯淡。诸位朋友，你不要听完之后说：“那我不当老师，太恐怖了。”其实不用害怕，当老师真正重要的是什么？那一份心。我们教学的方法、经验也要随着实践慢慢积累，而你那一颗真心才能跟孩子进行最好的互动。

我们思考一下，我们教书时，是前五年的教学水平比较高，还是后五年的水平比较高？一定是后五年。可是为什么前五年的孩子跟你比较亲？用心程度！那个时候你时时都怕教不好，所以你很用心地教学生。学生不单看你的教学技巧，更重要的是看你的教学态度，你的用心给他们留下深刻印象。你教久了，爱心退了，虽然教学技巧比以前好，但是给予孩子内心的撞击，可能没有以前那么强烈。所以，当老师不要担心教学技巧不够，只要你有一份心，功德真正是无量，前途一片光明。

当老师的时时要抱持着“学为人师，行为世范”的态度，因为老师也在不断学习，不能停止对于道德、学问的追求。“学所以治己，教所以治人”，我们“教”跟“学”都不能停下来。“学所以治己”，学习才能提升自己、修正自己，对治自己的习气；“教所以治人”，通过教育才能够导正学生的观念，建立正确的人生观。所以，不学则不智，不教则不仁慈，因为唯有教育才能够将一个人的人生从根本救活。老师不是师范学院毕业了，书本就放下了，反而要更积极地学习，不可辜负国家对我们的期许，不可辜负家长对我们的信任，更不可辜负学生跟我们这一段师生之缘。

女老师上来看到有些男老师就坐前面，也不方便直接指责他们，这时候需要运用一点言语的艺术，她就跟他们说：“女士优先，你们往后走。”不当面指责他们，还可以做榜样给他们看。后来有年长的老师上来了，这位女老师马上站起来，“吴老师，您坐！”做给其他的人看。当有一个人做出来，其他人的恭敬心就提起来了。所以，我们在团体中，处处都需要表演给人家看。

到了酒店，很多老师一进门就把房间里面所有的灯统统打开。为什么统统打开？因为不用钱。所以人假如只是关心是否花自己的钱，就会做出很多折损自己福报的事。请问这些灯为什么会亮？因为有电。电又从哪里来？有很多发电的方法，而大多发电的方法都必须要耗损地球的能源。这一代用得愈凶，下一代就愈缺。所以我常常说，打从有人类历史以来，会被下一代骂得狗血淋头的是哪一代？我们这一代。我们都可以推想一百年后的人一定会骂道："我怎么有这么差的祖宗，留给我们的是什么水？留给我们的又是什么空气？留给我们的是破坏掉的天空，留给我们的统统是喷了农药的土地，我们生存都困难。"要不要当这种祖宗？你看，几千年前的祖宗怎么对待我们？都留好的，留智慧！我们要当个像样的长者、像样的祖宗才行。

这个老师也没有直接指责，反正他们开，我关就好。当老师的要时时想到，所有的言语行为都应该是给学生、给社会大众做好的榜样。很多老师又说："那我当老师不是很辛苦？"其实，会讲这样的话，是因为还没有真正去力行圣贤教诲；假如他真正做了，他不会这样讲，因为圣贤的教诲是让你真正过好日子。比如说"坐有坐相"，有人不以为然，说沙发躺下去，歪一边多好！那只是一时舒服，往后痛苦长久。现在出最多毛病的是骨头，你舒服一下，脊椎弯了，到时候还要让人用脚踩一踩，用手捶一捶，那时候你就叫苦连天。所以，当你真正依照圣贤教诲去生活，你的身体会很健康，你会过得很轻松。当这些恭敬的态度内化了，你做起来就会觉得很舒服、很自在，一点都不造作。而当你不这么做，随便习惯了，处处怕会出丑，那时候所耗损的能量会更多。

人因为不了解，所以会产生一些误解，这也要靠我们大家去表演得精彩，让他觉得读圣贤书的人笑容满面，与人相处也很融洽。你不要学圣贤经典，学到最后一张苦瓜脸，那人家都不敢学了。我们是孔老夫子的招牌，是圣贤人的招牌，要常常把它擦亮。用“苟日新，日日新，又日新”的态度，来长养自己的道德、学问，也时时期许以身教去带动他人的那一份恭敬、仁慈之心。

“长呼人，即代叫，人不在，己即到”，当我们是晚辈，遇到长辈、客人来了，要主动说：“请问您找谁？”假如是找伯伯，我们应该怎么样？“即代叫”，跑去找伯伯，赶快，不能对客人失礼，让人家等半天就不好。假如伯伯不在，要回来跟客人讲一下：“我的伯伯不在，请问您有什么事吗？”所谓无事不登三宝殿，人家来找必有事情。

当一个孩子从小应对就是如此，以后你让他办事放不放心？放心。所以不要小看这些礼节，这代表着当他面对一件事，一定能从头把它处理到尾，有始有终，他的心就不容易焦躁、急躁。所以，种种生活礼仪，都是在长养孩子的修养。

我们这节课先讲到这里，下节课我们继续。谢谢。

第十九讲　让孩子受用一生的礼仪教育

诸位朋友，大家好！我们上节课讲到“长呼人，即代叫，人不在，己即到”。这个动作很重要，它可以广泛运用，其实就是接待客人的礼仪。现在的孩子会不会接待客人？比方说阿姨来了，小孩在那里打电脑，他会怎么做？他会把他的大嗓门打开：“妈，阿姨来了！”这样好不好？习惯了，他就学会了怠慢，尊敬长辈排在次要，哪个最重要？我的玩乐最重要。久而久之，恭敬心就不见了，往后在学校、在公司都会有尴尬出现。

我们就曾经教孩子如何接待客人，一个一个来练习。经文不只要讲解，还要实际带孩子操作，而且还不是操作一次两次，要让孩子反复练习，熟能生巧。有一天中午吃饭的时候来了一位阿姨，所有的孩子本来在吃饭，然后统统停止，要干吗？争先恐后地接待客人。当他能学以致用，他会学得欢喜。这位阿姨走到门口，六个孩子排成一排，同一时间鞠躬说：“阿姨好！”这个阿姨不敢走进来，她说：“受宠若惊！从来没有被这么隆重的礼仪接待过。”接着她又说：“假如下一代的孩子都这样，那我们就很欣慰了。”

接着，客人走进来，要知道怎么摆放拖鞋。拖鞋怎么放？要放在客人走进来马上可以穿的地方。所以诸位朋友，每一个动作，具实都是在设身处地为他人着想，这样孩子的仁厚之心也在生活的细节中落实。等客人穿上拖鞋进来，应该说：“阿姨，您请坐，我去帮您倒杯水。”倒完水说：“阿姨请喝水，我去叫我妈妈过来。”这就是接待客人的礼仪，在家庭中要学习。

再来，在学校的时候，看到隔壁班老师走进来了，有些孩子可能站在原地就放大嗓门：“老师，隔壁班老师找你。”这就没有礼貌。所以这种情况下也要教导他们一定要先说："老师，您等一会儿，我去叫我们老师过来。"然后再把老师带过来，一项工作从头至尾做好。其实当孩子在落实礼仪的时候，就是在养成他的耐性、沉着。

在公司里面，假如有人来找他的朋友或者领导，一般的人面对这种情境会怎么做？比方说要找经理，经理可能在开会，你说："找经理，他在里面。"这样好不好？客人走过去，结果里面在开会，门一推开，那就会很尴尬。会开到一半，到底是要继续开会，还是要接待客人？假如一而再，再而三出现这种情况，那可能工作就保不住了，"成事不足，败事有余"。面对这样的情境，应该是先跟客人说"您请坐"，倒一杯水给他喝，"我先去看看经理忙不忙，您先等一下"。去了一看，在开会，请示一下，经理说可能还要开十分钟二十分钟，再过来跟客人讲一下，让客人也有所准备。处处符合礼仪，处处就能让人有很舒服的感觉。

这个接待之礼，不仅在家里、在学校、在公司里面，甚至于在政府机关，都需要落实。而政府机关接待的都是谁？很可能是外国人。假如在政府单位做事的公务员都不懂礼节，那可能丢脸会丢到国外去，而且也会让本国人民对他失去信心。所以，礼仪确确实实很重要，孔老夫子说"不学礼，无以立"，一个人不懂得礼，很难在社会、团体中立足。

下一句经文，我们把它念一下："称尊长，勿呼名；对尊长，勿见能。路遇长，急趋揖，长无言，退恭立。骑下马，乘下车，过犹待，百步余。"

"称尊长，勿呼名"。称呼长辈，不要直接把他的名字叫出来，其实也是一种恭敬之心。我记得在家里面称呼两个姐姐，都是喊大姐二姐。突然有朋友或者同学问："你姐姐叫什么名字？"当我把姐姐的名字讲出来，全身会不舒服，觉得有点不尊敬。所以不要小看这种称谓，“姐”“哥”叫久了，愈叫愈亲。但是假如直呼名字，比方夫妻在称呼对方的时候，都三个字三个字叫，叫久了，夫妻间就愈来愈冷淡，或者相反，愈来愈火爆。所以称呼长辈要注意礼节，是以“叔叔”“伯伯”“阿姨”“经理”“董事长”来称呼。人家听了舒服，不至于冒犯他人。

我们做大人的，要为孩子做好榜样。比方说我们当老师的，同事跟同事之间，在孩子面前不要直接说“礼旭老师”，或者“某某老师”，不要这样称呼，因为这样也是在称老师的名字。应该怎么称呼？“陈老师”“蔡老师”，这也是做个示范给孩子看。虽然我们大人之间称呼可以亲昵一点，但不能阻碍孩子从小学习谦恭的态度。

西方人称呼自己的爸爸妈妈都直接称名，很多人就觉得西方的月亮比较圆。我有一个朋友，他就叫他女儿喊爸爸妈妈的姓名。喊了几年，他到海口去学《弟子规》，他才知道错了。他女儿跟他已经是平起平坐，这个时候就不好教了。所以，称呼是要树立长幼尊卑的态度，这个礼不可废。

“对尊长，勿见能”。我们前面也曾提过，孩子有才华，我们要引导他，学本事的目的在哪里？诸位朋友，你带孩子去学这么多技能，要做什么？这很重要，你的目的就会引导孩子往这个方向走。

我有一个学生，她补习补了四科，那时她上小学六年级。我就想，只要她上课认真听，一定不需要补那么多，我就把她找过来跟她沟通一下。我说：“你补四科太多了，不然先补两科就好了。”结果这个小女孩说：“老师，不行，我们那条街的人统统都补四科。”你看孩子去补习的目的在哪里？别人都去了，我不可以输给人家。相同地，现在学那么多才艺，目的在哪里？人家会钢琴，我不会不行；人家会跳舞，我不会不行。假如都是为了跟别人攀比，好面子，那这些才艺学了，不但没有什么好处，还可能沾染虚华的习气，常常想要去跟别人炫耀。

此前我们也提到，假如孩子是学艺术的，我们应该引导他要有志向，艺术要能造福人民。我们会引导他：“你看这么多人，比方说李叔同先生作的曲子，现在还依然能陶冶人的性情。你要学音乐，也要像李叔同先生那样，‘移风易俗，莫善于乐’，要立定高的志向，用音乐来改善社会风气。”当我们是这样去引导，相信孩子的学习一定会跟其他的人有所不同。当孩子只是为了炫耀，那他的学习就会遇到瓶颈而不能突破。因为当他喜欢跟人比来比去，他就患得患失，情绪化会很严重，到关键时候就爬不上去。但是他有志向的话，就会不断鼓励自己向前，所以志向是成败的关键。

《朱子治家格言》中提到，读书应该志在圣贤。现在的人读书志在什么？赚钱。所以你看读书的人都读得苦不堪言，气得半死，因为考不好。那这个目标错了，我们要抓到根本。范仲淹读书的目的在哪里？要找到、要把握一个可以为人民服务的机会。所以他那种心境跟只为了功名读书的读书人，念出来的效果一样不一样？不一样。教育要“慎于始”，孩子学习艺术、技能，我们要引导他们有正确的观念。

可见，“勿见能”是长养孩子谦卑的态度。《易经》里面提到“谦卦，六爻皆吉”，六十四卦中，每一卦都有吉凶掺杂，只有一卦是六爻都是吉，即“谦卦”。《书经》也提到“满招损，谦受益”。所以一个孩子懂得谦卑，他就可以无往不利。《了凡四训》的第四篇就是描述谦虚的益处。袁了凡先生也参加过好几次进士考试，每一次他都仔细观察，发现有些人特别谦卑，对人都很恭敬、很谦逊，虽然有的年纪很轻，但是他就觉得他们一定会考上，果不其然，谦虚的人都考上了。

所以，我们也要时时提醒孩子常存谦虚。我们的才华再高，是不是全靠自己得来的？不是！在我们成长的过程中，非常非常多的人给予了我们照顾、提携。所以愈有才华，我们应该愈感念这么多人对我们的付出，有这样的心境自然就不会傲慢。

“路遇长，急趋揖，长无言，退恭立”。在路上遇到长辈，我们就要主动过去打招呼。我曾经听我妈妈讲过，她说有些教过的学生在路上看到她，马上就躲开了。诸位朋友，这种情况是什么原因造成的？当然有很多种情况，比方说我们当老师的跟孩子不够亲，所以他们都跑了。也有可能孩子从小就不习惯对大人行礼，人情世故不太懂。不管是什么原因，我们都要告诉孩子，遇到长辈一定要向前去问好、鞠躬，这是见面的礼仪。

诸位朋友，鞠躬容不容易？现在叫你对一个人九十度鞠躬，可能很多人会不习惯。深圳有一个幼儿园训练孩子鞠躬，训练了差不多一两个月还在继续，要让这个动作内化成孩子的恭敬之心。有一个孩子，他的母亲是三姐妹，他的父亲是姐弟四个，但只有他一个小孩。这么多人都照顾他，诸位朋友，这个孩子好不好养？不好养！有一次他的爷爷对着大家说：“见到这个孙子就好像见到我一样，这个孩子讲的话就是我讲的，谁要是打他就是打我。”这样下去，这个孩子会怎么样？很可能是不可一世。

他的父母看到这种情况，觉得不妥，就把他带回来自己带。以前在爷爷家的时候，一次吃饭，桌上的菜太少了，这个孩子马上用脚撑着桌子，说：“菜太少了，我不吃了。”这样对不对？不对！但是很正常，因为他们这么宠他，已经把他宠成小皇帝了。皇帝吃饭要几道菜？一百道！所以菜太少，他就不吃。妈妈把他带回家，一天早上，妈妈煮了很营养的粥给他吃，结果他跟他妈妈说：“我只吃面，不吃粥。”他妈妈也没跟他发脾气，因为“冰冻三尺，非一日之寒”，已经养成坏习惯，现在把他修正过来要有耐性。所以她说：“你不吃，好，那算了。”结果九点的时候，他又跟他妈妈说很饿，他妈妈又把那碗粥端出来，他还是不吃。现在很多孩子脾气很拗，怎么办？不要跟他硬碰硬，要跟他磨下去，他不吃就收掉。九点半他已经饿得不行了，粥端出来，他就大口大口地吃，吃完后还说：“还蛮好吃的。”

后来把他送到幼儿园去，他的父亲母亲也很用心地跟老师配合，教孩子鞠躬。他的妈妈带他去，遇到老师了，要跟老师鞠躬，那个孩子站着不动。于是他妈妈就开始跟老师鞠躬，还说：“你就像妈妈这样。”这个母亲鞠了差不多十个躬，孩子如如不动。不过因为要上班了，他妈妈就急忙离开，走到门口觉得不对，教育要慎于始，一开始没有把他教会，往后要教就会愈来愈困难。她就打了一通电话给她先生，她先生马上就赶过来，夫妻两个一起走到孩子面前，说：“现在爸爸教你鞠躬，跟老师鞠躬。”然后他爸爸就一直鞠躬，也不知道鞠了多少躬，这个孩子站在那里就哭起来了。父亲的这一份真心，让他那颗食古不化的心融化了，孩子当场也跟老师鞠了一躬。而当他那个躬鞠下去，往后就不困难了。

这一位母亲也是很有教育敏感度，因为这个孩子被这么多人宠爱，对人没有恭敬之心，所以她处处在调伏这个孩子的傲慢，希望他生起恭敬心。每一次他们要离开小区的时候，碰到保安人员，她就叫孩子：“来，跟叔叔问好，问早。”这个孩子每一次都不愿意。有一次母亲就跟孩子讲：“今天你不鞠躬，我们就不离开。”孩子还是不鞠躬，她就跟孩子说：“每一个平凡的人到国家领导人，对社会都有贡献，都值得我们尊敬。你年纪这么小，都是父母照顾，还有很多人为你服务，比如这个保安叔叔，所以你应该主动感谢这个叔叔，跟叔叔问好。”母亲当着保安人员的面教育这个孩子。当孩子把这些道理都能够听进去，能够跟这些长辈鞠躬，相信所养成的一份恭敬的态度，将使他一生受用不尽。

晚辈见长辈，可以用鞠躬。大人跟大人之间，现在一般用什么方法？握手。那握手应该注意哪些细节？比方说，谁先伸出手来比较符合礼仪？长辈跟晚辈谁先伸出手？长辈先伸手，晚辈再伸手，不然我们鞠个躬就可以了。领导跟下属应该谁先伸手？领导先伸手。你到别的公司去，看到他们的董事长，董事长还没伸手，你就伸出手来：“你好！你好！”人家搞不清楚你是谁，手不伸出来，你不是很尴尬吗？所以，面对别人的领导，也是等他先伸手，我们再伸手。这个顺序不能搞颠倒，不然可能会有尴尬的情况出现。男生跟女生谁先伸手？女生。不然男生伸出手来，人家不跟你握，你也很尴尬。这是顺序问题。

再有，我们在握手的时候要注意态度问题。我们跟朋友握手，首先眼睛要看对方。眼睛如果不看对方，对方会觉得我们没诚意。除了眼睛之外，还要注意手劲，力气不要太大，不然会把人家捏得很痛；但也不能太轻，像走过场一样，就跟人家碰一下就算了，也没有诚意。再来，还要注意把握，不可以太长，不然对方不知道你什么时候要松手，尤其我们男生遇到漂亮女生的时候，这一点更要注意。当我们处处都能够注意到，那别人跟我们握手就很欢喜。

握完手要互相介绍。这个介绍的顺序很巧，刚好跟握手的顺序相反。先把晚辈介绍给长辈，把下属介绍给领导，把男生介绍给女生。我们设想一下，你的同学跟你父亲见面，你会不会牵着你父亲的手说：“爸，来，我们去认识一下我同学。”这样感觉很奇怪！其实礼仪就是随顺自然，哪有把长辈带去认识一个可能身高还差他一大截的人？那不是很奇怪？所以，《礼记·乐记》里提到“礼者，天地之序也”，礼即天地自然的顺序跟规律。

在介绍的过程中，很有可能人家会递名片给你，这个递名片跟接名片也要注意。怎么递名片？你不要把那个名片夹拿出来，你一张，他一张，这样给人家什么感觉？不够尊重别人。当一个人不尊重别人，其实已经在不尊重自己，俗话叫“自取其辱”。名片是代表你，你怎么可以发得这么随便！所以名片拿出来，要双手递给别人。递的时候应该哪一面朝向朋友？朋友接过来马上就可以看的那一面。你假如递反了，他还要转过来看。这些细节也流露出你处处替人着想。

接过名片，一定要先看一下。他假如是总经理，或者是科长，我们就以“总经理”“科长”来称呼他，他也会觉得很欢喜。所以，你一定要先把姓看好，比方说姓陈，就说“陈科长，您好”。你不要拿过来也不看清楚他姓什么，等坐下来要交谈了，再拿出来看，就怪尴尬的。

接了名片应该放哪里？很多人就直接把它放在餐桌上，吃饭的时候汤滴来滴去，可能对方一看，“我的名片！”他会不会跟你做生意？会不会跟你合作？你对他的名片这么不尊重，给他的印象就很不好。而当我们处处有礼，就留给人家很好的印象，就跟人家搭起一座友谊的桥梁。

以上主要讲的是跟外人之间的见面礼仪，那跟自己的父母呢？很多大学生回到家里，跟妈妈打招呼就好像蘸酱油，蘸完，比平常在学校更忙。忙着干吗？找一大堆同学。有没有这种情况？你看爸爸妈妈好不容易等着你回来，可能有很多话想对你讲，你却忽略了父母的感受。这种事我也干过，在这里真诚发露忏悔。

应该是跟父母打完招呼，把行李都放下，赶快过来跟父母说话。因为父母一段时间没有跟你谈心，对你的情况不了解，一定会有许多的担心。这个时候你就坐下来，陪妈妈看书也好，陪妈妈喝杯茶也好，这个时间不能省。很多人就说：“我妈妈都没什么话跟我说。”那其实是因为你打一下招呼就走了，她那个话还没沉淀到要讲出来。其实当你很有心，静静地陪父母，陪老人家坐一会儿，她的灵感就来了，自然就有很多话可以跟你好好说。所以我们与长者交谈也要有耐性，陪他们坐一下，真正坐了一会儿，父母确实没有话，我们再离开。

我有一次从海口回家，当天下午就先去看我爷爷。看完爷爷，晚上回来，什么都放下，就先跟爸爸妈妈交谈，一谈就谈了两三个小时。我把自己的生活、工作情况，仔仔细细跟父母报告，让父母很放心我在外面所做的事。我记得我第一次回家跟父亲报告，父亲在听的这个过程中，眼中有三次流着泪水。因为他听到在海口、深圳这些地方，很多孩子学了传统文化回去拜父母，他就忍不住眼泪都掉下来。之后我回海口继续工作，第一次打电话回家里，结果我父亲就跟我说："你在那里做，好好做，不要担心家里的事，家里的事爸爸会处理得很好。"父亲还安我的心，希望我不要牵挂。

记得我还跟父亲讲了一个例子，我们海口有个学生，因为他的老师很认真教他《弟子规》，所以他过年回去，就想要拜父母，感谢这一年的照顾。这个孩子就端了两杯茶从房间里面走出来，在端出来以前，心里"扑通扑通"地跳，有点紧张。正往外走时，来了一些客人，他更加不好意思。不过他还是鼓起勇气，老师都教了，就要认真去做，所以直接走到父母面前，突然间跪下来。大人本来还在聊天，这个孩子一跪下来，一片寂静，不知道是什么力量，所有的人很有默契地都闭上了嘴。然后这个孩子就说："感谢父母这一年来的养育之恩，在新年的开始，祝父母健康长寿。"就跟父母顶礼三拜。旁边的客人看了都很感动。

这个孩子回学校以后，写了一篇文章，他说他要去感谢父母的时候非常紧张，但是他那一跪跪下去的时候，突然觉得脑子里一片清醒。所以跨出第一步比较困难，但是只要你勇敢跨出去，你就会愈做愈好。

"骑下马，乘下车"。当我们坐在马上遇到长辈，就应该赶快下马，因为你在马上喊一声"爷爷，你好"，那很不恭敬。或者是坐在车上，也应该下车行礼。推而广之，可能你刚好在忙，比方说你在玩电脑，长辈来了，应该先停下来问好。处处不要忘失了这份恭敬之心。

但是假如说你坐在车子里面，车子正在高速行驶，突然发现叔叔在开车，这时候怎么办？能不能把车窗摇下来，大声在那里喊"叔叔"？这就会有危险。所以，学礼要学得灵活，不可以学死了。

“过犹待，百步余”。我们可以衍生成送宾的礼仪。送长者、送客人，要等他离去后我们才走。在讲解这一条的时候，我会让学生模拟一下，一个人当主人，一个人当客人，走到门口，主人说再见，然后马上把门“咣”关起来，其他的同学就一阵笑声。我就问那个客人：“假如人家这么送你，你有什么感觉？”他说：“好像恨不得我赶快走，我下次不来了。”

除了实际操作以外，我们还会讨论。“诸位同学，你觉得怎么样送客人比较适当？”很多孩子就开始想了，有的说“把他送到电梯口，坐电梯下去了，我们再回来”。这样客人的心中是什么感受？很温馨。假如没有电梯呢？“我们就把他送到楼梯口再回去。”

古代的人在送长辈、师长的时候，确确实实都是做到了“过犹待，百步余”，老师已经转弯了，见不到老师的身影了，人才离开。我到澳洲去学习，晚上师长讲完课，我们就一起送师长回他住的地方。我都会一直站在那里，等到师长已经进了房间，我再离开。其他的同学就很奇怪我为什么一直站在那里，我就跟他们说：“‘过犹待，百步余。’”其实当我在做这个动作的时候，内心真是无比欢喜。因为在送师长的时候，我的脑海里不断浮现的是，我的人生假如没有遇到师长，则会智慧不开，烦恼不断！就是因为有师长点点滴滴的教诲，我的人生才能有这么多的成长。所以，目送师长离去，存的是一颗感恩的心和对这一份师生之缘的珍惜。古代人与人相处非常有情义，正是有这一份情义，才写得出很多非常感人的诗词。

我们这节课先上到这里，谢谢大家。

第二十讲　把恭敬之心推而广之

诸位朋友，大家好！我们上节课提到古人很重情义，在与亲人、朋友的相处中都会流露出来。所以李白写了一首《黄鹤楼送孟浩然之广陵》："故人西辞黄鹤楼，烟花三月下扬州。孤帆远影碧空尽，唯见长江天际流。""孤帆远影碧空尽"，李白等到朋友已经完全看不到了，他才不舍地离开。对朋友那份情义、那份相惜之心，就在送别中流露出来。现在的孩子能不能写出这样的诗？很难！因为现在的孩子没有恭敬心，比较焦躁。所以我们更要通过一些礼仪，长养孩子对人的恭敬。

有一次我的结拜大哥来听我讲课，他从台中赶过来。他听了两节课，因为有事下午要离开。他说不来听我讲他很难受，真的是很支持我。后来我就陪他走了一段路，送他去坐火车。当他离去的时候，我也是一直目送着他，想到跟他相识这十多年，我很多决定他都很支持，虽然很多次我都失败了，但是他还是一直很信任我。他说："你只要保持着你对人、对社会的那份初心，一定会做出一些能够利益他人的事。"他是时时都在关心我，看到我这几年投入教育，他也非常欢喜，非常欣慰。

我们来看下一句经文："长者立，幼勿坐，长者坐，命乃坐。"当长辈站着的时候，我们晚辈不要坐，等长辈叫我们坐了我们再坐，这是进退之礼。学礼仪也要学得灵活，不可以学呆了。比方说看到人要行礼、鞠躬，而当你在电梯里面，很挤，看到你叔叔来了，你要不要再给他鞠个躬？再鞠躬的话可能旁边的人都被你弹到外边去了。还有，在厕所要不要鞠躬行礼？也不用，等出来再打招呼就好了。

我们有位老师学了"长者坐，命乃坐"，之后到一个单位去，跟负责人谈话，对方是个女性。站了很久，这位负责人就坐下来，但是没有说让他坐下，他还是继续站着，对方就必须一直仰着头。突然这位负责人觉得头很酸了，说：“你坐下来吧！我的头都快受不了了。”当我们看到别人已经在那里仰头而望了，不等别人叫你坐，你就应该很自然地坐下来。所以礼不可以学呆。

有一个女孩才两三岁，有一天跟她父母还有外婆出游。在公园里面，她父亲坐在那里看报纸，小女孩坐在一个板凳上面。突然她的外婆走过来，那个小女孩突然跳起来，因为那个椅子比较高，她跳起来没有站稳，摔倒了。她的外婆跟爸爸都觉得很奇怪，赶快把她扶起来，问她：“你干吗跳起来？”小女孩说：“‘长者立，幼勿坐。’”父亲听了很汗颜，外婆走过来，他无动于衷，还在那里看报纸。所以后生可畏，面对这些学圣贤书的孩子，我们也要跟他们一样好好学习，落实《弟子规》。

我们来看下一句经文：“尊长前，声要低，低不闻，却非宜。进必趋，退必迟，问起对，视勿移。”

在尊长面前讲话，声音也要放低，不然会影响长辈们的谈话。现在的孩子对于什么时候应该讲话，什么时候不应该讲话，分寸拿捏得不准。往往一群孩子遇到一起就控制不住，大吼大叫，都快闹翻天了。这个时候我们长辈要适时去制止，不然等他们都已经习惯了，就很难再导正过来。所以发现孩子讲话很大声，影响到长辈谈话，要赶快说：“你们要小声一点。”有些长辈说小声一点，孩子就小声了，小声多久？三分钟。“小声一点！”然后又三分钟。长辈说：“算了，算了，不要管他们了。”这样对不对？不对！教育要很有耐性才行。

中国很强调中庸之道，其实中庸之道就体现在一个人的日常生活之中。比方说，穿衣服体不体现中庸之道？穿太多了，很热，穿太少了会着凉。吃饭呢？吃太多了会胃痛，吃太少了会挨饿。讲话呢？“尊长前，声要低”，但是假如跟长辈讲话都讲不清楚，那就很失礼。“低不闻，却非宜”，跟长辈讲话，要让长辈很清楚我们在说什么，而且也要注意，讲话的时候眼睛要看着对方，这叫“问起对，视勿移”。现在我们跟小孩子交谈，他可以专注地看着你多久？十秒钟就不错了。孩子对人讲话眼神都不专注，说明他的心没有恭敬，很浮躁。现在孩子为什么这么浮躁？就是太缺乏礼节的教育，久而久之，我行我素习惯了。

“进必趋，退必迟”。遇到长辈要快步上前，不要让长辈等太久；跟长辈谈完话了要离开，我们要先慢慢退几步，然后再走出去。不要长辈刚跟你讲完话，“好，再见”，马上就冲着离开。这样好像是告诉长辈：我恨不得马上走，不要再多留一秒了。我们要处处注意到别人的感受。

“出则悌”最后一句：“事诸父，如事父；事诸兄，如事兄。”“诸父”，伯伯叔叔，还指舅舅等长辈；“诸兄”，指堂兄弟堂姐妹，还有表兄弟表姐妹等有亲戚关系的平辈。我们可以回想一下，叔叔伯伯也都照顾我们成长，也不知道抱过我们多少次，在心里面祝福我们健康成长。俗话说“受人点滴之恩，也要涌泉相报”，有这样的态度，人生才厚道，才会充满欢喜。

这一次讲课看到很多长辈、很多朋友，都是我在这几年认识的，也有很多一两年没见面了。见到面，这些长者、朋友都很欢喜，祝福我能够继续进步。面对别人真诚的祝福，我们都要记在心上，好好充实自己，然后奉献这个社会，让那些祝福你的人都能生欢喜心。相同地，伯伯叔叔，堂兄弟姐妹也都是伴随我们一起成长，也对我们有很多提携，很多关怀，这一份情我们也要时时存在心里。当他们有需要的时候，我们一定要尽心尽力去帮忙。

“诸父”“诸兄”除了指有血缘关系之外，我们可以把它解读得再广泛一点。“诸”可以当众人，也就是对任何一个人的父母，我们都要有恭敬之心；对待任何一个人的兄弟姐妹，我们也要有爱心，也要去关怀。当我们这样去解，整个心胸就会非常开阔，量大福也就大。

许哲女士是新加坡的国宝，她人生几十年都一直致力于照顾病人，照顾贫穷的人，记者问她："你帮助这么多别人……"记者刚说到一半，她就说："我哪有帮助别人？我帮助的都是我的兄弟姐妹。"所以在她的概念中，哪里是她的家？整个宇宙都是她的家。记者又问她："你都照顾别人，谁照顾你？"许哲女士很开心，说："我不用照顾我自己，老天爷会照顾我。"你看，多么豁达的人生态度！而这样的人生态度跟圣贤的经典完全相应。

老子说"天道无亲，常与善人"，善良人的福报不可限量。所以，许哲女士说她的冰箱总会莫名其妙地多出很多菜，也不知道是谁送的。诸位朋友，为什么不知道是谁送的？当许哲女士帮助别人是不求回馈，回报的人也不想让她知道。假如我们送礼是有所目的，礼物拿过去还要告诉对方说"这是我拿过来的"，对方接受的时候就会有负担，好像欠你一个人情。而许哲女士的付出是不求回馈，她觉得那都是她应该做的，所以接受她帮助的人都会发自内心的感动。一有机会可以帮她做些事，大家都会很主动。

我的一位老师当年教孩子读经典、写书法，每一次下完课，学生都走了，她走到厨房，都会发现一些东西，这边一包菜，那边一包水果，也不知道是谁送的。所以，我们确确实实可以用自己的真心，去跟每一个人相交，当你把天下人当兄弟，天下人也会把你当兄弟看。"四海之内皆兄弟"，它是一个结果，原因是什么？一定是我们把天下人当家人看，我们主动去付出是原因。

《孝经》有一段话："敬其父则子悦，敬其兄则弟悦，敬其君则臣悦，敬一人而千万人悦。"其实人际关系并不复杂，只要你有一颗真心，一定会赢得很好的人缘。"敬其父"，当我们面对别人的父亲，我们都很恭敬，他的孩子会心生欢喜，相信你也会跟他们家里的人处得很好。"敬其兄"，你尊敬别人的兄长，他所有的弟弟妹妹也都会很高兴。“敬其君”，你尊敬别人的领导，那他的部属也会很高兴。当我们时时抱着一份恭敬之心，自然就会赢得众人的友谊。

除了对父对兄要恭敬，我们还要做到爱屋及乌，比方说哥哥的孩子、弟弟的孩子，或者是伯父的孩子、叔叔的孩子，我们也应该爱护。明朝有一位女士叫章佳英，她的父母很早就过世了，她从小就是孤儿。她有三个兄长，后来三个兄长也很早就过世了，她就跟嫂嫂一起照顾她那些侄子。很不幸，她三个嫂嫂也陆续去世。在这样的情况下，章佳英就担起责任，好好把这些晚辈都抚养长大。当她有这样的态度，那是真正做到了“事诸父，如事父；事诸兄，如事兄”。她这么做，一定会让她的兄长很宽慰，兄长宽慰，也会让她的父母很宽慰。虽然她终身没有嫁，但有没有吃亏？相信她用真诚的心去爱护她那些晚辈，她的晚年也会赢得那些晚辈对她的奉养。

我在教书的过程中，也曾经遇过学生父母已经不在了，姑姑在抚养他们。姑姑谈对象的时候都跟对方讲：“我一定要带着两个侄子一起嫁。”当我在跟这位姑姑谈话的时候，整个人都肃然起敬。跟她聊天，聊到一半有时候泪水都止不住掉下来，因为感受到她那种忠义的存心。当每一位长辈都能处处爱护自己的晚辈，相信家庭在不圆满中也会有很好的发展。

刚刚提到了许哲女士，她是把天下人都当自己的家人看待，古时候也有这样的典范。晋朝有一位读书人叫祖逖，当时国家不太稳定，他所居住的地方时常受外敌骚扰，他不得已就带着好几百户人家，包括他的亲戚，还有邻居，一起迁往淮泗这个地方。一路上所有的车马都让给年长的人坐，他自己都是徒步行走。他还把家里所有的物品、药品统统拿出来给大家用。当时的晋元帝也很敬佩他的德行，赐给他一个官职，他也做得很好。

在避难的过程中，祖逖也是时时替所有人的生活打算，教他们怎么去耕作，怎么有好的收获。战乱时代，常常会遇到一些骨骸，祖逖就组织大家把骨骸统统埋好，还办了一些祭祀活动。这些行为都让跟着他的老百姓很感动，有一次大家在一起吃饭的时候，很多长者说："我们年纪都这么大了，祖逖对我们就好像再世父母一样，我们死都不遗憾。"祖逖这种仁义之心，不知道感动了多少老百姓！祖逖去世的时候，很多人就好像死了父母一样悲痛。

我到澳洲读书的时候，遇到一位长辈，年龄比我父亲还大。那次他胃出血，吐了很多血块出来，他走到我们学院的时候，我刚好碰上他。我看他整个脸都苍白了，就通知工作人员，赶快把他送到医院去。经检验，没有什么大碍，只是需要好好调养一段时间。这期间必须有人照顾，我就自告奋勇说："让我来照顾，我要体会一下孝养父母的感觉。"我跟父母住过一段时间，很多朋友说："你好孝顺，都跟父母一起住。"我都很惭愧，因为我父母身体比我还好，看起来是我照顾他们，其实很多时候都是他们照顾我。现在这个长辈生病，我就可以落实"亲有疾，药先尝""晨则省，昏则定"。我很欢喜，虽然课没有上，但是可以通过照顾这位长者，把学到的东西真正做出来。

因为他的胃已经受伤，就不能吃一些不好消化的食物，必须从给婴儿吃的那种麦麸开始吃起，而且要差不多两个小时左右吃一次。我就两个小时帮他煮一碗麦麸。在这个过程中，我提升了自己的细心程度，那位长者也很欢喜。因为这个因缘，我也在这个长者身上学到很多处世待人的学问。这位长者是工人，他的工作很多，有时候还要下到很深的下水道里。新加坡有很多移民，他说他带着各个国家的人，都是身先士卒。工人们生活很拮据的时候，他都会慷慨解囊去帮助他们，也从来不会去跟他们要。

虽然他是体力劳动者，却很喜欢传统文化，还写得一手很好的小篆。所以确确实实，我们要礼敬一切人，很多仁德之人就在你的身旁，你可能都不知道。假如你能保持一份恭敬心，确确实实会处处遇到贵人，就能体会“能亲仁，无限好，德日进，过日少”。

后来我要离开，这位长辈为我送行，那种男人跟男人的不舍之情，我也体会很深。所以我说，不只男人跟女人有真情，男人跟男人也有真情真义。最重要的还是我们要有一份真心去对待别人。我们接着进入第三个单元“谨”。

我们看到“谨”这个字，想到什么？要谨言慎行。其实“入则孝，出则悌”跟谨慎有没有关系？有。在“出则悌”中所提到的礼仪，如“长者立，幼勿坐，长者坐，命乃坐；或饮食，或坐走，长者先，幼者后”，都需要谨慎。

北京一家著名的外资公司招考员工，通过层层关卡，考一大堆试，还考英文，最后留了一批人，准备做最后的面试。公司的主管进来跟他们坐了一会儿，然后就说：“我现在有事，必须出去十分钟，你们等我一下。”主管说完就出去了，所有的人在里面坐了一两分钟就站起来，看到办公室里面有些文件，就把它翻开来。一个人看完，还递给另外一个人看。十分钟过去了，主管走进来，他说：“你们都没有被录取。”办公室装了摄影机，把他们的行为录了下来。当主管宣布说他们都没录取时，这些人还愤愤不平，“怎么可以这个样子！”当得知是因为乱翻文件，这些刚大学毕业的应聘者就说了：“从小到大又没有人告诉我们，不可以乱翻别人的档案。”

小的方面我们不够谨慎，可能会阻碍到别人，比方说你坐没坐相，脚伸出去，就很可能绊倒他人。大的方面你不够谨慎，则有可能造成灾祸，造成伤亡。有一次美国的直升机坠落下来，后来查出原因，直升机已经有了裂缝，但是没有检查出来，结果人、机都毁了。

像我常常坐飞机到很多地方去演讲，假如不够谨慎，今天要去马来西亚，护照找不到了，那会有什么情况发生？不只自己可能会情绪非常紧张，到时候去不了，还对不起一群在等你的人。假如一个单位的领导人不够谨慎，都可能因为一个小小的失误，而造成无法弥补的损失。所以，谨慎的态度一定要从小时候就养成。

曾有个案件让所有的人都在省思，就是“马加爵案件”。马加爵是一个大学生，参加过很多物理、化学比赛，在全国都还得到过名次，优不优秀？优秀。结果因为跟同学冲突，杀了四个人。这件事震撼了整个教育界，大家都在思考青少年的道德教育问题。我也问了一些朋友：“你看马加爵做出这样的事，你有什么看法？”有些人会说：“这样的人赶快让他死，把他枪毙了。”有些从事教育的人，可能就不是从这个角度，他会觉得马加爵很可怜。他都还没踏入社会，为什么会做出这么残忍的事情？

所以这个案件，家庭要省思，学校也要省思，一个成绩这么优秀的大学生，为什么那些做人的态度都没有学到？而且在这件事情发生以前，他可能一直是父母的骄傲，因为他是从很偏远的地方考上的大学，他们那个村子就他一个大学生。所以确确实实，我们不能被那些外在的名淹没了，要看到实质，能够让一个人人生走得踏实、圆满，不是学历，而是德行。马加爵没学过《弟子规》，假如他学了“凡是人，皆须爱”，他就不可能这样做。假如他学了“兄道友，弟道恭”，学了“言语忍，忿自泯”，就不会造成这个惨剧了。

为什么他会萌生杀机？因为他的同学常常笑他，他太穷了，没有好衣服穿。他在监狱里还跟监狱长说：“这件囚衣是我穿过的最好的衣服。”当所有的同学都讥笑他，他的自卑感就愈来愈强，最后失去理智。通过这件事我也告诉家长，要从另外一个角度看问题，为什么那些同学会被杀？是不是偶然？不是！因为他们没有做人的分寸，没有学到“勿谄富，勿骄贫”，没有学到“人有短，切莫揭；人有私，切莫说”，把人家的隐私拿来取笑，难怪人家会不理智地对待他，所谓“扬人恶，即是恶，疾之甚，祸且作”。

从这个事件我们也要省思，我们教孩子不能让他去伤害别人，像马加爵这样；相同地，我们教出的孩子，也不能引发别人对他的攻击。当孩子的言语有揶揄他人、轻慢他人，我们就要谨慎，这已经给他的人生布下危局了。

我们来看下一句经文，一起来读一下：“朝起早，夜眠迟，老易至，惜此时。晨必盥，兼漱口，便溺回，辄净手。”

“朝起早，夜眠迟，老易至，惜此时”。这句话的意思是，早上早起一点，晚上少睡一点。很多家长就说了，这样孩子会不健康，还是让他多睡一点。确实睡觉有时候比吃饭还重要，因为人睡觉时，很多身体机能才得以恢复，所以一般小孩所需要的睡眠时间都会比较多。但是假如一个人很有志向，内心非常充实，他睡眠的时间自然而然就会慢慢减少。

我曾经有位老师，我们都说她是“早睡早起”，什么意思？凌晨两三点睡，早上六七点起来，所以叫早睡早起。她一天睡四个小时，却是红光满面，我们这些年轻人都自叹不如。有一次有位很高明的中医帮她把脉，然后跟她说：“你睡这么少，气色还那么好，就因为你是吸收天地之气。”什么是天地之气？浩然正气！当我们念念都跟古圣先贤的存心一样，那你的身心状况就会愈来愈好。但是诸位朋友，欲速则不达，你不要说：“我要效法这位老师，今天回去就睡四个小时。”到时候一个礼拜以后，整个人都消瘦下去，那我不负责任。我们可以让生活更充实，多看书，当你法喜充满了，睡觉的欲望就可以慢慢减少。

《朱子治家格言》里面提到“黎明即起，洒扫庭除；既昏便息，关锁门户”，天一亮，就起来打扫卫生，做家务；晚上要巡视家里的门窗有没有关好，然后先请父母去睡觉，父母都睡了，他再去睡，所以“夜眠迟”。我们也常常听到古代一些诗词，“三更灯火五更鸡，正是男儿读书时”，当人生有所志向的时候，人都会珍惜时间，不愿浪费。中国人特别惜时，所谓“寸金难买寸光阴”，确确实实当你很有钱，你有万贯家财，也绝不可能买回你已经失去的时间。当一个孩子对时间非常恭敬、非常谨慎，他就不容易蹉跎光阴。汉朝有这样一首乐府诗：“百川东到海，何日复西归。少壮不努力，老大徒伤悲。”我们希望孩子的人生不要有这样的遗憾，就一定要让他从小珍惜时间，而且生活作息要正常，不要一放假就到半夜不睡，隔天又睡到中午。

我们教导孩子读经，也很注重生活作息，告诉孩子六点半起床，七点要读《弟子规》。那些孩子都六七岁而已，学了之后真做。有一个女孩，因为除夕比较晚睡一点点，女孩的妈妈就把闹钟调晚一个小时，希望让孩子多睡一点。结果这个女孩可能已经习惯了，差不多六点多就醒过来，一看才五点多，她就继续睡。但愈睡愈不舒服，怎么时间过那么慢？她再一看，七点了。走出房间一看，八点！小女孩马上放声大哭，说：“八点了，我没有念《弟子规》！”孩子为什么掉眼泪？她对学问负责，对老师恭敬，老师教导的话，她不愿意违背。所以我们当家长的要跟老师配合，不要愈帮愈忙。小孩少睡半个小时没关系，让她失去对老师的恭敬，那才大有关系。

这节课上到这里，谢谢。

第二十一讲　培养三大能力：自制、独立生活、做事

诸位朋友，大家好！我们上一讲讲到“出则悌”，里面提到了如何接待客人、如何打招呼以及送宾的礼仪。在接待的礼仪中，还有一个礼仪也不容忽视，那就是接电话的礼仪。现在的孩子会不会接电话？我曾经打过一次电话，刚好是朋友的孩子接的。我说：“你父亲在吗？”他说：“不在。”“去哪里？”“不知道。”“喀”，就挂下去了。孩子假如连接电话都不会，除了没有恭敬心之外，还会把家里的脸都丢出去。所以，接电话的礼仪我们也必须教给小孩。

小孩子接电话，我们要让他实际来操练。接起电话来说：“您好，我叫蔡礼旭。”把名字报出来，接着说：“请问您找哪一位？”假如对方说：“你爸爸在吗？”假如爸爸在，就说：“请您等一下，我去叫我爸爸。”电话放下来，去叫父亲来听。假如父亲不在，这个时候孩子要懂得如何去应对，“不好意思，我爸爸不在。请问您是哪一位？有什么事需要我转告给家父吗？”可以询问，毕竟人家打电话来有事情，所以我们要问清楚，让人家不至于白打这一通电话。也可以问对方：“请问您有急事吗？”假如是急事，就可以把父亲的手机号告诉对方。假如孩子从小懂得如何去应对，他做事的圆熟度就会愈来愈高。打电话还有最后一个动作，跟长辈打完电话，一定要等长辈先挂了电话，我们才可以挂电话。因为长辈或许还有些话要说，我们马上就挂，他可能话还没讲，电话已经挂了。这个动作也体现出对于长者的恭敬之心。

我们说要谨言慎行，一言可以兴邦，一言可以丧邦。所以生活能谨慎，就可以避免很多错误，甚至避免灾难都有可能。有一个人约了三位好朋友一起吃饭，结果来了两位，另一位还没到。他在门口边等边说：“怎么该来的还没有来？”坐在屋内的其中一位朋友就开始犯嘀

咕："该来的没有来？我是不是不该来的？"所以这个朋友就有一点不高兴，就走了。那人一看，朋友走了，就说："怎么不该走的走了？"结果剩下的那位朋友心想："那我是该走的了？"所以那一晚晚餐谁吃？自个儿吃。这虽然是一个笑话，但提醒我们每一个人讲话都应该三思，应该提高敏感度：我们说出去的话会不会伤害到对方？所以俗话讲"面对失意人不可说得意之事"，这是教导大家在言语中应该为人着想。

而言行的根本在一个人的念头。所以真正会修身的人，在哪里谨慎？在起心动念中谨慎。当念头都能谨慎，言语行为就不会有太大的偏颇。比方说"谨"这个部分，就是教导人们时时要谨慎，不可以浪费时间，不可以糟蹋食物。这种奢的念头、贪的念头、懒的念头、不敬的念头一起来，就要趁早把它打消。

我们归纳"谨"这个部分的教诲，可以训练一个人三方面的能力：第一个是自制力，第二个是独立生活的能力，第三个是做事的能力。现在小孩不具备这三种能力，所以一定是有教才会。我们之前也提过汕头有一个孩子七岁，老师教《弟子规》教了一两个月，让他讲一下对这一段学习的感受，这个孩子上台讲的第一句话就是："我学了《弟子规》才知道做人原来要孝顺。"这句话有没有味道？关键字在"原来"。我们大人常常说："他都这么大了，应该知道。"这个"应该"有待商榷。中国圣贤的教诲已经断了一两代了，所以很多孩子行为偏颇我们先不要责怪他，要先反省，到底我们有没有教？这个教不是嘴上教，而是有没有以身作则。这个孩子接着又说："我在学《弟子规》以前，每天都在想如何谋害父母。"他才是七岁的孩子啊！他的妈妈坐在底下听得瞠目结舌，不相信她的孩子居然想要谋害他们。

诸位朋友，我们知不知道孩子在想什么？知不知道孩子每天在做什么、说什么？当我们都不知道他在想什么，那怎么教？所以确实教育需要用心、需要耐心，我们要多花点时间去了解孩子，去关怀他，才能慢慢让他明理懂事。为什么一个七岁的孩子会想谋害父母？这就是父子无亲。父子有亲有没有可能这样？为什么现在父子无亲？原因在哪里？父母努力赚钱，都没有时间陪他，他跟谁比较亲？跟补习班老师亲，跟佣人比较亲。父母呢？父母有时候为了虚荣、为了面子，又把他送去补一大堆东西，他愈学愈厌烦。而这样的心境、这样的情绪，父母有没有察觉？可能没有察觉。所以，我们真正要花一点心思去了解孩子的心情，孩子的想法、看法才行。我们一定要把原因找出来，才能进一步教导孩子。

现在的孩子自制力不够，所以“谨”这个部分教导我们“朝起早，夜眠迟，老易至，惜此时”。一个人能够生活有规律，不常常睡懒觉，这也是一种自制力。“对饮食，勿拣择，食适可，勿过则”，在饮食方面也应懂得节制，这也是在训练一个孩子的自制能力。

第二个方面，说的是独立生活的能力，“置冠服，有定位，勿乱顿，致污秽”。虽然只是讲了两样物品，即衣服、帽子要放好，但我们能不能只教衣服跟帽子放好？应该教什么？一切物品，所谓“动物归原”，就是说动过的东西应该再放回原处。只有具备这些生活能力，孩子才懂得如何不把生活搞得乱七八糟。

听说现在很多大学生还请佣人帮他洗衣服，帮他打扫卫生，花谁的钱？花父母的钱去请佣人来打扫。所以确实现在的学生在生活能力方面真的要加强。当他自己都照顾不了自己，他以后在事业、家业中，有没有办法承担？那就很困难了。而我们做父母的假如不让他多锻炼，把这些事都扛在自己肩上，请问能扛到什么时候？现在很多人结完婚，生了孩子交给谁？都是爷爷奶奶带。到底爷爷奶奶什么时候才会清闲？我想可能连眼睛闭上了都无法清闲。这样的人生好不好？表面上好像帮了儿子一把，事实上让儿子儿媳不能尽责、尽本分。回归到应该做的工作、应该尽的本分，人生才会过得充实，才会过得问心无愧，这样才会圆满。

第三个能力是做事的能力。所谓“事勿忙，忙多错，勿畏难，勿轻略。事非宜，勿轻诺，苟轻诺，进退错”，都是指做事的能力。所以“谨”这个部分，可以从三个方面可以提升孩子的能力。

我们接着就一句一句来讨论，“朝起早，夜眠迟，老易至，惜此时”。提到这个时间，中国圣哲是最重视光阴的，最熟悉的话，莫若“一寸光阴一寸金，寸金难买寸光阴”。说是这样说，你有这个感觉吗？我们去问问十几岁的孩子，他有没有这个感觉？很困难。我们知道很多古代留名青史的读书人，对时间都非常珍惜。比方说司马光，司马光用了十九年编成了一部非常重要的典籍，叫《资治通鉴》。他怕自己睡得太多，用木头做了一个圆形的枕头。圆形的枕头睡起来怎么样？只要稍微翻一下身，可能就滑下来。所以他只要醒过来了，就当已经休息了，就马上再继续工作。正是有这样的精神，所以他完成了这部巨作。什么样的动力让他宁可少睡觉也要多做事？为国家的动力，为子孙后代造福的动力。历史就像一面镜子一样，只要我们肯熟读《资治通鉴》，相信人生会减少很多不必要的过失，所谓鉴往能知来。

王阳明先生曾经提到，一个人“志不立，无以成事”。一个人没有立志，这一生能不能把事做好？不可能。所以要珍惜时间，首先还要立定人生的志向。人生很短暂，我们要对得起父母的养育之恩，要对得起兄弟姊妹的照顾，要对得起成长过程中诸位长者的提携，要对得起国家对我们的诸多照顾。当一个人能念着这些恩德，他就会尽心尽力孝顺父母，友爱兄弟，进一步奉献社会。所以一个人能珍惜时间，还要从对人的恭敬开始。当他对父母、对关怀他的人都能恭敬，他就不愿意糟蹋自己，而让这些关爱他的人伤心难过。所以当一个人懂得去尽他人生的本分、完成他人生的使命，即使没有人去推他，他也会快步向前。

而人常常会忽略光阴，就是对时间一去不复返的敏感度不够。有一位智者曾经说过，一个人从生下来只有一件事没有停过，哪一件事？从生下来就一直往死亡的大路迈进。每过完一个新年，不仅代表新的一年又来了，也代表旧的一年已经过去了，我们还有多少重要的事、该做的事还没有做？明代有一个画家叫文嘉，他曾经写过一首诗，也是对我们的期许、提醒，他写道："明日复明日，明日何其多。我生待明日，万事成蹉跎。"假如我们常常想着还有明天，还有明年，光阴可能就会在不知不觉中流失，这样就太可惜了。

我到海口生活了四个多月，有一个很深的体会：当你觉得很多事很重要必须做，一定要去做，但是你却没有能力去做，那个时候你会非常懊悔、非常痛苦。所以当我们有机会可以推广传统文化，可以利益众人的时候，但发现自己的能力不足，帮不上忙，这个时候就会很难受。就好像明明看到一个人快溺死了，你却不会游泳，无法救他。所以当我们的孩子必须要好好教导，而我们却没有学问、没有智慧，那将是人生莫大的遗憾。我们不要让人生有这样的遗憾发生，就要赶快积极努力地提升自己的智慧。因为只要有智慧，人生的问题就可以迎刃而解。

所以，现在人生第一要事不是赚钱，而是开智慧，增长智慧。没有智慧，你的一生就会做出很多错误的抉择。你光是应付这些错误的抉择，就可以耗掉大半的人生。我们来看看一个人大学毕业，是比学生时代用功还是不用功？很多人大学毕业就跟书本说拜拜了。其实，你人生很多本事是走入社会后才历练出来的。可是我们的态度却是停止学习，难怪人生愈走愈沉重。为什么这么多事都不如我预想，然后又不知道怎么解决，每天借酒消愁愁更愁？所以人生要有所取舍，要赶快拿更多的时间来好好跟圣贤学习。

我们先有珍惜时间的态度，然后要教导孩子珍惜时间。有一个孩子游手好闲不爱念书，父亲很希望能够引导孩子对时间有所重视，就找了一根八寸长的木棍。干什么？很多小朋友一听，说：“打他！”打人用八寸长的棍子，太恐怖！他父亲就跟他说：“人生就好像这一根长长的木棍，八寸代表八十岁。二十岁以前，你还没有能力帮助家庭、帮助社会，你只能接受大家对你的服务、对你的奉献。这一段你帮不上大家什么忙，所以要砍掉。”说完就拿斧头把前面两寸切断了。这个动作，让他的孩子震了一下。

他接着又说：“人六十岁以后年老体衰，对家庭、对社会也贡献不大，所以这一段我们也要把它去掉。”就再砍了一段。剩下的这一段，他的父亲又把它分成三份，说：“剩下来的时光，你光是睡觉就用掉了三分之一，所以要砍。”这个孩子开始有点紧张了。父亲接着又说：“你每天要吃饭、要洗澡，要休闲娱乐，这也要用掉三分之一，所以这一段也要再砍掉。”孩子就说：“爸爸，你别砍了，我知道了。”爸爸说：“你不知道，人还有很多时间是躺在病床上，这一段也要砍。”儿子去拉他的手，说道：“爸爸，我以后不浪费时间了。”“儿子，你不懂，你每天又讲了多少废话！”所以引导孩子正确的观念，确实需要我们多花一些心思，因为现在孩子不喜欢听大人说教。

另外有一位母亲，她的孩子念小学一年级，早上起来孩子就磨磨蹭蹭，母亲看他必然会迟到，可是也没去制止他。这样做好不好？先让他承受自己拖拖拉拉的后果，看他拖到什么时候。现在连小孩子用的牙刷、牙膏上面都画得很漂亮对不对？刷牙的时候还要玩两下。后来果不其然，去上课的时候这个小孩迟到了。孩子中午要回家休息，母亲看儿子回来蹦蹦跳跳还面带微笑，她想一定是老师没有处罚他，不然怎么一点惭愧的表情都没有。假如你是妈妈怎么办？所以教育要时时提得起来，要慎于始。孩子一开始的错误假如没有修正过来，等他养成习惯，到时候你就要跟他拔河，就累了。

这个母亲主动打电话给孩子的班主任。她第一句话就跟班主任说："老师，我儿子今天迟到了。"老师说："我知道，没关系，没关系。"这位妈妈说："怎么可以没关系？"这位班主任说："我说没关系，以为你要来替儿子解释说他为什么迟到了。"所以你看，从老师的反应就可以看得出来，现在孩子犯错是父母在帮他掩饰，这是害了他。接着这位母亲就跟老师说："老师，这大有关系，您下午一定要狠狠教训批评他。"结果这个老师听了哈哈大笑，说："现在还有母亲来讨批评教训的！"

这个小朋友下午回来，脸色不怎么好看。一进门，就拿出他买的闹钟，这个闹钟终于派上了用场。他很紧张，把起床时间调到六点半，心里才比较踏实。这个母亲看了就在那里笑，跑过来跟他说："你调到六点半，待会儿吃饭它就响了。"孩子调到六点半，心想明天可以叫他，没想到一天有二十四个小时，有两个六点半。母亲这么一讲，他才恍然大悟："对！吃饱饭再来调。"这个母亲并没有骂他，只抓住了这个教育机会。从此以后，这个孩子不管到哪里，闹钟都带在身上。养成了这个好的习惯，就不会迟到，也不会赖床。所以教育孩子我们也要时时掌握这些重要的时机。

一个人如何珍惜时间？从刚刚所叙述的这些故事，我们就可以明白，要先立志，接着也要有所计划地把孩子教好。定好短期、中期、长期的目标，这样你才会知道一步一步如何去走。同时，我们也要少讲一些无关紧要的话。你看人一打开话匣子，聊多久？一个小时两个小时，时间很快就流失了。所以"话说多，不如少"，可以拿多说话的时间来好好学习。而且，假如话说得太多，这些话又传出去，又有一大堆是是非非，人就烦死了。

另外，也要少起烦恼。有研究显示，百分之五十的烦恼是烦恼未来，百分之四十的烦恼是烦恼过去，只有百分之十是用在当下。在实验中，叫所有的人把正在烦恼的事写下来，然后就放在抽屉里。一个礼拜以后，再对所有人说："来，你们现在把上个礼拜烦恼的事拿出来看看。"一看，百分之九十都是不需要烦恼的。又过了两个礼拜再拿出来，一看，统统不需要烦恼。中国有一句成语叫"杞人忧天"，这会耗掉我们很多时间跟金钱。所以应该努力增长智慧，下对抉择，人生才会少走冤枉路。而增长智慧、投入学习的时间不能减少。这里提到的是我们对于珍惜时间的一些观念。我们接着看下一句。

"晨必盥，兼漱口，便溺回，辄净手"，这是提到一个人的整洁习惯。俗话说"整洁为强身之本"，你要爱干净，才不会被一些病毒、细菌造成身体的损伤。而当一个人真正爱惜身体，其实也在力行孝道。"身体发肤，受之父母，不敢毁伤，孝之始也"，《弟子规》也说"身有伤，贻亲忧"。所以"谨"，看经文好像都是自己的事，事实上自己跟别人是互相关联的，息息相关。假如我们自己身体搞不好，一定会让至亲替我们担忧。

孔夫子在《论语》里有一句教诲，即"父母唯其疾之忧"，这个"疾"我们可以当作生病看，也可以当作坏习惯、坏毛病看。爱整洁才不会使身体受伤，然后生活有规律，这才是身体健康的重要因素。再者，当你做事谨慎，就不容易犯很多过失，这也能够让父母安心、放心。所以这个"疾"字我们可以广义来解释，就是在身体健康、为人处世中，都不要犯过失，以至于让父母担忧。而一个人很爱惜身体，很爱整洁，也是对别人的尊重。所谓"自重而后人重"，当你自己重视整洁，衣服也穿得很整齐，人家就会敬你三分。当我们自己蓬头垢面，身上脏脏的，他人还没跟你相交往，已经对你怎么样？有所轻视，有所轻慢。所以当别人瞧不起我们，我们首先不要责怪别人，要先怎么样？先反观自照，看看自己是不是在这些礼节中有所缺失。

"晨必盥，兼漱口"，这使我们的口气能够保持清洁。人与人每天的交谈很多，所以这一定要注意。假如孩子不刷牙，口气很不好，到学校去，他的人际关系会怎么样？大受影响。当孩子从小人际关系不好，对他的自信心也是一种伤害。我曾经带过一个学生，身体很脏，所有的同学都排斥他。另外，我们成人假如有口臭，也会影响我们的人际关系。一个人有口臭，就是体内的毒素太多了，多得都溢出来了。为什么人的毒素会这么多？跟吃的东西有关，所谓“病从口入”。除此之外，还跟一个因素很有关系，就是吃消夜。

吃消夜的人口臭比例很高，为什么？因为他们在晚上十点多十一点多，甚至于在半夜吃东西，有的又吃海产，又吃大鱼大肉，吃完过了一两个小时就去睡觉。一躺下去，身体有两个器官还在工作。哪两个？心脏，心脏不跳就麻烦了；还有肺，呼吸至关重要。其他的内脏都会跟你说：“主人，我先关门休息一下，明天再来。”所以胃也放慢消化，吃进去的食物，尤其是肉就在胃里面发酸、发臭了。胃里面是胃酸，而且温度有三十七度左右，所以吃进去的东西很快就会腐烂，产生的毒素就会在你的全身循环。所以吃消夜确实对身体有坏处，这我们也要注意到。

下一句“便溺回，辄净手”。就是上完厕所要先把手洗一洗，时时注意到手上的清洁。人吃东西都会用手拿，假如手上有细菌，就容易造成身体的损害。除了上完厕所要洗手，还有哪些时候必须要洗手？饭前一定要洗手。诸位朋友，你要多多去观察，因为你讲得愈细，孩子的警觉性就愈高。你不要忽略这样一点一点地提醒，其实孩子的记忆力特别好，都会记住。我常常提醒孩子一些事，但有时候我自己都忘了，小孩还会提醒我。常常看到很多大人数钞票时，一边翻一边舔一下手指，这都是不良示范，要多注意。总之，要注意整洁，才能让身体健康，也可以当孩子的榜样。

我们接着看下一段经文，我们一起把它念一遍：“冠必正，纽必结，袜与履，俱紧切。置冠服，有定位，勿乱顿，致污秽。”

“冠必正，纽必结，袜与履，俱紧切”，这是提到一个人的仪容要端庄。假如今天我在这里演讲，衣服最上面的扣子有两个没有扣，你们看了会怎么样？可能一半的人都走了，连穿衣服都不会穿，还讲什么课！所以古代的人很注重仪容，他们时时提醒自己要“三正”：第一个帽带要正，第二个裤带要正，第三个鞋带要正。时时都会检查一下，帽子有没有戴歪；裤子有没有扎好，不然掉下去就麻烦了；鞋子也要绑好，不要松松垮垮的，走起路来发出声音，人家看了就会轻慢你。

有一次我去上课，时间比较紧迫。海口有一种交通工具叫“摩的”，“摩”是摩托车，“的”就是出租车，所以很多都是骑着摩托车载一个客人。我马上就叫了一辆摩的赶到讲课会场。到了以后，我就进去上课，没迟到。讲完课，我走下来就去厕所。结果一照镜子，我的头发是翘起来的，因为一路上风就一直吹。我在那里讲了两个小时，居然都没人告诉我。后来我出来就跟中心的老师说：“你们怎么都没提醒我一下？害我出丑两个小时。”所以我们处处要谨慎仪容，才不会出丑。

春秋时代有一个大臣叫赵宣子，他是晋国的大臣。那时候晋灵公在位，晋灵公年纪不大，但很不听话，也不知道好好爱护人民。赵宣子很忠诚，常常直言不讳地劝诫他的君主。结果晋灵公居然起了歹念，派杀手钼麑（一个很有力气的人）去刺杀赵宣子。早朝一般都很早，所以钼麑赶在早朝之前就到了赵宣子的家里。到那里一看，赵宣子已经把朝服穿得整整齐齐，正襟危坐，在闭目养神。他这种仪容、威仪，钼麑一看非常感动，他说：“这个赵宣子在无人的地方都如此恭敬，想必有人在的时候也是非常认真地办理国事，对人也非常谦逊、恭敬才是。”所以他说这样的人是国家的栋梁，不能杀他。杀了他，自己就不忠了。可是因为是晋灵公交代他的事，假如他没有做，他就不守信用，所以钼麑当场就头撞那棵槐树自尽了。从这个故事我们可以体会到，当一个人仪容端庄，就能赢得他人对自己的尊敬。所以对这些生活的细节我们也不可不慎。

好，这节课我们先上到这里，谢谢。

第二十二讲　小事情，大学问

诸位朋友，大家好！我们刚刚谈到“冠必正，纽必结，袜与履，俱紧切”，一个人仪容的端庄相当重要。当你重视自己的仪容，人家就会进一步尊敬你。而当我们的穿着非常奇异，这样不只会让别人对你轻慢，还有可能会造成不良影响。很多公众人物的衣着就特别重要，假如穿得很暴露，可能就会带动整个社会不良的风气。所以公众人物必须慎思他对于整个社会的影响，应该多谨慎自己的行为才是。而我们做父母的衣着也是孩子学习的榜样。当母亲的假如衣着太暴露，孩子从小耳濡目染，她以后穿衣服也会比较暴露，这样对她很不好，会造成很多人对她的轻浮，甚至于还会造成危险。

而一个人的衣着确实会影响人的内在状态。比方说在国外，都有规定一定要穿正式的服装，才能进到一些重要的场合，有些比较重大的表演也会要求。比方说我们到文化中心去，都应该穿得端庄，我们在看节目的时候也会比较专注。假如你穿个拖鞋、穿个短裤去看，那就很不恰当。但我们去爬山的时候，可不可以穿得像我现在这么整齐？那就又不恰当。因为爬山的时候要放松，就要穿适合的衣服去。

行销界有一个销售高手叫乔奇拉德，他很会卖车子。他有一次在家里睡觉，突然就惊醒起来，赶快跑到镜子前面开始穿西装打领带。都弄好了，才恭恭敬敬拿起电话，打电话给他的客户。跟客户谈完，把电话放下，马上解开领带，脱下西装来，又钻到被窝里面去睡觉。他太太看了说：“你疯了吗？”乔奇拉德就跟他太太说：“客户虽然没有看到我的样子，但是假如我穿得很随便，我在言谈中也会随便，他可以感受到。假如我非常慎重，西装笔挺，这样的态度也会从言语中传递给他。”衣着确实会影响一个人的心理状态。当这个习惯养成了，每当面对客户的时候，都是恭恭敬敬的。因为连客户看不到的地方他都能一样恭敬，这叫言行一致。

很多大学生去应聘，常常没有被录取。很多很有才华，还有学历都不错的大学毕业生，甚至研究生，都找不到工作。后来经人对他的衣着给予了指点，往往就找到工作了。所以纵使有好的才华，假如去应聘的时候衣着不当，很可能就把机会挡在外头了。

我们看下一句："置冠服，有定位，勿乱顿，致污秽。"衣服、帽子，甚至于所有日常生活用的东西，都应该把它放在固定的位置，不要到处乱放。因为"勿乱顿，致污秽"，乱放的话，这些东西很快就会脏掉。你不爱惜它，这些东西的寿命就会变得很短。而如果你善待它，它就能用得很久，所谓"爱人者人恒爱之，爱物者物恒爱之"。假如你每天都暴饮暴食，你的胃可以用多久？可能三四十年就罢工了。假如你很尊重它，三餐时间都很固定，不会吃得太多，也不会把它饿着，胃也会好好报答你，可以用很久。可见，我们要爱惜一切东西。

当东西都有固定的位置，对我们的生活有什么影响？就能够有条不紊。我们看看现在的孩子，甚至于不要说现在的孩子，像我有些同学要找一个作业簿找不到，就把整个家翻来翻去，翻得自己也暴跳如雷，跟谁生气？跟自己生气。生气还把全家的气氛都搞得很糟。所以一个小小的不注意，我们可能因此要耗掉更多的时间跟精神。当这个好习惯没有养成，改天去工作，公司有一个很重要的合同放在你那里，因为你已经习惯了，下意识就把它随手一放，过了三天怎么样？忘了。很有可能到时候你找不到，你这份工作也就保不住了。所以这些生活习惯确实会影响一个人一辈子。

曾经有一个小孩在家里从不扫地，有一位长者进了他家，就跟他说："地这么脏，怎么不扫一扫？"他说："我这个手是拿来扫天下的。"口气大不大？你看很多小孩也说以后要当大官，要当大企业家，结果他的房间乱七八糟。这位长辈就跟他说："一屋不扫，何以扫天下？"连个屋子都扫不好，还可以扫天下？相同地，连个屋子都整理不好，怎么去当企业家？有没有可能？那不可能。

所以《弟子规》也是管理学，是基础管理学。这种有条不紊的习惯从哪里开始扎根？从小。你不要脑子里只想着以后让孩子念企管就行了，现在要先打底。一个企管硕士的家里、房间都很乱，这样的人来应聘，你敢不敢用？这样的人只会纸上谈兵。卢叔叔曾经跟我讲过，他说他到分公司去巡视，一定会去看分公司主管的桌子有没有整理好，档案有没有归置好。假如连这一些小事都没有处理得有条不紊，公司的一些工作就很难循规蹈矩地做好。所以小地方大学问，一个人的心是定的、是不乱的，还是很杂乱、很躁动，都可以从这些小动作看出来。

诸位朋友，孩子这些做人做事的能力一定要从小培养。因为一些成功的企业家都有火眼金睛，一眼就可以看得出来你孩子这些做人做事的火候，骗不了他。很多人觉得用大学、研究生文凭就可以找到很好的工作，但假如他做人做事不好，不会被这些很优秀的企业家录用。假如被录用，那也是没有功夫的企业家，企业也不会很长久。所以为了孩子往后能够到一个非常有前景的企业工作，现在就要帮他把根基打好。

我为什么有这样深刻的体会？因为我到澳洲去的时候，被安排了几个礼拜的洗碗工作，六七十个人吃的碗都要洗一洗，还有一些煮饭的用具。我这一辈子到那里去才算真正洗过碗。我在那里洗碗的时候，突然生出人生的感悟，就是一辈子该干的，你逃都逃不掉。所以诸位朋友，该干的事啥时候干？何不于强健时努力修善，该干的时候趁年轻赶紧干。年轻的时候多劳动、多付出，老年福报就现前，才能享福；假如年轻的时候不勤劳，还常常挥霍，老年一定会很凄惨。所以我在那里洗碗也洗得很欢喜。有一天，卢叔叔到厨房里面来，本来要走过去了，突然停下来对我说："看你洗碗就知道你太好命了。"你看，我一个洗碗的动作，就已经把我的底细泄露了，因为一看，笨手笨脚。所以诸位朋友，我从那件事就体会到，真正有智慧的长者，你是瞒不过他的眼睛的。所以当你的孩子对人恭谦，做事又很勤奋，你就不要担心他往后没有人提拔，你大可放心。

而当一个人的生活能够有条不紊，定中就常常能生智慧。因为定就好像湖面很清净，没有波澜，它就能够把周遭的东西都照得清清楚楚。在澳洲那段时间，有一次我到卢叔叔的房间去，刚好卢叔叔要拿衣服。床里面是空心的，可以放衣服。卢叔叔把床板拉起来，我看到里面的衣服摆得跟专卖店里面卖的衣服似的，叠得整整齐齐。而当所有的东西都摆得如此整齐，都有定位，一想用什么马上就可以拿得到，那心情随时都很平静，处理事情就能有条不紊。所以这个习惯相当重要，一定要从自己做起，进而也引导孩子养成这样的好习惯。

我们接下来看下一句经文，一起把它念一遍："衣贵洁，不贵华，上循分，下称家。对饮食，勿拣择，食适可，勿过则。年方少，勿饮酒，饮酒醉，最为丑。"

"衣贵洁，不贵华，上循分，下称家"。我曾经听一个长辈说，他在结婚以前，觉得养一个老婆很轻松，因为都吃那么一点点。等到娶了以后，觉得很困难，因为东西、食物很便宜，但是衣服很贵。他跟太太去买衣服的时候，他太太一看上就说："买了，买了。"他在旁边说："麦啦，麦啦（闽南话，不要，不要）！"到后来他才了解一个真相，女人的衣柜里面永远少一件衣服。但其实我们的衣服最重要的目的是保暖、是遮羞，衣服不是拿来炫耀、拿来虚荣的。

人往往会忘记做某件事情本来的目的。比方说，有一位教授拿了几十个杯子，上了两节课，他知道学生一定会口渴，他就把这些杯子拿出来，他说："诸位同学，你们去喝水。"口渴了，所以喝水是最重要的目的，对不对？结果，学生们走过来，在那里迟迟不去装水，都在干什么？挑哪个杯子比较漂亮。都把时间耗在哪里了？挑杯子上。就好像衣服是用来保暖、遮羞用的，可是我们在买的过程中，已经忘记了初衷，沾上虚荣的习性。我还曾经听说有一群女人很有钱，她们一起看巴黎时装秀（在电视上看），看完哪一件很想要，隔天就坐着飞机飞过去买。人假如这样花钱，钱会怎么样？跑光光，再有金山银山也不够花。因为她们这样的榜样一出来，谁学得最彻底？子女一定学得彻底。所以，富不过几代？富不过一代。

接下来我们再来看另外一句："对饮食，勿拣择，食适可，勿过则。"对饮食要追求均衡，不可偏食。同时，只要吃个七分饱八分饱就好，不要吃撑了，否则会伤到胃。所以在饮食中，我们也是要有所节制，不能太过也不能不及。"病从口入"，我们吃东西也要有判断力，要把营养吃下去，不要把毒素吃下去。很多人吃东西都是骗肚子，反正饱了就好。很多食物含有很多毒素、很多致癌物，可能我们都不知道。我们常常也听到"垃圾食物"，你有没有在吃垃圾食物？现在统计有十大垃圾食物，哪十大？我们来看一看，不过你们心里要有准备，不要我讲完，你说："我活不下去了，都是我最爱吃的。"

第一个油炸类。现在医院里面人数最多的就是心脑血管疾病患者，油炸类的东西吃多了，容易让血管阻塞，中风、动脉硬化都跟这个有关，所以油炸类的东西少吃（你假如说不吃，他会很有压力）。

第二个腌制类的东西。腌得很咸的，可能会导致鼻咽癌，或者导致溃疡，所以这类的东西也少吃。有一些腌制的比较天然，那就关系不大，不过你还是要了解一下它的制作过程。

第三个肉制品。诸位朋友，一块新鲜的肉放在空气中，多久就臭了？差不多三个小时。结果肉制品居然可以放多久？有的放三年，有的放五年。什么力量造成的？放了很多防腐剂。听说现在制造木乃伊也不需要放防腐剂了，很多人死了不烂，因为长期吃那些防腐剂。肉制品里面还含有亚硝酸盐，这是三大致癌物之一。现在癌症的病发率在不断上升。癌症是不是抽签的？“真衰，我得了癌症。”有果必有因，当你饮食很注意，心情又很好，常常诵读《弟子规》，不看别人的缺点，就看自己的，这样心情就不会那么不好。因为看到自己的缺点就努力去改，你就会有成长的喜悦。癌症的病因，除了饮食之外，还有一个比饮食更厉害的——情绪，所以要管好我们这颗心。

第四个饼干类。现在很多饼干都特别顺着消费者的口味，饼干又夹一大堆夹心酥，这里面都是很多糖精、很多热量，吃多了，糖会转成脂肪，所以现在人愈来愈胖。吃甜食的风气从哪里传过来的？欧美人真是很会吃甜食，所以我们这里的胖子跟他们比起来，实在不够级别。他们有时候坐飞机要坐好几个位置，那看起来很恐怖。所以人确确实实不能放纵欲望，那会苦了自己，可能又会连累亲人。假如一个男士中年的时候中风离去，那又是人间的不幸，所以今天要劝先生在饮食方面要有节制。当然，你劝先生也要讲究善巧方便，所以要把女人最大的本事用出来，那就是温柔。你要告诉他：“先生，有你，我的人生是彩色的；没有你，我的人生会是黑白的。你看我们的儿子女儿多可爱，你的健康就是全家的幸福。”你的先生愈听愈欢喜，你再慢慢叫他把一些不好的食物戒掉。

第五个汽水可乐类。这种食物我深有体会，因为我就是受害者，你们有没有看出来？人瘦脾胃一般不好。我以前去参加亲友喜宴，菜还没有上来，我都喝饱了。所以该吃的没吃，不该吃的吃一堆。汽水有刺激性，呈酸性，所以把胃壁都磨薄、磨破了，我在初中的时候胃就发炎了。我记忆还很深刻，都是爷爷奶奶拿着那种煮烂的粥来给我吃。所以你看，一个人不健康，确实对不起家人。我有这么惨痛的教训，希望我们的小孩不要再犯，父母正确的饮食观念是孩子一生的幸福。

这个汽水类我再补充一下，诸位所喝的橘子汽水、柠檬汽水可能是什么做的？石油做的，不是苹果，也不是橘子。从石油里面提炼出来的“酚”，那个味道就跟橘子一样，就跟很多水果一样。我曾经去买过这些用品，现场制造橘子汽水给我的学生看。所谓眼见为实，要做给学生看，他们才有所警惕。

第六个是方便面。方便面热量太高，而且添加很多防腐剂，对身体不好。

第七个罐头类的食品，也含有很多防腐剂。

第八个话梅蜜饯类。据说这个话梅蜜饯做出来，连蟑螂这些昆虫都不吃，你看它们的判断力比人还好。因为它吃一颗可能就翘辫子了，所以它们自然而然感受到这个食物的毒素太多，就不会去吃。

第九个冷冻食品。这里借用一个比喻，正在转动的引擎，你拿一盆冷水朝它浇下去，然后等它又热起来，你又再拿一盆冷水浇下去，请问这个引擎能用得久吗？本来可以用十年，结果用三年就报销了。人体也是一台机器，保持在37℃左右。你每次喝冰水下去，都会耗损你体内很多能量，所以你的体质就一点一点在下滑。这都是我的锥心之痛，以前读书也没有老师教我。我在大学时代才开始学习这些知识，之后那些东西我也确实都不碰了，这叫亡羊补牢，犹未晚矣。

现在很多妇科病，跟吃冰有关系。尤其女性在生理期的时候吃冰，那几天是排毒的日子，有很多毒素要排出去，结果这时候你还吃冰，热胀冷缩，子宫会收缩，所以该排的没排出去。那些没排出去的毒素会留在体内多久？假如顺利的话也要28天。这个时间内，这些毒素就在你的体内循环，所以才会有一大堆妇科病。诸位女性朋友，不要很沉重地看着我，你们该下对人生的抉择。

第十个烧烤类的食品。一只烤鸡腿含有相当于60支香烟的毒，这都是统计出来的。而且烧烤类食物所含有的致癌物是三大致癌物之首，所以吃这些东西确实损害身体。我们已经体会到有太多的事要做，想要活得很有价值，而要实现这个目标，首先就必须要有一个健康的身体。所以当你实在忍不住要吃这些东西的时候，一定要想到一句文天祥的话，“人生自古谁无死，留取丹心照汗青”，我还有很多事该做，所以身体不能搞坏，这样你就可能不吃了。

“年方少，勿饮酒，饮酒醉，最为丑”。这个酒我们说是穿肠毒药，所以孩子从小不能染上喝酒的习惯。而且喝酒不只伤自己的身体，还会造成对别人生命财产的威胁。很多交通事故都跟什么有关？跟饮酒有关。酒还会乱性，会造成不可收拾的后果，所以从小就要不饮酒。当然，酒有时候是当作药用，这就没什么关系。在一些很寒冷的地方，人们会喝一点小酒促进血液循环。

除了酒不可以喝，一些有害的东西也要远离。比方说烟也不能抽，伤身体，而且又不只伤自己的身体，还会危害到别人的健康。抽烟的人还没得肺癌，他家里的妻儿先得了肺癌，有没有可能？有！他吸进去的还会吐出来，他这些亲人吸进去的都不吐出来。所以确确实实我们过的是群体的生活，一个人的行为会影响其他人。到底我们是要好的影响，还是要坏的影响？人要有志气，一定要立志产生好的影响。

我有一次在海口坐公交车，就看到一个人在那里抽烟，怎么办？虽然我人在异乡，举目无亲，但是也要有正义感，所以我就走过去请他不要抽烟。其实他们没学过《弟子规》，“有心非，名为恶”，明明公交车上都写着“禁止吸烟”。但是我假如走过去跟他说，你不识字吗，那我可能就有危险。所以我走过去跟他说：“这位先生，不好意思，我有气喘，可不可以不要抽烟？”那位先生可能没遇到过人家劝他不抽烟，一时间不知如何是好，然后我看他有一点气愤。我还是对他保持和善，缓缓地把脸转过去，继续坐车。我相信“人之初，性本善”，所以我开始用我的真心帮他祈求，希望他善根流露，不抽烟了。结果过了一段时间，我稍微吸了一下气，没有味道了，他已经不抽了。下了车，跟我同车的两个朋友对我说："这个抽烟的先生瞄了你两次。"这个时候我们气定神闲，会激起他的惭愧心，后来他就把烟熄掉了。所以确确实实社会的风气靠每个人去经营。

我们中心的一位老师听完这个案例，他也很有使命感，要劝人家不要抽烟。有一天他坐上公交车，看到有一个人吸烟，马上走过去跟他说："先生，我有气喘。"这叫善巧方便，请他不要抽烟，那先生马上把烟熄掉。结果他才刚坐下去，突然又有第二个人把烟拿起来，他又走过去劝诫他，那个人也熄掉了。本来要坐下来，突然上来了几个人，第三个人又拿起烟来，他在心里想："是不是老天爷要考验我有没有真正的决心？"他就跑过去叫那个人不要抽烟。等第四个人拿起烟来，第一个人说："不要抽烟了。"我们有坚定的心才能唤醒他人的公德心，所以不要小看自己的力量。

我们接着看下一段经文："步从容，立端正，揖深圆，拜恭敬。勿践阈，勿跛倚，勿箕踞，勿摇髀。"

这句经文主要教导一个人站有站姿，坐有坐姿。我们的老祖宗也用一个很好的比喻，给我们很好的提醒，叫作"立如松，卧如弓，行如风，坐如钟"。其实这样的习惯就是道法自然，对身体最好。因为"立如松"，所以你的脊椎很直，才不会造成脊椎侧弯。现在得骨刺的人多不多？很多。为什么？诸位有机会到公交车站去看一看就知道，一排的人在那里排队准备搭车，每个人站的样子怎么样？歪一边的多。现在很多年轻人好像骨头软掉一样，看到什么东西都要靠一下，所以骨头会弯掉。我们上一代教孩子，站没站好，眼睛就瞪过去了；筷子没有拿好，就敲下去。这些习惯从小养成，长大了就很自然；从小没养成，长大就很辛苦。你们看得出来我很辛苦吗？我就是"立如松"没做好，所以诸位朋友，以后看到我驼背，不要客气，把你的如来神掌拿出来，提醒我一下。好好照顾好自己的身体，这样才对父母有交代，也对支持我们的人、爱护我们的人有交代。

那怎么站是标准的、是比较好的？男士站，脚与肩同宽，然后要挺胸，这个气势叫作顶天立地。假如你这样子去跟人家谈判，去跟人家谈生意，人家看你气宇非凡，就会觉得比较值得信任。假如你今天去谈判，腰是弯下来，纵使谈的生意很大，对方都没什么兴趣。所以我们这种威仪也是让人家能够信任。然后头不要抬得太仰，对后面的血管不好，就直视前方。你要跟人家谈判以前就站好，就观想前面是一个浩瀚的大海，我的心就跟它一样，这是男士的站法。女士呢？一只脚在前面一只脚在后面，可以这样站。所以你看选美的时候，选美小姐都站得很端庄，这也很重要。这是站的姿势，“立如松”。

“卧如弓”。躺着的时候如果面朝左边，你的心脏跟胃会不舒服，所以都是朝右边躺着，其实这样对身体是最好的。“行如风”，这个“风”就是速度很快，但是不会有很大的声响，所以我们常常也要放轻脚步。我们可能在夜深人静的时候，听到邻居上楼，脚步声都很大，但是我们要体谅他，因为他觉得人生苦短。你要赶快把《弟子规》介绍给他，他才会知道养孩子没有这么困难。走路的时候，男士是顺着一条线的两边走，女士是踏在这一条线上走，这就会显得比较优雅。男士在走路的时候不要肩膀左右晃，否则人家看了眼睛都花掉了。

再是“坐如钟”。女士坐的时候脚要并拢，右手放在左手上面，然后轻轻放在你的左腿上。有一位老师是开古筝学校的，他对员工进行了礼仪训练，跟家长座谈时，他们整排的老师都是这样坐。结果开完会，这些家长都跑过来说：“李老师，你这些员工去哪里找的，怎么这么端庄？”开会的过程中，本来一开始很多妈妈就随便坐，什么姿势都有，但是看到所有的老师都坐得这么端庄，慢慢地这些家长也开始坐正了，所以这个环境的影响确实很大。我们坐有坐相，你的家庭风气才会如你所愿。假如父亲坐的时候把脚都抬到桌上来，那孩子可能就学坏了。那些家长又跟他说："把孩子交给你们，我们很放心。"所以你看，我们的言语行为、我们的仪容已经在增强别人对我们的信任。

好，我们明天再讲讲男生怎么坐。谢谢大家。

第二十三讲　处处威仪，胆大心细

诸位朋友，大家好！上一讲我们提到老祖宗教导我们要“立如松，卧如弓，行如风，坐如钟”。先讲了女士的坐法，现在来讲一下男士的坐法。男士的坐法，双脚可以微微打开，然后双手很自然地放在大腿上。诸位朋友，这个姿势你有没有熟悉的感觉？在三十年前，全家人在照相的时候，谁的姿势是这样的？父亲的姿势，那时候这样坐很有威严。我在汕头讲课，也是很标准地就坐成这样，结果那个摄影师一直叫我“脚合起来，脚合起来”。我不知如何是好，我就稍微合一点，但是也不可以太合，否则让人感觉怎么样？好像很小家子气。

在坐的姿势中，我们也要注意一些细节，就像经句上提到的“勿践阈，勿跛倚，勿箕踞，勿摇髀”。“勿践阈”，就是在站或者在坐的时候不要去踩东西。比方说，古代有门槛，你踩在上面，那个姿势就很难看，也让人家觉得你很轻慢、很随便。而且东西让你踩久了会怎么样？容易坏掉，所以这也是一个惜物的态度。现在很多小孩子坐在椅子上，可能脚是踏在椅子的杆子或者桌子的杆子上，这都要及时修正。像我们在带读经班时，看起来都坐得不错，可是往底下一看，那就千奇百怪都出来了。有的念“弟子规，圣人训”的时候，是在那里左右晃腿，有的就踩在椅子或桌子的杆子上。还有情况是上课上到一半，有孩子的椅子突然倒下去了，为什么？那个椅子的杆被他踩断了。所以孩子很多动作我们都要适时给他修正，他才会习惯成自然。

“勿跛倚”，就是站的时候歪一边或者靠东西，这都很不好。当他连站的时候都这么随意、这么随便，你敢把重要的事情给他做吗？相信小事都这么忽略，办大事的时候也不可能突然变谨慎。所以“勿以善小而不为，勿以恶小而为之”，一个人大的能力都是从小地方开始抓起，一个人不好的行为都是从生活细节开始忽略的。

下一句“勿箕踞”。箕是畚箕，口开得很大，所以“勿箕踞”的意思就是坐下去两脚不要开得很开。你开得很开，看起来就很不文雅，假如又是女性，可能就要惹人非议。“勿摇髀”，就是坐下来的时候别晃腿。但有的还不是左右晃，还会上下晃。我们曾经去参加会议，旁边有一些主管从头晃到尾，我们头都有点晕了。假如你在上课的时候，前面的人也是在那里一直晃，你可能会很难受。所以这个习惯要改掉。

人的行为为什么会这样？为什么一个人讲话必须要晃？他的内心焦躁不安。当他内心焦躁不安，跟你在谈话的时候，其实都是在应付，是不得不做。而很多他觉得很重要的事，比方说孩子的教育或者家庭夫妻关系，他都没有办法解决，所以一直都挂在心上，但是每天又不得不把那些必须要赶快去忙的事情做了，这样他的心就一直没有办法完全专注在当下。所以他一焦躁，身体就开始晃动了。现在的人确实也是生活得很不简单，要让他心安下来，这是一个很大的工程。所以，一来要提升我们的智慧，二来也要时时保持警觉性，常常观照自己的言语还有自己的肢体、动作是不是有不恰当之处，久而久之，你的这些言语行为就会内化，时时保持一个恭敬、有礼节的状态。

经文里还提到“揖深圆，拜恭敬”。鞠躬的时候，要鞠下去，要九十度鞠躬。有一位朋友第一天来上课，看到别人都互相问候，他也是跟人家点一个头。后来第五天上完课要回去的时候，他就到我们老师面前来，他说他前面鞠的躬都不算数，因为不是发自内心的恭敬，所以现在要很正式地对我们讲课的老师行三鞠躬礼。可见，我们这个鞠躬的动作是不是从内心出来，自己知道，别人也感受得到。礼节确确实实不是做表面文章，而是要“诚于中，形于外”。这是提到我们整个威仪的部分。

接下来我们把下一段经文先读诵一遍：“缓揭帘，勿有声；宽转弯，勿触棱。执虚器，如执盈；入虚室，如有人。事勿忙，忙多错；勿畏难，勿轻略。斗闹场，绝勿近；邪僻事，绝勿问。”

这一段经文大体上就是让我们养成一种胆大心细的态度。我们常讲要胆大心细，所以在面对挑战时要不怕困难，很多动作尽量要放柔和、放恭敬。因为心细，做事很谨慎，自然而然就不会出状况，所以胆大心细都是在生活的细微之处开始培养。

我们来看第一句“缓揭帘，勿有声”。当我们在揭帘子的时候要轻手轻脚，不要发出太大的声响。因为人都是群居在一起，一起工作，一起生活，我们的一举一动是不是造成别人的困扰、别人的烦恼，我们要有这样的敏感度去观照。比方说，旁边有人在睡觉，你揭开帘子的时候，“嚓！”他说不定已经两三天没睡好，好不容易入眠了，你这一个动作可能又让他睡不着觉了。或者在图书馆里面，图书馆是看书的地方，大家都很安静，假如你拉帘子拉得很大声，可能会有人被吓一跳。所以“缓揭帘，勿有声”，虽然是一个揭帘子的动作，也是提醒我们，我们处处言语动作是不是让别人觉得不安？声音会不会过大？当我们时时替别人着想，心也会愈来愈柔软。当你的心愈来愈柔软，你就是真正在落实仁慈之心。

在生活中，还有哪些时候会因为我们的声音过大而造成别人的烦恼？假如晚上走路很大声，必然会吵到别人。再来，假如晚上起来上厕所，开门用的力气很大，可能很多人都被吵醒了。我记得在澳洲学习的时候，卢叔叔还告诉我，晚上起来上厕所一定要放轻，而且在冲马桶的时候要确定门是关着的，不然冲马桶那么大的声响，会吵到很多人。

所以一个人是否有学问，在哪里看？我们说替人着想是第一等学问。而替人着想可不是用嘴巴说的，而是点点滴滴去落实的。除了走路声、关门声不可以太大，跟大家一起吃饭，也不可以声响太大。假如你吃饭很大声，所有的人都会觉得很不舒服。为什么吃饭的时候声响会特别大？嘴巴没有闭起来。所以我也跟很多朋友提过，吃饭的时候嘴巴要闭起来，因为我们不只代表自己，我们是代表公司、代表团体，甚至于你到外面去旅游，还代表中国人，所以你要处处提醒自己。

上一次我们也提过在巴黎圣母院写着一行中国字："请勿大声喧哗。"写给谁看？今天有中国人到公共场合会大声喧哗，代表他在家里也是。一个人的修养是在家中培养，是在没有人看到的时候就在落实。所以中国人特别强调"慎独"的功夫，当我们一个人的时候，我们的动作、我们的言语依然要放轻、放缓，这样习惯了，自然在公共场合就能够做出优雅的举动。所以，当我们在机场看到很多孩子在那里大吼大叫、跑来跑去，我们也要适时地制止这些孩子的行为。你就把巴黎圣母院的故事讲给他听，告诉他我们的脸可不能丢到全世界去。你看这个机场上有这么多的外国人，他们一看你这样，心想中国人怎么教育成这个样子。这样就很不好。当我们有这个敏感度，在生活的点点滴滴中，才可能对这一句经文有更深的体会。比方说半夜回来拿钥匙开门，你也会放轻；当半夜开车回来，你也会赶快把引擎关掉，因为你对于那个声音已经愈来愈敏感。这就是观照能力的形成。

"缓揭帘"，除了不要弄出声响影响到别人之外，也是一种爱惜物品的态度。因为你用东西的时候轻手轻脚，它就不容易坏掉。假如我们平常用东西都很粗鲁、很大力，这样本来这个东西可以有五年十年的寿命，结果可能用不到一年就坏掉了。所以从这个惜物的角度考虑，我们也要时时提醒自己不要太粗鲁。比方说穿衣服，假如你很粗鲁，衣服很容易就扯破了。当你的动作都能轻柔，生活中就不会常有扯坏东西、摔坏东西，或者是撞到东西这样的情况发生了。我小时候常常受伤，不是这里刮一条痕，就是牙齿又摔掉了。我还记得有一次是跑到厨房去，滑倒，好几颗牙齿都撞坏了。一直到我在大学时候开始用功学习，读了一些经典，这些情况才慢慢减少，现在就很少会这边破一个洞那边刮一道伤了。所以，确确实实人为什么会有这么多的受伤？最主要的原因在心，粗心大意才会表现出莽撞的行为。

一个人要从根本处修正自己，就要从这一颗心开始调伏。而这一颗心的调伏，又要从生活的点点滴滴中去用心，要善于学习。在学校里面，“触棱”是孩子很常犯的，常常一不小心，眼睛就撞到桌角。撞到桌角的滋味怎么样？很痛，保证会黑青，会受伤。所以“宽转弯”这一句经文我们也可以进一步引申，告诉学生处处要注意自己的安全。现在的孩子意外死亡率愈来愈高，就是因为他们没有那个敏感度。所以成人，老师也好家长也好，都要时时提醒孩子，不然到时候意外造成就为时已晚。

现在很多孩子喜欢飙车，这也是对自己的安全没有敏感度。我们再进一步去思考一下，孩子为什么会去飙车？我们确确实实不能停留在结果，要把原因找出来，才能改善内心空虚。当他不知道人生的目标在哪里，人生的本分在哪里，他就很可能会游手好闲，到最后误入歧途。他为什么觉得空虚？因为他觉得他没什么价值。我们假如进一步去了解这些孩子的家庭，很多都是缺乏父母的关爱。所以我们当老师的就有一个深刻的体会，你对这个孩子愈关心，他的进步就愈大。

我记得我在两年前带了一个班级，这个班级是全校最吵、最难管的。他们的老师教了四十年的书，觉得实在是太难带了，于是在六年级上学期就退休了，所以下学期就必须有一个代课老师来带。刚好我从澳洲回来，我的同学就打一通电话给我，他说：“我们学校有个很不好带的班级，你要不要来带？”他不说最难带的，我还不一定会去带；他说最难带的，我马上说好。俗话说“不入虎穴，焉得虎子”，《弟子规》也说“勿畏难”。因为我们当老师的就希望自己的能力能够快速提高，往后自己的学生才能得到更大的利益。假如一开始就可以带这么难带的，那我一定可以进步不少。所以借这样的一个机会，我就去带这个班。

到了那里，老师就开始给我介绍，从一号介绍到最后一号。一号怎么样怎么样；二号奶奶带的，不好管；三号，爸爸跟妈妈离婚了。就一直这样讲过来，我也感受到现在的家庭问题很大，可能四分之一都是单亲家庭。有一些不是单亲家庭的小孩，也不见得能得到父母的关怀。我曾经打电话给一个家长，他说："老师，我每天赚钱都忙不过来，早上比我儿子早出门，晚上比我儿子晚进门，我也不知道他在干什么。"他的孩子经常上网，已经学到很多很不好的东西了，父母却完全不知。父母到底为什么这么努力赚钱？不就是为了有一个更好的家庭，更好的下一代？但结果，赚钱赚到最后连真正的目的都忘记了。所以我们听了也是觉得很心酸。

当老师把十九个同学（因为十九个是男生，十七个是女生）介绍完，他就说："男生就这么四五个比较乖一点，其他的都不好管。"诸位朋友，假如你听到这里会怎么样？会不会觉得有点紧张？只剩下四个多月。但在那个时候，我就生起一个念头：孩子犯错就是我们教育的好时机出现了，你要抓住，不可以乱发脾气。当我们有这个态度，自然而然就会欢喜地去接受这个因缘。假如我们老师没有这样的心理状态，比方说孩子又犯错了，你的火气就上来了："你怎么又这样，给你讲多少次了！"当你用这样的态度，学生会想老师很凶，他会想老师已经骂过我了，一笔勾销，所以下一次犯错的时候，不要被老师看到就好。他不是从这个错误中去反省、去改过。所以很多机会教育点，我们为人师的要好好把握住。

我这个态度是从哪里学来的？我很幸运这几年遇到很多好的长者、老师。为什么我会遇到这么多好的长者、老师？遇到是结果，原因在哪里？原因在有恭敬的态度，原因在我们有一份心，希望能够在教育这个领域利益学生、利益社会。俗话说“人有善愿，天必从之”，当我们有善良的存心，一定会得到上天的垂爱，会有很多很有道德的长者来帮助你。

我那时候还在补习班补习，还不是正式老师。我的一个小学同学来找我，他跟我说他交了一个女朋友。我这个同学很老实，二十几岁才交第一个女朋友。我跟他十多年的交情，快二十年了，他说要把女朋友带到我们家来，我说好，就一起认识一下。结果在跟他女朋友交谈的过程中，她左一句“我们老师说”，右一句“我们老师说”。假如她是幼儿园的孩子或者小学生，我还不意外。我们来看一下，三四岁的孩子言语中都会夹着“我爸爸说”“我妈妈说”，所以在幼儿园以前，他最尊敬的人是父母，这个时候你把很重要的做人做事的态度教给他，他就终身受用。上了小学，孩子的话变成“我们老师说”。上了初中、高中，变成“我同学说”。所以你看，一个人生命中对他影响最大的会随着年龄的增长而发生变化。走入社会，可不要变成“某一个歌星说”。如果我们懂得赶快深入圣贤经典，那可能就变成“孟子说”“孔子说”，这样通过圣哲人的提醒，我们就可以不断成长。

因为他女朋友已经二十多岁了，还能够时时提到老师，让我很惊讶，好像这个老师的地位跟她父母是一样的。我愈听愈感动，所以就提出要求说：“我可不可以认识你们老师？”结果她也很欢喜，就答应说：“好，我跟我们老师说一说。”当天晚上我就觉得自己提出的要求太唐突了，所以就打一通电话跟她说：“我看算了，改天有时间了再说吧。”但她说：“我已经跟我们老师讲了，我们老师说要跟你见面。他说像你这样的人要赶快进入教育界来服务。”她老师教书已经教三十多年了，我们从她老师的言谈可以了解到，他不只自己在培育英才，他时时还希望能够有更多的人才来投入教育，他也非常愿意去提携后进。

所以，那个礼拜我的同学跟他女朋友开着车先接上我，再去接她的小学老师。结果发现，她的小学老师家跟我家只有五百米远。所以人生的缘很难说，人生的缘不是在于外在距离的远近，而在于心。心很切，人生的目标都相同的时候，纵使在万里之外也会来相会，所谓“有缘千里来相会”。为什么我这么讲？因为我就是想要弘扬传统文化，才到澳洲去，结果就在澳洲遇到了我的恩师。你看相隔万里，结果还是相会了。最主要的原因，还是那一份心。所以当我有这一份心要好好学习如何教导孩子，就能够遇到这么好的老师指导。

家离得那么近，一直都还没有接上。好不容易接上了，我就很珍惜跟这位老师学习的机会。等这位老师上了车，他坐前座，我们坐后座。这位老师回头跟我讲的第一句话，给我很深的印象，他说：“我几十年的教学生涯，我的学生教我很多东西。”三十多年的教学经验说出了一句真理，那就是教学相长。在《礼记·学记》里面就提到“学而后知不足，教而后知困，知不足而后能自反也，知困而后能自强也”。比方说我们上课时阐述一些道理，底下的学生眼睛呆滞，快睡着了，这就代表我们这样讲他们无法理解，那我们要自立自强，再研究应该怎么引导，举哪一些事例才能让学生有所领会。或者学生有很多疑问、疑难来问我们，结果我们也不会，这就会激励我们好好去查资料，好好再去跟其他长者、智者学习，所以就能够不断提升。

很多朋友也都很有心，说：“蔡老师，我也很想来弘扬传统文化，但是我很怕能力不够。”诸位朋友，不要怕能力不够，等我们都有能力了再来做，已经来不及了。家庭、社会都乱了，到时候你想做都没机会了。所以我们要抱持着“做中学，学中做”的态度，因为我们都是失教的一代，不要再让下一代有我们这样的遗憾。当家长、朋友来问我们一些问题时，我们也不要紧张。会的，我们就真诚地回答他；不会的，像我，我就会说：“我去问我老师。”老师假如不会的，她会怎么说？“我去问我的师长。”你还有什么好怕的？而当你面对别人的问题，不会但能主动去帮他找答案，他会不会瞧不起你？不会。他会更尊重你，也会很感谢你，因为你处处帮他的忙。

这位老师第一句话就让我很震撼，接着他又说："孩子犯错就是我们教他的机会点，所以不可以意气用事，不可以发脾气。"我还没教书，他就把这些正确的态度告诉了我，所以我往后教学生就从来没有发过脾气，没有说因为学生错，我就恼羞成怒，从来没有。其实这是一个很重要的方法，叫"禁于未发之谓豫"，就是预防法。孩子犯错以前，你就要把正确的观念告诉他。当我还没有从事这一份工作时，就已经有了这些正确的观念，这也是慎于始，这也是"禁于未发"，是预防的态度。所以当老师把学生都介绍完了，我的心里就出现了这一句话，也能以一颗欢喜的心去面对这一班的学生。

这一班学生有"四大天王"，常常要去训导处报到。但我真正去接触了，发现行为比较偏差的孩子其实也都很善良，只是疏于管教而已。当你对他很好、很有义气，他一定也会对你很有义气。其中有一个孩子，脸部表情很凶，没什么笑容，我就把他找过来。跟学生还是要多接触、多沟通才会亲。我跟他说："你脸这么凶，是不是老师有做什么对不起你的事？"他说没有。我接着问他："你这样的表情是从什么时候开始的？"他跟我说："五年级上学期。"你看，什么时候脸变得这么酷他自己都知道。所以我们当父母、当老师的要常常去了解孩子内心的状态，不然你就不能适时地给他疏导。

后来我跟他说："你的脸部表情这么凶，人家很容易误会你，还以为你跟他过不去，所以你要把脸部表情放松。"他听完后说："好！"但是脸有没有改？所以教育一个小孩要有耐心。你可不能跟他说："老师都跟你说了，你为什么还没改？"马上就要让他变一个人，有没有可能？不可能。后来我就创造一些机会锻炼他。比方说学校要安排一些人组建纠察队，站在走廊、校园，看到低年级的同学在走廊上奔跑，这一些大哥哥就过去劝说：“不可以跑，太危险，还会撞到别人。你是几班的？下次不可以再犯。”当一个人是警察的时候，他对自己的行为就会格外谨慎；当一个人是老师的时候，他的行为也会相对谨慎。所以我就派他去当“警察”，他的行为自然就开始转化过来，因为他很怕自己做出一些不好的行为，被一年级的小弟弟说：“大哥哥，你怎么自己也在犯？”那他就很丢脸。

后来有一次下课时间，我听学生提到，这位同学曾经到菜市场里面去帮他妈妈卖衣服。诸位朋友，假如你听了这个消息会有什么想法？一个六年级的大男生肯去帮妈妈卖衣服，那很难得。一个孩子只要有孝心，他就会很好管教，所以我给予他更多的关怀。上课的时候，假如他数学答得很好，我会当场就给他肯定，我说：“大家看，这一位同学的思维非常敏捷，他能从这个角度去思考。”诸位老师，诸位朋友，我们不要小看自己真诚的称赞，这些话都会留在孩子的心中。结果这个孩子第二次月考，考了全班第五名，从四大天王一下子变成全班考试成绩第五名。

而且我还找他来当班长，我想他可能都没有当过班长。但他吓得半死，一直不愿意接受。后来我跟他商量说：“你先当一个礼拜就好，一个礼拜。”我这个叫学生当班长的方法，跟谁学的？跟我小学老师学的。因为班长等于品学兼优，所以好的方法要传承下来。后来他就勉为其难地答应了。结果当了一个礼拜，从此都是他当班长，一直当到学期末。所以一个人的潜力通过磨炼就会被开发出来。

我在海口跟很多老师一起研习传统文化，经过一两个月我就会跟这些老师说：“下次上课，你可不可以上去讲十分钟十五分钟？”这些老师都不敢，都推来推去。我说：“拜托！十分钟就好了。”他们勉为其难：“好！”结果一上去，都滔滔不绝，还要我在后面跟他们比画时间到了，才肯下来。为什么？当一个人有承担责任的心，他就会进步得特别快。而且，因为是用心学习，用心教学生，真感情就是好文章，所以上去以后，就不由自主地把这些感受、感动都讲出来。

这个学生当了班长，把他的责任心、办事的能力都激发出来了。后来他还考了第五名，我要表示鼓励，就邀了一些对班上、对学校比较有贡献的同学，还有他，一起去吃饭。他的母亲骑摩托车把他送过来，对我说："老师，我这个孩子读了五年半的书，从来没有老师眼里有他。"我听到一个家长说这样的话也是于心不忍，因为每个孩子都是父母的心头肉，相信这五年半对他的父母也是一种煎熬。

他母亲感慨了几句，我马上把她的话接过来，跟她说："吴妈妈，这个孩子非常聪明，他的学习状况很好，他的领导才能也很强，做事也很负责任。上次我交代他办的事，都办得很仔细。"我就举了一些最近发生的事例跟他母亲汇报。我们称赞别人要具体，你很具体，对方就会觉得真有这么回事。假如你只是说不错、很好，对方可能会很怀疑。所以我就这样称赞了这个学生的很多优点，足足在那里站了好几分钟。虽然我是在讲给他妈妈听，事实上也是在讲给这个学生听，相信我们老师至诚的称赞，会留在他的心中一辈子。

后来学期结束了，毕业典礼那一天，发了很多礼物，发完还剩一个礼物，怎么办？发这个礼物也不可以白发，还可以做一个机会教育点。我就说："最后这个礼物，我们发给这个学期在德行、学习上进步最多的同学。由你们来推举。"结果怎么样？这个班长就当选了，我就把这个礼物发给他。这个大男生拿到后，回到座位，一坐下来就开始掉眼泪。我站在讲台上，底下的学生任何一个动作都一目了然。所以我当了老师才知道，以前当学生在底下做什么，还以为老师没看到，真是自欺欺人。

好，我们这节课先上到这里，下节课再继续。

第二十四讲　以善心担当，自有善缘相助

诸位朋友，大家好！上一讲我提到我在前年教的一个班级的那一位学生，成绩有很大的进步，当班长也当得很好，所以毕业典礼那一天，当我把最后一个礼物送给他时，他眼泪就掉下来了。我站在台上，心里就想我是见过世面的人，毕业班我也带过，所以应该不会再为伤心掉眼泪。我已经期许自己，这一生只为感动掉眼泪，不再为伤心掉眼泪，因为伤心掉眼泪对自己、对别人没帮助。我心里还想，假如等一下出校门了他还在哭，我就要好好地安慰他。后来整好队伍，我就把他们往校门口带。走到一半，我往后稍微瞄了一下，看到他还在哭，我就让队伍停下来，走到他面前去。我心里想用我的左手握住他的手，然后用我的右手拍拍他的肩膀说："别哭了！"然而当我把他的左手握住，右手正要去搭他的肩膀，这个孩子抓住我的手，死命地说："谢谢老师！谢谢老师！谢谢老师！"当下，我整个人好像被电到一样，原来男生还会电男生。学生这一份至诚让我很感动，我的那个泪水就在眼眶里绕，但是不能失控，因为还要把队伍带出学校去。后来我深呼吸两次，把队伍带出去，然后跟他们道别。

当我独自一个人走回校园，突然有一个很深的感受：不是我教了这个学生，而是这个学生给我上了从教以来很重要的一课。他告诉我，没有学生不能教。一个被学校认为行为偏颇的孩子，短短的几个月，我们的爱心都可以使他转变这么大，所以确实也印证了"人之初，性本善"。关键是，我们是否有这一份真诚之心。我因此还体会到一点，当一个孩子可以感受到有一个人真正爱护他、关怀他，就不会变坏也不可能自杀。诸位朋友，现在孩子自杀的比率怎么样？愈来愈高。这是结果，原因在哪里？孩子空虚，孩子觉得没有人关怀他。

我们之前提到了现在的孩子飙车，其实与其让警察不断地去追逐、去逮捕，不如从根本上把我们的家庭经营好。整个社会的安定或动荡，家庭是基础、是根基。所以我也自许在一个学校教书，从此以后就不要换了，就一直待在那里。为什么？因为我只要待在那里不动，比方说教了二十年、教了三十年，所有的学生一定还能找得到我。教育一个孩子是不是两年就教得起来？必然是要长时间的引导跟提醒。所以只要他在这一两年中，深刻感觉到老师对他的付出是不求回馈的，相信他以后人生遇到问题会找老师。他不会走向不好的路，更不可能自杀。因为只要一个人心中有爱，就不会那么绝望。

我教了两年，结果人算不如天算。因为体会到孩子的德行是根基，我就希望趁着年轻赶快深入中国圣贤教诲，所以就辞去工作。也由于辞去工作，才有机会去推广传统文化。也在这个过程中跟很多老师结识，对孩子的教育态度跟教育经验也可以切磋。所以我们看到孩子有一些不好的行为，我们不要只顾着生气，要从原因去下手。

当一个人的存心很恭敬、很谨慎，他出意外的可能性就下降了。而这个恭敬心不是在开车的时候才提起来的，而是在一切时、一切处去提升。“不经一事，不长一智”，我自从那一次坐了摩的头发翘起来，之后要上台都要先照照镜子。

下一句，“执虚器，如执盈”。比方说端一个已经吃完菜的盘子，当然在重量上就比较轻，为什么要求要有端着东西的那种态度？有时候我们拿的东西轻，会比较不小心，会比较轻忽，这样就很有可能打破、摔破了。这句话也是要我们多谨慎。很多高科技产品拿起来都很轻，但是每样可能都要上千上万元。所以当我们或者孩子对于这些小动作不够谨慎，很有可能一不小心一个月的薪水就泡汤了。

“入虚室，如有人”。意思就是到一个没有人的地方，也要当作旁边有人一样。《中庸》里面也提到，要有“慎独”的态度。一个人处世做人的态度，不能因为没有人看到而有所疏忽、有所怠慢，这很重要。这也是告诉我们，为人处世要有一贯性，不能说一套做一套。有一个老师跟学生说不可以随地吐痰，但有一天他看到四下无人，心想应该是万无一失，他就吐了一口痰。突然远方传来声音说："老师，你怎么可以吐痰？"那个老师马上全身起鸡皮疙瘩，无颜见江东父老啊！还有一个班级的老师很凶，常常骂学生。有一次全校安排他做教学演示，就是要他讲课给全校甚至于其他学校来参观的老师听。平常学生都被他骂习惯了，跟他都很有距离，突然那一天从凶巴巴变得和颜悦色，结果那一堂课上下来，后面的人鸡皮疙瘩掉一地，学生也很不舒服。这样做人累不累？太累了。

小孩往往在四下无人的时候，声音就会特别大。我们在一起爬山的时候，很多孩子也都大吼大叫。像我就会跟学生讲："我们今天去爬山，请问这一座山的主人是谁？当然是上面的树，上面的动物、植物，因为它们长年都住在那里，它们是主人。那你是什么？你是客人，你是偶尔去它们家走一走。有没有客人到人家家里面大吼大叫的？有的话那就太丢脸了，一定会被山上的主人笑，'这个人真没修养'。我们要尊敬万物，爬山的时候不可以大吼大叫，影响很多动物的安宁。而且当一个人声音太大时，这个音波可能会震动石头。古代说孟姜女哭倒万里长城，这是有一点夸张，但是确实人在说话时，那个音波会震荡石头掉下来，这是可能的。"

很多孩子到人家家里，可能主人到厨房去忙，小孩就四处参观。这样对不对？这不对，这对主人不够尊敬。尤其主人的卧房更不可以乱进。这些都要给孩子提醒，比方说很多房间他走过了，到时候主人发现有东西不见了，那谁是第一嫌疑？有一个朋友，他小时候到他的同学家去玩，结果同学爸爸的房间里面有一笔钱不见了，隔天他的同学就指着他说是他偷的，全班同学就给他贴了一个标签。这个时候你是百口莫辩，因为你没有办法证明你没拿，你确实走进去一段时间才出来。所以，“入虚室，如有人”，这是避嫌。

《常礼举要》有句话叫“瓜田不纳履，李下不整冠”。这个意思就是说，你走过人家种瓜的田地，不要绑鞋带，因为主人远远一看，你好像在偷他的瓜；在李子树下，你在那里戴帽子，手就好像要摘他的李子一样，这也要避嫌。所以《弟子规》说“将入门，问孰存；将上堂，声必扬”，你到人家的家里面去，一定要先喊一声“有人在吗？”这个进退的分寸我们也要懂。

下一句，“事勿忙，忙多错”。“忙”，就会乱。所以治乱的方法是什么？要缓和。缓可以免悔，退可以免祸，所以常常有条不紊就不容易做错一些事情。然后要懂得进退，该退的时候不要强出头，可以免掉祸患。这个“事勿忙”也是需要跟很多“谨”这方面的教诲结合在一起，才能把事情做得好。比方之前提到的“置冠服，有定位，勿乱顿，致污秽”，这就是动物归原的习惯。“动物归原，物有定位”，东西都放在固定的位置，再拿你就不会乱。

举个例子，比方说我们洗完澡，你是用莲蓬头，用完一定要把它调换成用水龙头来控制。不然，可能过几个小时另外的人去使用，开关一打开，就会听到一声尖叫，他的身体怎么样？淋湿了。所以很多事我们要慎终，你要离开的时候要把它检查清楚，才不会造成自己跟别人的困扰。你用过的东西，都把它检查一下，看有没有回归原来的位置，自己跟别人要用才不会找不到。当我们要离开家，比方说出去一个礼拜再回来，这个时候就要把家里面的气、电源检查一遍。不然假如水龙头没有关好，再回来的时候，不知流掉多少，浪费多少水。

记得有一次我刚洗完澡就停电了，我就顺手试一些按钮，结果把电热水器的开关打开了。这么一按有没有把它按回来？忘了，没有归原。后来我出去演讲，演讲了应该也有三个多小时，再回来，早已经来电了，水就一直流。我看到那个景象很心痛，因为自己一个小小的疏忽，给我们的子孙浪费了那么多水。当我们常常能运用一些工具，也不至于会忘东忘西。比如当我们答应别人的事，马上记在记事本上面。每天拿起来看一下，哪些事已经做了，打钩；哪些事还没做，再次提醒，赶快去做。假如孩子从小有这个态度，他就很谨慎也很有责任心。

诸位朋友，假如你的小孩现在是小学一年级，这一天打电话回来跟你说："妈，我的语文作业簿忘了带。昨天我都写完了，下节课老师要检查了，你赶快帮我拿过来。"诸位朋友，你会怎么做？"妈，你还在考虑什么？赶快帮我拿过来。"很多家长就送过去了。虽然是一个小小的动作，但做对跟做错对孩子心态的影响可能就有天壤之别。卢叔叔就曾经跟我讲过，他女儿第一次作业本没有带，打电话回家请父亲帮她拿去，结果卢叔叔说："自己没有带是自己犯错，所以要为自己的行为负责，该处罚就处罚。"就把电话"喀"挂了。诸位朋友，你挂得下去吗？

所以教育孩子要恩威并济，该有威严、该有原则的时候，不能动摇。后来他女儿放学回家了，脸色不大好看。这个时候女儿进门，要不要继续骂？再训一顿，这就太过了。挂了电话，已经很有威严了，接下来要施恩德。所以卢叔叔就跟他女儿说："有没有被老师骂？有没有被处罚？"小女孩点点头："有。"接着卢叔叔就说："爸爸教你一个方法，从此以后就不会因为作业本没有带而被处罚。"本来还有一点失落，突然听到这一段话怎么样？精神都来了。卢叔叔跟她说："只要你利用记事本，明天有什么课，该带什么要记录下来。睡觉以前收拾书包，已经放进去了，打钩。统统都带了，就可以安安稳稳睡觉。"所以当孩子犯错，往往也是教育他很好的机会点。你假如只是发脾气，这个机会就丧失了。让孩子从小就懂得用记事本提醒自己哪一些东西应该带，他就不容易忘东忘西。临要出去的时候还在那里找东西，可能很多事就搞砸了。

当然，教育孩子“事勿忙，忙多错”，做到不忙、不杂乱，首先我们自己要做好的榜样才行。我记得常常搭我父亲的车，那个时候年纪才十多岁。我父亲在开车时都会说：“干吗去赶？赶也不会差那五分钟。”父亲轻轻的一句话，对我来讲影响就很大。后来我会开车了，时时想要开快的时候，就会想到父亲这一句话。我父亲从来不按喇叭，因为他觉得没有那个必要，所以我开车也不按喇叭。当然有些情况也要按，拐弯时你完全看不到来车，要先警示一下，平常能让别人就让别人。

下一句，“勿畏难”。“勿畏难”，就是不要害怕困难。《中庸》有一句很重要的教诲，叫“人一能之，己百之；人十能之，己千之”。也就是说，人家做一次就会了，如果我们比较驽钝，就做一百次；人家做十次就会了，我们纵使要做一千次，也要坚持去做。假如人都抱持这样的态度去面对事情，纵使本来是比较驽钝，势必也会大开智慧，“虽愚必明”“虽柔必强”。当我们都用这样的态度去应对事情，很多时候就不会被自己打败、吓退了。我曾经的老师也常说，她会常常鼓励自己。孟子说“舜何人也，予何人也，有为者亦若是”，所以她就经常鼓励自己：“我一定可以！”一生中陪伴你最久的是谁？是你自己。所以时时要自我砥砺，自我鼓舞，这很重要。

我在教书的那两年体会到德行是孩子一生的根基，要趁年轻深入传统文化，所以就把工作辞掉了。我的父亲说：“教育乃百年大计，做这件事很困难，你要考虑清楚。”后来我就跟我父亲分析，在历史上真正很有贡献的人，都不是很有钱或者很有权势。我们看看，孔老夫子有没有钱？孔老夫子有没有权势？没有。凭的是一颗真诚的心。我的老师也没有钱、没有权势，但是由于有一颗真诚的心，也能把圣贤学问向全世界弘扬。所以我们要明白事情的成败不在于外在的东西，真诚之心才是根本。我接着跟父亲讲："我们这一代不是一定要看到传统文化开花结果。只要传统文化不要在我的面前断掉了，那我就很安慰了。"

后来我就到澳洲去学习，起了两个念头：第一个念头是希望遇上一位很好的传统文化老师；第二个念头，因为自己德行太差，有很多坏习惯，所以希望有一位长者、一位好老师在我旁边。我到了澳洲，上课的时候，好老师就坐在哪里？坐在讲桌上，讲《德育故事》给我们听。然后，卢叔叔就坐在我的旁边，一个位置都不隔。所以诸位朋友，你所感来的境界、感来的人际关系，真正的根本在哪里？在你的心。心是能感，境界是所感。假如我们的心有很多对立，有很多纷争，我们的人际关系就会怎么样？冲突不断。我们的心中假如念念希望能有所奉献，自然就会感来很多人对你的帮助。所以不要怕困难，只要你有一份真诚的心，助力就会接踵而至。

后来这位老师带着我到海口去。去了一个礼拜，我们又去了山东曲阜。因为推广传统文化，我们一定要先礼拜孔夫子，因为孔夫子是对传统文化贡献最大的圣人。我们去了一趟山东曲阜，老师非常感慨，因为看到孔庙里面很多古迹都被破坏掉了，所有赞颂孔夫子的碑文几乎都被砸坏了。老师跟我说，她看了才更深刻体会到传统文化的败丧如此严重，所以我们不得不做了。然后她就决定要在北京架设一个全球性的传统文化网站。接着老师就跟我说："你一个人回去！"我要去海口的时候，我爸爸还特别交代，交代我一定要站在老师后面好好学习。结果人算不如天算，去了一个礼拜，我就必须一个人做，而且举目无亲。所以当时我的内心突然响起了一句曾子的教诲："士不可以不弘毅，任重而道远。仁以为己任，不亦重乎？死而后已，不亦远乎？"其实我们做很多事不要先想太多的烦恼，"岂能尽如人意，但求无愧我心"，只要是正确的方向，你尽心尽力做就对了。

我回海口以后就开始到处演讲。我问老师说："我要怎么学习？"

老师讲得非常简洁，她说：“你现在就一个目标，先做三百场演讲。”后来很多人都问我：“蔡老师，怎么演讲？”我也会很简洁地回答：“先讲三百场，我就是这样被训练出来的。”结果到海口第一场演讲，面对的是海口三百多个老师。你们看得出来我很容易紧张吗？你看我那么瘦，怎么可能不会紧张？我记得大学联考的时候，紧张得睡不着觉，吃了两颗镇静剂还是没效。其实不是没效，隔天早上发生效用了，所以我那一次考得实在是晕头转向。后来因为有深入经典，知道“理得心安”，很多事强求不来，才慢慢调整自己的心态。在演讲前一天，我在孔老夫子的圣像前面顶礼三拜，请古圣先贤保佑我晚上好好睡一觉，明天才有精神讲课。结果很有感应，一觉睡到天亮。从那一场开始，马不停蹄地，只要有机会我就去讲。因为确实在家庭也好，在团体也好，在学校也好，最缺乏的就是德行教育。也正是这一场一场的磨炼，我才得以提升能力，有所进步。

后来八月份我在海口开了一个课，叫“中国的远祖四千五百年前是如何教导他的后裔”。我讲这个课，总共讲了八个小时。后来这个课程我也讲了将近十次，讲到十一月中旬的时候到香港去录影。同一个主题，第一次讲是八个小时，三个多月以后讲是四十个小时，整整几倍？五倍。所以人有很大的潜能，只要你愿意接受锻炼、接受磨炼。和第一场讲课隔了差不多一年，我在演讲时看到几个很熟悉的面孔，我就请他们说一下我第一次演讲跟一年后的演讲有没有差距，结果他们马上说：“差好多！”

我们人确确实实有很大的潜力，不要担心。而且当你真正把这个决心、愿力发出来，很多助力自然而然就来。我在海口找地方作为我们的教学中心，第一次到一个汕头人的家里去，是一位女士，我跟她聊了两个小时。汕头人很强调孝道，所以她一听我们是要弘扬传统文化，内心很欢喜，马上答应场地免费给我们用。那天晚上我在回家的路上，眼泪都流下来。确实我们要信真理，“天道无亲，常与善人”。我一个人在那里从来没有接触过当地官员，统统都是当地的很多朋友一起帮忙的。所以，当我们有一颗真诚的心，就能够去唤醒每个人的真心。

在海口几个月，我们中心的工作进展得很快。后来深圳有老师邀请我过去上课，所以我就赶到深圳，那年的三月十五号开始讲课。之后我就变成一个礼拜在深圳，一个礼拜在海口，就这样坐飞机飞来飞去。到了七月中旬，暑假到了，暑假期间老师们比较有时间学习，我们就计划办四场大型的教师研习会，一次五天。我们在海口办第一场，七月十三号办。七月十一号海口的天空出现了八颗星星，而且那个星星给你的感觉就好像挂在自家房子的楼顶上，感觉很近。我没看到，但隔天我们中心的老师把相关报道拿给我看，说所有的天文学家都找不到这八颗星的来历，因为过了几个小时星星就不见了。当我看到这个报道的时候，我的脑海里马上浮现八个字，哪八个字？“孝、悌、忠、信、礼、义、廉、耻”。我们来思考一下，现在的家庭也好，社会也好，国家也好，问题在哪里？缺乏德行的教化。所以只要这些德行的教化得以张扬，相信可以再创一个中国人的盛世。

七月中旬那一场我们办了五天，是在一个很高级的酒店办的。为什么会到这么高级的酒店办？之前六月底我回了台湾一趟，当地的朋友请我吃饭，吃完饭隔天我就走。结果那个酒店的老板来了，跟我们一起坐下来吃饭，他也很喜欢传统文化。那时候我在讲《朱子治家格言》，他听了就很高兴，他说：“下一次你再讲，一定要找我去听。”“德不孤，必有邻”，因为聊得很开心，他就说：“今天晚上我送你回去，明天早上坐飞机我也送你去。”这才第一次见面。

在回家的路上，这个老板就说：“蔡老师，孔老夫子以前讲课，就是因为有一个子贡，很有钱的弟子，他讲学才能够无后顾之忧。”然后他就说：“我的饭店楼上有一个专门的会议室，可以坐上百人，而且冷气特别强。”海口很热，我们中心又没冷气，我一直在那里担心，到时候课堂上会不会每个人拿着手帕在那里擦汗。他那么一讲，我马上说：“那你的场地可不可以借给我们？”他说：“没问题。”后来七月十三号到十七号办完了，我们要去付钱，结果服务员说：“钱统统都付过了，不用付了。”我们吓一跳，白吃白喝五天，怎么都不用钱？再深入了解，原来老板娘在后面听了五天的课，听的时候内心很感动，她说：“我的孩子都十几岁了，小学都没有学这个。”因为来上课的都是小学老师，她希望把这个讲座办好，让更多的学生能够受益，所以她就把账结了。

所以我们要通过自己的人生去体验真理，确确实实只要有一份善心，就一定会有很多善的力量来帮助你。诸位朋友，你们有这个信心吗？（答：有！）“信为道元功德母，长养一切诸善根”，事情的成败在信。假如你不相信你的孩子“人之初，性本善”，你就很难把他教好；假如你不相信你的先生“人之初，性本善”，你就可能会跟他有冲突；假如我们不相信圣贤说“人之初，性本善”，我们跟经典也会隔一层膜，所以信很重要。

之后我们接连在深圳、北京、上海、杭州、庐江、汕头、厦门，还有东南亚办课程，整个课程办下来都没花钱。在上课的过程中，很多人受感动，都主动拿钱出来办这样的课程。还有人拿钱给我们，希望我们去印书、去推广。所以我们本来只办四期，后来四期办完，各地都要求我们去讲，整个缘就怎么样？打开来了。

所以当你有一份心去做，你不要操心，好好提升自己的能力，缘分就会自然而然去安排，而且安排的事不会让你做不来。上天很慈悲，当他知道你只能扛二十公斤，他就会让你扛二十公斤，但是你要每天练体力才行；等你可以扛五十公斤了，他就给你五十公斤，不会把你压死。我回过头来看我的经历，还真是如此。第一年没有让我当班主任，因为经验尚浅，所以带了四个年级的课；第二年就带了一个六年级毕业班，程度又难了一点；后来又带了全校不好带的班，所以难度是慢慢加大。后来，带过了这一班就调到海口去了，也是让我慢慢磨炼。所以诸位只要有心，不要操心，上天自有安排。

好，这节课先上到这里，谢谢大家。

第二十五讲　处处替人着想，人际关系愈加殊胜

诸位朋友，大家好！很多朋友问我：“蔡老师，你累不累？”有很多老师跟着我到各地去演讲，看到我愈讲愈有精神，所以很多担心是不必要的。我跟这些朋友讲，人不怕身累就怕心累。身累，躺下去七个小时以后又是生龙活虎。但是心累，很多事知道很重要，应该去做，可是却没有能力去做，那时候的心很辛苦、很煎熬。所以，当我们能够尽心尽力去做重要的事情，事实上内心是很宽慰的。

我记得在高中时代曾经读过孟子的一篇文章，里面提到“天将降大任于斯人也，必先苦其心志，劳其筋骨，饿其体肤，空乏其身，行拂乱其所为”，为什么？“所以动心忍性，增益其所不能”。我在高中时代读这篇文章有什么心得？不要当圣贤人，会累死，还要动心忍性，还要饿其体肤。那时候老师没有把这些气节跟我们讲，所以我依文解义，绝不想往君子圣贤的路上走。但是后来真正去弘扬传统文化，突然对这一句教诲有了不同的感受。我作了一个横批，叫“甘之如饴”。当我们知道这个事情太重要了，心里面怕的是自己能力不足，所以当考验来的时候，都会很欢喜接受，这样就可以提升能力。

我有这个态度，也跟所接触的老师达成了这样的共识。我要到深圳去讲课，原来我的课就必须交给其他老师。当其他的老师接到我的通知时，他们会怎么想？他们不会说：“不要！”他们会说：“责任的承担是成长的开始。”所以，虽然我离开海口，课程都没有断，连大年初一、春节期间的课都没断。他们说，学习智慧刻不容缓，假如缓下来了，少一天学习，对孩子可能就有很大的影响，所以他们也坚持，这个课也办了一年多。海口、深圳很多老师，除了做好自己的本职工作之外，平时的晚上，礼拜六、礼拜天都义务出来帮我们中心讲课。他

们学习了四个多月，就开始跟着我到很多地方讲学。从修身做起，然后把班级带好，齐家；然后把海口照顾好，治国；然后到北京、到深圳，到很多不同的省份去讲课，平天下。所以这四件事其实是一件事。只要你真心发出来，自己不断砥砺，自己不断超越，自然而然想做的事就会水到渠成。

如果应该给孩子承担的事都被父母做了，这是剥夺了孩子学习、历练的机会。我在前面也提到，卢叔叔没有帮女儿拿作业本去。假如作业本拿去了，会是另外一个结果——女儿很高兴："爸爸，你真好！"有求必应，真是观世音菩萨。那孩子的内心会起什么变化？只要我有事，我有爸爸，我有妈妈，我有爷爷，我有奶奶，我还有佣人。背后有一大堆靠山，随时可以帮他收拾残局。所以我们现在往往看到很多年轻人，二十出头，他讲的话你会被气死，会吐血。真的！皇帝不急，急死太监。父母，所有亲友帮他忙得要死，他都觉得无关紧要。我在海口就有遇到，父母通过很多关系帮孩子找了工作，他却说："好，我就看你的面子去试试看。"还有一名大学生，读书被退学两次。朋友问他怎么办？他说："我也不知道。"所以你看都快二十岁的人了，对自己完全没有责任心。这是结果，原因在哪里？他很少为他自己做的事负全责。

当我们帮孩子收拾他的过失，他就会觉得往后都会有人帮他的忙。所以他以后要娶太太，你要帮他筹钱；他要买房子，你也要帮他张罗。你要帮他张罗到什么时候？这样的人会累死。可能你眼睛要闭上的时候，还在想要帮孙子买什么东西。在一期《深圳特区报》上，有一对夫妇发表了一篇文章，劝告年轻的爸爸妈妈不要宠小孩。他们夫妻老来得子，对孩子百般呵护。上了幼儿园，幼儿园老师说孩子有哪些行为不好，当父母的要注意，他们还会帮孩子解释，还会帮孩子掩盖。这样一路下来，孩子要什么就给什么。等他大学毕业交了个女朋友，女朋友要求说:“叫你父母搬出去，房子给我们住，我才要嫁给你。”所以儿子直接通告他父母:“你们出去！”父母已经感受到问题的严重性，所以希望通过他们切身的痛苦，劝告更多的父母不要溺爱孩子。

国外有一位十一岁的孩子，玩足球把别人的一大片玻璃给打碎了，要赔12.5美金。当时的12.5美金可以买125只母鸡，所以这一笔钱很大。父亲就跟他说:“这你要负全责，所以你要自己赚钱来还债。”这在中国的父母做不做得出来？很困难。据统计，中国的小孩零用钱最多，而做家事的时间最少，所以很没有担当。结果，那个十一岁的孩子就从那个时候开始打工，一点一滴把钱给还上了，后来他的事业也很有成就，他就是美国前总统里根。所以你看，当你让孩子去磨炼，不仅培养了他正确的态度、责任心，又增长了他做事的能力。可见，养小孩要用理智，不可以只用情感、用溺爱，这相当重要。这是讲教育孩子时，要培养孩子不畏艰难、敢于担当的精神。

我们俗话也常讲“家家有本难念的经”，所以现在离婚率很高。离婚对自己还有对小孩可能都是一个伤害。所以面对人生、面对婚姻中的挫折，我们也要勇于去克服。有一次一位朋友打电话给我:“我同事的先生有外遇，该怎么办？”诸位朋友，你有没有接过这种电话？我虽然没结婚，但是解决人生问题的答案保证在经典中。所以当场我就跟她说:“行有不得，反求诸己。在人生出现状况的时候，不可能都是别人错，只有我对。”是不是这种情况？因为一个巴掌拍不响。所以当夫妻面临这样的问题时，我们头一个念头要想到“我错在哪里”。当然，起这个念头不容易，可是我们若不转到这个念头上来，你的心平息不下来。当我们处处只想着对方哪里不对、对方哪里有错，一定是情绪翻腾，很有可能会意气用事，把事情搞得愈来愈糟。

我接着又说:“比方说对方错七八分，我们错一二分，也要静下来先想我这一二分错在哪里，进而把它改过来。”这是第一个重要态度，

"行有不得，反求诸己"。接着我跟她说："家火不烧，野火不起。"诸位朋友，家火，什么火？冲突、不宽恕、不包容就是火。家里不先出状况，外面的火就烧不进来。所以不要去怪别人，一定是我们自己先有过失。所以不要再把情绪发泄到另外一个人身上，这是第二个重要态度。第三个重要的态度：当先生对的时候，你要把他当父亲看；平常要把他当朋友看；先生错的时候要把他当小孩看，把他当儿子看。当你儿子犯错的时候，你会不会跟他说，我这一辈子跟你没完没了？会不会？不会。对你儿子不会这样，对你先生就这样，为什么？大家有没有看到人的不平等？

所有的障碍烦恼不在外，在哪里？在自己。谁让你烦恼？打一个比喻，今天你走在路上，突然有一个陌生人走过来给你一巴掌，你还没有回过神来，他已经跑了。你在那里摸着自己的脸，心想："怎么这么衰？算了算了！"你就走了。结果那天祸不单行，你先生喝了一点点酒，回来看到你，同样是一巴掌，结果是否一样？"我跟你没完。"奇怪了，同样一巴掌，效果不一样，谁造成的？苦都是自找的。因为我们的心不够宽容，没有从对方的角度看，都是用好恶在解决事情。自己所好的什么都可以，自己不高兴的就都不行，所以就造成自己很多烦恼障碍。

很多人总说："他都这么大了，连这一点做人的道理都不懂。""他都这么大了"，哪里大？年龄大，活了三十几岁四十几岁，但年龄大不代表智慧长。你说："他应该懂。"他应该是不懂。有没有人教过他夫妇之道？诸位朋友，你念书念了十多年，有没有看过一篇讲夫妇相处之道的文章？夫妇相处对人生重不重要？重要！五伦只要夫妇这一伦正了，其他自正。我跟一位长者聊天，他就说："我们教育什么都教了，就缺一个东西。"缺什么？缺"德"。什么都有，跳舞、唱歌统统都有，就最缺这个东西，最缺如何与人相处。所以你先生是受害者，我们有责任帮助他。“人非圣贤，孰能无过”，你若把他当儿子看，你马上就能包容他。你有这样的态度，他才会迷途知返，因为外面都是逢场作戏、都是虚妄的。人往往犯了错，才知道什么是真的。第三者绝不可能是一个好女人，好的女人绝不可能破坏别人的家庭。而先生的定功不够，所以被花言巧语骗了。

我老师从事读经教育差不多十年，她往往教读经、教书法教到十点多。小孩都回去了，换谁上课？大人上课。因为很多家庭问题，这些妇女都找不到方法，很痛苦。老师常跟我讲女人真不容易，所以要多关爱她们。很多家长有家庭问题、教育问题都会来问老师，老师也会尽心尽力帮助她们。老师常常回到家里都是半夜一点多，所以她都穿大衣，衣服里面总放一把雨伞，以备不时之需。半夜比较危险，所以要全副武装，整个包起来，让人家看不出来她是男的还是女的。从这么一个小小的动作可以看得出来，在老师的价值观中，什么摆第一位？帮助别人摆在第一。

有一位太太说她先生有外遇了，怎么办？老师沉静了一下。当你沉静一下，对方也会怎么样？也把心静下来。老师接着就说：“你是真的要解决问题吗？”要看看她决心下得够不够。这个太太就说：“真的！”“你既然下了决心，我就告诉你，但你要真去做。在这样的情况下，你一定要拿出女人的法宝——温柔。从今天开始，他做什么错事都摆在第二位，就看你自己有没有做对，有没有把孩子照顾好，有没有把公婆侍奉好，这最重要。先把自己的本分做好，以你的德行唤醒他的惭愧之心。”

隔天，这位女士穿得整整齐齐，在家等先生回来。可不可以穿得邋邋遢遢？很多男人是被女人吓出去的，我们还是要端庄。她就打扮得很端庄，把孩子的功课都打理好，安排孩子都去睡觉了，她就坐在那里等先生回来。看着时间一秒一秒过去了，十一点多了，十二点多了。突然她体会到一个道理，叫“一切法得成于忍”。假如这个时候火气上来了，可能就前功尽弃了，所以她继续等。一点多，听到开门的声音，这位太太马上跑过去，笑得很灿烂，双手把她先生的公务包拿起来说：“真辛苦，现在才回来。你一定肚子饿了，我去帮你煮碗面。”她的先生神魂未定，不知道出了什么事。从那一天开始，她每天都等她先生回家。诸位朋友，这位先生虽然出轨了，最起码还有一点好，还有一点羞耻心。所以后来过了差不多一两个月，有一天她先生回来得特别早，结果一进门，话还没讲就跪下去，他说：“你饶了我吧！我都跟你招了。这一段时间我受到良心的煎熬，我都快撑不下去了。”

所以要化解人生的挫折、人生的困境，还是要用诚心，要用德行，才可以做得到。不管人生面临什么样的挑战，我们一定要“勿畏难”，要敢于承担。诸位朋友，你回想一下你的人生，在哪一时期进步得特别快？都是在挑战中、在逆境中，所以我们要感谢挑战、感谢逆境。这是“勿畏难”。

下一句，“勿轻略”。“轻”是指轻视，“略”是指忽略。当我们对某些事情很轻视、忽略，心已经失去了恭敬、已经失去了谨慎。我们在哪一些事情容易犯这个毛病？古代有一篇文章，说的是有个人看到很多人挨饿，就拿了食物给他们吃。他就随口说：“来来来，来吃！”结果有一位饥饿的人说：“不食嗟来之食。”你这样的态度根本不把人当人，所以他宁可饿死也不吃。我们的态度会影响到别人的感受，所以今天纵使我们布施，我们施予，也不要忘失我们的恭敬、我们的谨慎。其实是对方在让我们种福田、让我们积阴德，我们要感谢他们。

我在海口做了一百多场演讲，有一些老婆婆七十几岁了，还常常来听我讲课，我都很怀疑她们到底能否听懂，因为她们只会讲海南话。但是很奇怪，我看她们坐在下面常常会在那里笑。很多人会说我们讲的东西有利于这些人，我就跟所有讲课的老师说，每位在底下听课的人，我们都要感谢他，都是他在成就我们。他们的眼神都非常慈爱，假如你们坐在底下，脸色很难看，我可能就讲不下去了。就是有这么多人给我们机会，我们才得以成长。所以讲课的人、讲经的人也要处处感恩，处处谦卑。这样纵使我们是施予，也能守好我们这一颗心。不然当心不恭敬，功高我慢了，道业也就毁了。

再比方说我们要捐衣服给别人，能不能很脏就拿给人家？送别人东西要有诚意，先把它洗干净。我记得我送一台车子给朋友，我的父亲就跟我交代说，送别人东西一定要让人家接得欢欢喜喜。但是我们一般人会忽略，会想："我送他，他应该知足了。"往往这一念起来了，可能你本来是好心要送他东西，可是因为这个东西出了很多状况，到时候接收的人也会心里不舒服。我听了我父亲的教诲，我就把车检查了一遍，发现离合器已经踩了十多年，不好用了。送给他，到时候他一开，那么难开。本来是一件好事，到时候又可能让他生了很多烦恼，修理还要花一大堆钱，他在经济上已经很困难了。所以我们要处处替人着想，纵使送别人东西也要顾及对方的感受。最后我把车修整好了，才送给他，他开了一两个礼拜打电话给我，说这个车虽然十多年了，但是很好开。后来过没多久，我这个朋友就生小孩了。生了小孩，假如还骑之前的摩托车怎么样？很危险。这个朋友跟我已经有二十年的交情了，就是他把他女朋友的老师介绍给我的。

所以只要我们用心去经营、用心去付出，人与人之间好的因缘会愈来愈殊胜。比方说朋友到家里来做客，我们也要"勿轻略"，要先设想到，他可能需要哪些日常用品。纵使他带了，我们也要准备一份。因为人难免会忘东忘西，到时候忘了带毛巾，又不好意思跟你要，可能身体没擦干净，衣服就穿上了，说不定就感冒了。所以当我们处处能替朋友设想，让他宾至如归，相信你们这一段情谊会愈陈愈香。我在澳洲曾经担任一个职务，叫作寝室长，管一个寝室的生活用品。所以常常到厕所去看看卫生纸够不够，然后根据天气变化，巡视一下棉被够不够。我们每一点谨慎付出，都会让朋友内心很温暖、很欢喜。这是讲的衣食住行方面，我们要尽心尽力去付出、去关怀，“勿轻略”。

在教育孩子方面，比方说我们叫孩子拖地，孩子可能有一个心理，“你叫我做，我就应付一下，我还要赶快去看我的卡通”。当孩子第一次答应你做事，他是用应付、敷衍的态度做的，而你没有把这种态度修正过来，他往后可能都是敷衍塞责。所以第一次让孩子拖客厅，你一定要去检查他有没有拖干净，假如边边角角都还脏兮兮的，就代表他做事轻略。而且除了轻略以外，他做事还有头无尾。做一件事情应该怎么结尾？应该请爸爸来检查。不然你想这样应该就差不多了，但可能跟父亲的标准还差很多。父亲一看不行，马上要纠正，说：“过来，儿子今天辛苦你了，拖得还不错。”人都喜欢听鼓励的话。先鼓励一下，再告诉他：“你这个边边角角假如再仔细拖一下，那就不简单了。爸爸像你这个年纪的时候，一定干不好这件事。”给他肯定一下，同时也让孩子对一切人、对一切事、对一切物都懂得恭敬谨慎。

我曾经在我老师家住了半年，老师对我很关怀。她很细腻，怕我没有钱花，就在冰箱的上面放了一个钱包，里面放一些钱，然后随口说一句：“没有钱自己拿。”我们可以感受到这个长者处处替你着想，怕你真的没钱很难受，也不好开口，就做得很善巧，让你可以很方便就解决这个问题。

另外，我在跟卢叔叔相处的时候，也体会到他处处对人很恭敬，不轻慢。我记得从澳洲回来，卢叔叔去台中看我，他还拿了一盒黑糖魔芋给我。纵使我是他的晚辈，他对我也很客气，不会以一个长者的姿态待我。之所以买这个黑糖魔芋，也是在不经意中听说我以前差一点就去做有机食品，所以他一看到这个是“有机黑糖魔芋”，马上就想到我。卢叔叔与人交往，都很细腻地去了解别人的喜好、别人的需要所在。只要有机会，他一定会去付出。他也教导我们这些晚辈，很多行为要减少别人的担忧，比方说你从朋友家离开是晚上，只要你到家了，一定要打个电话给对方，说你已经到家了，让朋友别担心。我们为人子更应该如此，比方说晚上从父母家离开，到自己家的时候一定记得打个电话给父母，不要让他们担心，这些小事都要“勿轻略”。

我常常搭飞机，也常常跟我老师一起搭。老师有一个习惯，她在上飞机以前一定要确认飞机有没有正常起飞。而且一定会算时间，比方说七点半到，她会请对方七点五十再来接机，这样就能够让人家不等太久。

接下来，“斗闹场，绝勿近；邪僻事，绝勿问”。这个“斗闹场”是指比较复杂、比较奢华的地方，小孩不要进去。孩子为什么会进这样的地方？心里空虚，没有人生目标。还有一个很重要的根本问题，他没有判断力，他不知道结交什么样的人、接近什么样的环境、做什么样的事才是对的，才是对他的人生有所帮助的。这个判断力从什么时候养成？很多家长会很紧张一件事，他们会说：“我很害怕我的孩子以后会交到坏朋友。”诸位朋友，担忧有没有帮助？没帮助。我们要思考的是怎样才能提高孩子的判断力。

我曾经看过一个报道，一位孩子犯了很重的罪，警察局打电话通知他妈妈。妈妈接到电话，就说：“不可能是我儿子，不可能！我儿子不可能干这种事。”后来到了警察局，在门口还在那里说：“不可能，一定是同名同姓的。”结果等她打开门，看到坐在那里做笔录的是她儿子，马上就说：“都是被那一群朋友带坏的。”一句话把责任推得一干二净，这样对不对？圣贤人教导我们“行有不得，反求诸己”，假如我们没有这个态度，人生犯了多少过失完全不清楚，这个人生就真是活得太不值得。

所以我就跟很多朋友讲，遇到好朋友或坏朋友，跟自己很有关系。

我们不能顺着自己的思维，常常在那里担心，要顺着理智、顺着真理去面对。《易经》里面有提到“方以类聚，物以群分”，意思就是善的人就会跟善的人在一起，恶的人就去吸引恶的朋友。所以当我们的孩子非常善良、非常重德行，自然而然感召来的朋友就是好的。可见，最重要的一点要先长孩子的什么心？善心。

我的外甥，他的母亲在他三岁多就开始教他读《弟子规》，讲解《弟子规》让他了解。三四岁带他到外面去跟其他的小朋友交往，当其他的小孩对别人口出恶言或者动手打人时，我的外甥看了就会拉拉母亲说：“这个小孩不可以打人，这个小孩不可以骂人。”为什么他会这样判断？当你有教《弟子规》，你教孩子孝是对的，你教孩子孝是善，他知不知道什么是恶？当你教他友爱兄弟、尊敬长辈，他知不知道什么是恶？当他知道谨慎很重要，当他知道自己的事情要自己做是善，他同时也会知道什么是恶。当孩子善恶分明，就会有所取舍。

当他常常心存善念，到斗闹场的环境，他保证会浑身不舒服。现在假如叫我去歌舞厅站一分钟，我一定呼吸困难，头都发痛，那个磁场很不好。“入芝兰之室，久而不闻其香”，你已经接受圣贤的熏陶，心里面想的、做的都是善，当把你放在不善的环境中，马上感觉很不舒服，自然就会敬而远之。但如果孩子小时候善恶不分明，等上了初中、上了高中遇到一些不好的朋友，马上就被带过去了。

万法因缘生，一个人会交到不好的朋友，原因是什么？善恶不明。缘是什么？缘是恶友出现。人往往只重这个缘，没找真正原因。几千年的历史，圣哲所处的往往都是乱世，但是他们都能做到屹立不摇，因为他们心中那把做人的尺子清清楚楚、明明白白。所以诸位朋友，只有让孩子善恶的根基扎稳了，你的中晚年才能够高枕无忧，所以我们的人生规划要能够深谋远虑。

好，这节课就上到这里，谢谢大家。

第二十六讲　礼是人与人之间最优美的距离

诸位朋友，大家好！上一讲我们分析孩子会交到不好的朋友，会遇到不好的环境，根源在于他不懂得是非善恶的标准。要从根本来解决这个问题，必然从小把他德行的根基打好，这样自然而然他就不会去接触不好的朋友，自觉远离混乱的环境。有一位老师的小孩才一两岁，每当带他经过一些声色场所，一些打游戏的地方，他就跟他儿子说，这种地方会污染人，会让人学坏，所以这种地方不能进去。因为从小就教，所以孩子长大了，这样的地方他走过去连看都不想看，这叫先入为主。所以教育一定要在他还没有养成、还没有染上不良习气的时候就要预防，当他已经染上不良习气就很难改正过来。所以家长教育的敏感度愈高，就愈能掌握预防的技巧。

在深圳有几个六七岁的孩子一起学习经典。有一天晚上，老师就问他们什么是好心，什么是坏心，什么是善，什么是恶？这六个孩子给出来的答案，我念给诸位朋友听一下。学习经典一两年的孩子，他们的判断力，他们的存心如何？首先讲好心。第一位同学说："一件东西自己想要，但别人也想要就让给别人。这是一种礼让的态度，就是好心。"第二位同学说："孝顺父母，上课专心，对别人恭敬，就是好心。"说得好！孝跟敬是一个人德行的大根大本。

我给孩子上课，上第一节我就画了一个图，水面上露出小小的一个尖角，我问他们："诸位小朋友，这是什么东西？"然后我跟学生说这是冰山的一角。冰山的一角只占冰山的多少？5%。冰山95%在海底下，没有开发。人的潜力就跟冰山一样，大部分都埋没了。那怎么把这95%开发出来？老师今天送你们两把钥匙把它开发出来。哪两把？第一把是"孝顺"，第二把是"礼貌"。礼貌，其实本质就是恭敬之心。

我就告诉他们，古代舜王就是因为孝顺，所以智慧很高。不只智慧很高，还因为他的智慧跟德行赢得全国人民的爱戴跟推崇效法，所以他的潜力就可以发挥得非常好。我也跟小朋友说，老师因为很有礼貌，所以认识了卢叔叔，就把卢叔叔的很多智慧跟经验学到了，让自己的能力可以开发出来。

那一节课讲完，孩子看到老师，看到其他的家长都会鞠躬问好。诸位朋友，教人之善勿太高，你不要说他们很现实，不够真诚。只要肯鞠躬，鞠到最后，会由外内化到里面去。很多人都说，有些人去行善都想要有好的果报。我说想要有好的果报有什么不好？最起码他做出来的可以让其他的人得到帮助，也会“见人善，即思齐”。而当他持续行善，后来看到很多可怜人，慢慢地他那原有的善良就自然引发出来。假如我们只站在旁边说，他行善是为了达到某个目的，那个人也一样。我们只是在看别人，自己停在原地都没动，那我们又有什么资格去批评人家？当别人已经行善了，不管他有求无求，我们都应该随喜称赞，随喜功德。这样他就会愈来愈受鼓舞，愈做愈真愈欢喜。

什么时候可以开？这两把钥匙没有年龄限制，八十岁也行。我在杭州演讲的时候，有位长者七十岁，听我讲到第四天，中场休息时他过来跟我讲了一句话。他说：“蔡老师，人生的第一课我七十岁才上，孝道！”但是有开始就不会太晚，孔夫子说“朝闻道，夕死可矣”，只要我们明白道理，真正去做，这一生绝不会空过。

有一次，我在上海演讲的时候，第一天讲“入则孝”，有一位长者带着儿子一起来听。上完课，要吃饭的时候，他就到我们老师的这一桌，很激动。他说他终于知道他修身修行十多年，为什么提升不了的原因。不管怎么学都觉得这一颗存心还是不够真诚、不够恭敬，一直都找不到原因。听完“入则孝”，他才恍然大悟，原来他是第一层楼没有盖好，就直接盖第三层。其实我们在三楼的时候，是用两根竹竿撑上去的，确实是站到三楼，但是随时都可能坍塌。之前别人很好心地说："来！下来。"他还说："你程度比我差，还叫我下来。"当他明白原来根基最重要，才终于找到自己摇摇晃晃的原因。人得理，心才会安，再往后所跨出的每一步才会扎扎实实。

所以那位同学提到孝顺父母，上课专心，对别人恭敬是好心，这已经长养了德行的基础——孝跟敬。下一位讲到，做到《弟子规》的心是好心。再下一位讲，做到《孝经》第一章到第十八章，然后听老师的话，做到《常礼举要》是好心。有一位小朋友去找朋友，刚好朋友不在，他便自己折了一个纸鹤，放在朋友的门口，告诉朋友他来过。所以我们不要小看孩子灵活运用的能力，他们学的东西都会用在生活中。下一位讲，智慧的心是好心。再者，做好事的心是好心，不用督促就去做事的心是好心。诸位朋友，这些心境已经到了会自我观照，看自己的存心是真是假的程度。再者，知道是好事就去做，这是好心；懂道理的心是好心。

接下来我们看坏心。小孩怎么看坏心？第一位讲不帮助人的心是坏心。再有，欺骗别人，浪费的心，也是坏心。比方说浪费电、水，浪费生命，浪费人生，浪费时间，这都是坏心。从这位同学所讲的这个答案，我们也可以了解到他的《弟子规》学得不错，时间、人生、生命都可以看得到。再者，侮辱别人是坏心。下一个，开玩笑开过火是坏心，还加了括号"祸从口出"，这已经是在与人相处中开始观照。下一个，怨恨别人的心是坏心。再者，只为自己不为别人的心是坏心。别人对他好，他对别人不好，不懂回报的人忘恩负义。

再者，记仇的心是坏心。下一个，小气的心、讥讽别人缺点的心、坚持错误的心是坏心。小气的心，《弟子规》有教，"己有能，勿自私"。下一位讲，没爱心，害别人的心，是坏心。再有，没慈悲心，知道应做好事还没去做是坏心。下一个说，对孔子像不恭敬是坏心。他们的教室就挂着一幅孔子像，比方说今天到郊外公园走一走，回来的时候，一进门会对着孔子像说："孔老夫子，我回来了。"这叫落实"事死者，如事生"。

有一次海口举行防空演习，老师也抓住这个机会教育他们，让他们挑一些最需要的东西，比如你可能会渴，所以要带一点水。每个孩子拿的东西都不一样，内心比较没有安全感的孩子，拿一大堆东西。其中有一个孩子什么都没拿，跑到桌子前，打开抽屉，拿出了一幅孔子画像，还裱了框，然后就对着他的老师说："老师，这个应该拿！"他的老师当场眼泪都掉下来了。在这么危急的情况下，孩子居然第一个想到孔老夫子像。这样的孩子，往后面对人生的境况，相信孔夫子的教诲一定对他有帮助。

再来，下一位讲怕吃苦的心是坏心。他们老师每周给他们一句教诲，其中就提到"怕吃苦，吃一辈子苦；不怕吃苦，吃一阵子苦"。趁小、趁年轻好好努力，老了就可以享福报。下一个讲到表面做好事，心里做坏事，是坏心。他们知道言行要一致。下一个说不孝顺父母的心是坏心。再有，破坏的心是坏心。下一个孩子说，妈妈不知道就说妈妈笨是坏心。下一个说，不做到《弟子规》是坏心。下一个孩子说，本来可以做到，但老想着做不到，是坏心。下一个说，己所不欲施于人是坏心。从这一句我们可以看出来，这个孩子的国学底子不错。这些孩子已经可以轮流拿着《德育课本》去讲课。不要小看孩子的悟性，其实读文言文，并没有想象中的那么难。

还有一个孩子，有一天母亲跟他说"学如逆水行舟，不进则退"。他想了一想，说："妈妈，我懂了，学如斜坡骑车，不进就退。"他是在生活中去体会这些道理。下一个孩子说，高声喧哗，打扰别人，是坏心。最后一个讲犯了错还掩饰，是坏心。从孩子的答案，我们也可以体会到他们的心中都有一把是非善恶的尺。等他们这样熏习个三年五年，相信根基就可以扎牢，我们做父母的才真正能够高枕无忧。所以人生的投资回报率要会算。

“邪僻事，绝勿问”。这就是指偏邪下流的事情不要去过问，这样会污染自己的心灵。所以孩了所接触的人，接触的环境，甚至于接触的电视，我们都要相当谨慎。父母是孩子长大以前的两个很重要的老师、两尊菩萨，要好好保护孩子，不要让孩子受到污染。受了污染，再要把它清除，就要花更多的时间跟精力。所以要慎于始、要禁于未发，这很重要。

现在不只大人会赶潮流，小孩赶不赶潮流？现在最流行的电影是什么？有没有很多恐怖片？小孩去看了，回来半夜又被吓醒。人吃饱了，做一大堆事情，对人生没帮助，还自我虐待，这叫花钱找罪受。所以连孩子的嗜好，我们也要适当地去引导，甚至于去主导。当你让孩子从事的娱乐都是很健康，对身心很有帮助的，久了，孩子自然就会很欢喜地接受。比方说去爬爬山、去露营，给他一些生活体验，给他一些历练，这都相当好。通过这些好的娱乐，孩子对大自然的爱心，孩子意志力的锻炼，都可以一点一滴地积累、提升。所以我们还是要先带着孩子往正确的方向去走。

我们再念下一段经文：“将入门，问孰存；将上堂，声必扬。人问谁，对以名，吾与我，不分明。用人物，须明求，倘不问，即为偷。借人物，及时还，后有急，借不难。”

“将入门，问孰存”。我们要进人家的房间，首先一定要敲一下门，不然你很莽撞地开门进去，对人家非常无礼。我们在韩剧里面也看到，进门前先站在门外说：“都房大爷，我是尚沃。”先让里面的人知道是谁。假如里面的人正忙，就说“你先等一下”；假如没事，就说“好，你可以进来”。所以礼是人与人之间最优美的距离，能使人相处起来非常舒服，不会觉得唐突。这是要入门前应该做的动作。

我们再把它延伸一下，我们到别人的家里去做客，要“问孰存”，可以先问问他家里有哪些家人跟他一起住，可能有爸爸、妈妈还有姐姐。朋友之间相处都会聊到自己的家庭状况。当我们进一步了解到，他有一个姐姐在哪里上班，他的母亲前一阵子感冒，或者他母亲喜欢吃什么，你听在耳里要有心。等时机成熟，到他们家去时你就买一点他母亲喜欢吃的，说：“伯母，听说你喜欢吃橘子。”第一个印象怎么样？就会很好。

所以诸位朋友，知道怎么追女朋友了没有？追女朋友不是追一个，所谓“门当户对”，确确实实结婚不是两个人的事，而是关系到两个家族、两个家庭是否能够和谐。不被父母祝福的婚姻，大半都不会幸福。现在很多人结婚，喜帖上写着“某某与某某将于什么时候结婚”，从这个文字中可以看出来，我们这一代年轻人太不恭敬。这么大的事，也不知道谁是爸爸谁是妈妈，直接就写两个人的名字。这是我们年轻人要好好反思的地方。

我们到朋友家里，要能够爱屋及乌，关心他的家人，那就会一团和气。我交朋友也有这个原则。当朋友的父母常在他孩子的口中听到你的名字，他父母可能会想蔡礼旭是何许人也，怎么我儿子跟他这么熟？假如蔡礼旭是坏人怎么办？所以我们应该主动去安朋友父母的心，这很重要。我什么时候有这个态度？高中的时候。我跟一个同学很好，好得不得了，那个同学是男生。结果他妈妈很担心他儿子会不会跟我好得太过分。我从这件事情就体会到，确实交朋友不只要跟他熟，还要跟他家里的人熟。

我有两个很好的朋友，他们是夫妻。有一次我要去他们家，我们相约要去放生。现在年轻人都是跟年轻人交往，很少跟对方的父母接触，我就觉得这样不好。所以我就灵机一动，买了一箱苹果，这样他们就不得不让我上去坐。我的脑筋贼不贼？我们要看存心，这个存心是良善的就好。到了他们家，三辆脚踏车已经放在门口准备出发。我说："这么难得到你们家，不上去怎么行？一定要问候你的爸爸妈妈。"然后就跟他们夫妻俩上楼，上楼看到他爸爸妈妈也非常亲切，嘘寒问暖，聊了三五分钟，老人家就说："你们有事要忙，别耽搁，赶快去。"其实老人家都很客气，都很替别人着想。

当天晚上我的朋友就打电话给我，他说："我爸爸妈妈要请你吃饭，而且还专门为你准备素食。"我在五六年前了解到吃素对身体比较健康，从此就一直吃素。所以那一餐饭全部都是素的。中国人说"见面三分情"，这句话是很有道理的。吃了一餐饭，感觉就拉得很近。然后我的朋友就介绍说，我在做国学启蒙，对小孩教育有比较多的研究。他妈妈刚好帮他妹妹带小孩，爷爷奶奶带孩子难免会比较宠，他们两个常常纠正，妈妈并没有听，他们两个也觉得怪委屈的。后来吃完饭，他母亲就跟我聊起教育孩子的问题，其中有说到夹菜先夹给谁的问题。他母亲突然恍然大悟，"对！"还有说到教育孩子要恩威并施，他母亲就说："对对！"我的朋友在旁边就说："早就跟您讲了，您都不听。"诸位朋友，该不该插这一句嘴？不需要。此时无声胜有声。你那么一讲，你妈妈还怪不舒服的。所以人的心不要太急躁，所谓一默如万雷，你有时候沉默，反而让你妈妈觉得你还蛮不简单的。

这餐饭就吃得很愉快，我也从中体会到要"易子而教"。易子而教，这个意思就是，比方说你的孩子每天都跟着你，有一些道理他听得很熟，反而会忽略。但有一天你很好的朋友也提醒他这个道理，这个时候他一定会说："原来不光是我爸爸这么讲，叔叔也这么说。"他这个态度就会扎下去。所以你要有这么一群良师益友，你教小孩就轻松多了。

我们在深圳也常常跟很多老师在一起上课，一起交流，他们的小孩也都一起来学习。有一天，有一位李老师就问这些孩子："假如你们有一亿，你们想做什么？”有一个孩子说他要做四件事。第一件事，要盖一所学校，是专门推广中国圣贤教育的学校，这是他第一个志愿。诸位朋友，你有听过哪个小孩是这个志愿吗？所以不是这个孩子优秀，最主要的原因是有好的环境。除了父母以外，他所接触的长辈、同学都是这样的态度，这样的人生观，自然就耳濡目染。我在深圳讲课，你不要看他们小小的，坐在底下，都会听得哈哈大笑，还说学习就一定要立志作圣作贤，否则读书干什么！

第二个愿望是要盖一间医院，让那些苦难的人、生病的人可以得到很好的照顾。第三个愿望，要做一个大爱电视台。因为我带了大爱电视台的“牵手人生”给他们看。节目中马文仲先生都已经双脚残废了，一生还致力于办教育、办学校。一个连行动都不方便的人居然要办教育、办学校，如果你是他的朋友，你会怎么跟他讲？一个人有好的志向，再把志向真正去落实、去努力，除了他个人的努力之外，他身旁一定要有好的亲友支持他。马文仲先生就有一位很好的父亲，一直不断地鼓励他去达成他的理想，后来也确实做到了。

马文仲先生用一生印证了《中庸》的话，“诚者，物之终始”。做一件事情的成功在哪里？自始至终都环绕在一个真诚的心。假如一个人心不诚，一生做不了事。“不诚无物”，诸位朋友，这句话是真理。现在很多不真诚的人开大车子，住大房子，那可能是爸爸、爷爷留下来的。当他不真诚，这些福分一点一滴都会耗掉，然后这种奢侈的风气又直接给了他的下一代，整个家很快就会败丧下来。所以我们看事情要能看得出来龙去脉，要用智慧。唯有真诚做事才可以屹立不摇，所谓“至诚如神”。马文仲先生后来因为他这一份对孩子的挚爱，他的太太坐了很远的火车来帮助他、嫁给他，也赢得愈来愈多的人支持他这个事业。所以一个人的真诚能够唤醒众人的真心。

这个小孩因为看过“牵手人生”，所以就特别想做一个电视台，让好的节目能够教化人心，改善社会风气。我们不要小看孩子的判断力，因为他也听我的老师讲过，现在要救这个社会两种人最有力量，一种是国家领导人，另外一种是做传播媒体的，可以瞬间把圣贤的教诲传递到全世界。小孩子从小就接受这些教诲，就能够时时放在心上。这是第三个愿望。第四个愿望，他说他要当蔡老师。

诸位家长，假如这是你儿子，你高不高兴？（答：很高兴。）可是他母亲听完了，就打了一通电话给儿子，她说："儿子，你有这些愿望，妈妈很高兴。但是你这些愿望，不见得要有一个亿的时候才能做。"诸位朋友，这位母亲的敏感度很好。她不希望孩子只是发一个空愿，愿望一定要从当下的生活、当下的每一步开始做起。所以她这么一说，孩子就开始思考。母亲接着跟他说："蔡老师有没有一亿？所以只要我们有很好的学问，很好的存心，纵使没有一个亿，也可以做奉献社会的事情。"这个母亲帮他把志向回归到当下，回归到当下要好好充实自己。

所以孩子会有这样的心态，这样的人生价值观，最主要就是有好的环境。诸位朋友，我们可以找一些志同道合的良师益友常常一起学习，或者一起去爬山，让彼此的情谊很深厚，也让下一代有很好的互动，这样就会形成一个环境的教化，来教育好我们的下一代。之后相信你也会觉得比较轻松，跟你们夫妻两个人教确实不同。

"将上堂，声必扬"。这个我们之前也提到，你到别人的家里去，假如人家不在，一定要先喊一下"有人在吗"，不能先跑进去逛一逛，这要谨慎。不然到时候人家家里不见了东西，你就百口莫辩，很麻烦。人一生要很注重自己的名节，还有信誉，不要一不小心受到污染。

"人问谁，对以名，吾与我，不分明"。比方说打电话，拿起来说："你好，我是蔡礼旭。"这样人家马上知道是你打来的。现在有的人会说："是我，你不知道吗？你把我忘了吗？"对方可能正在处理事情，为你是谁的问题跟你瞎折腾，心情也很紧张。想半天确实想不出来，这样就很失礼。所以当我们打过去电话，要说："您好，我是蔡礼旭，您现在讲话方便吗？"处处替对方着想，就会让人家觉得很舒服。这也要教小孩，比方说小孩在楼下按门铃，楼上的人问："哪一位？""我啦！""吾与我，不分明"，人家怎么知道"我"是谁？这些细微之处都要多加提醒。

"用人物，须明求，倘不问，即为偷"。小孩你没教他的时候，他是非善恶还不是很清晰。他可能觉得这个东西很好看，顺手就拿起来看一下。有一对姐妹，有一天姐姐骂妹妹，骂完，妹妹很委屈地就在那里哭。一边哭，一边到厨房去找她妈妈，跟妈妈说："妈，姐姐骂我。"诸位朋友，怎么处理？你可不能不分青红皂白："姐姐过来，怎么可以骂妹妹？"凡事要讲理，要先把对错搞清楚，不能说大的就不对，大的就要让小的。这个母亲也不疾不徐，一边炒菜一边问她："那为什么姐姐要骂你？"她就说："因为我拿了姐姐的玩具没有告诉她，结果她就骂我。"这位母亲就说："用人物——"小女孩接着就说："须明求，倘不问，即为偷。"结果她那个"偷"一讲完就开始哭："我不要当小偷。"可见，有共通的语言，共通的做人标准，那你就能很好地跟孩子沟通。孩子已经熟读了《弟子规》，又有这样的情境，所以那句话她会记多久？一辈子，且对她一生有莫大的益处。

我们要教小孩子"用人物，须明求"，那我们大人当然也要做到。有一个外资企业招聘员工，一大堆人中只有几个人进了复试。结果复试的中途，主管说："我临时有事，十分钟以后再回来。"主管一出去，那几个年轻人就开始翻屋内的档案，后来全部没有录取。这些年轻人说，从小又没有人教他们，所以也很冤枉。因为没学过，所以我们有责任给他们传递圣贤的教诲。

而且当我们要用别人的东西，不能把东西拿起来再说："这支笔借我好不好？”说不定那支笔是她男朋友送她的，只有她一个人用。但你已经拿在手上，那她只好说：“好！”所以借东西不能这样借，借东西是要人家亲手拿给你，这样才礼貌。“可不可以借我一支笔？”欢喜借你哪支笔，让主人自己拿。所以在这些细节之处，我们也要保持为对方着想的心。

这节课我们先上到这里，谢谢。

第二十七讲　恩义、道义、情义

诸位朋友，大家好！我们接着看下一句经文："借人物，及时还，后有急，借不难。"当我们借人家的东西，念念要想着什么时候该还，要很谨慎。因为人家借我们东西是对我们有帮助、有恩，假如我们还不能准时还，就太没有道义。当我们确定哪个时间还，又怕自己忘记，你可以直接写在台历上，你每天都看台历就不会忘；或者是写在你的记事本、行事历上。你每次借人家的东西都这么谨慎，往后他人就很欢喜把东西借给你。明朝的宋濂有一次去跟人家借书，主人要求十天以后还。十天很赶，但人家肯借，他也就蛮欢喜的。结果第十天刚好下大雪，主人心想他不可能来，但是宋濂还是一样冒着大风雪赶过来。这个主人很感动，也很佩服他，就跟他说，往后他们家的书都可以借给他。所以当我们跟别人借东西，人家面有难色，不可以怪别人。要怎么样？要反省自己。我们的社会信用是要自己一点一滴积攒的，我们不要去羡慕别人很能赢得大家的信任，他必有他的原因，我们自己要好好地往这个方向去努力。

但现在借钱的是什么？是老大，借人家钱的是小弟。借钱的人都高高在上，然后借人家钱的还要去求他还。你看这个社会有没有颠倒？而且经常是自己已经有了还不还，这真是恶劣到极处。在古代，只要自己有钱，一定马上去还。而且古代这种信用跟现代是否不一样？不一样。古代的信是人格，要不要立字条？不要。中国的诚信就代表一个人的人格，不需要立字据。其实差不多在五六十年前，中国还是有这样的品德。比方说，我外公以前是开米店的，碰到很多人家里暂时没有钱的，都会把米先给他。过年过节大部分的人都会拿钱来还，但是少部分的人没来还，因为没钱，我外公也不会去要。因为人跟人相互都很信任，都知道对方一有钱一定会拿来还，现在一定是有难处，我们再去跟人家要，那就太不够道义。

那西方的信是什么？白纸黑字。西方人是先怀疑你不是好人，不是讲信用的人，你要证明给他看你是不是有信用。这是东西方对“信”不同的态度。我们现在处理“信”这个问题，是偏向东方还是西方？比较偏向西方。所以我们到底是进步还是退步，要冷静思考。

而该你还你不还，看起来好像占了一点小便宜，但其实已经把你的整个社会信用一点一滴透支掉了。深圳有一个商人去跟农民谈生意，谈好这块地卖给他。结果卖给他，他只付了一半的钱。这个农民很生气，那是他唯一的一块地，商人却欠了他六千块人民币不还。结果没过几天，这个农民带着炸弹到商人家跟他同归于尽。一条命多少钱？六千块。所以信用特别重要。

我们一来要维持好自己的信用，二来要念念想着别人借我们东西是给我们帮忙，我们要不忘这个道义、这个恩德，这样我们自然就会很有警觉性，做到言而有信。孔老夫子在《论语》中也屡屡提到“信”的重要，我们下一个单元就讲到“信”。在《论语》里讲到人无信不立，人无信就无法在社会、在人群中立足。假如大家都不信任你，就会离你而去，你就很难发展。孔夫子也说“人而无信，不知其可也”，假如一个人无信，真不知道他还能做出什么事来，所以信用对一个人相当重要。

我们来看“信”这个字，它是会意字，左边是人，右边是言语的意思。意思就是人一定要守信，要言而有信。我们看看古代人对言语的态度都是一诺千金，一言九鼎。这个“信”，除了守信的意思之外，它还有一个含义，就是信义。信跟义是结合在一起的，而信义虽然有时候没有讲出来，但是都放在人的心中。比方说，虽然我们没有告诉爸爸“我要孝顺你”，但是在我们的心中，已经把这个“义”守住了。所以这个信还有另外一个延伸义就是指道义、情义、恩义，用现在的话讲也就是义务，做人的本分，做人的义务。这样去理解“信”，你就可以把它的意思理解得更广。我们知道圣人的学问不外乎把人与人的关系处好，就是先学会做人，这是最根本。做人不外乎处理好五种关系，“父子有亲，君臣有义，夫妇有别，长幼有序，朋友有信”，有没有皇帝看到臣子说“你要效忠我”？不用讲，因为那是一个人的义务、本分。

我们来看父子关系。当爸爸的要言而有信，才能把家庭、把孩子带好，孩子才会信服你。假如爸爸说一套，做一套，儿子会不会尊敬你？不可能。你假如这样带下去，这个孩子以后一定会逆反，因为他的不满、不服积累下来，总有一天会火山爆发，所以对孩子必须要言而有信。周朝就有一个故事叫“曾子杀彘”，这个故事是说，曾子的太太要出去买菜，小孩就说：“妈，我要跟你去。”母亲就说：“你别吵！你乖乖的，我回来杀猪给你吃。”原本是打算敷衍一下小孩，却被曾子听到了，结果太太回来就看到曾子在磨刀子。太太吓得半死，跑过来说：“我跟孩子开玩笑，你还当真？”曾子马上跟他太太说：“假如你对孩子有一句不守信，那你这一辈子要再让他相信你就很困难。”所以为人长者要谨言慎行，你一定要做得到才可以答应。而且不只你做得到才可以答应，还要考虑答应以后是不是对孩子有帮助。你不要说我经济这么宽裕，没关系，要什么给什么，还要看他真正的需要。《弟子规》说“事非宜，勿轻诺，苟轻诺，进退错”，家长的言语一定要谨慎。

那父子之间，除了父亲言而有信，还要父慈子（慈爱子女），子孝父。我常常听一些朋友讲：“孩子生了就应该尽心尽力把他教好，这是做人的本分。”我很喜欢听到这样的话，听起来血液循环都会很好，因为有浩然正气。当一个人真有道义的时候，你就会觉得跟他聊起天来特别舒服。

古代的孝子确确实实念念不忘父母的恩德、父母的恩义。宋朝有一位读书人叫朱寿昌，他母亲不是父亲的原配，父亲的原配很嫉妒他母亲，硬是把他的母亲逼出去改嫁了，所以他七岁就跟母亲分离了。你看七岁的孩子面临人生这么大的一个悲剧、一个考验！但他一心想着往后一定要把母亲找回来。一个七岁的孩子对父母是如此的态度，我们看了都非常感动。你说七岁懂什么！非也，只要你从小教他这些做人的道理，七岁的孩子可以让我们打心里佩服。后来他在几十年中，一直都在打听母亲的下落。他的整个事业也发展得很好，宋神宗在位的时候也当了官。五十七岁时，寻找母亲已经五十年，他下定决心，对他的亲人说："我要出去找我母亲，假如我没有找到，我就不回来了。"诸位朋友，找得到吗？"精诚所至，金石为开"，因为父子、母子连心。他找到偏远的陕西一带，到了一个叫同州的地方，结果下了雨，就停在那里，后来就有因缘探听到他母亲的下落。所以天地非无情，要靠我们的心去感！

诸位朋友，我们到温州去讲课，他们那里已经好几个月没有下雨，结果我们去的那一天雨就下来了；我们上秦皇岛之前也好几个月没下雨，结果去的当天晚上下了那年第一场雪。所以确确实实整个自然环境跟人心是一体的。人心善，国泰民安；人心恶，灾害连连。所以我们现在要扭转社会的状况，不要去抱怨，要从根本、从我们的心开始转善，进而去影响更多人心，这样整个社会灾难自然就会慢慢化解掉。

朱寿昌顺利地找到了他母亲，他母亲已经七十多岁。母亲也是很感动，与他相拥而泣。朱寿昌不只是把他的母亲迎回来奉养，连母亲后来生的弟弟妹妹也一并接过来。请问他跟这些同母异父的弟弟妹妹有没有签契约？没有。"兄道友，弟道恭，兄弟睦，孝在中"，这是朱寿昌对于母亲的一种情义。

宋朝另外一位读书人叫黄庭坚，他的文学造诣非常高。他官至太史——也是地位相当高的官，但是每天都会亲自帮母亲洗尿桶！他不是没有仆人，但是他坚持每天做孩子应该做的事。连尿桶都洗，代表其他的事也会尽心尽力。所以黄庭坚虽然当了大官，名闻利养都得到了，但是他那一份至诚的孝心有没有被名闻利养所污染？没有。我们再反观我们现在的社会，当一个人赚了大钱，他那一颗孝心有没有变？很可能变成财大气粗，都用钱在尽孝，可能那个恭敬心都不足。这是讲父子关系中，不仅要做到言语有信，还要有信义，要尽本分。

古代还有一个关系也对一个人一生有很大的影响，虽然它没有在这五伦之内。哪个关系？师生。“一日为师，终身为父”，其实师生是归在父子伦，无二无别。我们从古礼里面就看得出来，父母去世要守丧三年，老师去世也是心丧三年，完全一样。我们教学生一定要言而有信，你才能把学生带得心服口服。那学生答应老师的事也一定要尽心尽力去做到。孔夫子那时候教学有三千弟子，七十二贤人。当孔夫子去世的时候，这些弟子在他的墓旁盖了房子，坚持守孝三年。法律有没有规定？没有，只是一份对老师恩义、道义的心意表达。其中有一位弟子守了六年，他叫子贡。子贡在孔夫子去世的时候，不巧在其他的国家做生意，所以他一直很遗憾没有亲手送走老师，所以他守完三年，自己再加三年。这种师生的道义我们现代人确实很难深刻体会，很难体会到那一份师生之间的存心。

明朝有一个名臣史可法，他的老师就是左光斗，后追谥为左忠毅公。左光斗那个时候是国家大臣，主持国家大考——进士的考试。一般读书人对国家都有一个使命，要为国家举贤良之才。左光斗在考试之前就微服出巡，到一些寺庙里看看来参加考试的读书人素质如何。他为什么不到酒楼而要到寺庙里去呢？因为古代的读书人都很刻苦，都是“十年寒窗无人问，一举成名天下知”。那些有钱住酒楼的，可能考不上。

当他走进史可法的房间，史可法刚好写完一篇文章睡着了。文章一气呵成，流露出为国为民的气节。左光斗看了很感动，马上把身上的大衣披在史可法身上。后来考完试，在看考卷的时候，突然看到一份考卷感到十分振奋，马上把它署了第一，这样有没有作弊？左光斗为什么一看就确定是史可法所作？言语跟文章是一个人的心声，左光斗马上感觉到就是他，署为第一，状元。考上的学子都要拜主考官为师，所以史可法就择了良辰吉日到老师的家里，向他行拜师礼。当史可法到家里来，左光斗就对夫人说，往后继承我的事业的，不是我的孩子，而是这位学生。

可见，古代真正读圣贤书的人不怕自己没有子嗣，而怕没有为国家举到贤才，没有把圣贤学问传承下去。为什么我有这么深的感受？因为我老师和卢叔叔跟我非亲非故，可是对我却疼爱有加，把他们人生的经验和盘托出，只怕我吞不下去。所以从他们这一份心，我就深刻感觉到古代读圣贤书的人确实念念不忘人民，念念不忘承传圣贤智慧。

后来史可法跟左光斗同朝为官。很不幸明朝末年宦官当权，左光斗被陷害，关在监狱里。当学生的非常紧张，就想方设法要到监狱去看望老师。左光斗关到监狱后受了酷刑，且手段都很残忍，如拿着烧红的铁片往眼睛里插，膝盖以下筋骨脱落。所以史可法非常着急，就求监狱里面的士卒让他能见老师一面。他这一份真心也感动了监狱里面的士卒，士卒就跟他说："你伪装成到监狱里面捡破烂的，要全身穿得脏兮兮的，这样才能够混进去。"就这样史可法才得以到监狱去探望他的老师。当他看到左光斗已经成了这个模样，不禁痛哭失声，扑过去抱着老师的脚。老师眼睛已经睁不开了，突然听到史可法的声音，马上用他的双手把自己的眼睛撑开来，怒视史可法，他说："你是什么身份？你是国家的栋梁，怎么可以让自己身陷这么危险的境地？与其让这些奸人把你害死，不如现在我就活活把你打死。"说完，马上捡起地上的石头就往史可法的方向扔过去。史可法看老师这么震怒，也赶怏怏步离去。

诸位朋友，老师已经身陷绝境，看到这么亲的学生来探望，第一个念头想到什么？有没有想到自己？想到的是国家的安危，想到的是学生的安全。后来左光斗不幸去世，史可法也担任很多要职，也曾经率领军队在外防守。驻守的时候，史可法找士兵三班轮流跟他背靠背休息，他都不愿意去睡觉。士兵看了心里很不忍，就跟他说："大人，您假如这样继续下去，身体一定会受不了。"史可法就回答士兵说："假如我去睡觉，刚好这个时候敌兵来犯，国家受到损害，那我是对不起国家，更对不起我的老师。"所以史可法确确实实是念念不忘老师的教诲。那么，古代的学生如何回报自己的老师？依教奉行，真正把圣贤学问演出来。史可法每次回到故乡，不是先去探望自己的亲人，而是先去探望师母。史可法把他老师的所有亲人都尽心尽力地照顾，这就是师生的情义、师生的道义，这不需要言语的交代。这是我们从古代可以看到的师生之间的信义。

五伦中还有第二伦"君臣有义"。为君者，所谓"君无戏言"，讲话一定要算话。那臣子答应君王的事，也一定要尽心尽力做到。假如对君王言而无信，那会怎么样？那可能就要掉脑袋，因为犯了欺君之罪。君臣关系在现在也指领导人与被领导人的关系，所以除了在言语上讲信用之外，还有一份义务、道义、情义在里面。

我们看看古代的尧帝是怎么对待他的臣民的。尧帝有一天走在路上，遇到他的两个臣民因为偷东西而被抓起来，正走在要去服刑的路上。尧帝看了非常恐慌，马上就跑过去，他说："你们两个犯了什么罪，怎么会被抓起来？"两位老百姓就说："因为久旱不雨，我们实在没有东西吃了，也没有东西给家人吃，所以不得已偷了人家的食物。"尧帝听完很惭愧，他就对士兵说："你把他们两个放了，把我抓起来。"士兵很诧异，怎么可以把君王抓起来？尧帝接着就说："因为我没有德行才会导致久旱不雨，这是我第一个过失；第二个过失是我没有把我的人民教育好。我犯了这两个大罪，应该关的是我。”当尧帝讲完这一番话，天空就飘来了乌云，过不久，雨就下下来了。当一个人是至诚地爱护人民，一定可以让他的人民都受到感动，都向他效法。当全国人民都是这样的存心，灾难一定可以免除。袁了凡先生当年在宝坻县当县长，也是久旱不雨。他亲自斋戒沐浴去求雨，果不其然念完祈文，很快雨就降下来了。

所以诸位朋友，不要小看我们这一颗真诚之心，“精诚所至，金石为开”。为什么这些古圣先王可以留名青史，可以垂范后世，都来自他这一份对人民的道义。在夏朝，第一位领导人是谁？大禹。我们一定知道大禹治水，也知道他三过家门而不入。为什么三过家门而不入？因为水患紧迫，假如不加紧治理而导致洪水泛滥，可能不是一个人受灾，可能不是一家人受灾，而是千千万万的人民遭殃。大禹结婚四天就离开了，从此八年没有回家，因为整整治水八年。后来确确实实用了很好的方法，用了什么方法？疏导。大禹这个方法我们现在能不能用？教导孩子也可以用疏导，顺势利导。不要像大禹的父亲，用什么？防堵。一直堵，到时候就会溃堤。我们要因材施教，根据孩子的性情好好引导他。

我们从尧帝、大禹可以看得出来，一个领导人对于人民的一种道义。人民对领导人也要有什么？恩义。所谓“君仁臣忠”，领导人要仁慈，处处为人民的生活着想，那部属也要常常能念领导人的恩德，让自己有好的工作环境。假如没有这一份好的工作环境，可能我们的家都会三餐不继。所以为臣者一定要尽心尽力地效忠君王，尤其当君王有过失的时候，一定要直言不讳。

现在经营企业也如同经营一个小国一样。领导者第一个念头是要为员工谋福利，不能只为自己的荷包着想。当你只为荷包而不尊重、不照顾员工，留不住人。孟夫子对于君臣关系有一段很重要的教诲，里面提到“君之视臣如手足，则臣视君如腹心；君之视臣如犬马，则臣视君如国人；君之视臣如土芥，则臣视君如寇雠”。这个“雠”是古字，也就是仇人的仇。孟夫子这段话很有味道，领导者假如把部属当作手足一样疼爱，部属会把他当心腹。“君之视臣如犬马”，犬马拿来做什么？来使用而已，反正我就使用你，然后付你钱，只是把员工当工具而已。部属跟你没什么交情，也没什么感情，所以他只要帮你多做一分钟，铁定跟你要加班费，一分一毫不会为你多做。下一句，“君之视臣如土芥”，你把他当作根本不重要的东西，心里面还说：反正我有钱，到处都可以请到人。假如我们对待部属这么轻慢，那部属对我们可能是咬牙切齿。我就曾经听过，有一个餐厅的员工处处动手脚，让客人吃了都出问题，后来那家餐厅就开不下去了。

从这句教诲我们可以了解到，一个企业、一个团体假如不好，谁要负比较多的责任？领导者。所谓“上行下效”，一个企业、团体的风气好坏，领导者是起决定作用的。所以今天我们当老板、当主管，不能在那里说：“我的员工怎么都这么差？”不能有这种态度，应该要“行有不得，反求诸已”。

为臣者也应该念公司、念领导者的恩德。我曾经看到一个公司经营了几十年，资金出现了困难，很多员工马上拉起白布条抗议。把公司都围起来，这样做好不好？当时我看到这一幕觉得很伤心。东北有句话说“三穷三富过一生”，一个人一生难免都有起落。一个人、一个家如是，一个企业哪有可能一帆风顺？这几十年为什么孩子的教育可以稳定？为什么家庭可以运作正常？经济上的稳定，谁的功劳？当然一定有你努力的功劳，可是不可忘了公司、老板还要扛风险。你每天工作做完了，回家倒头就睡，老板可能还在为公司的前途思考，为资金的周转在努力。所以我们不能只看到领导者的经济比较优厚，我们还要看到他对公司的付出。我们应该要念这些德，不能一遇到事情就意气用事。抗议、停工的做法谁得利益？没有人。本来公司可能还不至于会倒，还可以拉起来，结果员工这么一做，连起来的机会都没有了。

所以人确确实实不可意气用事，要很理智地去给公司建议，要做好沟通。日本人对公司不满时，不会把公司围起来，会在头上绑个布条，写上“抗议”，继续工作。领导者一看，怎么这么多人都绑白布，赶快商量解决的办法。把主管都找来，到底公司有哪些需要改正的地方，赶快调整。当领导者重视，并有诚意去改正错误时，那部属也会欢喜。这样“家”和自然就万事兴。所以我们在君臣的关系中，也要时时想着自己的本分，要时时想着自己应该尽的道义、恩义、情义，这样做人就非常厚道，容易得到人家肯定。

好，今天这节课就到这里。谢谢。

第二十八讲　五伦关系中的信义

诸位朋友，大家好！我们上一讲进入第四个单元“信”这个部分。也提到信是人言，“凡出言”要“信为先”。信也含有一个更深的意思，就是信义、义务。一个人做人的本分不需要说，但是要常常能放在心上，时刻不敢忘怀。我们上一讲也提到父子关系，朱寿昌纵使已经离开母亲五十年，但还是希望能找到母亲，可以好好奉养。皇天不负苦心人，后来朱寿昌也顺利地找到了母亲。而且不只接母亲回来奉养，连母亲后来生的弟弟妹妹也一起照顾。这都是读书人时时把本分放在心上。

我在澳洲听老师讲《德育故事》，每次都听得泪流满面。我旁边坐了一个香港的朋友，他长得非常魁梧。我听课一直掉眼泪，他看我这个样子，把纸巾推给我，还不敢看我，慢慢推过来，所以他也是有一颗很温柔的心。为什么我一直流眼泪？比方说听到“子路负米”，子路还很贫苦的时候，尽心尽力奉养父母，常常要走到百里之外去把一些米粮扛回来。他一路上扛着米粮，不仅不觉得重，还觉得内心很踏实、很欢喜，因为他在尽为人子的本分。后来他当了官，富贵了，每次吃饭，饭菜都很丰盛，但是他却吃不下去。旁边的人就问他：“这么好的饭菜，你怎么吃不下去？”子路说：“我的父母已经不在了，他们都无法跟我一起享用。这些饭菜都比不上我当初帮父母百里之外扛的米粮，那个吃起来才香、才踏实。”一个个圣贤的故事，让我感受到什么才是做人的真味道。所以一边听，内心一边在呐喊：做人就应该是这样才会痛快。

很多朋友也会跟我一起讨论，如何学习圣贤的教诲。其实学圣贤教诲最重要的是要学什么？要学圣贤人的存心，要学圣贤人的用心。

圣贤人的存心就是时时把孝悌忠信礼义廉耻记在心中，时时提得起来去与人相交。当他时时都能提起德行，那他的坏习惯自然而然慢慢就不见了、消退了。所以我们熟读《弟子规》，也是时时以圣贤人的品行来自我观照、自我提醒。相信“宽为限，紧用功，工夫到”，滞塞就通。而当一个人真正用圣贤的存心跟行为去做事，每一天都会有所收获。

我们上一讲提到君臣关系中的道义、恩义。为臣者，不应该意气用事，应该用理智跟领导者好好沟通。其实人与人为什么会产生冲突？大半是因为距离遥远，缺乏沟通。缺乏沟通久了，就很容易对立、很容易积攒矛盾，之后就会产生冲突了。所以领导者也应该打开沟通之门，有雅量接受下属的劝谏，而下属也应该有劝谏领导的责任。

诸位朋友，你敢不敢劝你的领导？我也听一些朋友说不敢，甚至于发愁说单位的领导两三个，不知道到底要跟哪个。跟对了，以后可以飞黄腾达。假如用这一颗心去替领导办事，日子好不好熬？每天要察言观色，要巴结阿谀，那累死了。假如不幸押的那个宝没有升上去，那怎么办？可不就得捶胸顿足。所谓“一朝天子一朝臣”，当我们都是为了自己的功名去侍奉领导，那真是累死人。假如你巴结阿谀的领导确实升了，你跟着他升上去，难道人生就好了吗？未必。需要巴结阿谀的领导，他能不能在他的事业中真正不断地提升？不可能。接受巴结阿谀的领导，他的智慧、人生的见地很有限。到时候一定会怎么样？一旦状况出现，他就会被换下来。所以我们看到现前社会很多当大官的人，可能两个月五个月官职就掉了。

所以到底我们要把努力、把用心押在哪里？尤其是公务人员，真正要跟的是什么？跟的是我们的本分，跟的是人民的需要。这样，你就能直言不讳去劝谏你的领导。而也由于你能尽本分，能替人民服务，你的能力也会日渐提升。当你有真正的能力，好的主管一上任，他要用谁？

当然要用真正可以办事、可以信任的人。到时候，你不去求机会，机会自然而然就会到你的身边来。人生假如能够道法自然，就能够水到渠成，你也不会活在患得患失中。所以臣子应该无所求地去尽他的本分，去劝谏领导。

在十多年前，东南亚出现经济风暴，很多国家都面临很大的挑战，有的因很多财政问题而垮下来。当时韩国发生了这样一件事情，就是一个企业要倒，它的员工把自己的钱拿出来，然后去跟企业的领导人说："我们公司不能倒，这些钱你先拿去用。"确确实实，君臣之间，领导与被领导之间，有道义，有情义。这样的景象在我们中国能不能看到？上面提到的事发生在韩国，请问韩国人跟谁学的？现在韩国学传统文化那真是扎扎实实，从小学到大学都有一连串学习儒家文化的课程，而且韩国人以能学习儒家文化为光荣、为骄傲。所以我们要真正看得懂老祖宗这一块宝，不然老祖宗的本事都被隔壁的邻居拿去发扬光大了，那也意味着我们当子孙的没有尽到本分。这是讲的君臣关系要"信"。

接下来我们看五伦中的夫妇关系。夫妇之间当然也要言而有信。假如夫妇之间言而无信，那会延伸出什么情况？可能就互相猜忌，讲话相互攻击、揶揄。这样，夫妻关系就很危险，所以也要言而有信。我听说现在夫妻都有各自的秘密，都有私房钱。当我们有这一份虚妄的心、不真诚的心，对方能不能感觉到？所以人常常在做自欺欺人的事情，纵使确实留了一些钱在身边，但是每天还要提心吊胆。这样可能身体会怎么样？每天担心东担心西，身体都搞坏了。所以治家应该抱持着一个态度：治家没有秘密，坦坦荡荡，这样最好。

我母亲每次领了薪水统统交给我父亲，我们家是父亲掌管经济大权，我母亲从来不过问钱的事情。母亲信任父亲，父亲做牛做马都愿意。其实真心信任别人的人，往往可以活得很轻松。我母亲不管钱，我母亲也不会骑脚踏车，所以每次出去，她会跟我父亲说："我就是什么都不会，很笨！"那我父亲就服务得怎么样？很高兴，很有成就感。后来我会开车了，就变成我也服务我的母亲。所以人不要太精明，什么事你都要管到底，让别人在你面前都觉得很没能力，到最后你就会累得半死，然后还被人家嫌得要死。所以一个人的精明要内敛，不要用精明去压迫别人，这也是要讲究中庸之道。

夫妻之间，彼此一定要感谢对方的恩德，感谢对方陪自己走完大半的人生。我们男士一定要时时记住，因为有我们的太太帮我们做了一件重大的事情——传宗接代，我们的家族才得以延续，光是这个恩德就报不了。"恩欲报，怨欲忘"，当夫妻之间常常都想着对方的付出，对方的恩德，一些冲突就容易放下。心里常念恩，看到对方都心生欢喜，哪有可能会处不好？当夫妻都相处得好，那家庭就会和乐融融。

汉朝，光武帝有一个臣子叫宋弘，为人非常清廉，做事很负责任。当时宋弘掌管土木工程，这是国家一个很重要的职位。光武帝的姐姐湖阳公主刚好新寡，光武帝想要帮她再找一个丈夫，也希望能从大臣里面挑一个人出来。然后他就问姐姐，所有大臣里面最欣赏谁。湖阳公主马上就说："宋弘气宇非凡，很有德行。"光武帝就召来宋弘，跟他说："所谓'富易交'，一个人一有财富就会换朋友换妻子，好像现在的人情有这个趋势。"光武帝想套一下宋弘的意思，看他有没有意愿娶他的姐姐。

诸位朋友，假如娶了皇上的姐姐就是皇亲国戚，瞬间就从臣子变成贵族。对很多人来说，这可是个梦寐以求的机会。宋弘知道皇上的意思，马上就跟皇帝说了两句话："贫贱之交不可忘，糟糠之妻不下堂。"这句话的意思是，我们在困顿、在贫穷、在努力的过程中，有很多朋友相助，而当我们真正有发展的时候，这些朋友不能忘记。"糟糠"是指很粗的米粮，"糟糠之妻"就是跟我们胼手胝足一起创业的原配夫人，不可以把她休了。

宋弘讲话很有学问，他假如跟皇帝说："糟糠之妻不下堂，你不知道吗？"皇帝会怎么样？"怎么这么不给我面子。"所以宋弘是先说贫贱之交不可忘，还要停顿一下，这时皇帝心里会说：对，人生还是要重情义。宋弘接着再说糟糠之妻不下堂，这样皇帝就不会为难他。所以讲话要有艺术，先后顺序很重要。就好像你要去劝一个朋友，你可不可以一见面就说，"来，今天我给你讲一个缺点"？他一定会噎着。你要跟他讲，他最近哪些不错，提个一件两件不错的，再提一件应该改进的。这就是讲话的顺序，我们要随顺人情，所谓"人情练达即文章"。

宋弘拒绝了皇帝，拒绝了湖阳公主，这样的情义，这样的气节，不只影响了他的家庭，还影响了满朝文武，甚至于还影响了往后一千多年的读书人。往往读书人愈来愈富贵，本来还想换换太太，了解到宋弘的做法就会收敛一点，因为这种浩然正气可以屹立在天地之间。我也相信当宋弘把这件事拒绝以后，应该有很长一段时间，满朝文武不敢把自己的太太休掉。读书人应有的态度是"动而世为天下道，行而世为天下法，言而世为天下则"，时时都抱着"学为人师，行为世范"的态度，这样他的行为才能够影响社会风气。我们也要学习宋弘这一份存心，我们的一言一行、一举一动都要期许能够成为家人、社会的好榜样。这是讲的夫妻之间要守信义、道义。

第四个五伦关系是兄友弟恭。兄弟之间也要言而有信。假如兄弟言而无信，可能家庭气氛就会出状况，甚至于会发生冲突。兄弟有情义、有恩义，好好团结在一起，这样才能够让父母很放心，所谓"兄道友，弟道恭，兄弟睦，孝在中"。在我的印象中，父亲也没有告诉我要好好爱护姐姐，也没有听过我父亲跟姐姐说要照顾弟弟。最主要是父母本身已做给我们看、演给我们看，所谓"身教者从，言教者讼"。自己真正做到了，你的孩子自然而然就会欢喜地照做。但是没有去做，只是在说教，可能孩子听久了，就会不以为然，到最后还会跟你发生口角。

我们看现在有很多兄弟都走向法院，为了财产而互相告起来。《朱子治家格言》提到“居家戒争讼”，一个家庭、一个家族非常忌讳诉讼，即亲人相告。我们说人情国法，人情也要兼顾。因为失了人情就失和，失和了家庭就不可能兴旺。当家庭里面为了财产互相控告，这个钱留不住。再者，当兄弟之间都发生冲突，已经给下一代做了很不好的示范，所以这个家族败相已露。

明朝有一个女士姓陈，她的父母较早过世，留下一些财产。那时候她还有两个弟弟，一个六岁，一个五岁。她已经到了适婚年龄，那怎么办？假如她嫁了，那谁来照顾两个弟弟？所以她就下定决心，先全心全意把她的两个弟弟照顾好。

她也知道那些亲友一直在打她家财产的主意。有一天她就拿了很多蜡烛，把家里点得通亮，然后还煮了很多菜摆在桌上。她知道那些亲友常常在他们家走来走去，所以她摆好酒宴，亲自走到外面把那些亲人都叫进来。“来来来！到我们家坐坐，吃点东西。”本来她的那些亲友是要来看看有没有下手之处，结果反被邀来吃饭，他们觉得很不好意思，就跟她说：“我们没有蜡烛了，所以来你们家借一下。”每一个人都不好意思，也不敢互相看来看去。结果从那天起，那些亲戚就没有再到家里来。一来是她很有度量，没有直接跟亲属发生言语上的冲突，也由于这样的态度，唤醒了亲友的惭愧之心；再有就是亲友也深深感觉到，她已经下定决心要好好把她的弟弟抚养成人。后来她的两个弟弟也很顺利地有了家业、有了事业，而她四十五岁才出嫁，终身没有孩子。到了晚年，她两位弟弟也是很自然地就把姐姐接回家里奉养到老。

由此可见，古代作为长者，对于自己的弟弟妹妹都抱持着这样的情义，这样的道义。有些人常常会计较得失，比方说若多照顾弟弟，自己会不会少什么？当人常常计较东计较西，人生就不踏实、不痛快。兄弟有困难，应该全力去帮忙才对。

深圳有一个老师，她先生的妹妹在夏威夷工作，生活得很困难。先生就跟太太说："我希望把这两三年的积蓄统统寄给我妹妹，因为她在那边很困难。"假如是你先生，你要怎么回答？你要想到量大福大，你要想到君子成人之美，你要成全先生的这一份悌，这一份友爱妹妹的心，而且也要成全他的孝心。因为他的母亲父亲看到哥哥对妹妹如此照顾，他们的内心不知道有多么安心。这位太太马上就说："你这个做法我很佩服也很欢喜，我去帮你汇钱。"当夫妻是这样的互动，相信他们的情义会愈来愈深厚。虽然我们是舍掉了钱，却赢得了家庭的和乐。俗话说"家和万事兴"，既然都万事兴了，还怕以后没钱吗？所以人生要尽义务，人生要看得远，不可以处处计较。这是兄弟之间的道义。

我们看第五个关系，朋友有信。朋友之间不只要言而有信，还要有朋友的信义跟义务。汉朝有两个读书人叫张劭、范式，他们两位在太学里面一起读书，感情很好。后来各自回自己的家乡，约定两年以后范式去拜访张劭。过了两年，张劭就跟母亲说他的朋友今天要到。母亲就说："两年前的约定，我看可能都忘记了。"而且两个人的家又相距千里。张劭就说："我这个朋友是非常守信用的人，他一定会到。"于是他的母亲就开始准备丰富的饭菜，果不其然，范式如期到了张劭的家里做客。那当然人逢知己千杯少，他们的情义也随着日子愈来愈深厚。

后来范式病危，范式就交代他的妻子说："你一定要去找到张劭，告诉他我已经不行了，请他来送我。"范式的妻子就赶快去通知张劭，张劭一听到消息也快速赶往范式的家。张劭赶到前，范式就去世了。那些准备丧事的人在墓地量角度准备下葬，但怎么量都量不准，所以没有办法把棺木葬下去，于是就一拖再拖。等张劭赶到了，马上就准了。张劭亲自将他安葬。为什么范式要叫张劭来帮他办后事？是因为对他有无比的信任，而且他很清楚，他不只会把他的后事办好，一定也会照顾他的妻儿。所以古代那种朋友的情谊，我们听了也是非常感动。

古代还有一个读书人叫朱晖，也在太学读书，后来遇到一个朋友叫张堪，两个人一起学习，但是不常谈话。张堪一直在观察朱晖这个人如何，后来被他的德行感动，觉得他是一个很值得信任的人。有一天，张堪跟朱晖说："我想把我的妻儿托付给你照顾。"但是朱晖并没有吱声，因为平常也没有很深的交情。后来张堪没过有多久就去世了，朱晖得到这个消息，就带着他的儿子到了张堪的家里，给他的家人送了很多吃的很多穿的。他儿子很纳闷，就跟父亲说："父亲，您又从来没有跟这个人交往过，怎么他死了，您对他家人这么大的帮助？"朱晖说："当初张堪说要把妻儿托付给我，他能这样恳求我，代表对我很信任，他已经把我当知己看，所以我在心中也已经把他当朋友看待。"所以古人不愿意背弃自己那一念心念，假如背弃了，他就会良心不安。纵使没有很深厚的交情，但毕竟已经把他当朋友，就应该尽朋友的义务。

朋友之间有哪些应该尽的义务？第一个当然是要互相劝谏，所谓"善相劝，德皆建；过不规，道两亏"。假如朋友有过失，我们没有去劝，这就没有尽到朋友的职责。第二个是要关怀。第三个要互相赞叹，"道人善，即是善，人知之，愈思勉"。第四个是不言家丑，不可以把朋友家里一些不好的事情讲出去，这样做就很没有道义。最后，要有通财之义。

我们在课程中，对这个劝谏谈得特别多。为什么？因为现在的社会相当复杂，而人只有一双眼睛，不可能方方面面都考虑到。所以每个人都需要朋友的提醒。我们一来要能接受别人的劝谏，二来也要懂得如何规劝亲友，所以这个主题才会谈得比较多。

第二个，关怀。关怀他人，我们就要时时处处地去落实。我们可不能教孩子说："你的朋友跟亲人才要去关怀，其他的不用。"这样教对不对？人的心是一个，怎么可以一心两用？当他对陌生人很冷漠，他会不会对亲人很念恩？很难！而当他能对一切人都有关怀之心，那离他最亲的父母、兄弟，哪有可能不照顾的道理！所以我们要常常提醒孩子，见到行动比较不方便的人更应该恭敬。他的人生已经有一点不顺畅，假如我们又用异样的眼光看他，就会让他更不舒服，所以要从细微处长养孩子的仁慈之心。再比方说，在坐公交车的时候，只要有老弱妇孺上来，我们马上带着孩子让座，这就是长养他关怀别人的心境。

关怀朋友，不只要关怀他而已，还要爱屋及乌。当你敬其父，他就高兴，甚至于他的兄弟姐妹都欢喜，你就可以跟他的家庭处得很好。常常我跟朋友两三个月没联系，打电话时会说："你妈妈身体好吗？你爸爸最近好不好？"虽然是一句轻轻的问候，也会让对方的心觉得很温暖。现在我们又学了《弟子规》，懂得不仅要关心他的父母，更重要的还要关心他孩子的教育。现在几乎所有的家庭都为了孩子的教育伤透脑筋。我们在推广传统文化一年多以来，太多的家庭都受益，家庭的转变都相当大。

我在深圳上课的时候，有一个太太，她全家都来了。孩子也都十几岁了，一个上初中，一个上高中，一起来听课。结果很有意思，这位太太之前刚好跟丈夫之间有一点不愉快，上完课，她就跟我说："本来都看对方错。听完课，才知道儒家核心的心法，叫作'行有不得，反求诸己'。"她这一念心一起，就觉得自己还做得不够好，没有资格去嫌对方。对孩子也是一样，以前本来到处都看孩子不好，现在会想："是不是我做榜样做得不到位？"所以心念一转，障碍自然就消除了。

接下来要互相赞赏、互相肯定。我们在人生的旅途中，常常也会情绪起伏，这个时候特别需要朋友的支持和安慰。但有句话说“文人相轻”，为什么文人相轻？长了傲慢，甚至于因为有嫉妒心。那我们来思考一下，当文人生起对别人的轻慢，觉得自己的学问、文章比较好，别人的比较差，其实他已经在堕落，他的学问这一生能不能成就？不可能。所谓“学问深时意气平”，真学问的人看一切人都很平和、都很欢喜，怎么可能会轻慢？

所以我们读圣贤书就是要治自己的嫉妒之心。这个嫉妒心发出来，不只自己受害，不只对方受影响，更大的问题是会让社会上更多的人受影响。比方说，一个读书人很有德行，很多人都跟他学习，结果因为你嫉妒他，甚至于用言辞诽谤他，造成一大群人对他失去信心，这个过恶可就大了。所以一个人假如处处嫉妒别人，他的脑筋一定会愈来愈不灵活，因为他试图夺取别人学习圣贤教诲、学习智慧的机会。法布施得聪明智慧，影响别人法布施就会得愚痴的结果。所以我们要扩宽心量去欣赏别人，去力行“道人善，即是善，人知之，愈思勉”“见人善，即思齐，纵去远，以渐跻”。当朋友跟朋友之间，都可以互相随喜、互相赞叹，那团体也好，或者是我们学术界也好，都会呈现一片祥和之气。这是要赞赏。

第四个要不言家丑。因为朋友信任我们，可能会把一些家庭比较隐私的问题跟我们讨论。对于这些话我们要特别谨慎，不可以讲出去。因为你有时候讲出去，会被有心的人拿去制造一些谣言，这样就会伤到朋友的内心，或者他的家庭。所以当别人已经推心置腹，我们更应该谨慎自己的言语。当然，自己家里很多隐私的事也不必到处跟人家讲。比方说，自己的先生有哪些不好，到处跟邻居讲，跟朋友讲，讲到最后可能这些话都传到自己先生耳朵里。他一定会火冒三丈，到时候对夫妻关系那可有很不好的影响。而且不只夫妻关系不好，还会惹来众人对你的轻视、轻慢，甚至于对你的先生也同样不尊重，这样就很不好。所以对先生还是要隐恶扬善，有一天他发现了，“我做得又不是很好，我太太还在外面赞叹我、肯定我，我一定更努力，不能辜负了太太对我的期许”。

最后一个，要有通财之义。这个“财”不单指钱财、物品，它包括内财跟外财。内财指的是劳力、经验、智慧，外财才是钞票、物品。人生难免起伏，当朋友确确实实有很紧急的情况，比方说，他的父母刚好生了重病，他一下子又筹不到那么多钱，我们就要救人危急，尽力去帮助他。“惠不在大，在乎当厄”，在危急中，你能够给他关怀帮助，他会非常感动。我记得小时候，常常在开学时会有一些亲戚没有钱给孩子报名，我父亲一定会拿出钱来帮忙。而且拿出这个钱，我都可以感受到父亲没有想着要对方还钱，就当作亲人之间互相帮助。而父母的一言一行，对孩子都有潜移默化的影响。

好，我们这一堂课先上到这里，谢谢。

第二十九讲　学一句，做一句，时时信守承诺

诸位朋友，大家好！我们前面讲到朋友之间的道义、信义，也提到朋友之间应该互相规劝，互相关怀，互相称赞、赞叹。其实当你在赞叹别人的时候，自己也已经熏到那一份香。再来是“不言家丑”，最后一个“通财之义”。财分两种，外财跟内财。内财就是我们的劳力，我们的经验智慧。俗话又说“救急不救贫”，诸位朋友，什么是贫？没有钱叫贫吗？他没有钱可以变得有钱，只要他有志气，只要他肯学习。怕就怕在他连志气、连学习的心都没有，那才是真正的贫穷。当对方是这样的态度，你拿钱帮助他，他会愈来愈依赖，甚至于愈来愈觉得理所当然。我们本来是想帮助他，到最后可能反而害了他。

所以帮助人也要用我们的智慧，不然会以善心行恶事。比方说，对方没有家庭责任感，常常出去喝酒，现在来跟你借钱，你要不要借给他？不要。但是你也不用把他赶出去，因为这样会结怨。你就把他找来坐一下，你只要很有原则，他就动不得你的钱。找他来，跟他讲一两句做人的道理，甚至于给他一些你在工作中的实际经验，或者自我砥砺的经验，让他可以在智慧、在做事的能力上有所积累。当然，也要准备一本《弟子规》给他。大人都要面子，你不要说：“你给我好好学好这一本，你这一本都没学好。”不要这样讲，要讲究善巧方便，我们可以这样说：“你儿子蛮可爱的。这一本给他学，以后会很有出息。”中国圣贤人讲，教育是“上所施，下所效”，父母要做好榜样给孩子看。但你又没有说他没有做好榜样，对不对？就这样劝告他，相信慢慢会让他的观念转变。等他已经学习到这些经验、方法、智慧了，相信他也可以把自己的家庭经营得很好。所以你这个帮忙，不只帮一时，而是帮一世。这是我们提到的朋友之间的道义、信义。

以上是圣贤教诲关于五伦关系中的“信”，接着我们也要回想一下这么好的圣贤教诲是如何产生的。几千年来那些圣哲有过流血流汗，有过很多刻骨铭心的经历，才留下了这些精粹的智慧，所以这不是偶然的。我在好多年前，听我的老师说，全球四大古文明现在只剩下一个。哪个？中国。神明说：“来抽签，谁抽到了谁就不用灭亡。”刚好中国的老祖宗抽到，是不是这样？有果必有因。为什么其他古文明灭亡了，为什么中国没有灭？绝非偶然。师长这一段叙述，让我整个的注意力都集中起来，因为从来没想过这个问题。

接着师长又说，老祖宗知道太多的人生道理，比方说“人生七十古来稀”。很多人到四十岁五十岁突然回头看看几十年来走过的路，会有一种感慨，“假如让我人生重来一次，我一定有很多过失不会犯”。人生假如处处有这样的遗憾，那就不圆满。中国的祖宗了解到假如智慧不传承，那每个人的人生可能都要从头开始摸索。基于对后代子孙，甚至于全人类的厚爱，他希望能使几千年传承下来的智慧不断地传播下去，所以就发明了一个传承智慧的工具，那就是“文言文”。

一个人能够做出非常伟大的事，都是从那一念心开始的。老祖宗观察到，语言跟文字假如不分开，智慧就传不下来。我们想一下，古罗马有没有留下文字？有。古罗马还留下很多文章，现在谁看？历史学家还不一定看得懂，看得懂的只有考古学家。两河流域有没有文字留下来？有。但字都看不懂，里面的义理更是不可能看懂。我曾经跟一位朋友交谈，他说他离开故乡二十来年，再回去的时候，跟那些亲友聊天，已经有很多词语他听不懂，或者对方听不懂。所以语言二十年就有一个小变化，两百年就有一个大的变化。假如写文章跟你讲话完全一样，那两千年前人写的文章你有可能看得懂吗？看不懂。了解到这一点，古人写文章不用当时的口语，而用文言文，所以几千年来所有文章都是用文言文写出来的。当我们懂得文言文，就可以直接当两千多年前孔老夫子的弟子，也可以当孟夫子的弟子。通过这些文言文就可超越时空去学习圣贤的智慧，所以文言文是我们老祖宗给后代子孙最大的恩泽。

当我听到这里，内心很惭愧。因为我的语文一直都不好，在高中的时候，常常上文言文课都上到打瞌睡。老祖宗用他的生命来成就我们，而我们却把好东西丢到垃圾桶里去了。所以当场我的眼泪就掉下来，这是惭愧的眼泪。平常朋友帮我们端杯茶，我们都感谢得不得了，老祖宗是用生命在成就后代子孙，而我们却视而不见。我当时就起了念头，一定要好好学习古文，好好学习圣贤经典。再后来打开《弟子规》、打开《论语》这些经书，突然感觉好像没有以前认为的那么难，跟它的距离也拉近了，看一句就喜欢一句，老祖宗真是高瞻远瞩。为什么以前觉得很难？为什么流完眼泪就不难？我从这件事也体会到一句教诲，叫“一切法从心想生”。所以诸位朋友，障碍在哪里？心。自己觉得很难，它就很难。当你把这个障碍放下，它就不难。所以确确实实当我们忏悔了，真正把使命提起来，跟这些经典就能相应。所以诸位朋友，我能把文言文学好，你们也一定会学得更好。

学文言文方法也很简单。李炳南老师曾经说过，只要能背五十篇古文，就能看文言文；假如能背一百篇古文，就能写文言文。五十篇难不难？不难。《弟子规》就几篇？《弟子规》我们算六篇，入孝、出悌、谨、信、爱众，亲仁比较短，跟余力学文算一篇，一共六篇。所以读五十篇古文不难，一百篇也不难，最重要的是要有恒心，“宽为限，紧用功，工夫到，滞塞通”。我们可以一个礼拜背三百个字就好，三百个字不多，《弟子规》是一千零八十个字。一个礼拜背三百个字，一年可以背多少个字？一万多个字，那实力就非常雄厚了。所以确确实实成就来自持之以恒，你只要能坚持一两个月，保证你一定会愈学愈欢喜。因为文言文的义理非常深广，你每次念，悟处都不一样。随着我们实践的深入，随着我们智慧的开显，可以愈深愈广地去领受。

作为炎黄子孙，我们有道义把这些智慧承传下去。要传首先要承，所谓“继往开来”，没有承就无法传，没有承就会传错了。我们既然有这个使命，就应好好从自己做起。很多朋友说：“蔡老师，要像你这样才能做。”其实这都是分别。《大学》里说“古之欲明明德于天下者，先治其国；欲治其国者，先齐其家；欲齐其家者，先修其身；欲修其身者，先正其心；欲正其心者，先诚其意；欲诚其意者，先致其知，致知在格物”，已经把整个修身、齐家、治国、平天下的方法都讲出来了。有没有规定哪个行业才可以做？没有。每个行业、每个年龄层都可以做到，但首先要从“格物致知”下手。格物，格除物欲，格除坏习惯，当下都可以做。当我们欲望能够放淡，心志清朗，自然就能诚意正心，从自己的言语行为去修正。当我们修正了，家庭就会变化，事业也会变化。这样你就是孔老夫子的好学生，我们中国圣贤教育的好招牌。所以每个人都可以在这个大时代中，去尽一份炎黄子孙的职责。

我们从五伦关系出发，找准人生的角色和定位，自然就能够步履踏实，一步一步让人生走得充实、走得有价值。

我们再看下面的经文，一起读一下：“凡出言，信为先，诈与妄，奚可焉。话说多，不如少，惟其是，勿佞巧。奸巧语，秽污词，市井气，切戒之。”

“凡出言，信为先”。我们要言而有信，自己讲出来的话要放在心上去实践、去履行。春秋时代有一个人叫季札，吴国人，有一次君王派他出使到鲁国去。季札在旅途中经过徐国，徐国国君宴请他。坐下来吃饭的时候，徐国国君都没看他的脸，一直盯着他身上背着的那把宝剑。那把宝剑非常庄严，徐国国君掩饰不住对那把宝剑的喜爱之情。季札有意送给他，但是以前宝剑代表身份，出使其他国家，配剑是必要的礼仪，所以要等办完事才可以送给他。季札心里面就起了这个念头。后来办完事，回去又经过徐国，他就去拜访徐国国君，要把宝剑送给他。

结果不巧，徐国国君在季札离开后不久就去世了。季札知道以后，就到他的坟前祭拜。祭拜完了，就把宝剑吊在坟旁的树上就走了。他的随从叫住了他，说："主人，您这样做会不会太过？因为您从来就没有亲口答应要把这把剑送给徐国国君，而且纵使您答应他，他也已经死了。"季札就说："我的心早就已经答应给他了，怎么可以因为他死了，而违背我的心？"所以古代人的信不只在言语上，连一个念头都不愿违背，不愿违背别人也不愿违背自己的良心。

我曾在我老师家住了半年，有一天早上老师说昨天她梦到了一个很深的地窖，地窖一片漆黑。走进去发现有很多书柜，把书柜打开，每本书上面都蒙有厚厚一层灰尘。把灰尘拍了拍一看，原来是"四书五经"。老师做了这个梦，就起了一个念头，一定要尽自己这一生弘扬传统文化。就是因为有这一念心，后来有机会到海口去发展，她就带着我一起去。又因为去了山东曲阜，更体会到文化的沦丧太严重，所以又在北京创办了传统文化公益网。老师所守的信用不是白纸黑字，也不是对任何人言语上的承诺，而是自己的心。

这些书有很多尘埃，要靠我们每一个人真诚地去把它拍干净。不只要拍干净，还要把它打开来好好读。再接下去该怎么样？好好做。不能只读，还要做。我们回想一下，当初文言文会被废掉，原因在没有人读文言文吗？不是。反而是读很多文言文的人没有做到，反而带头把它废了，所以书读多不见得有用。《弟子规》说"不力行，但学文，长浮华，成何人"，一些中文硕士、中文博士是拿所学的东西长浮华，拿来得名闻利养。没有力行，对那些道理解得就是空的、虚的，久而久之，言语跟行为渐行渐远。再去教传统文化的时候，受教的人心里是什么感受？说一套做一套。这就不是弘扬文化，而是毁谤文化。

所以确确实实整个文言文会有这样的浩劫，问题不在那些废除文言文的人。真正的原因在哪里？真正的原因我们要找出来，不要再把责任往外推。真正的原因在读书人没有言行一致！假如读书人都把《大学》《中庸》《弟子规》演出来，大家会不会把文化毁掉？不可能，甚至于会起而效法。我们看看几千年来，那些奉行圣贤教诲的人都是得到万民的拥戴。像在海口就出了一个名臣，即明朝的海瑞，我们都听过"海瑞罢官"的故事。我到一个地区去，习惯去参访当地的一些名人遗迹，历史上留名青史的人，在那里有他们用心写下的历史。我到海瑞墓看到了两行字非常震撼，即"粉骨碎身浑不怕，要留清白在人间"。诸位朋友，从他这句话可以感受到他是什么样的德行？非常清廉。

当我看到海瑞这样的气节，又看到他一生的介绍，心里很感动。海瑞只要到一个地区去当官，当地的贪官污吏还有恶霸，都赶快溜之大吉，因为他们知道海瑞是刚正不阿的人。只要是他到的地方，人民都是普天同庆。所以一个真正把圣贤教诲做出来的人，有没有可能被反对？那是不可能的。海瑞最后在南京任职，去世以后，海瑞的灵柩要从南京移回海南。当灵柩在南京城被搬动的时候，百姓都穿着孝服，"如丧考妣"，就好像失去了父母一样悲伤。我们从这里可以看到，"得道者多助"，真正力行正道的人一定会赢得民心。

为什么文言文会被废，不要怪别人，怪所有读圣贤书的人没有好好把它演出来。所以只要我们现在学一句做一句，相信一定可以扭转世人对于传统文化的误解，而且会更进一步起而落实，起而学习效法。当我们已经生起了要替家庭、要替社会、要替祖宗付出的心，我们就要时时信守我们的承诺。

守信用也不能挑对象，一定要童叟无欺。所谓"事非宜，勿轻诺，苟轻诺，进退错"，只要考虑清楚，答应了，就不可以后悔。汉朝有一位太守叫郭伋，有一次路过他管辖的区域，很多小朋友围过来跟他问好。小孩子很天真，说：“太守大人，您下一次什么时候还到我们这里来？”郭伋对孩子也很恭敬，孩子的话他也没有怠慢。他估计几个月后的某一天又会到这里来巡视，所以就跟孩子讲了那个日期，后来孩子欢送完他就散了。

等他再到这个地区来巡视，比他讲的那个日子早了一天。他的随从很自然地要进城，他就说：“不行，我已经跟孩子有约在先，所以今天我们就在郊外的亭子住一晚。”第二天，郭伋才进城。果不其然，那些孩子也在那里等他。所以光武帝对郭伋非常尊敬，还称赞他“贤良太守信之至”，他的信用已经到了极致，没有缺陷。郭伋最后活到八十六岁，无疾而终。所以守信用要不分年龄，不分长幼贵贱。对任何一个行业的人，我们都不要轻慢，应信守我们的承诺。

“诈与妄，奚可焉”。假如我们不守信，还要找一些借口来掩饰自己的失信，那就是“倘掩饰，增一辜”。到最后，你的名声可能就会愈来愈差。当然，“天有不测风云，人有旦夕祸福”，很有可能你确实很想守信，但出现一些状况让你无法实现诺言，这个时候怎么办？世间的事一个字可以解决，“诚”。我们开诚布公，对方真正了解你的情况，又了解你的诚意，也会退一步，因为再怎么逼你也没有用。可是你假如继续掩盖，别人就会愈来愈愤怒，愈来愈不悦，到时候就很难收拾。

我有一个朋友，他的亲人背了很多债务。他有责任替亲人去偿还，但也很紧张，怕债主们态度不好。后来他的朋友建议他坦坦诚诚跟他们谈：“我的情况就是这样，你们现在再做其他，比方说采取更恶劣的报复，那你们没得好处，我也没得好处。我现在是诚心要来还钱，我每一个月还一部分。”跟他们很坦诚地讲出来，谈得也很顺利。所以处世做人，我们不要把它想得太复杂，应该用诚信去对待。我们看下一句：

“话说多，不如少”。所谓“言多必失”，讲话确实不可以滔滔不绝。因为你滔滔不绝，很多话还没有思考清楚就说出去了。一说出去就怎么样？收不回来，所以才要“三思而后言”。《易经》里面有提到“吉人之辞寡，躁人之辞众”，贤明的人言语少，急躁的人言语很多。一个人滔滔不绝，他的心安不安？不安，很急躁，很没安全感。处于这样的心境就很容易说错话、很容易得罪人。俗话说“祸不单行”，那都是心没有主宰，才会一而再，再而三犯过失，所以心要能静得下来。当言语少的时候心就比较平和，人心一平和，对于所处的环境、发生的事就可以明白清楚地去观察、去观照，就不容易出差错。

诸位朋友，不要听完这一段，回去都不讲话，该讲的时候还是要讲，但要适度。像我从小就很热心，但后面再加两个字“过头”。一看到别人不用功念书，我就噼里啪啦地在旁边跟他讲，他听得头都快晕了。所以我们要有敏感度，要适可而止。

当别人真正需要我们的帮助时，我们一定要尽心尽力去引导，去规劝。但是时机不成熟的时候，就不要讲太多，讲太多可能会让人生烦恼。这个进退的分寸，缘分是否成熟的判断，不是用讲就可以讲清楚的，还要诸位朋友自己去累积经验。不过，我要给大家推荐孟夫子的一个方法，叫“观其眸子”。比方说你跟他谈《弟子规》很重要，然后举了几句经文，例如“置冠服，有定位”，“这与你孩子做事的能力直接相关”。你这么一讲，他的眼睛就放光，发亮了。这时你要不要说：“好，今天就讲五分钟，我回去了。”这样好不好？这样就没有随缘。当缘分成熟，我们可以顺势而为。另外一个人你跟他这样讲五分钟，他眼光呆滞，你要不要再讲两个小时？那就太攀缘。所以时时刻刻观察缘分的状态，缘分是动态的不是静态的。假如我们学经文都学成静态，那就学呆了。

所以多话不如少话，但是一讲话就一定要是好话，就是可以对别人有益的话。所谓讲利益语、讲柔软语，让人家听了很舒服；讲诚实语，讲智慧语，成就别人。有一次我接到一个朋友的电话，哭哭啼啼，把先生的十大“罪状”一一列出来。等她讲完，情绪稍微缓和下来，我就跟她说：“你都已经有小孩了，家庭要好好地经营。在家庭生活中，你要抓住一个原则：他怎么做那是他的事，你要先把自己拉回来；他对不对那是他的事，我对不对那才最重要。所以先不要去看先生的不是，要先看自己：我当太太有没有当好？我当妈妈有没有当好？我当媳妇有没有当好？假如我们都没做好，那我们哪有资格还在这里生气骂他？我们不是跟他一样？那骂他不就是骂自己，对不对？你骂他就是因为他没尽责任，可是我们也没尽。而当一个人能够先从自己检讨起，心就会平息许多，然后慢慢就会让先生生起惭愧之心。现在很多家庭情况都愈来愈复杂、严重，往往都是遇到情况意气用事，他这样，我也敢，都用报复的方法，结果家庭毁了，孩子也遭殃。”

我讲完，这个朋友就说：“蔡老师，我打电话给你以前，已经打给我好几个女朋友，她们的答案都跟你不一样，她们都说非常时期一定要用非常手段。”她们都不了解，古语说“宁拆十座桥，不破一桩婚”，桥断了还可以建，婚姻假如破裂了，破镜就很难重圆。所以言语要谨慎。你给她建议跟这样的男人离婚，到时候她意气用事离了，后悔了，打电话来说：“都是你害的！”我看你这一辈子都会觉得很难受。又看到她的小孩，她的小孩说：“都是你害的。”你可能每天睡觉都睡不好。

所以我们与人交谈，一定要抓住一个原则，抓住这个原则，你的朋友一定会把你当知己看。什么原则？家庭、工作的问题，一定要让他自我反省。当你引导他往自己身上找问题，那才能真正化解矛盾。而往往他在反省中，情绪就能够平和下来。所以哪怕当时他没有照你的话做，一段时间后他也会说你讲得很对。假如他真正照你的话去做，他会到你面前来谢你，让他没有意气用事。甚至于他的太太也来谢你，都有可能。

我们还要切记，不可听片面之词，不可听一面之词。你相不相信夫妻吵架讲出来的版本完全两样？那谁对？一定有一个事实真相。人往往都会站在自己的角度看事情，所以你不能听先生这么讲，就受先生的影响，对他的太太有了先入为主的看法，这样就有失客观。所以你听归听，也要从中去分辨哪些话是对的，哪些话是错的。然后你就告诉他，你太太这样是结果，原因在哪里。这样他才会冷静，否则他只在那里气半天："她怎么可以骂我？"他不了解这一口气背后已经凝聚了多久的能量。当你这么引导他去找原因，他才能设身处地为对方着想。

"惟其是，勿佞巧"。事实怎么样，我们就怎么讲，不可以再去找借口，不可以再去掩过饰非。比方说，我们答应爸爸妈妈买酱油，结果一进门，妈妈说："酱油呢？"我们一定要马上说"对不起，我错了"。"我错了"好不好讲？好讲。你好久没讲就很难讲。所以只要我们有过失，没有守信，就一定要当场道歉，对方也会觉得比较能接受。假如这个时候你又说最近很忙，忙什么又忙什么，还解释一大堆，愈解释人家心里愈不舒服。

"奸巧语，秽污词，市井气，切戒之"。言语是人与人之间互动最多的。言谈假如能够非常文雅，那在无形中都会提升一个人的气质修养。诸位朋友有没有感觉，你们这几天的气质特别好。所以磁场很重要，环境很重要。我们要把家庭言语的气氛经营成什么样，自己要很清楚。当你在言谈中不疾不徐，都是给人鼓励，给人称赞，给人利益，给人智慧，相信你的家跟你的团体、企业一定会收到上行下效的效果。所以我们不要太担忧，外面污染这么多，你只要把大本营先守好，情况就不至于太糟。

这节课先上到这里，谢谢。

第三十讲　朴实忠厚胜过聪明

诸位朋友，大家好！我们上一讲讲到“奸巧语，秽污词，市井气，切戒之”。假如我们能够在家庭营造出一个很好的谈话风气，那家庭气氛就会很好。假如是一个团体、一个企业，负责人也要常常口吐莲花，让人如沐春风，互相鼓励、互相肯定。我们要倡导这样的谈话风气。假如一个团队领导人，或一个政府领导人，都是对别人进行谩骂，挖人家的隐私，都是一些攻讦的言辞，虽然逞了一时之快，但由此产生的不好的影响确实很难估算。因为小孩子没有好坏判断能力，看到领导人都这么说话，觉得自己也应该可以，这样后果就很难收拾。俗话说“公门好修行”，处在公门影响的面都很大，一言可以兴邦，一言可以丧邦。所以当领导的应当在言语中，多加谨慎，多加考量。只要我们有这个态度，相信在言语方面就能带动社会的良好风气。

“奸巧语”。这个“奸”是欺骗、是机巧。那为什么要用奸巧语？就是为了把自己的言语过错，自己没有守信用的过失掩盖起来。所以孩子假如用奸巧语，他就有可能是在撒谎。会撒谎的孩子聪不聪明？不聪明还撒不出谎。有一个初中生，因为跟同学常常攀比，所以喜欢买贵的东西，可母亲不让他买。有一天说要配名牌眼镜，他妈妈不肯，说：“你本来就有一副了，还配？”妈妈不给他配，他就自己去，去了一会儿回来了，配好了，然后跟他妈妈说：“去付钱！”聪不聪明？他可以不用一兵一卒，不用带什么钱，就可以讲得让对方相信他妈妈会去付钱。很多小孩子反应很快，家长都说：“好聪明！”我很怕听到人家说小孩子好聪明，小孩子要的是朴实、忠厚。现在的小孩聪明都用到哪里？用到撒谎，用到达到他的目的上去了。

比方说，有个小女孩跟她父亲走在回家的路上，路上有好几家冷饮店。她走到第一家冷饮店就稍微把脚步放缓，跟她父亲说：“天气怎么这么热。”她父亲没反应过来。走到第二家，小女孩说：“这个时候有一支冰棒吃多好！”走到最后一家，小女孩就说：“这是最后一家。”当孩子的思维都用在自私自利上，道义都会慢慢消退掉。所以孩子的聪明是用在当孝子，当好学生，当好公民上，那才是用对了地方。很多小孩在耍小聪明，大人还笑呵呵。这样对不对？不对。

孩子撒谎有几种可能，我们要善于观察。当孩子初犯，我们要慎于开始，要很谨慎，因为孩子很可能是为了贪图利益撒谎。有一个孩子回家跟他爸爸要两块人民币，他爸爸顺手拿了一张两块钱的纸币给他。他说：“爸爸，我不要一张，我要两张一块的。”他爸爸很纳闷，就是两块钱，怎么还要分成这样？他就跟爸爸说：“爸爸，我只要捡一次钱交到训导处就可以得十分，所以你给我一张两块的，我只能得十分；你给我两张一块的，我可以拿去说是我捡到的，我可以得二十分。”他爸爸听了，心想我儿子怎么这么聪明！结果又去讲给一个教育官员听，这教育官员听得全身起鸡皮疙瘩。这个父亲也够没有教育敏感度，还觉得他儿子很聪明！如果家长觉得会撒谎是本事，那可就麻烦了。

现在学校常有募捐的活动，我们也要适时引导小孩树立正确的观念。在一次贫困救助活动中，有一个孩子要捐款。他妈妈就问他要捐多少，孩子想一想，说捐七块二毛钱。多不多？不多。但是那是他全部的积蓄，他全部捐了出来。而其他的同学都是爸爸妈妈捐，都是三百五百。结果这个孩子的心怎么样？我才捐七块二，都没有人看到我的真心。捐五百的可以戴一朵小红花，捐一千的可以点一支蜡烛。这样做，很有可能我们本来是要办善事，结果让孩子学到什么？虚荣。

有一个家长，她捐了几千块，结果学校发了个大红花给她戴，她没戴。她说善行是自己愿意做的，不是要出去炫耀。所以这位母亲很有敏感度，假如她就这样大摇大摆地戴着那朵大红花，那她又该如何教育她的孩子行善不欲人知呢？行善是我们每个人的本分，为了虚名而行善，就不好。

孩子撒谎也有可能是觉得好玩。一开始把你骗一下，你笑一笑，他也笑一笑，那他就觉得很有意思。你看很多综艺节目以戏弄别人为乐，大家看了哈哈大笑，所以孩子觉得欺骗别人很好玩，这都是误导。我们非常熟悉一个故事，叫“狼来了”，这个故事你讲给幼儿园的孩子听就很有效果。你就告诉他，一个孩子守着一群小羊，结果他觉得很无聊，就大喊：“狼来了！狼来了！”所有的村民都非常朴实，也很愿意帮助别人，于是统统都来要帮他把狼赶走。结果一看，一只狼也没有。他看别人忙成这样，自己还在那里哈哈大笑。后来村民都回去了。第二次他又开玩笑，又欺骗别人，第二次没来那么多人，不过也来了不少。一看，又是他在开玩笑，所以村民又回去了。第三次狼真的来了，他大喊“狼来了，狼来了”。有没有人来？没人来。没人来会怎么样？羊会怎么样？他会怎么样？不要讲，让小孩自己去想，好恐怖，记忆深刻。所以小孩假如因为好玩撒谎，一定要适时地予以制止，不能再犯。

再者，小孩有可能因为逞能而说谎，还有的是掩过饰非、受父母影响，我们要适时去观察。逞能，因为他要炫耀，所以就把话讲得很夸张。你注意去听听看，有些八九岁的孩子喜欢攀比，我们家有电脑，有数码相机……这就愈说愈夸张，我们当老师的要谨慎，要适时去制止。

宋朝有一位名臣叫司马光。有一次，他跟他姐姐比剥核桃，但都剥得很慢。他姐姐中途离开一会儿，他们家的仆人就跟司马光说，用热水烫一烫就很好剥。司马光去拿热水来烫，果然好剥多了。他的姐姐离开一段时间又回来，看他剥得好，就说：“弟弟，你怎么这么厉害，谁教你的？”司马光说自己琢磨的。刚好他父亲走过去，假如你是父亲你会怎么做？很多时候我们可能就忽略这个机会点了。如果他逞能没被发现，还觉得自己很了不起，就麻烦了。所以他父亲当场就跟他说："有多少本事就说多少话，不是自己剥的不能夸大。"司马光的父亲在他第一次犯错就给予严厉的指责，这是正确的教诲。后来司马光一生为人坦坦荡荡，他也曾经讲过"平生所为之事，无有不可语人者"。这是结果，因是什么？父母正确、适时的指导，绝非偶然。

下一个，掩过饰非。很多孩子一犯错，就会有一点紧张，怕被大人发现。有个孩子把衣架弄坏了，其实衣架弄坏好不好修？一拨弄就修好了。但是他不懂，很紧张，怕被处罚，就跟旁边的同学说："不要告诉老师。"结果老师刚好就在旁边，马上就走过来，他吓了一跳。孩子还小，只要你适时地教导他，观念马上就能转过来。后来老师跟他说"无心非，名为错；有心非，名为恶"，弄坏衣架不严重，不告诉老师才严重，你以后就不能赢得老师对你的信任。所以错了就要承认，"过能改，归于无"。然后就接着跟他说，把犯的错改过来，又能学到如何把一个东西修好。这位老师也很有耐性，陪他一起把衣架弄好。所以这个机会点我们要掌握好，孩子可能就此能培养正确的态度。

最后，父母的影响。有一部电影叫《手机》，《手机》里面曾统计过一个数字，说一个成人一天讲的谎话有多少？有二十五次。当大人习惯于说谎，那小孩就会受到影响。比方说，妈妈在接电话，儿子也在，爸爸也在。妈妈把电话接起来说："我先生不在。"小孩说："爸爸在，怎么会不在？"小孩都听懵了。所以小孩在的地方不可以撒谎，小孩不在的地方也不能撒谎。

我们接着看下一句经文，我们一起把它念一遍："见未真，勿轻言；知未的，勿轻传。事非宜，勿轻诺，苟轻诺，进退错。凡道字，重且舒，勿急疾，勿模糊。彼说长，此说短，不关己，莫闲管。"

"见未真，勿轻言"。当我们还没有看到事实真相，只是听别人片面之词，就不可以把这个话再传出去，这是一个很重要的谨慎态度。

假如你没有确定，它就可能是谣言，你再传出去，自己就变成帮凶。团体要以和为贵，不可惹是非，这个共识很重要。团体需要的是包容，而不是攻讦和谩骂。古人对于言语很谨慎，因为言语就好像那个阶梯一样，一句一句的谗言慢慢就制造了动乱。

所谓“君听臣当诛”，当国君的假如听了谗言，臣子就要遭殃了，“父听子当决”，父亲假如听了谗言，孩子就要遭殃了，骨肉之情都有可能会决裂；“夫妻听之离，朋友听之疏”，朋友假如听进谗言，慢慢就会疏离，夫妻可能就会分离。所以我们对谗言要很谨慎，要注意来说是非者，便是是非人。一个有修养的人，会不会说长道短？他希望的就是人与人和睦相处。很可能你跟某个人有一些不愉快，他可能会过来告诉你，其实对方上一次也蛮称赞你的。让你的气消退一点，退一步就海阔天空。只要调节调节，互相让一下，互相体谅一下，就没事。最怕的就是加油再添醋。

古代有对于谗言要谨慎的一段诗，“堂堂七尺躯，莫听三寸舌。舌上有龙泉，杀人不见血”。一个家，一个团体，甚至一个国家要能和睦，对于谗言一定要懂得辨别。假如有人在说某个人的是非，你跟这个人也颇有交情，这个时候你当然不能把这一段话传出去。那我们应该怎么做？毕竟你也听到了，总不能听而不闻。你可以去跟这位朋友说，现在外面有他的传言，我们用一颗真诚心去跟他讲。假如没有这回事，那我们就安慰安慰他；假如传言确实还有几分真实，那我们也应赶快规劝他：人的名誉特别重要，应该赶快收敛一点。

总之，不管是谗言，还是说人家的坏话，到我们这里要戛然而止。读书明理的人，纵使听到的是事实，而这个事实攸关团体的和谐，攸关一个人的名节，他也会闭口不谈，所谓隐恶扬善。当你是隐恶扬善，对方有一点好你就赞叹他，对方一些不好的你不说，但是从你的威仪中，他也知道你知道。慢慢地，他就会往好的方向走。

我们也要常常提升我们对于事理的判断能力。假如你的判断不对，有可能会好心行了坏事。因为现在很多团体打着善良、打着公益的名号在骗钱。假如你都不了解这个团体，没能做出正确的判断，就带一大堆人来帮忙、来捐钱，到最后发现是骗人的，那我们就很难跟朋友交代。所以凡事还是要谨慎，要先观察清楚。很多人会说他在推广传统文化，但事实是挂羊头卖狗肉，是为了赚他的钱。所以可能一两个小时演讲下来，其中会提到传统文化很好，接着就讲他的话。那我们在底下的人听完，如果称赞说讲得很好，可能所有的人误以为他真的讲得很好，都去找他买很多东西。

我们要学会判断，他假如是真正在弘扬传统文化，一定会抓到传统文化教诲的核心。核心在哪里？从哪里落实？从“入则孝”“夫孝，德之本也”。假如讲了两个小时连一个“孝”字都没有提，连一个“德行”都没有提，你还在一旁说：“讲得真好。”这样传出去就可能误导其他的人。所以我们要用理智去判断，这样才不会以善心行了恶事，也才不会让一些人有机可乘。这是“见未真，勿轻言”。

“知未的，勿轻传”。我们对于很多道理还没有了解透彻，对于一些事实还没搞清楚，就不可以轻易去讲给别人听。如果我们讲错了，就把人家误导到不对的路上去，这样就很不好。比方说，我们现在读经典，这个时候人家问你，读经要从哪一本开始读？你说《弟子规》。但在当今这个时代十个人有十个看法，所以我们如何确定我们的看法是对的？可以从经典找答案。为什么叫经？我们看地球仪有经线、有纬线，经纬的作用就在于可以当作标准，不会改变，所以经典就是亘古不变的真理。你只要从经典上找，你就有信心。当一个人跟你说德行的根本，他的答案假如跟“孝”不一样，你就可以判断他讲错了。

所以在现在这个时代要守住“依法不依人”，不然你会听得乱七八糟。依法不依人！比方说依照《三字经》的教诲，很多似是而非的观念你马上就能剔除掉。《三字经》说“人之初，性本善，性相近，习相远。苟不教，性乃迁”，人性是本善，但是不受到好的教育就容易长养坏习性，这个标准就出来了。“教之道，贵以专”，你看现在一下子学四样五样，能学得好吗？现在人就是不听经典、不听圣贤。所以现在这个时代听骗不听劝，认假不认真。真的，我颇有感触。

比方说，一个家长来跟我们讨论如何把他的孩子教好。当他把情况讲完，我一定会告诉他“冰冻三尺，非一日之寒”，孩子必须要家长用耐心和爱心跟老师一起合作，差不多半年至一年慢慢就可以调教好。家长往往听到半年、一年，眉头都皱起来，“这么久！”要走的时候说：“蔡老师，谢谢您，有机会再来跟您请教。”走了以后，从此就没再回来。很有可能看到报纸上登有“三天课程”的广告，“保证让你教出一个天才”，他马上就会跑去报名参加，趋之若鹜。而我们真正把真理告诉他，他信不信？不信。现在的人急功近利，都想要一步登天，这与求学问背道而驰，“欲速则不达”。

《三字经》讲“为学者，必有初，小学终，至四书”，所以你可以拍拍胸脯，从哪一本读？《小学》。现在最精辟的课本就是《弟子规》，它是依据《小学》的纲领编出来的。《小学》读完，读《孝经》，读“四书”。而且当孩子已经把《弟子规》扎根在心里，他再念《孝经》，念“四书”，就会感觉味道不一样。当读到“孝悌也者，其为仁之本与”，孩子会举手，“老师，这个‘孝’是不是就是指‘入则孝’？”他的孝不是空的。他的孝与生活结合，他知道学问一定要解行相应，一定要力行加学文。只要态度正确，方向就不会偏离。

“事非宜，勿轻诺”。现在轻诺的现象多不多？所以一个人很高兴的时候，不可以随便答应给人家什么东西，到时候没做到就失信于人。大人常犯的错误就是一高兴，孩子索要东西时马上说：“好！好！”到时候就后悔。我们大人在什么时候特别容易答应小孩？（答：考试考得好。）这个答案很真实。当考试考得好的时候，小孩都可以要东西。所以孩子读书的目的在哪里？当我们在承诺孩子给他东西时，无形中已经在长养他的虚荣心，已经让他的读书的目的发生了偏颇。

现在小学考试考得好，可以吃雪糕。上了初中考得好，可以买脚踏车。上了高中考得好，可以挑，是要MP3，还是要什么？孩子所有的动力都在这些东西上。为什么会有很多父母被孩子赶出家去，因为孩子觉得他想要的东西你都应该满足他。而当养成了这个要东西的习惯，孩子的欲望就一天一天增长。欲是深渊，若孩子从小欲望之门就打开了，回不回得来？由俭入奢易，由奢入俭难。孩子要东西要习惯了，当有一天你不再给他，他会怎么样？我们听到很多孩子初中就动手打妈妈，不给钱就打。到那时候父母叫天天不应，叫地地不灵。所以这个轻诺就是太溺爱。

有一个刑事案件。一个年轻人小时候父亲常给他很多钱，他花钱花习惯了。后来长大了一个月都要花几万块，花得很凶。他父亲有一天受不了了，说："不给你钱了。"还安排他去当兵，当了两年。回来后，习惯有没有改？很难。那种爱慕虚荣、奢侈的习性一染，他只要进入那种情境，就忍不住要打肿脸充胖子。所以当完兵也没有什么改变，依然如故。他父亲跟他划清界线："我不再拿钱给你。"结果这个孩子雇了杀手杀他父亲，在他们家门口对杀手描述，等一下有一个人长得多高，从什么地方走出来，讲得一清二楚。这个杀手就问他那个人是谁，他说是他爸爸。就这样杀了他父亲。然后因为保险柜的钥匙在他母亲手上，也把他母亲杀了。杀父杀母现在已经不稀奇了，原因在哪里？重利轻义。这个"利"不断提升就变成欲望，就变成主宰他行为的一个魔手，他想要跳出来都很困难。所以我们要谨慎，"事非宜，勿轻诺"，不能一直长养孩子的奢华生活作风。

有一个小孩看到饭菜不合口就不高兴，发脾气不吃。那一般的母亲会怎么样？过来三劝四劝，还有可能说：“你把它吃了，礼拜六我带你去吃麦当劳。”这么一讲，孩子本来一口都不吃，马上就把它吞下去。假如我们没有原则，孩子对我们的底细就很清楚。他就知道只要用什么手段，大人就会就范，就会答应他。这种情况就比较麻烦。当这个小孩不吃饭，他父亲也不出声，继续吃，太太就要过来劝儿子，先生很有教育敏感度，马上用眼神示意他太太说：“你退下，让我来。”

教育孩子的原则一定要一致，不然孩子一定躲到那个没有原则的父亲或母亲的背后。等饭都吃完，孩子还是不肯吃，父亲就说：“来，把它收掉，统统收掉。”儿子可能还在那里噘着嘴生气，那就让他自己去生气。结果当天晚上因为没吃晚餐，这个孩子半夜饿得睡不着觉，起来干什么？翻冰箱找东西吃，冷的都吃。孩子下次还敢不敢威胁父母？敢不敢提要求？不敢。所以教育要慎于始，这一点特别重要。不只对小孩重要，就连大人之间，你也是要让他第一次就了解到公私的原则是什么。所谓“教妇初来，教儿婴孩”，是同样的道理。媳妇刚来的时候，总不能到处撒野，也要了解到家里的整个情况，大家才会做好配合。

“轻诺”一来是因为溺爱，二来是没有原则。父母给予的承诺都凭着好恶，想给就给。可能答应了，情绪又变了，又不给他。小孩对你就没有了信任。或者，你在那里打麻将，然后就跟孩子承诺他不吵的话，就给买什么。所以以后他要东西都在什么时候？在打麻将的时候，或者你在忙的时候，他知道这个时候要东西铁定要得到，那就很麻烦。

父母要“勿轻诺”，进一步也要教导孩子“勿轻诺”。有一个小朋友，他送同学一支铅笔，那同学很高兴，拿到以后就把它削了开始写。隔天，这个小朋友就问那个同学说：“你今天跟不跟我玩？”“我今天不跟你玩。”“那你把那支笔还给我。”小孩子都很单纯，同学就把那支笔还给他。他说：“我要那支没削过的。”同学又拿一支没削过的。他说："不是这一支，就要我之前给你的那一支。"老师看到了就赶快过来教育这个孩子，告诉他"凡出言，信为先"，你已经给别人了，那个东西就已经不是你的了，你没有资格再要回来。所以你在送他以前，就要衡量，是不是真愿意。或者你要答应别人的时候，要先衡量你的能力能不能做得到。假如你能力不够却又答应别人，到时候一定会失信。除了衡量能力，还要考量你要做的事符不符合校规。假如学校规定不能这么做，你还答应同学，就是不对的。正确的行为，又有能力做到，才可以答应同学。所以"勿轻诺"的态度也要用来指导学生。

好！我们这节课先讲到这里，谢谢大家。

第三十一讲　分辨善恶的智慧

诸位朋友，大家好！我们课程进入到第四个单元“信”这个部分。我们也提到了在整个人与人的五伦大道中都要言而有信，也都要存着信义，存着道义、恩义来互相付出，互相扶持，人与人的关系就会非常和乐，非常圆满。

我们提到这个信的问题，会想到在商场上也要守信。但是也有个说法：无奸不商。所以在目前这个时代似是而非的观念太多了，我们确确实实要会判断。比方有句话说“人不为己，天诛地灭”，这句话谁讲的？找不出来了。请问他为什么讲这句话？太自私了，很可能是自己给自己找台阶下。这样的态度不好！所以我们要考虑到言语会带给他人错误的观念，我们一定要谨言慎行。所以当我们不确定我们的话是否正确，绝对不能乱传，“知未的，勿轻传”。

我们也遇到家长说：“你把孩子教得这么诚信，那他以后怎么做商业？”我们会跟他说：“那你儿子一定当总裁。”假如每个人都不守信，只有他守信，那大家要跟谁做生意？当然是跟守信的人做生意。所以“无奸不商”的观念是错误的，他骗得了一次，骗得了两次，却不可能长久地骗下去，所谓“日久见人心”。而且当他是用奸巧，用一些手段，纵使他骗到了生意，其实也折掉了自己的福分。他可能还得意扬扬地说：“你看我赚了这么多钱。”其实那些钱都是他命里就有的；而他因为用错了方法，折损了自己本有的福分，这是小人冤枉做小人。所以人与人要讲诚信，政府和任何团体都应该取信于人，这才是正确的人生态度。

“事非宜，勿轻诺，苟轻诺，进退错”。我们也提到对于小孩的要求，合理的才可以答应，不合理的，你一定要学会拒绝，不然他要什么你给什么，助长了他的贪心和奢侈、奢靡之气，这样就危害甚大。所以这一点不可以“轻诺”。当我们发现小孩有轻诺的现象，我们也要给予引导、教导。我们此前也提到，小孩在答应别人的时候，首先一定要考虑自己的能力能不能做到；再有就是答应别人的事，是不是符合学校的规定或法律的规定。只有从小对孩子进行这样的教育，他才不会轻诺。

我们成人也决不能轻诺。当别人有求于你，比方说他有急事，有一些紧急状况有求于你，你也要稳下心来先把他这件事听清楚。有时候对方很急，他的急又带动你的心很混乱，很有可能你答应了，到时候事情不如你想象的那样。比方说，他只是片面之词，你又没有冷静下来，很可能你答应的事，到时候情况不如你预期，你也很难处理，所以急事还要缓办。而且当对方要找你帮忙，甚至是跟你一起去做这件事，你也要考量：第一个，他的能力够不够；第二个，自己的能力够不够，要看看这件事情各方的缘分成不成熟。假如不成熟，你就很轻率地答应，到时候你做也不是，不做也不是，就会很尴尬，也会产生一些误会。你本来是好心，到最后可能会很难收拾。我们有善心，还要用理智去判断才行。所以“事非宜，勿轻诺，苟轻诺，进退错”。

下一句，“凡道字，重且舒，勿急疾，勿模糊”。我们跟人言谈的互动很多，所以讲话要不要学？要！讲话要从小训练。我是没有从小训练，因为小时候没什么才华，所以从没有参加过什么演讲比赛、朗诵比赛，对我来讲，跟这些都绝缘。结果刚好在上大学的时候，我学习的一种心境打开了，因为那时候也学一些健康的知识，就觉得健康对一个人很重要。我们大学附近有家泡沫红茶店，我常常在楼下找两三个学弟，说：“你可不可以来听我讲讲话？”跟他们约好在泡沫红茶店讲“营养对人体健康的重要性”。就讲这样的题目，比方说“人际关系对人的重要性”，就从两三个人开始练习。后来我要到海口去，我的老师也告诉我，一有机会，哪怕只有三两个人都去讲。我就谨遵师命，一连串一百多场就这样讲下来。后来讲完一百多场又到深圳去，结果差不多半年左右就讲了两三百场。然后紧接着我们七月份又开始办全国性的演讲，就这样一直训练过来。所以讲话要“勿畏难”，多讲就熟练了。但是讲话也要看我们的存心，最重要的是能够利益他人，不然“话说多，不如少”。

在各地开课，我们中心的老师也常常为小孩提供上台讲话的机会，不只训练讲话，还训练他们的威仪，要“步从容，立端正，揖深圆，拜恭敬”，所以他们上来讲话，自我介绍，然后要讲我上个礼拜在家里做了什么孝顺父母的事。因为当每个人把他所做的讲出来，就可以“见人善，即思齐”。诸位朋友，《弟子规》在哪里？在生活中，时时刻刻都用得上。所以他们一上台来就要先一鞠躬，然后再自我介绍，“我是某某某，今年几岁”。这个时候你就可以看到他们手怎么样？不听使唤，就会动来动去。还有嘴巴讲不清楚话。当孩子讲不清楚话时怎么办？要给他空间，来，再来一次！一次一次给他磨，磨到他会，这样胆识胆量就训练出来了。

讲话的声调，“勿急疾，勿模糊”。《弟子规》之前的部分也讲到很多有关讲话的态度跟方法，还有哪几句？“尊长前，声要低，低不闻，却非宜”，所以声调要适中，不可以太大声，不可以太小声。还有“问起对，视勿移”，在对别人讲话的时候眼睛要看对方以示尊重。这些小细节，你花点工夫去注意、去训练，大约三四个礼拜，自然而然就学会了。有一个小女孩，她蛮内向的，但是我们会让这个孩子来训练。后来过了几个月，这个比较内向的小女孩去参加演讲比赛竟然也得了奖，她的母亲也很欢喜。假如你的孩子不太敢讲话，也可以在家里自己示范，爸爸先来示范一下，让孩子跟你一起来训练，他一定会做得很欢喜。你也做他也做，孩子就会很服气。

除了训练孩子说话以外，我们与人交谈也要时时观照自己讲话有没有太快。假如太快了，别人听了会怎么样？感觉很吃力。假如他又有心脏病，就比较危险。很多朋友说：“我已经够慢了。”这样好不好？不能拿自己的标准，要拿别人可以接受的标准。而且说实在的，讲话的目的在哪里？当然是让别人听，讲话的目的不是自己要说。比方说我们跟同事、跟领导通电话，可能提到的是一些公事，老板讲话太快了，你没听清楚，可能又是要处理的事，这时候怎么办？假如还不是很熟的，那就不要直接说：“你怎么讲这么快。”我们可以退一步走，把你听到的跟领导说：“请问您刚刚讲的是不是这样？”把你已经听到的，复诵一遍给他听。如果你确实是听错了，他也会马上再重复告诉你。不然你勉强地听，到时候出了偏差，领导不会觉得是因为他讲得太快，他一定会说你办事没有办好。所以我们有一个习惯，不管是谁交代我们事情，我们要在挂掉电话以前再给他复述一遍，这样才会万无一失。往往一句之差，就会让整件事从头再来。人生是“一寸光阴一寸金”，我们决不要因为一句言语的疏忽，而白白耗费了大家大量的时间，那可就不好了。

下一句，“彼说长，此说短，不关己，莫闲管”。我们刚刚提到要把话复述一遍，这个习惯也可以让孩子从小养成。相信假如他从很小养成这个习惯，当他的老师交代他办事，他都会说：“老师，你的意思是不是这样？”我相信这些老师、这些长者一定会非常欢喜，这样的孩子值得信任。

“彼说长，此说短”。这叫说长道短。为什么人与人之间会这样说长道短？他们的目的是什么？俗话说：来说是非者，便是是非人。而且人群有一个习惯，他都会逼你靠一边站，你到底要站在我们这边还是要站在那边？有没有这个倾向？那我们偏两边都不站，所以“不关己，莫闲管”，赶快远离是非之地。因为来说是非者一定有目的，一来是要拉拢你，二来要诋毁别人。只要有是非，就会对团体有所伤害，那我们绝对不愿意见到这样的情况发生。所以我们不去跟人家搞是是非非，应该走出正路，和气待人，多多包容。

当你在团体中两边都不站而站中间，这个位置非常重要，为什么？因为两边必然都有偏颇。而当一个人自己太偏颇、太过了，他内心会不会觉得错了？久了，他也会觉得自己有错误，或者心理上会想找人谈一谈。比方说今天某一个主管做了一件事，做错了，有人就会批评过度，有人就会一味袒护，有没有这种情况？那两边就闹得不可开交。这个时候我们站中间必有大用。怎么说？这个袒护主管的是真正爱主管，还是感情用事？你愈袒护他，他可能愈看不到这一次他的错误在哪里，他有可能就跟着你们跟另外一半在那里争斗了，他就愈来愈失去人心。你本来的动机是为他好，到最后可能害了他。

所以袒护主管的这一边，久了也会思考。这个时候我们就可以引导他们，真正为他好绝对不是一味地袒护。往往你这么一说，因为他跟主管也相处一段时间了，他可能又会回转过来："对！对！我以前有一些事劝他，他也没听。"然后我们可以进一步跟他讲："因为你常指出他的缺点，慢慢他自己印证以后，他会对你愈来愈信任。"所以该劝的，不能因为一次两次主管不听，你就不劝。"日久见人心"，他慢慢还是能够转化过来。

另外这一边就是"攻人之恶毋太严，当思其堪受"。当别人有过失的时候也不要太严苛，要看人家是否承受得起。而且说实在的，很多事因为不是当事人，说不定我们做的时候也有可能犯他那样的过失，所以还是要宽容相待。假如你骂得太过了，他内心会觉得怪怪的。当我们没有言语上的争执，对他们也是一种牵制力量，所以他们有时候可能会说："你怎么这么有修养，我们应该检讨一下。"所以确实在团体中，只要我们不搞是非，能够尽心尽力地做事，不去做情绪之争，往往都可以在团体中起到以身作则的作用。所以我们不要小看任何一个人的力量。

这是讲到“彼说长，此说短，不关己，莫闲管”。这个“莫闲管”意思是说不要参与是是非非，但假如是对公司重要的事情，我们也要积极参与才行。而且在参与中，我们的希望是把一件事情办好，所以在这个当下，该说话的时候还是要说。你不能当场没讲，后来做失败了，才放马后炮，那就不是很恰当了。所以开会必须有所决策的时候，我们对事不对人，发现哪些做得比较不恰当的地方也要指出来。但是在这里指出来，绝对不是对这个同事有看法。所以把事情讨论好了，决定好了，走出这个会议室的门，我们还是好同事，有任何好吃的绝对也不会缺他一份。所以假如你心里怪怪的，也会让他心里怪怪的，本来没事，事情却愈来愈大。所以我们还是要保持一份真诚心去面对任何一个人。

我们接下来看下一段经文：“见人善，即思齐，纵去远，以渐跻。见人恶，即内省，有则改，无加警。”

“见人善，即思齐”。即我们看到善的事情，要主动去学习，甚至于主动去帮忙。什么是善，也需要我们去判断。诸位朋友，什么才算是善？（答：利益他人。）这个答案很好。所以我们要有一个善的准则，你才好判断。我们这几天学习也有一个善的标准，叫《弟子规》。这就是一个标准。所以我们在生活中，就可以体会到《弟子规》的教诲是何等重要。

《了凡四训》这本书对于善的判断讲解得非常透彻，我们有时间可以好好看这本书。其中就提到，打人、骂人是不是善，是不是？（答：不一定。）对！所以我们要从根本去看。这有真有假，有是有非，有偏有正，有半有满，有大有小，有难有易，有端有曲，太多了。学习很重要的一个态度就是要主动，不能等别人讲。所以我们回去也有作业，把《了凡四训》这本书的道理好好研读，对你有莫大的帮助，对你的家庭有莫大的帮助。而且日本天皇把这本书视为治国宝典，所以对治理国家也相当有帮助。

我常常做一个比喻，我说人生就像一盘棋，如何能让这一盘棋走得好，就要靠这一本《了凡四训》。里面告诉我们如何立命，如何“命自我立，福自我求”的方法、理论，还有表演，因为里面也有很多事例。所以当你真正了解规矩，纵使你现在这一盘棋走得并不是很好，相信你在往后的生命里也会把它走得有声有色，这才是人生的智慧跟功夫。人生不要祈求有一盘好棋让你下，往往好棋都会让一个人开始安逸、放纵。所以人生盖棺定论是要看你的棋艺，看你人生的智慧。

提到真假，很多读书人去问中峰和尚：“打人骂人是恶？”中峰和尚就说：“不见得。”接着又问他：“那对人很恭敬、很有礼貌是善？”中峰和尚说：“那也不一定。”这些读书人被中峰和尚的话搞糊涂了，还好，他们还懂得谦虚请教。中峰和尚说：“假如他打人、骂人是要唤醒那个人，一巴掌要把他打醒，存心是善的，利益他人，所以也是善。”诸位朋友，你那一巴掌打下去要确定他能醒，假如不能就不要打，那会结怨。所以学问还是要学得灵活，伺机而动，不然可能我们学了一两个月，还会有很多障碍，会埋怨说孔夫子说的话不准，蔡老师说的话也不准。

我曾经有 ·位很好的朋友，刚好他遇到很多事，非常不顺，情绪很不好。因为他已经很长一段时间都很用心地行善，结果命运还是出现了很多瓶颈。那一天我跟他谈话的过程中，他怨天尤人，抱怨了也有个把小时。等他都讲完了，我怎么样？就他很多问题重重地回敬他。其实当我们行善的时候还有求，这个心已经不纯了，所得的福分也相当有限。然后进一步引导他，这些结果，他以前犯的错误是因，现在它只是慢慢呈现出来而已。结果，我可能也跟他讲了差不多半个小时，他一句话也没说，低着头。

后来他回去，隔天一大早就给我打电话。这个朋友就说，他活了三十多年，昨天接到了一个最好的生日礼物。我在电话那头觉得非常愧疚。昨天人家生日，我还狠狠地骂了他一顿，很过意不去。当我的朋友感谢我的时候，我确确实实对他生起很高的敬意，不简单！面对这么严厉的批评，他可以当下好好反省自己。相信有这个态度，人生遇到什么苦难都不怕，从逆转顺可以办得到。所以我这个朋友后来很多考试都顺利过关，现在也在学校里面教书，也教得非常好。而且他还把在补习班里面读书的很多经验，都去跟后面好几届的学弟学妹做交流。正因为他对众人都是付出，所以福报来得特别快。你要确定这一巴掌打下去他会醒，我是知道他很信任我，他确定我不会害他，也是为他着想。假如打下去他不能醒，可能就会结冤仇，所以往往需要我们常常去拿捏这个分寸。

再者，读书人也提到对人很有礼貌、很恭敬是善，中峰和尚就说："假如他的目的是为了升官发财，都为了自己的私欲，那对人的礼敬也是虚伪的，所以也不是善。"从中峰和尚的教诲，我们可以了解真善跟假善从哪里判断？从他的存心。一念自私自利，纵使再有礼貌也是恶；一念利益众人，纵使是打人骂人也是善，都要从他的存心去判断。

第二个我们可以从"是"跟"非"去判断。孔子有两个学生，一个叫子贡，一个叫子路。子贡因为是大商人，所以常常到其他的国家去做生意。鲁国刚好有一个法律规定，就是只要你在其他的国家，发现鲁国人被卖到那里当奴隶，你可以花钱把人赎回来，国家再把赎金给你。这个规定好不好？相当好，带动人民爱护自己的同胞兄弟。子贡刚好就赎了人回来，后来官府要给他钱，因为他太有钱了，他就说不要了，就没拿。结果这个消息传出去，听到的人就说："子贡好清高！你看连钱都不收。"

但是这件事传到了孔夫子的耳里，孔夫子就跟子贡说：“你这样做不恰当。”怎么孔夫子跟一般人的看法不一样？孔夫子就分析给子贡听，我们鲁国人，穷人占大部分，有钱人占极少数。假如你今天赎人不拿钱，那其他很穷的人到了其他国家看到自己的国人，他就想，人家子贡都不拿钱，那我赎回去拿钱好像就比他矮一截，可是我不拿钱，可能生活都堪忧，所以他赎人的时候就会有顾虑、有迟疑。假如一百个人中有一个因为迟疑没有赎人，那一个人的背后可能又是一个家庭，他可能有小孩、有妻子，所以一个人没赎回来，我们就有过失！所以孔夫子就跟子贡说：“你这么做会产生流弊。”这个流弊就是往后会有不好的影响，可能就有人因为这样而不能回到自己的国家。

另一位学生子路有一天走在路上，刚好遇到一个人掉进了水里面快要淹死了。子路非常正义，马上就跳到水里把他救起来。这个人差点就灭顶了，所以非常感谢子路，很高兴地把他的牛牵给子路，说：“这头牛送给你。”子路也很欢喜，就把牛牵走了。所以一般人觉得子贡不受赎金是对，子路做了好事还牵着牛走，好像比较差一点。但是孔子看到子路，就跟子路说：“你这样做是对的，往后一定有更多的人看到别人危急都会奋不顾身地去救人，因为他们都体会到善有善报。”所以圣人都会从大的方向去思考问题，而不是在一个点上而已。所以是善还是非善，我们还要考虑到往后产生的影响。所以当场好像是好的，但是往后的害处很多，这种事也不能做；当场做的时候可能会有很多人不认同，可是往后会利益相当多的人，这种事要做。这是从流弊问题来考虑善。

善有偏有正。明朝有一个人叫吕文懿公，那时候当了宰相，后来辞官回乡，在整个国家的名声也是非常好，受到人民的尊重。刚好在他回乡的路途中，遇到一个喝醉酒的人躺在路中间，他的这些随从就马上要去把这个喝醉酒的人赶到路旁去。吕文懿公因为存心仁厚，就说："我们绕道好了，不要跟他一般见识。"结果后来没过多久，听到了一个讯息，就是这个挡在宰相回家路上的醉汉被判了死刑。当吕文懿公听到这个消息，他就想到当初把路让给醉汉是错的。因为这个人明明知道宰相来了，他连宰相都敢挡，胆子大不大？大！宰相还绕路走，那他会怎么讲？你看连宰相都要让我三分，那他就会肆无忌惮，愈来愈嚣张，所以之后才犯下死罪。所以吕文懿公才警觉到，假如当初把他送进官府处罚一下，可能他会有所警戒，今天就不至于犯下这么大的错。他存心仁厚是正，但是因为姑息了这个醉汉，结果反而不好，这种情况叫正中偏。

另外又有一个地方遇到干旱，整个地区都缺米粮，很多人就开始抢那些员外的食物。有个员外去报告官府，结果官府也没管。这个员外很怕他的米粮被抢光了，所以马上把他家里的仆人组织起来，拿着棍子处罚这些抢劫的人。结果这些抢劫的人有所畏惧，后来就没有再作乱。所以当初他想到的是自己的米粮，之后却让这些乱民不敢造次，这个就叫偏中正。他心里确实不是为了社会大众，但是后来却影响了社会大众，所以善也有正有偏。

善也有半有满，这个半、满我们之前课程也提过，一个女士捐了两文钱，住持亲自帮她回向。后来她入宫富贵，拿了几千两来，结果住持只派了他的徒弟帮她回向。因为两文钱是全心全意，这是满善；后面只是把她富贵中的一点拿来捐，而且心已经不如第一次那样恭恭敬敬，所以这是半善。我也曾经看过一个报道，一对农民老夫妇把他们一生的积蓄统统捐出来，买了一台救护车投入救人的行列。所以这一对老夫妇也是做到了满善，全心全意。

善也有大有小。卫仲达有一次刚好在睡觉，被阴司带到阎罗王那里去，这个阎罗王说："来，把他的善恶记录搬出来，称一称，看哪个重，哪个轻。"结果当把卫仲达的恶都拿出来的时候，几乎可以把一间房子都占满；而那个善只有像一根筷子一样小小的。卫仲达一看很惊讶，就跟阎罗王说："我才不到四十岁，怎么会有这么多恶？"阎罗王就跟他讲："只要你起心动念是恶是不善，阴间都会记录下来。"所以纵使没做，只要你的念头里面常常有恶念，也会一一记录。相信卫仲达一听完，往后对自己的念头会多加谨慎。

结果把善放上去一称，那一个小小的善录反而比那么多的恶录还要重。卫仲达自己更加惊讶，就说："那一串到底是什么？"把它打开来看，原来那时候朝廷欲大兴土木，那样势必劳民伤财，会把很多家庭都搞得妻离子散。因为丈夫常常不在家，家庭也会很难维持。卫仲达说："我建议的这件事，皇上并没有接纳，怎么也算是善？"阎罗王跟他说："你这一念是为了千千万万的人民着想，所以这个善非常大。"所以善的大小最重要的在我们的心念。当我们了解到如何去判断善，那才能够"见人善，即思齐，纵去远，以渐跻"。

《了凡四训》这本书把善归纳成十件事：第一件事"爱敬存心"。这一个爱敬存心应该怎么样去落实？爱敬存心先爱谁？先敬谁？你看《弟子规》就可以做到爱敬存心。第二个"敬重尊长"，在家尊敬父母，在公司尊敬领导。比方说我们在学校也应该尊敬校长，尊敬教育官员，那我们也要尊敬政府领导人，不可以大肆批评，这样也是对领导人不敬。这是敬重尊长。再者，"与人为善"。其实这样的事我们随手可做，比方说刚好你在学校门口，看到一个家长在那里捡垃圾，我们也可以马上跟他一起做。这是与人为善。

"劝人为善"，怎么劝？我在大学曾经听到一句话觉得很有道理，这个话是说"在成人的世界里面，人们不会听你说什么，人们会看你做什么"。因为成人比较固执，你用讲的不见得讲得动，他要眼见为凭，不然你只用讲的，他说："你跟我也差不多，你没资格讲我。"所以大半都要用身劝，用立身行道去感化。三国时候有一个名臣叫管宁，在他治理的地区做得很好。比方说有牛到了人家的稻田里面给人家破坏、乱踩，被他看到了，他马上去把这头牛牵过来，然后在树荫下等，等着这个牛的主人过来。等牛的主人过来，一看长官在这里，然后又看到自己的牛干了坏事，都会怎么样？相当惭愧。那么管宁有没有骂他一句？没有！但是相信这个主人会无地自容，这就是用德行感化。那时候他所管辖的地区只有一口井，百姓常常因为打水而发生争吵、争夺。管宁也没有去教训他们，而是自己去买了很多桶，然后很早就去打水，打好了都放在那里。结果这些人本来要抢着去打水，一看长官都已经帮他们打好了，马上心生惭愧。这都是以身去劝告，唤醒他们的羞耻之心。所以劝别人也是高度的智慧。

这节课我们先讲到这里，谢谢大家。

第三十二讲 《了凡四训》中的十善

诸位朋友，大家好！“劝人为善”，当我们劝别人为善，他能够改变，也会让他的家庭有很好的转变。所以当这样的朋友愈多，我们也会觉得很欢喜，我们也会觉得尽了朋友的道义，也会觉得这一生很有价值。但是劝人为善也要考虑到他的接受程度，所以“教人以善毋过高”，教人行善不可以一下子标准很高，否则对方会觉得很难做到；“当使其可从”，让他比较自在地学习，可以去力行，当使其可从。你不要一下子标准定很高，他一看，这么遥远！你不要一下子跟他讲：“你就是要做圣人。”他马上吓得半死。你可以从当下他能做的事入手，去帮帮弟弟、帮帮妈妈，做一个好哥哥、做一个好孝子去落实。

刚好我们中心底下有一个很大的庭院，有一次我发现有很多垃圾，就下楼跟一个小朋友一起捡。楼下住了一些孩子，其中一个小女孩就站在那里一直看我捡。假如我们是老师，“小朋友，赶快把垃圾捡起来”，她可能不是很欢喜。所以我就捡、捡，捡到她旁边时，我说：“小朋友，可不可以帮老师一个忙，那个帮我捡一下。”她看看我，就捡起来，然后捡第二个。因为我旁边还有一个小朋友，也捡得很努力，这个小女孩就很欢喜地跟我开始捡起来。结果捡到没有垃圾袋了，她还冲进家里又拿出一个垃圾袋来，捡得不亦乐乎，从这个庭院捡到了马路上。我在那里想说：“不知道要捡到啥时候，我待会儿还有事要办。”她已经冲到房子里拿出第三个垃圾袋。当我看她要去拿第四个，就说：“小朋友，今天我们捡到这里就好了，老师谢谢你。”所以只要你循循善诱，孩子一定会在付出中得到喜悦，得到成就感。

当然，别人为善，我们要适时赞叹，适时鼓励。我到了中心，刚好有朋友是新疆人，寄了一些新疆的葡萄干，我马上就叫我们中心这个小朋友："来，拿这个葡萄干去谢谢那个小朋友，跟她一起吃。"结果拿下去，这个小朋友又带着那一个小朋友上了我们中心，在那里玩。所以这也是结了一个很好的缘分。她后来又到我们中心来读书，那就是劝人为善，结了一个很好的法缘。所以我们劝别人也可以站在他的角度，慢慢指引他过来行善。这是劝人为善。

再有，就是"成人之美"。因为要把一件事情做好，在现在这个时代确实不容易。诸位朋友，我也走了不少地方，那是在做了九个月以后，九个月以前是什么情况？有没有一帆风顺的事？你们在我的笑容背后有没有看到艰苦的过程？那时候是一个人举目无亲，每天都是披星戴月。我第一次知道什么叫披星戴月，早上很早出去，晚上回来骑着脚踏车，都已经十点多了，回到家里打理打理卫生，把衣服洗一洗，看表都几点了？十二点。然后躺下就睡。所以诸位假如睡不着，有一个方法就是拼命做，这是良药。

而且在那个过程中，还常常有人走到我们中心来，然后都是左看一下右看一下："现在哪有这档子事？讲课不用钱，书也不用钱，一定是有什么目的。"他们不相信，从没遇到过。所以常常会遇到很多人对我们质疑，但我们还是很欢迎他来看，来检查。不怕他不看，看了就能够接触、能够了解。所以在这个时代要把好事做好确实不易。当我们看到别人有善行，一定要尽力帮助他。纵使是一句赞叹的言语，相信对他也是一种很重要的鼓舞。所以不要吝啬我们的赞叹，这是成人之美。

韩愈先生也说到"一时劝人以口，百世劝人以书"，所以可以把我们一生的经验智慧写成书利益后人。像袁了凡先生写的《了凡四训》，就不只利益到自己的后代子孙，还利益到所有看到这本书的人。但是当我们要"百世劝人以书"，那书可不能想写就写。中国有句话叫"三不朽"，哪三不朽？"立功""立言""立德"。这三个顺序要对，即"立德”“立功”“立言”，顺序是这样才对。还没有德以前就立言，可能是胡说八道，纸上谈兵；有了德行还要借助不断的锻炼，一个人才能人情练达，做出对社会有贡献的事，所以立功；他又把如何修身、如何立业的方法告诉他人，就是立言。所以我们看到清朝当了四省总督的曾国藩先生确确实实先立德，再来立功，自然他的文章就会让人家非常受益，所以他也立言。这都是成人之美，也是劝人为善。

再者，“救人危急”。当我们在路上看到有人受伤很严重，赶快拨120，赶快叫救护车来，这一定要做，因为慢一秒可能都有危险。我们看到网站上有位朋友留言，说他本来要自杀，就是因为看了我们几篇文章，心情才平和下来。所以现在有一种疾病对人的身心有很大的摧残，什么疾病？抑郁症。这个很厉害！听说抑郁症比例最高的是老师，这个我可以体会。因为毕竟教的都是学生，必须对孩子的安全还有很多方面都要负责任，压力特别大。而且老师又背着一个“老师”的称谓，很多道理假如不懂，他也很难受。所以确实我们老师也要不断进修、不断学习，才能够理得心安。不然很容易愤世嫉俗，闷闷不乐。我们的言语假如能够让这些抑郁症患者慢慢把心门打开，慢慢把道理搞清楚，也是救人危急。

我记得我在秦皇岛讲完五天的课，就要驱车回北京，结果车子还没开，有个女士就从我们前座的玻璃窗把双手伸进来，情绪也有点激动，说：“蔡老师，我已经打算要自杀了，但是听完你这五天课，我……”她在讲话的时候，眼泪已经掉下来。其实我在那个时候跟她一起掉眼泪，因为她那一份真心我们确确实实感受到了。她说：“五天听完，人生的态度我已经找到定位了，我以后会好好过我的人生。”我们可以感受到学习圣贤的智慧确实对现在的人刻不容缓，由于这一份感受、这一份明白，也会不断推动我们不可懈怠。

很多朋友、很多老师会问我：“蔡老师，你好像都不累？好像都不会退心？你是怎么办到的？”我就跟他说：“很简单，假如有一个八十岁的老人家给你跪下去，你就不会退心了。”他听不明白，我接着跟他说：“我在杭州天目山讲课，讲到第三天，吃完饭走出斋堂，有一个老人家八十岁，不知道在那里等我们多久了，看到我当场就跪下去。”刚好我在大学是羽毛球校队的，所以手脚怎么样？你没看那个羽毛球速度那么快，要瞬间救球。所以我那个反射动作就出去了，突然双脚一跪就滑过去把他撑住了，旁边的这些主办人员还怕我的脚磨破，幸好有地毯。我赶快跟他说：“老人家，您站起来说话，不要这个样子。”

老人家一站起来，就说：“蔡老师，你要答应我两件事。”因为他是新疆人，所以他说：“新疆听不到这些圣贤教诲，所以你一定要到新疆讲这些课。”老人家都八十岁了，他的孩子都在大学里面教书，请问他这个请求为谁？为后代，为一方人民。老人家这个举动教育了我们所有参与的老师，他这一份无私值得我们好好效法。所以我们去天目山的这些老师跟工作人员，最后一天也都是哭得稀里哗啦，很感动，都觉得自己肩上的使命更重了。虽然更重，更重是指那个重量，但是背起来却怎么样？不重。因为我们的臂膀怎么样？变壮了。因为我们相信所有老祖宗、古圣先贤都会在冥冥中保佑我们、支持我们，而且我们也非常相信“人之初，性本善”，人心一定可以唤醒。老人家接着又说：“第二件事，你在天目山讲课的光碟一定要送我一套。”八十岁的老人家还是这么好学，也值得我们学习。

我跟这些朋友讲，老人家这么至诚恭敬地对待你，你要念念记在心上，你要对得起人家对你的这一份诚心。你能念念记住，相信你就不会懒惰、不会退转。所以我们所做的任何事都是本分，所有人给我们的肯定，给我们的尊敬，我们都要记在心上，好好用我们自己的立身行道去回馈所有爱护、祝福我们的人。这是说救人危急。以上这六点都跟人有关，我把它整理在一起。第七个跟事情有关，“兴建大利”，第八“舍财作福”，第九“护持正法”，最后一个是对物，“爱惜物命”。这是整理出来的十善。

我们看第七个“兴建大利”。古代很多善心人士都会造桥铺路，以便利益更多的人。现在造桥铺路的机会比较少，因为现在这个工作都谁做？政府在做。其实也还有很多空间我们可以去付出，比方说那个马路上的坑洞已经很严重了，我们可以主动打电话请政府来处理。因为坑洞大，会有什么结果？对，假如有个人刚好喝醉酒，有一点不清醒，速度又快，压到那个洞，有可能人就飞出去了。所以我们从这里又想到别人可能遭殃，这样的仁慈之心相当难得。所以当你走在路上或者开车、骑车，看到路中央有一块大石头，怎么办？赶快把石头移开。你把这个石头移开，说不定救了一个家庭。处处有这一份善心替人着想，这相当重要。

所以“兴建大利”，最主要就是可以利益别人的事，我们随缘随分、尽心尽力去做。假如你在高速公路上，看到一块石头，要不要停下来去拿？赶快打电话。这个太危险，可不行，所以我们要灵活，看看怎么做比较恰当。我在海口常常走在路上都会看到很多大石头，因为很多工人在那里等工作，有时候就聊起天，围一圈，都搬很多大石头放在路中间，白天看得到石头，晚上看不到。所以，比方说一个人在打手机，突然踢到大石头会怎么样？可能就摔一跤。所以我们见到了就赶快把它移开。有时候经过工地，突然一支竹竿横出来，这样很危险，有可能一不小心头就撞上。我们刚好遇上了，找找看旁边有没有红布，把它绑上去。所以一切都是随缘随分，当我们每天随缘随分做善事，相信我们也会非常欢喜，助人为快乐之本。

“舍财作福”，这个“财”我们也讲过了，可以施舍财物，也可以用我们的劳力、用我们的经验去帮助别人。现在很多义工都是用他们的劳力在付出。其实内财难还是外财难？内财。有的人，你叫他捐一百块两百块可以，你叫他拿三小时出来帮人家服务，他可能很难做到。所以好事有难有易，而难行却能行，功德更大。这是舍财作福。

第九，“护持正法”。诸位朋友，你们都在护持正法，当场就在做。因为你们都用和善的眼神看着我，让我有灵感，不然就会搞砸了，因为我的心也很容易受伤。还有朋友听了觉得有一点帮助，也带了其他的朋友来，这都是在护持正法。还有妈妈把儿子带来，相信她的先生会很欢喜，因为只要她的儿子闻了正法，可以旺几代？旺好几代！这都是护持正法。当很多年轻人发心出来讲课，我们也要好好地鼓励护持他，他就会愈讲愈好，那你就功德无量。

最后一个“爱惜物命”。对于东西我们也要爱惜，所谓“一粥一饭，当思来处不易”，绝不可以糟蹋。对于生命也要爱惜，在澳洲，在修建公路时常常会遇到一些大树，工人都会先看树上有没有鸟窝。假如有鸟窝，工程停止，等季节过了，鸟飞走了，再开工。我们做不做得到？你看澳洲人很淳朴。我们在澳洲的时候，确实迎面碰上都会互相打招呼，人心很善良。人心一善良，整个大环境就风调雨顺。所以澳洲种出来的菜都特别大，我们在那里都吃得很饱。确实，当人对生命尊重，对万物尊重，万物一定会给人很好的回馈。

白居易有一首诗劝我们要爱惜动物、爱惜生命。这首诗是这样写的：“莫道群生性命微，一般骨肉一般皮。劝君莫打枝头鸟，子在巢中望母归。”我们应该用这一份同理心去爱护动物。现在有一些商人专门抓一些野鸟卖给小孩，我们能不能买？最好不要买，你愈买他愈抓。他要的只是什么？钱。当我们有共识都不买，他觉得赚不到了，自然不会去抓。而且这个野鸟我们即使养，养不养得活？比较困难。所以要从小教育孩子，我们不买，他们就少抓，这样也不会让这些动物跟父母都离别了，也从小培养孩子的慈悲之心。这是十个善。

我们都知道如何去判断善，也知道哪一些是可以行善的，我们就要记住“见人善，即思齐，纵去远，以渐跻”。而且在行善的过程中一定要记住，“当仁不让于师”，行善也要不落人后。所以有句话讲到“不让古人是谓有志”，意思就是说我们学习以古人为榜样，要抱持着不输给古人，甚至要超过古人的志向。这不是傲慢，我们思考一下，今天你为人父母，假如儿子跟你说，“爸爸，我这一辈子不可能超过你”，你高不高兴？你会说：“我把我该说的经验都告诉你了，我在你这个年纪的时候还什么都不懂，你这个年纪我已经把这么多经验都告诉你了，你还说不要超过我。”你一定怎么样？很难过。假如我们每一个学习圣贤学问的人都说：“那都是圣贤人，我们都做不到。”老祖宗在那里会怎么想？孺子不可教也。所以我们学习要有志向、志气，“不让古人”。像我们教书的，看着这些优秀的学生一天一天长大，我们都很希望他们往后的成就超过我们，我们会非常欢喜。

诸位朋友，你们都遇到很好的老师，才知道珍惜圣贤学问。我们要立身行道，要超过老师，老师才会觉得很安慰。“学贵立志”，你不要一开始目标就掉到最下面去。所以“见人善，即思齐，纵去远，以渐跻”。老师对我们所有的教诲，可能都是他几十年去芜存菁，确实如此，这是我很深的感受。只要我们守住本分听老师的话，一定可以“纵去远，以渐跻”。

“见人恶，即内省，有则改，无加警。”见到别人有不好的地方，我们先不批评，先反观自己有没有犯同样的错。假如有，赶快修正；假如没有，那很好，继续保持。李炳南老师有一段很好的开示，“见人有善，不嫉妒要随喜；见人有恶，不批评要规劝或守默”，他刚好做错事，“不指责要协助”。老人家的很多话都很有人生的智慧，我们能常常拿来观照自己的心，进步就快了。所以见人有善要成人之美，决不可嫉妒。见人有恶不要批评，因为批评只会让人群失去和谐的气氛，所以我们应该规劝或守默。为什么要守默？时机还没成熟，彼此间的信任还不够，可能我们一劝，他还以为我们在找他麻烦，或者诽谤他，这样就不好了。我们之前也提到，规劝他人要先建立在哪个基础上？信任。所以《论语》讲“君子信而后谏”“未信则以为谤己也”，可能会跟他产生误会，这样就不好。

“见人错事”，他已经当场做错事情了，一般的人第一个反应是什么？“你搞什么？”孩子不小心把盘子摔坏了，你马上噼里啪啦像机关枪一样，“哒哒哒”，这样孩子会怎么样？更加内疚。所以这个时候你能够平心静气，他会体会到我的父母很有修养。当我们一起先把这个残局收拾好，他内心已经很感激了。再进一步，今天这个错事为什么会造成，我们来检讨一下，反而一件错事又能够提升他做事的能力，甚至于做人的能力。所以当我们都是这样去存心，人与人相处就可以一团和气。

“见人恶”，不要放在心上，否则就是把我们最纯洁的心装了很多别人的垃圾，这样是最傻的。有一个朋友就提到：“不见人恶很困难，很困难。”他就请教我的师长，师长教给他一个好方法，我也觉得好得不得了。师长说：“你以后看到别人的错，你就说都是我的错。”怎么说？比方说你看到儿子不乖，你就说：“都是我的错，没教好。”那你就赶快教！比方说看到太太不好，你说：“都是我的错，没有用德行感动她，也是我不好。”假如在马路上看到别人没有功德心，你说：“都是我不好，我没有当榜样影响他。”当人处处看到本分，就不会把时间浪费在数落别人的不是上了。所以这个方法，我觉得很妙也很受益。

这是“见人恶，即内省，有则改，无加警”。这个改过也是相当重要的学问，所以《了凡四训》也提到“未论行善，先须改过”，假如我们不改自己的过失，就好像你今天纵有行善，把这个行善比喻成水，你把水加到一个水桶里面去，因为我们还有恶没有改过，这个恶就是桶底下破了好几个洞，你再把水继续加下去，大半都怎么样？流掉了。

所以要先把洞补好，往后这些善才会愈积愈丰沛。

改过首先要发三种心：第一个要发“耻心”，羞耻之心；第二个要发“畏心”；第三个要发“勇心”。为什么要发羞耻心？因为我们每一个人都有很大的潜力，都应该可以通过自己的修身成圣成贤，所以孟夫子才会引用颜子的话给我们鼓励：“舜何人也，予何人也，有为者亦若是！”我们有那么难得的人身，当人容不容易？不容易。既不容易就要把他当好，要不负老祖宗对我们的期许，要当天地人三才。那怎么样当天地人三才？就是要把天地之德演出来。天地有什么德？长养万物。万物它都不挑，都去成就它，所以心胸非常宽广、非常平等。你看我们把最污秽的东西给了大地，结果它还把它转化成营养回馈给我们；大地就好像母亲一样，纵使我们大小便让母亲收拾，母亲回馈给我们的也是无私的奉献。所以“地为母，天为父”，我们要把天地之德通过我们这一生好好演出来。

诸位朋友，我们来看看，其他的动物数量是人类的几倍？光是一个原始森林里面的某一种蚂蚁的数目加起来都超过人类的总数，你相信吗？你看平常一个这么大的蚁窝有多少蚂蚁？更何况是整个原始森林。所以我们能当人稀有难逢，不可以辜负这个人身，不可以糟蹋。古人可以成圣成贤，我们绝对不能一生完全没有贡献，甚至于还造成家庭社会的负担，这样就太惭愧了。孟夫子说“耻之于人大矣”，羞耻心对一个人太重要，有羞耻心则可以成圣贤；没有羞耻心，有可能一生沦为禽兽都不如。所以这个羞耻心对于一个人是否能够进德修业相当重要。这是羞耻心。

第二个要发“畏心”，所谓“举头三尺有神明”，而且“若要人不知，除非己莫为”，我们常常会觉得自己掩饰得不错，其实那是自欺欺人，“日久见人心”，当人家把你看破了，到时候就一文不值。所以只要肯改过都不嫌晚，古代有一生造恶，临终前突然非常忏悔他一生的造作，结果还得到善终。所以纵使是“弥天罪恶，也当不得一个悔字”，懂得忏悔，懂得改过，这很重要。我们下定决心，从今以后要当圣贤的好学生，相信不管以往犯了什么过失，都可以弥补，都可以赢得别人对你的尊敬。这是要有畏心。

而说实在的，“人生无常”，这个肉身也不知道什么时候还留得住，所以改过决不可等待，等生命结束了，你想改都改不了，可能一生的恶名还让子子孙孙蒙羞。有没有这样的人？有！我们到了杭州的岳飞庙，看到了一对夫妻，谁？秦桧夫妇，你看，跪在那里让人家唾弃，已经唾弃多久了？快一千年了。而且你有没有听过有人说，“我告诉你，我是秦桧的子孙”？有没有？他有没有子孙？子孙不敢讲。让子子孙孙都蒙羞，这种事我们不能干，所以要发畏心。

再来，要发“勇心”，要很有勇气去面对我们的坏习惯。我记得卢叔叔跟我第一次谈话，谈了两个多小时，其中有一句我印象最深，卢叔叔说：“对自己要赶尽杀绝，对别人要厚道三分。”其实这跟我们圣贤常常教诲的“严于律己，宽以待人”，是一个意思，但是卢叔叔用的这个字眼会让我们刻骨铭心。所以往后面对坏习惯现前要怎么样？你不要真的去拿刀，那我不负责任，这是形容，就是不能退缩。

我从这一句想到一个历史故事，三国时期赵子龙救阿斗，把阿斗捆在怀里被几十万大军团团围住，请问他那时候只有什么念头？冲出去，要把阿斗保护好。所以我们现在要提升自己的学问，也要有赵子龙的气魄。过去的烦恼习性多不多？就像这几十万大军排山倒海而来，这个时候不能有任何退缩的意念，因为你一迟疑，本来还跨出五步，又怎么样？退回来数十步，你就会很沮丧！所以不能有退缩的念头，相信你一定可以把阿斗救出去。诸位朋友，谁是阿斗？我有一次演讲说谁是阿斗，底下的人说是刘备的儿子。这是譬喻，要保护好我们本善的心，要让它真正可以发扬出来。所以面对身上的坏习惯要有勇气，不能退缩。

《了凡四训》也提到，对治坏习惯要如毒蛇啮指，像被毒蛇咬到手指头，这个时候你会不会迟疑？还在那里考虑东考虑西，来不及了，命都没了，马上宝刀拿起来切下去，这就是赶尽杀绝，不能让坏习惯停留半秒钟。一有念头马上怎么样？把它转过来。用什么转？我知道你们心里都有数，可以用经文转，用经文提醒自己。比方说要生气了，马上想到“忿思难”，马上想到“言语忍，忿自泯”。

我们提到“见人恶，即内省，有则改，无加警”，也是说要有改过的勇气。改过的方法分三项：有从事上改，有从理上改，还有从心上改。就好比一棵毒树，你从心上改是把它的根断掉，如斩其根，是从根本改起。所以一个人真正会修行会修身，是时时可以观照自己的起心动念。当他能明白起心动念的偏颇，马上修正，绝不可能有偏颇的言语行为。这是会改过。

我们看下面一句，我们一起把它念一遍：“唯德学，唯才艺，不如人，当自砺。若衣服，若饮食，不如人，勿生戚。”

“唯德学，唯才艺，不如人，当自砺”。为人父母假如把德行摆在前面，当然就能让孩子树立正确的人生价值观。“若衣服，若饮食，不如人，勿生戚”，所以懂得不要把人生只是当作不断追求物质的享乐而已。假如为人父母都把钱摆在第一位，那教出来的孩子也会把什么当第一位？钱！重利轻什么？轻义。到时候他跟谁抢钱？所以人算不如天算。那我们也来思考一下，饮食、衣服、居住等，所有物质享受真正获得了，人的一生真的好吗？假如一个人真的一生都追求物质，然后他确实很快乐，那我没有意见，我也成全他、鼓励他，可问题是他不快乐。只追求物质的人，他的内心非常空虚，常常跟人家攀比，比来比去，看到人家又买新车，自己内心难受得不得了，真叫自寻烦恼，自讨苦吃。所以我会跟他们说：“买一件很贵的衣服，快乐多久？”一分钟？没这么惨！快乐三天。可能那个卡刷下去，那个月的薪水去了一半，所以快乐三天，痛苦多久？痛苦一个月。而且买回去，明天马上就穿，穿到公司里面去，跟同事说："你觉得我今天有没有什么不一样？"假如遇到比较糊涂的："有吗？有吗？"你在那里气得半死，我花这么多钱你都没发现，那就没有乐了！还有苦，因为苦于别人有没有看到我，时时都在患得患失。所以这种乐叫坏苦，就一下子而已，之后就是受苦了。所以只追求物质享受的人追求的乐都是虚幻的，不真实的。什么样的乐才能让一个人非常欢喜、非常充实，而且这种欢喜是从内心散发出来？哪一些乐？行善最乐，还有提到"学而时习之，不亦说乎"，这就是成长的喜悦，它会使你一生有无穷的法喜。

我们今天先上到这里，谢谢大家。

第三十三讲　有德行方能欣赏别人的才华

诸位朋友，大家好！我们这几天课程都谈到谨言慎行，都是在很多与人相处的细节中，我们也要格外谨慎、格外恭敬。

我们中国有句格言：“青天白日的气节，自暗室屋漏中培来；旋乾转坤的经纶，自临深履薄处得力。”它告诉我们，一个人崇高的气节都是从哪里开始培养？从他独处的时候，从别人没有看到的地方，他都能够言行一致，才能培养出这样的气节。所以生活的细节也是大学问。“旋乾转坤”，能够扭转乾坤的能力从哪里开始打根基？从“临深履薄”，他面对每一个人、面对每一件事物都能够恭敬，都能够谨慎对待，往后才能够办很大的事。因为他这谨慎的态度已经在点点滴滴中积累起来。《朱子治家格言》提到“屈志老成，急则可相依”，所以往往是这些小细节都非常谨慎的人，才能真正把重要的大事办好。假如在一些小地方都不用心，很可能真正接一件重大的事就会有很多小状况出现，甚至于乱了头绪都有可能。我们为人父母，在这些小细节中，也要从小多多提醒小孩，同时也要多多观照自己在这些小事中的起心动念，进而当下去改过、去修正。

现在的社会风气比较虚浮，比较崇尚物质享受。很多人可能家里很穷，都快没饭吃了，但是衣服都要买得怎么样？很漂亮，因为要穿给别人看。可能老婆孩子在家都饿肚子了，还是要打肿脸充胖子，这样的人生态度太虚伪了。

一个人打心里真正尊重你，不是因为你口袋里有很多钱，是不是这样？绝对不是。当你口袋里有很多钱，他对你很有礼貌，那是对谁？对钱。等你口袋的钱都给他了，他对你的态度可能马上就变了。所以说“君子之交淡如水，小人之交甜如蜜”。为什么小人之交会甜如蜜？因为他有目的，所以就会竭尽所能地巴结你、谄媚你，很多人都在这种情境下，还以为这些人对他如此看重，如此尊敬，到最后可能就中了小人的诡计。为什么君子之交淡如水？因为君子是以德行与朋友相交往，所以交往的过程会淡中有真味，绝不可能每天跟你腻在一起。因为彼此都很清楚，我们都有为人子的责任，我们都有为人臣的责任，我们都有为人夫、为人妇的职责，所以各自都有很多本分应该尽心尽力去做，怎么可能整天跟你耗在一起？体谅你的朋友一定会说："都已经八点多了，你不是要回去跟你儿子讲德育故事吗？赶快回家。"所以"淡中有真味"，淡中含有彼此互相的关怀和体谅。

确确实实，物质的丰沛并不能赢得别人对你的尊重，甚至于为了追求物质，可能让自己陷入一个无底的深渊，所谓欲是深渊。我们刚刚也提到，花了大把的钱去买一件昂贵的衣服，快乐多久？三天。痛苦多久？可能那一个月都要吃泡面，把身体搞坏了。假如看到一台名贵的跑车他就动心了，去买了一台，快乐多久？快乐一个月两个月。而且在那一段快乐过程中，太太被打入冷宫，那台车变什么？变大老婆。每天在那里擦车，对太太视若无睹，快乐一两个月，但是那个贷款一付要付多久？可能要两年三年，所以那一段时间你可能痛苦在付贷款上。而且说实在的，当一个人很喜欢去追求这种名牌，这种昂贵的东西，比方说他开了半年、开了一年车，突然又看到有新款出来了，看到别人开的款式比他的还新，他会怎么样？他的心又有点不平，又很心动要再去买新的。所以往往贷款还没付完，又要有新的支出，又要去买新的款式，可能一生都会变成物质的奴隶。不只自己变成物质奴隶，可能连家里的人都被拖累了。

很多人觉得要买一间豪华的别墅，才显得自己有身份，有没有这种人？有。我们老祖宗提醒"万贯家财"，一天吃几餐？"日食三餐"，何苦去追求这些很虚浮的东西！"广厦千间"，你纵使有房子一千间，晚上躺的时候躺多少？夜眠才六尺。所以其实人在物质方面的需求是非常少的。所谓知足常乐，知足生活就非常轻松、非常简单，对你的身心都很好。所以我们也要从中体会到，比方说你常常很注重吃，都要吃得很好，我们可以想一下，比方说在过年以前，我们常常会接到很多喜帖，所谓有钱没钱，娶个老婆好过年，结果接到这么多的喜帖，我曾经有一个礼拜去吃了三次喜宴，吃到第三次有什么感觉？都快吃不下去了，都是这样的大鱼大肉，这么多油腻的东西比不上清淡的豆腐、白菜吃得轻松愉快。

很多人追求很高级的住宅，比方说谁在某某地方有一栋豪华别墅，别人有，我没有，内心就很不是滋味。所以自己就很努力赚钱，日也做，晚也做，终于买了一栋别墅。好，那一年去住多久？一年可能去个三五次，一次住个两三天就回来了。但是他还要请一两个人去帮他守这一栋别墅，请的这些人一年住多久？每天都住在那里，所以是他请的人在享受这一栋别墅。所以诸位朋友，到底谁才是真正有福报的人？请来的佣人有福报，主人必须辛辛苦苦地赚钱来还这个贷款。所以确实我们要好好地思考，到底什么样的生活才能真正对我们的身心有很好的发展，有很好的一种调节，不要追求虚幻的物质享受。

“唯德学，唯才艺，不如人，当自砺”。中国有一个成语叫“德才兼备”，德在前，才在后，这句成语也告诉我们，德更比才重要。近代有一位书法家被尊为当代的“草圣”，他叫林散之，日本人对他的书法非常赞叹，日本书法家到中国来，都会到他的家里去给他行一个礼，非常佩服他的书法，也佩服他的为人。林散之先生曾经说过：“有德有才会爱才，无德有才会嫉才（会嫉妒人家），有德无才会用才，无德无才会毁才。”假如我们聘请员工要怎么挑？要挑有德有才，最起码也要挑有德无才。因为他有德行，懂得包容，他会去欣赏别人的才华，他知道“见人善，即思齐”，懂得去珍惜这样的人才。

但是假如无德而只有才华，那必然会嫉妒他人；假如连才都没有，那就会毁才。春秋战国时期，秦国宰相李斯是无德有才之人，所以看到有才华的人他很嫉妒，包括他的师弟韩非子，还陷害韩非子致死。他不仅陷害韩非子，还陷害很多读书人，建议秦始皇焚书坑儒，把历代很多圣贤的教诲一并烧了，这个过恶太大了。后来李斯也没有好下场，跟他的孩子都被腰斩于市。这是无德有才会嫉才。我们培养孩子要先重德行才行，假如不重德行，我们把孩子的才华培养得再高，他的人生不会幸福。因为嫉妒别人，内心一定很痛苦，而且嫉妒别人也会形成他人生很多障碍，别人也会同样嫉妒他，这是我们必须谨慎的地方。

我认识一位书法家叫李传军，曾经担任书法的评审，结果发现这些学生的作品肯定是老师代笔的，这个现象有没有？假如我们父母跟老师做出这样的行为，事实上并不是在教育孩子，而是在误导孩子。这样做，会让孩子觉得只要能够达到目的就可以不守规矩，不择手段。这已经在孩子的心灵种下很不好的恶因，往后就可能因为违反规则、违反法律而触犯法网，人生都有可能因此而毁了。所以这个“德”才是一个人一生事业的根基，不扎好很危险。就好像一棵大树，根不扎好，树干长得愈高，树荫愈大，迟早有一阵风吹过来把它连根拔起来，这样的情况可多了。一个人的过恶都是盛时所造，等到他飞黄腾达，没有德行就会干出很多错误的事情。所以后来李老师就坚持要把这些找老师代笔的学生剔除在外，让那些真正自己写的孩子能够受到肯定。

这位李老师还跟我说过，他曾经找过非常多的书法老师，也花了很多钱向他们求教，结果没有学到真本事，绕了一大圈，他已经是穷困潦倒，都没什么钱了。因为他有这份要传承中国艺术的使命感，皇天不负苦心人，最后遇到了他的书法恩师。结果他的书法老师不只没收他钱，还让他住在家里跟着他学习。所以诸位朋友，你要让你的孩子学到真本事，不见得一定是花大把大把的钞票，假如这些艺术家都要你这么多的钱，其实已经透露出来他是德多还是只有才华？当一个人无德有才华，他的才华、他的艺术境界会遇到瓶颈而上不去，因为艺术也是一个人心性的一种展现。为什么很多艺术作品能够感人至深？这都跟人的心境、仁慈、修养有直接的关系。

这位李老师的书法老师，把很多非常重要的心法技巧都教给他，教完对他说：“假如你没有真正的德行，我却把这些才能教给你，我是害了你一辈子。”接着又说：“因为这些才华教给你，你很可能在短时间内名利双收，你的人生就容易出问题。这个时候你又不知谦卑，就会招来很多嫉妒；你又不知勤俭生活，可能就会养成挥霍的习惯。”所以我们看到很多艺术界的人，曾经红极一时，结果晚年穷困潦倒，很多都是因为养成了奢华的习性。所以李老师对老师这段话非常深刻地领受了，凡事谨遵老师的教诲，处处谦卑。他才三十三岁，已经得到好几次大奖，而且常常义务教学。我也曾经请他到海口帮我们指导写书法，整整一个礼拜，他是分毫不取，甚至于还拿了大把的笔送给我们海口的这些老师。所以德重要，德行是万福的根基，有德这个福才能立得安稳。

传说两千多年前老子要离开东周，刚好遇到一个官员，这个官员就问老子：“我有两个儿子，我不知道以后应该靠哪个。”老子就拿了一把钱放在桌上，然后先对他的大儿子说：“你只要打你爸爸一下，这些钱都是你的。”这大儿子比较憨，他低下头说：“不行，怎么可以打父亲。”他宁死不从。接着老子又问他的小儿子，这个小儿子聪明伶俐，脑筋转得特别快。所以一般的父母会觉得哪个孩子比较好？可能到处夸：“你看我这个小儿子多聪明。”老子也跟他说：“你只要轻轻打一下，这些钱都是你的。”小儿子马上过去打一下，赶快把钱收到口袋里面去。老子就对他父亲说：“现在你知道晚年应该靠谁了。”

后来这位官员去世了，晚年确实是他的大儿子在照顾他，他的小儿子到其他地方做生意。父亲的死讯传到了这个小儿子的耳朵里面，小儿子说："我来回又要一段时间，不知道又要少赚多少钱。"后来连他父亲的丧礼都没有参加。所以老子很有智慧，可以从小孩的行为推出他的存心，因为"重利者必轻义"，只要跟他的利益有冲突的，他一定会不关心，一定把利摆在第一位。一般的人可能都对那个聪明伶俐的孩子特别欣赏，但晚年往往都是那些比较老实的孩子在照顾。

我们曾经听说一位母亲生了三个孩子，老大、老二都大学毕业，老三高中毕业。后来的结果是第几个儿子照顾她？反而书读得愈多愈自私，只为自己着想。我们也看到很多父母把孩子送到国外去念书，念到最后也没有回来照顾父母终老，往往一去不回。有的在那里娶了太太，父母还要大老远去探望，甚至于住了一段时间要离开了，这个媳妇还冷言冷语。那父母真的可能会吐血，早知今日，何必当初，不如不要生好了。孩子不长德行，真正会气死父母，真正会贻害家庭、贻害社会。所以我们教育孩子要高瞻远瞩，要以德为本。

我们接着看下一句经文："闻过怒，闻誉乐，损友来，益友却。闻誉恐，闻过欣，直谅士，渐相亲。"

我们讲"信"这个内容，可以回想一下，一开始是"凡出言，信为先"，代表言语的信用。"奸巧语，秽污词"，这些教诲都提到我们讲话的态度。当我们的讲话态度很粗鲁，就没有办法赢得别人的信任。所以"信"这部分内容，当你做到的时候，就会给人家很高的信服感，对你很服气。比方说"见未真，勿轻言；知未的，勿轻传"，你都做得到，你的朋友一定会觉得你很有修养、很有分寸，你的社会信用都会不断地提升。

像我们刚刚念到的这一句"闻过怒，闻誉乐"，假如我们是听到过失很生气，别人称赞我们，我们就扬扬得意，假如我们是这种态度，能不能赢得朋友的信任？就很困难，就会造成"损友来，益友却"。为什么损友要来？因为他很清楚，只要给你几句美言，你就会神魂颠倒，到时候他就有机可乘了。损友一来，益友就退了。益友为什么会退？因为这些有德行的人，很清楚做朋友的本分一定要直言不讳。你有缺点，他一定会很正直地帮你提出来。当你不能接受，他只好先怎么样？先避开。因为假如不避开，你常常看到他，也会让你生烦恼，所以他为了不让你生烦恼，只好先离开一段时间。等你真正肯接受了，肯接纳他的雅言、规劝，他才会再回到你的身边来。

人应该听好话还是听正直的话？听正直的话。这个习惯从什么时候开始？这种“闻誉恐，闻过欣”的态度必须从小培养。所以我们中心老师在教这一句的时候都会提醒小朋友，今天别人把你的缺点讲出来，就好像你的脸上刚好有一个黑黑的东西粘在上面，这个时候别人告诉你，让你可以把这个污垢去掉，那你应不应该感谢他？当然应该。当别人指出你的缺点，就好像去除你脸上的污垢一样，你当然需要跟他道谢。所以这些小朋友跟小朋友之间，只要同学把他的缺点指出，接下来我们就会听到一句很优美的话，他会一个鞠躬，跟同学讲：“谢谢你指出我的缺点。”当这个孩子对于他的缺点又有所改正，我们老师又适时鼓励他，“过能改，归于无”，那他就更欢喜，去好好把他这些缺点修正过来。从小有了这个态度，对他终身都有很大的益处。

“闻过怒，闻誉乐”，让人想到一个宋朝的故事。宋朝有位大文豪苏东坡，他跟佛印禅师是好朋友，两个人常常互相切磋学问。有一天苏东坡觉得他的境界很好，就写了一首诗：“稽首天外天，毫光照大千。八风吹不动，端坐紫金莲。”他觉得他当下的境界很好，连八风都不能影响他的清净心。诸位朋友，哪八风？这八风就是很多我们人生境界的考验：利、衰、苦、乐、称、讥、毁、誉。这个利就是你很顺势的时候、很顺畅的时候，衰是衰败下来，然后苦与乐，受苦的时候，很欢喜的时候。往往人一苦就会怨声载道，人一乐就有可能乐极生悲，所以这些境界都在考验一个人的修养。接下来是称赞，可能就扬扬得意。讥，别人对我们讥毁，我们就很生气、很不舒服。还有毁誉，毁是诋毁，是毁谤我们；誉，当我们有很好的名誉，可能会变得傲慢。所以苏东坡觉得这八风都不能影响他的心境，他都可以保持清净，所以写了这首诗送给佛印禅师。

佛印禅师看完，就在信上写了一个“屁”字，让人给他拿回去。苏东坡可能在想佛印怎么回答他，他可能想：“赶快称赞我一下。”其实八风动了没有？动了。想要人家称赞、想听好话。苏东坡看了这个字，他很生气，非常生气，就赶到佛印住的地方，结果门是关的，佛印禅师在门上写了两行字，说“八风吹不动，一屁打过来”。苏东坡一看很惭愧，就离开了。我们要时时观照自己是不是也八风吹不动，时时从起心动念把我们这些不好的习性去除，才不会犯这种“闻过怒，闻誉乐”的错误。

下一句是“闻誉恐，闻过欣，直谅士，渐相亲”。我们也看到，当一个君主非常宽宏大量，能接纳众臣对他的进谏，假如他有这样的雅量，必然能够让一些忠臣、贤臣用心地指出他的缺点，以便让他的政策真正对人民有所帮助。相同地，我们为人父母、为人老师，当学生或者孩子指出我们的缺点，我们也要虚心接受。当你跟孩子承认错误，很多长辈心里会想：“这样我会不会好像矮了一截？”其实恰恰相反，当我们老师真正有错误，比方说犯了《弟子规》哪一句，我们马上跟学生说：“老师这里错了，老师要改过，老师跟你们一起学习。”往往老师认错的时候，在孩子的眼中能看到什么？看到对老师的尊敬。所以当一个人认错，那是德行，“人非圣贤，孰能无过，过而能改，善莫大焉”。所以当长者主动修正、主动改过，也会带动起整个团体都勇于认错的风气。

当我们身边有非常多的朋友主动给我们一些规劝，你的人生就好比多了好多双明亮的眼睛帮你看路。因为我们才两只眼睛，有时候看前面看不到旁边，又看不到后面。当你有这种接纳别人谏言的虚心，自然就有众人给你帮忙。所以我们说梅兰竹菊是四君子，表的是君子的德行。那竹子为什么表君子的德行？因为竹子的心是空的，常使虚怀纳雅言。所以我们“见人善，即思齐”，见物善，也要思齐。我们的老祖宗不只跟人学习，还跟万物学习，看到万物之德也回光返照修正自己。

我曾经问学生：“这个竹子有什么德行，你可以向它学习什么？”让他们自己去观察。诸位朋友，你可以从竹子身上学到什么？学习要善学，而且学习有一个很重要的枢纽，要有悟性，有悟性才能举一反三，才能时时观察一切人和事物，并且修养自己，这些都在提升自己。除了虚心以外，竹子还有什么？我们看竹子，有没有看到一根竹子的？都是什么？一片竹子。因为有一片竹子，所以每一根枝都很直立，就好像你身旁统统都是正直的人，相信你要歪也歪不起来。所以这是说环境的重要性。连孟母都要三迁，纵使有孟子这样的根器、这样好的素质也都需要后天好的环境来培养，所以我们当父母的也要给孩子提供很好的学习环境。

我们进一步看这个竹子，它都是一节一节长上去，所以也代表人生不可能一帆风顺，必然会遇到一些挑战。当面临挑战，一定要怎么样？勇往直前去突破。竹子也是突破一节一节的关卡，所以我们也要有坚韧的态度去面对人生。学生很多时候讲出来的答案会让我们很惊讶，有一个学生说：“老师，竹子有为人民服务的精神。”我说：“为什么这么讲？”他说：“因为竹笋可以吃，竹子可以建房子，竹叶可以拿来包粽子。它是把全身统统都奉献出来。”我们听到这里也觉得很惭愧，我们有没有比得上竹子这种牺牲奉献的精神？我们对于身旁的人事物都有一种谦恭的态度，去接受他们的雅言，去向他们学习，那我们的人生会增加很多助力。所以“闻誉恐，闻过欣，直谅士，渐相亲”，当你有这个态度，可能草木都会有情，都会向你微笑。

“闻誉恐”，为什么听到别人的称赞，我们要抱着战战兢兢的态度？因为我们的才华，甚至于我们的成就，不是个人的能力所能达到的。比方说我们的整个成长都离不开父母的养育、教育，还有很多长者给我们指导、给我们关怀，我们才能形成这样的能力。所以当我们有所成就，首先一定要想到这些功劳都是他们的，这样我们才不会自视甚高。比方说我们一个课程取得的成就，都离不开众人的协助帮忙。我们这几天的课程，很多朋友可能晚上很晚才睡，隔天很早又要起来打理事务，又要起来煮饭给我们吃，一件事的成就都是众人的付出。所以我们也要处处感谢这些付出的人。当我们有这样的存心，闻誉就不会乐，会诚惶诚恐，要赶快尽心尽力把自己那个角色做好，以回馈这么多人的付出。

我们看下一句经文，先把它念一遍：“无心非，名为错；有心非，名为恶。过能改，归于无；倘掩饰，增一辜。”

“无心非，名为错”，所谓“不知者无罪”。所以当别人犯错，他不是有心的，我们要包容、要宽恕，不然他也会很难受。对我们来讲，我们也要时时观照，我们的言语行为有没有不当之处。比方说走路的时候，两三个人并排在一起，后面的行人就不方便通过。因为人往往遇到很久不见的朋友，一聊起天来都忘记旁边的世界，所以这就是无心之非。有时候我们打电话给朋友，他可能正要出门，我们一打过去就噼里啪啦，连个逗点都没有，他又不知道从哪里切话把你拒绝，或者告诉你他要出门，结果他就一直撑在那里。那时候他的心跳怎么样？特别快！这也是无心之非。所以我们打电话过去一定要先问：“请问你现在方便吗？”要处处替对方着想。

孔夫子当初到太庙去，也是“入太庙，每事问”。遇到很多事，他都会去请教太庙里负责的一些工作人员。其他的人就会很纳闷，夫子的学问这么好，怎么到太庙什么都问？他的学生就问夫子，夫子回答说:“每事问是代表对这一件事的尊重，而且我们到一个新的环境，可能这个环境都有它的规矩在，我们不能顺着自己的意思去做，不然可能就有失礼之处。”所以我们到一个新的环境，也要先了解这个环境的很多生活作息，甚至于东西的摆设，我们也不能擅自去更动、去改变。有时我们觉得是好心，但是这么一个动作，可能会造成当地工作人员的一个麻烦，所以这就有可能犯了“无心非，名为错”。

下一句是“有心非，名为恶”，意思就是明明知道是错的还是照做，叫作“明知故犯”，这就是恶，很不可取。这样的现象现在多不多？多！为什么？比方说明明写着“禁止吸烟”，他还大口大口在那里抽，原因在哪里？（答：没有念《弟子规》。）标准答案！失教了，做人做事的道理没有好好学习，没有老师去教，也没有父母去提醒，所以就是“先人不善，不识道德，无有语者，殊无怪也”。

我们这节课先上到这里，谢谢大家。

第三十四讲　知过勇于改，人生才坦荡

诸位朋友，大家好！我们接着前面的课程，我们提到：“无心非，名为错。”我们对于自己的一些言语行为也常观照一下是不是有忽略的地方。比方说你跟朋友一起骑脚踏车，也不要并排骑，一来很危险，二来可能影响到后面的行人。俗话说得意会忘形，我们要常常观照一下。

“有心非，名为恶”，假如已经知道这件事是错的，还去做，那就是作恶。我们现在来看看，很多都是大家知道不能做的事，但还是有人在做，比方说抽烟，比方说立着牌子说“禁止钓鱼”，还是有人去钓鱼，或者“禁止倒垃圾”，还是有人会在那里倒，这些都属于社会风气。这种社会风气谁要负责？社会的每一分子都要负责。假如整个社会都没有公义，别人错的时候，我们也没有去指正，可能就提供一个空间让这些作恶的人愈来愈嚣张，这叫姑息养奸。或者你看到人家插队了，应该去劝解，当然劝解的时候要注意“怡吾色，柔吾声”。所以《弟子规》这个“亲有过”，这个亲我们可以当什么？不只是父母，不只是亲人，“四海之内皆兄弟也”，整个社会是一体的，社会的每一分子都是我们的同胞，我们也有义务去劝告他们，但是注意态度要适当，以免发生冲突。

为什么有一些明明是错的事，大家还去做？往往在他们的心中都会说别人也一样。其实这都是找借口。但是这也不无道理，因为好榜样太少了，所以会让他们觉得犯错好像是很正常的事。所以我们要有使命，社会上错误的事，我们一定要当榜样来纠正。比方说社会上的人不懂得报恩，我们就要演出知恩报恩；社会上的人无礼，我们就要演出彬彬有礼，让他们生起惭愧之心。

比方说公家的东西很多人会拿来自己用，社会上也有这种倾向，其实他们是冤枉。拿了公家的东西欠多少人？是欠整个团体的债务，那就很难还，这是小人冤枉做了小人。所以我们也要怜悯他们不懂得“物虽小，勿私藏”的道理。我们也要表现出来，在公司里面、在团体里面就要很廉洁，任何公家的东西一分一毫都不取。当你有这样的行为出现，在整个团体就是一种制约的效果。人家一看到你，就会收敛，所以诸位朋友，不要小看您在家庭还有在工作中的影响力，只要有人演出对的，旁边的人就不敢太造次。所以我们确确实实要做好榜样。

“有心非，名为恶”。很多人明明知道这是很大的错误，但是因为控制不了自己的脾气，还是去做了。比方说知道跟人家起冲突是错误的，但是脾气一上来怎么样？压不下来。所以就要找方法来对治这个情况。有的夫妻，刚好先生出了一点状况，太太很不高兴，他都敢这样，那我也敢作坏。这种心态叫意气用事，对自己没有帮助，会愈搞愈糟。我就曾经听过有一位先生很晚才回家，太太很不高兴，后来她也出去晃到很晚才回来，那受伤最大的莫过于她家的小孩。所以别人对不对，那不是最重要的事，我自己有没有做对，一定要时时观照。当我们真正做对了才有资格去讲别人，而当你真正做对的时候，你在他人心目中被信任的程度一定相对提高。所以要把事情圆满解决，要耐得下性子来，先从自己的修身、立身行道开始下手。

诸位朋友，当我们这个课程结束，您回到家里也不要先要求谁做，最重要的是怎么样？自己开始先做。我也常常接触一些朋友，他们第一天来听课，听完就说：“我的哪个朋友最需要听，我儿子最需要听。”都没有说自己最需要听。当人把心思都用在看别人的错，都用在别人应该学什么上，专注力没有回到自己，可能自己的进步就会相对小一些。所以整个人生的转变，第一步还是要从自身开始做起。

下一句：“过能改，归于无；倘掩饰，增一辜。”改过确实对一个人的人生相当重要，所谓“人非圣贤，孰能无过”。在整个几千年的历史，要找一个从出生到终了统统没有过失的人，有没有可能？不可能。要找一个统统都是作恶的人，有没有可能？也不可能。所以人皆有善恶，对于这种恶，我们懂得去规劝，自己懂得去改过，这样就可以“德日进，过日少”。

孔老夫子也给我们三个很好的修身法宝。第一个“好学近乎知”，学习一定要不断地精进，因为学如逆水行舟，不进则退。我们办五天的课，之后也有一些朋友反馈：“蔡老师，我在那五天整个状态非常好，那五天听课的状态很好，心都非常纯净，很纯善。”还有一位朋友上完课过来跟我们说：“这个课的磁场很不一样，我本来每天都要抽烟的，结果那五天一根烟也没有抽。”因为他觉得在那种气氛下，好像有什么坏念头都不应该，所以确实团体学习很重要。诸位朋友，你的课程结束，也要找三五善友能持续一起切磋，长时熏习才好。刚好他们提到，在那五天状态很好，但是回去以后慢慢就退下去了，这也印证了“学如逆水行舟，不进则退”。所以求学问能不能靠别人？要靠自己的主动、自己的好学，好学才能够不断接近智慧。

第二个“力行近乎仁”，唯有真正去落实圣贤的教诲，才能不断提升我们的仁慈之心，才能不断看到孩子的需要，看到家庭的需要，看到社会的需要，看到自己的本分，这是力行近乎仁。

第三个“知耻近乎勇”。是不是可以举好几百公斤的才叫勇者？这不算勇者，这只是力勇，而不是人格的智勇。真正的“勇”是能够降伏自己的坏习惯、坏习气，那才是真正的勇者。我们到佛寺里去，一进门看到匾额高高地立在那里，写了四个字“大雄宝殿”。什么才是真正的大英雄？俗话讲：击败他人一千次，不如击败自己一次。真正的勇在于能对治自己很多坏习惯，进而把它改正过来，这才是知耻近乎勇。而当你这种勇气可以持续个两年三年，慢慢地你的习性就转过来，保证往后的人生一定是充满法喜。

春秋时代有一位贤相叫晏婴，晏婴做出很多榜样，孔夫子对他也非常尊重，很赞赏他。晏婴的一件大衣穿了三十年都没换，当然那一件衣服看起来还是整整齐齐，因为“爱物者，物恒爱之”。你对任何物品都爱惜，它也会回馈你，会让你使用很久。当一个宰相一件大衣穿三十年，请问除了会影响他的家庭以外，还会影响什么？（答：所有的文武百官，整个人民。）所以当一个大臣非常廉洁，就可以带动整个团体清廉的风气。

晏婴的马夫每天送晏婴去办公，结果这个马夫每次看到人都抬头挺胸，一副很高傲的样子。他为什么很高傲？因为他替宰相驾车驾马，就一副不可一世的样子，用成语来讲叫狐假虎威。马夫的夫人看到了，有一天就跟他提出来：“我要离开你，我要走了。”这个马夫很紧张，他说：“怎么了？你为什么要离开我？”她说：“人家都是尊重晏婴的德行，你又没有晏婴的德行，而晏婴宰相都那样谦卑，人家有德行还谦卑，你根本没德行还这么傲慢，所以我不想依靠你，我要离开。”这个马夫一听也很紧张，马上很惭愧地跟夫人说：“我一定会改过，你就不要离开了。”

这个太太确实很有见地，懂得进谏、规劝她的先生，当然她的先生也很有肚量，能接纳太太的意见。听说多听太太的话，听太太正确的话，会大富大贵。后来这位马夫痛定思痛，开始认真地学习。后来晏婴也觉得他的德行进步很快，就举荐这位马夫当上了齐国的大夫。所以只要人肯改过，都会有相当好的前途，所谓“浪子回头金不换”。

有一位朋友，我们都叫他“金不换”，浪子回头金不换的意思。为什么叫他“金不换”？因为我们在上海上课，这位朋友从山东连夜赶过来听课。因为他的姐姐在庐江，参加了安徽那一次课程，接着我们要去上海上课，他姐姐马上打电话给他：“你这几天纵使可以赚多少钱都要放下，马上到上海听课。”结果他真的放下所有的工作。他的太太很生气，说：“你怎么说走就走了！这个公司怎么办？”但他还是坚持来了。他在底下听课都是这样一种表情，目不转睛，嘴巴都开开的，我们所有上课的老师都很清楚有一位男士坐在那里，我们确实也不知道他是什么来历。

后来上了几天课，他要回去，他说：“你们可不可以让我有十分钟跟蔡老师谈谈话？”我们工作人员看他这么诚恳，就安排一天晚上，我跟他坐了一会儿。他看到我很激动，他说：“蔡老师，我不是用耳朵听你讲课，我是用我的人生来印证这些道理。”他说：“确确实实要知道、要悟到、要做到，才能得到。所以知还不够，真正有体悟要去力行才行。”

他说我在讲课中提到《易经》说“积善之家，必有余庆”，这是真实不虚的话。他在年轻时脾气很不好，染上很多恶习，拿着刀要去砍人。因为拿着刀走在路上，那气色怎么样？杀气腾腾。结果被他父亲的好朋友看到了，马上把他拉回来。在盛怒之下，刀剑无眼，但是他父亲的朋友却把他硬拉回来，才让他没有做出一生都无法挽回的事。为什么他父亲的朋友愿意这样做？因为他的父亲是做电讯的，常常半夜都去帮忙，甚至于刮风下雨都不辞劳苦去工作，所以在整个乡里面的形象非常好，大家都很尊敬他父亲。由于他父亲的德行，救了他这一次的劫难，把他拉了回来。他也提到好几次都是因为父亲的德行，让他逢凶化吉。

他后来又染上毒瘾，我们没吸毒的人不知道吸毒以后要戒掉的困难，非常困难。就因为他对母亲还很有孝心，所以他在戒毒过程中，支持他的力量就是对母亲的这种愧疚。假如再不戒掉，不知道要让母亲痛苦多久。所以诸位朋友，一个人要有改过的动力，那个动力来自哪里？孝心、亲情和爱心。我们身旁有人很困顿，我们也要真诚地去鼓励他、去关怀他。他能来参加这个课程，最主要也是因为他对他的姐姐怎么样？也有恭敬之心。他说他姐姐从来没有用这种口气跟他讲过话，他姐姐跟他都是“怡吾色”，都跟他商量，从没听姐姐说过：“你马上到上海听课。”所以他觉得姐姐一定是为他好，知道这件事很重要。

后来他又提到，因为他十多岁就出外做生意，生意也做得很好，赚很多钱。他说他十九岁就拿着大哥大，那时候的大哥大都很大，长长的、粗粗的那种。他说他回家乡去，所有的人都说：“你怎么这么厉害，这么会赚钱。”每个人都很羡慕他，都把他捧得不可一世。诸位朋友，这样对不对？赚大钱就值得尊重？赚钱是靠机会，花钱靠智慧。假如他没有智慧、没有德行，赚到钱的时候，人生的危机就会出现。后来因为有钱，他觉得有钱能使鬼推磨，恶习很快统统染上了，也做了一些危险的事情，并为此付出相当大的代价。

所以他听完课就很感慨，他说假如他十几岁就有机会听到这些老祖宗、圣贤人的教诲，他的人生不可能走得这么坎坷。我们从这句话也可以听得出来，他并不是不受教，而是没有机会。我们在那几天看他上课的态度，确实是相当认真、相当用功。后来我们到他的故乡去办课程，他还连夜跟他太太一起赶过来听课，这个行动很正确，因为一个家庭绝对不能只有一个人在成长，应该怎么样？一起成长。这位朋友跟我说：“蔡老师，你不能只给这些人讲课，他们都是好人，我们那批人更需要。”我跟他说，只要他把公司安顿好了，可以跟我一起到监狱，到一些可能比较没有机会接受很好教育的地方去讲课。因为这些人走过的路他也走过，他讲出来的话一定可以让他们听了能够有所感悟。当然我们这样引导他，最重要的也是让他的学习有所立志，这样就会推动他用心去成长。这是金不换的故事。

这种改过不只会影响一个人，甚至于会影响一个家庭，影响一个国家。春秋战国时代有一个名相叫蔺相如。我们都知道“完璧归赵”，蔺相如非常机智地化解了那次危机，完璧归赵。也由于他这样的表现，赵王赐他臣子里面的最高职位。赵国有一个大将叫廉颇，是驰骋沙场的老将，对于赵国也是立了赫赫战功。这个武将瞧不起文官，说你就靠一张嘴巴，而我出生入死，所以就不服气，常常在路上故意要跟蔺相如的车碰到一起，要是当面可能还要瞪他两眼。但是蔺相如每次发现这个将军的车来了就绕道离开，不跟他产生摩擦；有时候廉颇去找蔺相如，蔺相如也称身体不适拒绝了，总之都是低调处理。

蔺相如的家人和仆人很不高兴，就对蔺相如说：“你怎么这么胆小，怎么这样委曲求全？”他们心里都不服。蔺相如就对他们讲：“今天像秦国这么大的国家，为什么不敢来打我们赵国？原因就是赵国有廉颇将军还有我，秦国才不敢轻举妄动。我个人的面子、个人的羞耻事小，假如因为我跟大将军廉颇起了冲突，而让国家遭受危难，这是国家之耻，那我就很难向国家、向历史交代，所以应该忍辱负重。”后来这段话传到了廉颇将军的耳中，这个将军虽然火气大了一点，但也是知书达礼之人，听完很惭愧，他说：“我都是逞一时之气，宰相却是为国着想。”虽然这个将军年纪也很大了，但是他脱去上衣，负荆去请罪，背着的树枝都是有刺的，以示他的诚心。蔺相如一听将军来了，也快步冲出来，赶快把将军扶起来。然后两个人就成了非常好的朋友，刎颈之交。廉颇将军值得我们佩服的地方是知过能改，凡事为国家着想，而蔺相如的那种肚量还有远见也让我们相当感佩。

当我们已经清楚自己犯的过失，绝对不能再掩饰。因为“倘掩饰”就“增一辜”，我们人生数十寒暑要对自己做好交代。这个历史可不能重写，所以一有偏颇，我们要赶快改正，以给后代子孙做个好榜样。

那次寒假，我们在海口的课没有停，还额外办了一个针对青少年的传统文化研习班。因为我们没有办过，心想来二十个人就好了，结果报名的有八十个人。从这个数字我们可以看到，现在的父母好不好当？不好当，都为孩子的教育头痛。我们消息一发布，居然来了这么多人。当然能来都是一种缘分，青少年肯走入我们的教室，我们也是蛮佩服的。五天的课上下来，这些孩子也上台分享，其中一个女孩二十岁，她上台说她本来很怨恨她的母亲，几天课程下来，深刻体会到母亲生育、养育、教育的辛劳，她就当场告诉我们，往后她会孝顺她母亲，而且她也要弘扬传统文化。所以确确实实人都有那一份善心，只要有缘分把它唤醒了，相信都可以有很好的成长。

过要能改，而改过必须要先悔过，悔过又必须要先知过，所以了解道理才能判断是非。现在的年轻人最缺乏的就是是非的标准，我们学了《弟子规》就掌握了一个做人的是非标准。这本《弟子规》一定要拿回去当你家里的家规，当你班级的班规，当你公司的常规，这很重要。诸位朋友，曾经或者已经在传承你们家的家规的举手？你看古代的家族都有家规，我们现在都没家规。请问家里遵守什么规？爸爸有一个规，妈妈有一个规，儿子又有一个规，那不就乱成一团！所以要先建立家规，才有一个依循的标准，我们才能知过、悔过、改过。所以改过才能够进步，假如不改过，每天都会提心吊胆，很怕别人会识破。而假如又识破了，那就一文不值，甚至于会让人家从此瞧不起你，从此不信任你。倘掩饰就增一辜，所以要勇于认错，这样人生才能走得坦坦荡荡。

我们接下来进入第五个单元“泛爱众”，这个泛是指广泛，广泛地爱护众人、众物。这个众不单指人，还包括万事万物我们都应该去爱护。之前也提到什么叫爱，繁体字“愛”中间一个心，外面一个受，用心感受对方的需要，而不是控制对方，一定要他跟着你的方向走，这我们要搞清楚。假如强迫对方一定要听你的话，那就变成控制，这样就叫欲望而不叫爱，所以要设身处地、感同身受才行。

我们教导孩子有这一份仁爱之心，首先要教他爱谁？当然从自己最亲近的父母爱起。当他懂得爱护父母，才能把这份爱心继续向外延伸出来。孟夫子有一段很重要的教诲，提到“亲亲而仁民，仁民而爱物”，一定从自己最亲的父母开始爱护，进而推衍到别人的父母、别人的孩子，就是仁爱人民；再从仁爱人民这份爱心继续扩展到爱护一切万物，包括动物、植物、矿物，这就是爱物。所以这个次第我们只要顺着去走，孩子的爱心就会不断扩展。

如何教导孩子孝顺、爱护父母？从“入则孝”教，还要亲师配合来教，这很重要。因为我们也跟很多孩子接触，每次他们上课都有相观而善的风气，这个相观而善就叫作观摩法，“相观而善之谓摩”，这个摩就是现在讲的观摩法。这个观摩法早在几千年前的《礼记》就教了，所以我们去念师范学院，好多的教育理论，我们还以为是近代一二百年哪个教育学家讲的，后来看经典才知道，中国人几千年前就讲了。但是我们的老祖宗讲了，有没有打上“版权所有，盗版必究”？没有。因为这是天地间的真理，真理属于大家，而他们写出来的真正目的是要利益大众、利益后人，绝对不标榜说我很厉害。所以我们可以感受到这些古代圣哲写下文章，确实是以利益后人为出发点。

来上课的孩子，我们会请他上来练习“步从容，立端正”，还要练习讲话“勿急疾，勿模糊”，就让他把这个礼拜做了哪些孝顺父母的事讲出来。很多孩子讲完，刚好有个小孩第一次来，听了这么多大哥哥大姐姐的孝行，在他的心中就燃起了回家一定要做一件孝顺父母的事的念头。结果他一回家就往浴室走，因为他听其他的大哥哥说到帮妈妈端洗脚水，所以你看他胸有成竹，赶快要去端来，可能也不是晚上，但他非常积极主动就要去端。母子连心，他妈妈看到他的动作可能就想到他一定要去端水，结果就跑到儿子的前面，先去把那个脸盆藏起来不让他拿。为什么？因为他年纪很小，才三岁多，怕他翻倒。

他母亲就这样跟我讲，我说：“翻倒才好。”她的眼睛瞪得很大，怎么会翻倒才好？我说：“一来你没有阻止他，这样才能成全他的孝心孝行，你不让他做，他怎么会长养？再者，翻倒了才知道怎么样才能够把水端好，那不就是机会教育吗？不然他做事的能力什么时候训练？你到底要呵护他到什么时候？呵护到他娶老婆吗？还是呵护到他生儿子你也帮他照顾？”我这么一提，这位母亲也可以接受。

后来就有一位母亲，孩子端洗脚水，她就让他端，从第一天开始就很欢欣地让孩子端，然后也很肯定孩子的这份孝心，孩子也端得很有成就感。一个礼拜后，她来跟我说：“我泡了一个礼拜的冷水脚。”我说：“为什么？”“因为怕他弄翻了会烫到，所以已经把水温调得很低了。然后看他功夫愈来愈纯熟，再把它调高一点。”这是善巧方便，很有智慧，一来成全了孩子，二来也让孩子不会有危险。这叫亲师配合，老师在学校教，在课程中教，家长在家一定要让孩子落实，不能把教育的责任完全交给老师，这样是不恰当的。

教孝还有什么方法？已经有朋友讲了，“以身作则”。还有一个夫妻配合，先生的贡献太太要讲，太太的辛劳先生要提，这样孩子才能处处领会到父母的辛劳。当他有孝了，再进一步告诉他“事诸父，如事父；事诸兄，如事兄”，他就懂得也尊敬所有人的长辈。然后再告诉他，所有的长辈都不愿意他的孩子受到伤害，你假如受到伤害，爸爸妈妈也会很伤心；别的小朋友受伤害了，他的父母也很伤心，所以我们不应该欺负别的小孩子。这样他就推己及人。

进一步再引导他对各行各业的长辈都应该尊敬，因为社会国家者，是互助之体也，这个观念相当重要。因为在功利主义之下，人可能会出偏差，用钱来看价值，而不是用服务来看价值，这样人心就会扭曲。所以要从小告诉孩子，尊重各行业的服务，职业没有贵贱。那时候我在教书，也是早上六点多开车出门，突然觉得眼前非常整齐清洁，奇怪了，那些树叶都到哪里去了？都是那些环保同仁，不知道是四点还是五点就开始打扫。所以我跟学生讲：“我们今天有这么清洁的环境，让我们能心情很愉快地来工作、来上班、来读书，都是很多人在付出，所以我们面对各行各业的人都要抱持感恩的态度。”当孩子能够这样领受，他到商店也好，到书局也好，当他看到这些工作人员，也会很亲切地跟人家问好，跟人家道谢。

有一班四年级的孩子，其中一个孩子跟他的老师说：“老师，这个叔叔每天帮我们换水。”就是那个叔叔每天都会去他们教室扛一桶水，然后把旧的换掉，日复一日都是这样做。当然那是体力劳动，这位叔叔常常都是汗流浃背的。而这个叔叔脸上都没有表情，就好像机器一样，周而复始在那里做。这位小朋友就跟老师提议：“老师，这个叔叔很辛苦，我们是不是应该好好谢谢他？”当学生提了这个要求，老师也很欢喜，他看到孩子很细心，也很有恭敬之心。全班也都很欢喜地同意了，明天叔叔来，一定要跟他问好，向他表示感谢。

第二天这个叔叔进来了，正把这个水抬起来，全班同学说：“叔叔好。”结果这个叔叔露出很惊讶的表情。接着小朋友们又说：“谢谢叔叔，您辛苦了。”这个叔叔从惊讶的表情转为灿烂的微笑。往后这个叔叔一走到教室，表情都特别欢喜，特别高兴。确实“敬人者，人恒敬之”，所有的人就好像我们的一面镜子，当我们笑脸对待别人，必然是笑脸回馈给我们。所以当我们去尊敬各个行业的付出，就能够和乐融融。

接下来，我们也要对一些比较没有得到关怀的人群，再多一分协助。比方说哪些人？哪些人比较缺乏关怀，需要我们多一点的爱护？流浪汉、孤儿，都是一些比较弱势的、比较没有能力的人群。所以孔老夫子在《礼记·礼运·大同》篇里面提到“大道之行也，天下为公”，那种胸襟非常好，“人不独亲其亲，不独子其子”，不是只亲爱自己的亲人，还能够设身处地去爱护他人的亲人，设身处地去爱护别人的下一代，使“老有所终，壮有所用，幼有所长”，最后“鳏寡孤独废疾者，皆有所养”。这个鳏寡孤独就是比较弱势的群体，“鳏寡孤独废疾者”，鳏是指没有太太的男人，寡是没有先生的女人，孤是没有父母的孩子，独是没有小孩的老年人，废是残废者，疾是生病者，让这些人都能够得到社会的关怀。现在也有很多社会福利团体都很用心去照顾这些人，所以当我们有闲暇的时候，也可以去做义工，去服务这些人。假如没有时间，我们也可以有钱的出钱，有力的出力。

这节课我们就先讲到这里，谢谢。

第三十五讲　爱护万物便是力行孝悌之道

诸位朋友，大家好！我们进入“泛爱众”，也提到孩子的这份爱心，仁厚之心可以从孝顺父母推衍到敬爱一切人的父母、亲属；再延伸到对各行各业的尊重，尊重他们的付出、他们的辛劳；也要爱护社会比较弱势的群体，刚刚也提到“鳏寡孤独废疾者，皆有所养”，而且确实现在这种行善的风气也愈来愈兴盛，这是很值得我们欣慰的地方。

行善，一来会提高自己的仁慈之心，二来也能够真正了解到社会上很多不为人知的一些事情。当我们是带着孩子一起去行善，又长养了他们这一颗仁厚之心。我们做善事的前提，一定要把家庭照顾好，不能出来做好事，而家里乱成一团，这样可能就会有副作用。所以先要修身然后齐家，齐了家才能够发挥影响力去治国、去影响社会，所以这个次第我们也要谨慎对待。

除了弱势群体要尊重，坏人要不要爱？要。我们之前也提到一个案件很严重，就是马加爵事件。他因为同学笑他，长期讥毁他、瞧不起他，觉得他很穷，萌发杀机，杀了好几个同学。而在这个过程中，有一个同学本来可能也会受到伤害，结果逃过一劫。因为这位同学曾经帮他拿过餐盘，帮他装过一次饭，所以这个同学才化解了这个危难。所以确确实实人有善心，自然就会有善的回报。不管对方是多么恶的人，只要我们有善心，只要我们有德行，都能够慢慢唤醒他的良知。假如我们去攻击他，可能会两败俱伤，所谓“扬人恶，即是恶，疾之甚，祸且作”，很有可能他会恼羞成怒。为什么他们会走向歧途？诸位朋友，为什么？没有好的家庭教育，没有好的学校教育。所以一个人之所以会误入歧途，是因为他的人生过程中没有遇到真正爱护他的人，所谓可恶之人必有可怜之处，我们要去同情。

刚好我在海口遇到一个官员，他是管监狱的。他知道我已经长期不在海口，刚好那一次回去几天，他知道了就赶过来跟我们中心的老师一起吃了一顿饭。他说他有一个心愿，希望把监狱变成一所学校。我听到这里很感动，真的，一个政府领导人真有心做善事，那就有非常非常多的人可以从中受益。我记得在海口办第一次的课程，办了五天，海口市教育局局长亲自来听课。当然我比较没见过世面，局长在底下，我也蛮紧张的，后来局长听完整个下午的课。下课后，我们几位老师送局长离开。当局长离开，我突然很感动，眼泪哗啦哗啦就掉下来。因为我们常常看《德育故事》，每一位好的官员都可以利益一方，都可以让这些人民生活、思想得到很好的提升，他们的家庭都会受到深远的影响。一想到只要有好官出来，就会有好的社会风气，想到这里就很感动，旁边的人也不知道我在哭什么，都吓坏了。我说："没事！没事！"

又看到这个监狱长这么有心，当他这么有心，我们一定会两肋插刀，我说："只要安排好，我们中心的老师一定去支持，甚至于书本我们都愿意提供。"确实在这个时代，只要你想做善事，一定会有人来帮助你，所谓"人有善愿，天必从之"。所以面对恶人，我们也引导孩子要先把自己演好，自然而然可以去感化他人。孩子有这样的心态，他就会保持一种对人和善的态度，就不至于跟人起冲突。

除了人要爱，动物要不要爱护？动物也要爱护。因为动物跟我们一样都有灵知、有感觉，它也会痛，也会伤心，也会难过。西藏有一个猎人，一天早上起来看到远方有一只藏羚羊，猎人一看到猎物下意识做什么动作？赶快举起枪来，瞄准了这个藏羚羊。结果出现了一幕让他很惊讶，因为他从来没有见过，这只藏羚羊看着他，然后双膝向他下跪，他觉得很奇怪，但还是把它射杀了。射杀后，隔天他把它剖开来一看，肚子里面有一只小藏羚羊。这个猎人突然了解到这只藏羚羊为什么要下跪，是求他饶了它孩子一命。这个猎人也是为人父者，看到藏羚羊为自己的孩子都能够做出这样的行为，他也很感动，也很惭愧，体会到所有的动物都有亲情。从此他把猎枪放下，没有再去打猎。

另外有一个猎人，是专门捉黄鼠狼的，都是用猎具把它夹住。有一天，他发现他的猎具抓住一只黄鼠狼，走近一看，只有黄鼠狼的皮，身体不见了。这个猎人就顺着黄鼠狼留下的血迹一直跟过去，跟到黄鼠狼的窝里一看，原来这只黄鼠狼使尽全力把它的皮脱掉，跑回窝里给它的小孩哺乳。其实这只黄鼠狼已经去世了，它的小孩还在吃它的乳水。所以你看一只黄鼠狼纵使在生命攸关的时候，它的念头还是为孩子，那份母爱不输给我们人类。猎人看到这样的情景，也从此不再打猎了。我们由此想到了白居易那一首诗："莫道群生性命微，一般骨肉一般皮。劝君莫打枝头鸟，子在巢中望母归。"所以我们对动物也要有一份同情之心，不能因自己的好恶而去拆散动物的家庭。

不只动物需要我们关怀，植物也跟我们是一体的，都在地球这个生命共同体之中。我还曾经看到小孩爬上树就一直摇那个树枝，一直要把它扯断，他是觉得好玩。但是假如孩子从小就觉得好玩的都可以去弄，那他可能会从伤害植物开始，再接下来可能伤害动物。可能伤害植物、伤害动物，再大一点，可能他觉得喜欢，就可以打人。所以我们要很谨慎，当孩子在面对所有的动物植物，都是他的心在对待。假如对物不敬，往后对人能敬吗？他看到食物说我不吃了，对食物都糟蹋，对人保证很难恭敬。因为"一真一切真"，这个一是什么？这个一就是一个人的存心，他的恭敬、他的真诚假如已经内化在心里，他表现出来的行为自然都是恭敬真诚。当他对物都不真诚、都糟蹋、都为所欲为，那他这颗心已经失去恭敬了，等到他面对人的时候，能够马上调回恭敬吗？那是不可能的。我们所穿所吃的，都是父母的关怀，都是父母的辛苦钱买的。当他能珍惜这些物品，也就是珍惜父母的付出。这些都不离一个人的心境。

有一次我看到孩子在伤害植物，并没有当面去指责，等到下节课上课了，我就跟孩子说：诸位小朋友，请问一个人缺乏什么，只要缺乏五分钟，他就活不了命？缺什么？氧气。你缺食物可能还可以撑个八天十天，都还活得好好的，你两三天没喝水，可能还没关系。但是你只要五分钟没有氧气就怎么样？死定了，可能就脑死亡了。请问氧气从哪里来？他们都回答得很快，因为他们都学过自然科学，知道光合作用，明白氧气是从植物来的。所以植物是你生命中最重要的东西，因为只要没有植物，你五分钟都活不成，植物是你的救命恩人。它给了你最需要的东西，那你拿什么对待它？所以我们对植物也要爱护。植物不只提供你氧气，它还对你有很多很多帮助。我们可以借由这个机会点，让他认识到植物对他的重要性，对他生命的贡献。而植物为我们做出这么多贡献，却从来没有开口说："请你给我三百块，请你给我五百块。"它对我们的奉献是无私的，更值得我们尊重。

因为人不尊重植物，所以产生了非常多的问题。比方说下雨，常常会发生泥石流。奇怪了，三十年五十年前哪有那么多泥石流，怎么突然几十年后都蹦出来了？都是现在的人做了某些事，才会产生这些现象。因为滥砍滥伐，本来这些大树可以抓住那些土壤，结果你把它砍了，土壤都松动了，一下雨，下得太大就会造成泥石流。所以现在所谓的天灾，其实你细细去思考，多是人为造成的。

这个树有很大的树荫，让阳光不会直接照射土地，所以温度调节得很好。所以一个都市里面树木愈多，气温就愈稳定。假如树都砍光了，这个都市被阳光直接照射，温度就怎么样？特别高。人在这样的环境居住，身体都会受伤害。所以树时时调节我们环境的温度。人类又会排放一些一氧化碳、二氧化碳，还有一些脏空气，都必须通过植物来把它吸收、转化，结果现在把树砍光了，这些不好的空气就一直在空气层凝聚。当二氧化碳等温室气体过多就会形成温室效应，所以地球的温度愈来愈高，造成全球性的气候异常，热带地区还下雪。这些现象是天灾吗？是不是天灾？不是。所以人要好好思考，我们跟大自然是共存的，保护它们就可以共存共荣，假如伤害它们，绝对是两败俱伤。

所以老祖宗才期许我们要做天地人三才。有一个数字提到，在一万年前，每一百年有一种物种消失；一千年前，每十年有一种物种消失；一百年前，每一年有一种物种消失；二十年前，每一年有五百种物种消失；五年前，每一年有一万种物种消失。我们看看这个数字，触目惊心，短短几十年，万物濒临浩劫，快速灭绝。谁的杰作？人类。所以当地球上有一种动物灭绝，其他的动物会开party，会开庆祝会，连开七天七夜不睡觉，哪一个物种？人类。所以确确实实人类到了应该好好省思的时候。

掠夺了这么多动物、植物的生存空间，人类好像愈来愈强大了，等整个地球破坏了，不能生存了，人类会怎么样？所以人不可以短视近利，一定要从对人的关怀，再扩展到对一切万物的尊重。而当我们懂得对万物尊重，也教给我们的下一代懂得尊重所有的生命，也长养了孩子的仁慈之心。而当下一代有仁慈之心，谁受益最大？当然是他的父母和家庭。所以人要明理，不明理可能会做出很多让自己一生后悔的事情，所以要“泛爱众”。

我们接着看经文，我们先念一段：“凡是人，皆须爱，天同覆，地同载。”我们都生存在同一个地球，同一个天地之间，休戚与共。有一个老师跟我说：“能够爱护所有的万物，就是力行孝悌之道。”他接着又说：“天为父，地为母，每个人都是大地的子女，都是大地长养我们。假如今天没有大地，我们吃什么？因为大地长养我们，我们念这个恩德。地为母亲，而母亲所长养出来的所有万物都是兄弟姐妹。所以我们不应该去残害动物，否则就没有孝悌的态度。”这位老师把他的心量扩得很宽。也确实大地为母，我们人类不懂得尊重动物，整个家庭气氛就会变得非常混乱。你看这么多的动物在灭绝，当这些动物看到人类的时候马上就跑掉了。因为天上飞的、地下爬的、水里游的，人类都会拿来吃，这口腹之欲要节制，不然不知道会荼毒多少生灵！很多动物都是被人吃灭绝了。所以“天同覆，地同载”。

战国时代有一个名相叫孙叔敖，他也是相当有德行，刚好有一天他在外面做事，看到了一条两头蛇，因为在他们乡里谣传只要看到两头蛇的人都活不了，可能就会有厄运降临。所以他看到以后，马上拿起棍子把这个双头蛇打死，打死后把它埋好，就哭哭啼啼回家去了。母亲一看就问他：“你在哭什么？”孙叔敖就说：“我不能奉养您老人家了，因为我看到双头蛇，命可能保不住了。”你看孙叔敖小小年纪看到双头蛇，没有想到自己的命要结束了，而是想到什么？把它埋好，不要让其他的人再看到。而且哭哭啼啼回去，为什么伤心？是怕自己不能奉养母亲。所以他的母亲听完也很欣慰，看到孩子确实蛮能替人着想，就说：“你不用担心，你有这样的善心，往后一定会很有福分。”后来孙叔敖长大，做了楚国的宰相，确实也很有成就。所以善有善报，有这颗善心一定可以感来福分。“凡是人”要“皆须爱”。

我们接着看下一句经文：“行高者，名自高，人所重，非貌高。才大者，望自大，人所服，非言大。”

“行高者，名自高，人所重，非貌高”。一个有德行的人，自然而然他的名声会传递开来，是不是坐着宣传车去讲的？绝对不是，因为德风会吹出去，所以孔老夫子在《论语》里也提到“君子之德风，小人之德草，草上之风，必偃”。这个“小人”是指一般的平民老百姓；这个“偃”是指草低下身来。“草上之风，必偃”，说明这德风一吹过去，这些平民老百姓都会受到教化，都会跟着学习、效法。当然最重要的是，有德行的人一定要有真实的道德学问，自然而然会达到“桃李不言，下自成蹊”的效果。所以孔夫子当时在讲学方面也是声名远扬，各国很多读书人都要来跟夫子学习。

诸位朋友，孔夫子时时刻刻在想着哪些事？我们又时时在想着什么事？因为“相由心生”，心所想一定会体现在做人处世的日常生活中。当我们可以理解到，圣贤人的所想跟我们之间的距离有多大，我们就知道如何赶上来，“纵去远，以渐跻”。诸位朋友，我们平常都想什么？有没有想股票是要上还是要下？还是在担心儿子这一次数学会考得怎么样？

孔夫子在《论语》里面提到，他每天所忧虑的四件事是“德之不修，学之不讲，闻义不能徙，不善不能改”。夫子每天非常积极地修养自己的德行，他担忧的是一天空过，德之不修；学之不讲，自己有所领会的这些道理，一定要把它讲出来，让更多的人受益，让更多人的慧命得以长养；闻义不能徙，只要知道正义的事，一定当仁不让去做；不善不能改，时时想着自己还有哪些缺点要赶快修正，不能懈怠。所以夫子有这样的存心，他的德行，他对人群的贡献，自然而然愈来愈大，自然而然赢得所有平民百姓对他的尊敬与爱戴。所以“行高者，名自高，人所重，非貌高”，不是因为他长得很帅，不是因为容貌，容貌不可能让一个人打从心里佩服，那是不可能的。

下一句“才大者，望自大，人所服，非言大”。一个真正有才华的人，他的声望也会自然而然传扬开来；“人所服，非言大”，一个人绝对不是自己在那里夸大，在那里炫耀，而是因为才华让人家打从心里佩服。而这个“才”都是建立在一个基础上，哪个基础？德行。假如有才无德，能不能让人家佩服？不行。所以这一句的前面是讲到行高者，一定要有德行。由于他有德行，他的才华都是从一个目的出发，能够利益家庭、利益社会，所以他这些才华一定会让人佩服、让人受益，大家会对他很服气。一个人的才华不是只为了一己之利，那不可能赢得他人的尊重。

我们往往看到很多人才华很好，都会心生羡慕。可能孩子也会这样想：“怎么这么厉害！这个字怎么写这么好！”歌怎么唱那么好！能够把字写得很好是结果，原因在哪里？我们要进一步引导小朋友，不能只羡慕他人，要看到他这么好本事的背后不是一蹴而就。“若要功夫深，铁杵磨成绣花针”，所有的本事绝不是从天上掉下来的，要培养孩子这样正确的态度，绝对是有恒为成功之本。

我曾经有一位老师的书法写得很好，我们很羡慕。老师写了多久？已经四十一年了，从五岁开始写书法。老师说她以前练书法，一天都是练一叠纸，都是这样一点一滴磨炼出来，现在才能拿起笔来随心所欲不逾矩。所以凡事确实都要用心、有付出，加上恒心，再加上有一颗为人服务的心，才华才能不断地向上、不断地突破。所以老师现在写很多字帖，都要出书，要挂到网上，然后写着“欢迎翻印，功德无量”。

这位老师有很好的家庭，因为老师的父亲就是书法家。而她的父亲是二十七岁才开始学书法，所以父亲成为老师一个很好的榜样，只要好学都不会嫌晚。诸位朋友，听完有没有想要拿起笔来练书法？有父亲这么好的榜样，有这么好的家庭成就了她的才华。所以要取之社会，用之社会，不能白来这一遭。“才大者，望自大，人所服，非言大。”

我们看下一句经文，我们把它念一遍：“已有能，勿自私，人所能，勿轻訾。勿谄富，勿骄贫；勿厌故，勿喜新。人不闲，勿事搅；人不安，勿话扰。”

我们看第一句“已有能，勿自私”。自己有才华能力，只要帮得上别人，不要自私，不要不伸出援手。这一点我的感受就很深，因为我在补习班那一段时间，只要有同学来问我问题，我一定尽心尽力帮他。

而当一个人用能力去帮助别人，已经把三种布施都修了，我们知道天地之间，你要如理如法去求都会有求必应。所以世间人喜欢财，但是却不知要种什么因才能有财富。世间人也想要聪明智慧，那因在哪里？因在法布施。世间人希望健康长寿，但是要先种什么因？无畏布施，时时去减少他人，甚至减少众生的苦痛，自然而然就做到上天有好生之德，时时都能够去关怀别人的痛苦，他就能够得到健康长寿的果报。

当一个人去教导别人，把他的经验告诉别人，是用劳力、用经验，所以就做到了内财布施。再者，因为在指导别人的过程中，自己也做了法布施，所以聪明智慧会日渐增长。因为你告诉他这些方法，往后他可以用在他的工作、他的家庭生活，那他就不会因为没学到一些好方法而搞得手忙脚乱。他假如没本事，可能常常要担心自己没有好的收入，那他的妻子、儿女心里都没有安全感，常常担惊受怕。而当我们把这些做人做事的道理给予了他，他有所成长，就能够稳固一个家庭，所以这也属于无畏布施。

其实一个人做法布施的时候，同时具足三种布施。而且做法布施是根本解决一个人的问题，我们之前也提到“救急不救贫”，你可以帮助他一时，但是假如他思想观念没变，可能你愈帮他，他愈依赖，那可能就有副作用。所以最根本地帮助一个人，还是要让他接受正确的教育，从思想观念去改正，才能解决根本问题。所以我们也要告诉孩子，“己有能，勿自私”，量大福才会大。

我们有一位老师，从小就很会帮父母做家事，弟弟妹妹也是他在照顾，看起来好像很辛劳，但是后来他念小学、初中、高中，念到大学，他没想要去当干部、当领导，但是往往机会都会到他的面前来。像在大学，学生会主席这些工作都抛给他，因为从小做事磨炼，所以他办事能力特别强。不想要名，名也到眼前来。当孩子愿意接受很多工作，很多磨炼，这些付出都不可能白费，都培养了他这些本事。刚好有一次，这些老师一起在包饺子，结果有一位老师看着这个崔老师，很惊讶，他说："我包一个饺子，他已经包了五六个饺子。"因为从小做事很多，所以工作效率就特别高。所以人不要怕付出，不要怕吃苦，因为到头来谁得的利益最大？自己。所以"己有能，勿自私"。

"人所能，勿轻訾"。当我们看到别人很有才华、很有能力，不可以轻视他，不可以诋毁他，这样对自己很不好。当一个人嫉妒心起来了，德行就下去了。当嫉妒心起来，我们做人的善良就会被它控制了，那你每天可能都郁郁寡欢。何不放开心量，做到"道人善，即是善，人知之，愈思勉"？以前读书人都抱持着英雄惜英雄的态度，因为难得有好的人才出来利益社会。而成事不易，要把很多好事办起来，容不容易？不容易！我们应该成人之美，有多少能力就要尽心尽力帮他，一起把好事做起来。

所以当我们处在群体中，很可能都要面对大众的事情，假如没把事情做好，很可能受影响的不是一个人，不是一个家，而是什么？很多人。所以我们有机会替众人服务，不能起嫉妒心。因为嫉妒心不只障碍自己，还有可能把众人的事搞砸了，所以我们应该抱持着"不求有功，但求无过"的心态做事。团体中要能随喜别人的善行，要能成就别人的善事，用这样的心胸去做，去成就他，那我们跟他的功德也是无二无别。

"勿谄富，勿骄贫"，不要谄媚。对于有钱人，我们不需要去谄媚；对于贫穷的人，我们也不应该骄傲、瞧不起。子路曾经问孔夫子："贫而无谄，富而无骄，何如？"就是问夫子，贫穷的人不会去谄媚有钱人，有钱人也不要骄傲，这样算不算有修养？夫子说还行，但是应该再上一层，要能够"贫而乐，富而好礼"。就是纵使贫穷，也不去谄媚，他清楚为什么现在贫穷，应该好好再种富有的因，种财布施，之后自然就能够命由我作。读书人明理，所以他可以贫而乐，可以乐得做君子。富而好礼，就是一个人纵使有很多财富，但他还是谦恭有礼，不会因为有钱就对人的态度产生一百八十度大转变，不会这样；而好礼，也当然懂得救济一些贫苦之人。所以我们不管处于富处于贫，其实都可以心安理得去生活。

《朱子治家格言》里面有句话说“见富贵而生谄容者”，看到有钱人就巴结的人，“最可耻”，最让人家看了怎么样？很不舒服，真是丢脸！“遇贫穷”，看到穷人，“而作骄态者，贱莫甚”，看到贫穷的人就摆一副很了不得的样子，去欺压别人，那是“贱莫甚”。虽然他有钱，但是他的行为并不高尚，而是很卑下的。

很有意思，我给我的学生念这篇《朱子治家格言》，所有的句子他们都念得很平常，但是只要念到这两句都会慷慨激昂。“见富贵而生谄容者，最可耻！遇贫穷而作骄态者，贱莫甚！”当他们念得这么大声，相信在他们的心中一定留下深刻印象，往后为人处世，应该就会遵循这个教诲，不至于去瞧不起穷人，去巴结有钱人。而说实在的，巴结有钱人，人家未必会接受，因为当他有见地，你这些面谀之词、这些谄媚，反而让他瞧不起你。

好，这节课我们先上到这里，谢谢大家。

第三十六讲　能为对方着想便是仁道

诸位朋友，大家好！我们已经讲到“泛爱众”，广泛爱众人，爱众物、众生。繁体字“愛”是会意字，就是要能用心去感受对方的需要，用心去体会对方的感受，这样人与人的相处就能够很和睦、和乐，不至于常常出现冲突跟纷争。孟子说“天时不如地利，地利不如人和”，所以天时、地利、人和哪个最重要？人和。与人相处得好，才能人和。那如何赢得人和？当然在生活中，在待人接物中，我们要落实《弟子规》中的教诲，《弟子规》提到“己有能，勿自私”，如果你能做到，那你就会得到人和。

孟夫子接着又说“得道者多助，失道者寡助”。得道者能够获得很多帮助，失道者就很少有人会帮助他。诸位朋友，这个“道”是指什么？《中庸》里提到“修身以道，修道以仁”，所以道就代表仁慈之心。当一个人处处能为人着想，就已经在仁道之中。所以得道者代表他存心能为对方着想，那失道者都是自私自利，没有去感受到别人的情绪，没有去看到别人的需要，只有自己。长期下来，必然因为存心的不同而有截然不同的结果，所以得道者必多助，失道者必寡助。“寡助之至，亲戚叛之”，自私到了极点，连亲朋好友都离你而去，所谓众叛亲离。“多助之至，天下顺之”，假如处处替人着想，行的都是仁道，那天下的人都会感你的仁慈之心，希望能够跟随着你一起打拼，一起有更美好的生活。

周文王正是以仁慈之心赢得民心。有一次在工地，有人挖到了一些白骨，就放在旁边，被周文王看到了。周文王诚惶诚恐，马上对这些骨头祭祀后隆重地埋好。旁边的人看了很感动，说：“文王对死人都不敢轻慢，都这么恭敬，想必对于活着的人会尽心关怀，爱民如子。”

所以周朝很快以仁慈之心统一了天下，而且开创了中国历史上最长的一个盛世，绵延了八百年之久。那我们来看看如何得道多助？《弟子规》“泛爱众”的教诲事实上也环绕在一个“仁”字。

我们来看看以下句子：“已有能，勿自私。”就是教育大家为别人尽心尽力提供服务。宋朝宰相范仲淹小时候遇到一个算命先生，他走过去跟这位先生说：“你可不可以帮我看看，我能不能当宰相？”算命先生听了很惊讶，说：“你这个孩子小小年纪，口气挺大的。”算命先生这么一讲，范仲淹有点不好意思，头低了下来，接着又说：“不然这样好了，你再看看我能不能当医生？”算命先生也有点奇怪，一开始是说能不能当宰相，现在居然降到当个医生，于是就问他：“为什么你两个愿望差那么大？”范仲淹说：“因为唯有良相跟良医可以真正救人。一个好的宰相把国家的政策调控好，可以帮助千千万万的人民，而医生尽心尽力，也可以让人从病苦中脱离。”算命先生看他小小年纪处处立的志向不为自己，而是为了帮助他人，心里很感动，马上跟范仲淹说：“你有这颗心，一定可以当宰相，这才是真正的宰相之心。”

诸位朋友，范仲淹这么小就立志要当宰相，那当他在念书的时候，他要念出什么？念出治国平天下。其他一般的读书人要念出什么？功名利禄。请问念出来的味道是否一样？见地是否一样？所以诸位朋友，要让孩子早立志，目标一确定就可以全力以赴。而且得道者多助，当你的孩子确实发了这种利益社会的心，在他成长的过程中可能就会有很多贵人相助。

范仲淹在当官的过程中，他的亲族三百多个人都是他在照顾，他还筹建了很多义田，让他们来耕作，这样就可以生活无忧。只要看到亲朋好友婚嫁丧葬有困难，他都会慷慨解囊。有舍有得，得了什么？范仲淹的家族绵延八百多年不衰，孔老夫子两千多年不衰，因为他们都是用真诚心为社会付出。

范仲淹除了在经济方面尽心尽力帮助族人之外，他还盖学校，兴义学，让更多孩子能够得到圣贤教诲，进而可以报效国家。范仲淹办的那个学校，到清朝考上的进士有数百个，状元就有好几十个，现在也是当地很有名的高中。所以“己有能，勿自私”，自然就能天下归心。而范仲淹这样的德行必然让他的后代子子孙孙得到庇荫。

“人所能，勿轻訾”。当我们看到别人有能力就嫉妒毁谤，很有可能好事都被障碍了。而当这件事是众人之事，那我们的过恶就很大，因为障碍了一群人。所以我们应该扩宽心量，随喜他人的才华、能力，一同把好事办好。

“勿谄富，勿骄贫”。有一颗仁慈之心就不会轻慢他人，当然也不会去谄媚别人。一次各省的电讯招商会在某个城市举办，这个城市很有钱，但在接待客人时用心不一样，一些比较有钱的省份，吃的跟住的比较好；一些比较偏远的，可能经济实力没那么雄厚的省份，就吃差一点的。这就是“谄富”，没有以平等心去对待他人，也没有仁慈之心。那些被“特殊”对待的朋友了解实情后，很不高兴，愤愤不平，怎么可以瞧不起我！广东人特别聪明，也很会做生意，马上安抚这些情绪比较不好的人，安排他们到好的旅馆去住，后来那一次招商会谁招到的生意最多？很明显嘛。

当人都是用金钱去与人交往，这样的情谊稳不稳固？不稳固。你看企业常常在那里挖墙脚，用钱挖来的人，改天又怎么样？被钱挖回去。所以最重要的还是要用道义、用信义相交。古代一些名臣将相不是用钱请来的。当年商汤发现夏朝有一位很有贤德的人士，叫伊尹，所以就拿着很多黄金、很多昂贵的衣服去请伊尹。伊尹神态自若，说道：“我岂是这些东西请得动的。”商汤也很有心，屡次去拜请，希望他能出来帮助自己。后来伊尹被他的诚心感动，也了解到商汤确有救国之心。那时候商汤不是要打夏桀，是请伊尹来帮助夏桀，九次把伊尹介绍给夏桀，但是夏桀已经沉溺于女色，沉溺于酒池肉林，所以伊尹的话都没有听进去。

后来商汤不得已，因为夏桀的暴政已经闹得民不聊生了。所以商汤就对天立誓，是要吊民伐罪，不得已才发动战事。也因为赢得民心很快就把夏桀打败，之后把夏桀的亲人、后代安顿好，赐给他们封地。所以我们看古代这些仁君万不得已不动杀戮，也不伤害无辜的人。而伊尹后来出来帮助商汤，诸位朋友，难道是为了商汤而已吗？他是为了天下苍生。所以我们还是要以道义来待人，所谓得民心者得天下，不是用钱去跟人家打好关系。

对于贫穷的人我们也不能骄傲、不能轻视。所谓“十年河东，十年河西”，人生都有起起伏伏，我们不能在别人困顿的时候还落井下石，那就没有顺道而行，那就会“失道者寡助，寡助之至，亲戚叛之”，人生可不要搞到这般下场，到时就后悔莫及。

“勿厌故，勿喜新”，意思就是不要喜新厌旧。当我们看到喜新厌旧的人，你会怎么样？可能会摇摇头，感慨“世风日下，人心不古”。这个“古”，是古朴，非常老实，待人厚道，这是古代的人心。俗话说“朋友还是老的好”，因为相处过程中彼此都有付出，都有恩义、情义，还有道义。我讲到这里不由得想到之前讲到的宋弘，虽然有机会可以当光武帝的姐夫，但是他不为所动，还讲了两句话给皇帝听，“贫贱之交不可忘，糟糠之妻不下堂”。

所以古代的人确确实实把信义、道义看得比生命还重。纵使刀架在脖子上了，叫他违背道义，他也宁死不屈。像文天祥，他最后就是从容就义。他在监狱里面写道：“鼎镬甘如饴。”对于这些刑具他完全不惧怕。这种浩然之气，影响了数百年的读书人，也影响到现在的我们。

汉朝有个读书人叫荀巨伯，他去看望他一个朋友。古人去探望朋友，一般都要跋山涉水，翻山越岭，走很长时间。他到了之后，发现他朋友生病了，于是就留下来照顾他的朋友。刚好那个郡有盗贼侵入，烧杀掳掠，所有的人都赶快逃命。他的朋友病重，动作不方便，就跟他说：“你赶快走，我已经走不动了，不要让他们伤害到你。”结果荀巨伯就说：“我假如走了，就没有道义，所以我宁死也不走。”等盗贼进来，荀巨伯就迎上去对他们说：“我朋友已经病重了，你们不要再伤害他，你们要伤害就伤害我好了。”盗贼听了很感动，盗贼头目就说：“我们这些人都是无义之人，怎么可以来抢这个有道义的地方？”盗贼就都撤走了。

所以一个人的道义，一个人的真心，可以唤醒他人的道义之心。历史上这样的好戏很多，最近这几十年有没有上演？有！但比较少。这也不能怪我们，“人不学，不知义”，圣贤教诲已经断了两到三代。古代人是可以念念为别人，现在的人头一个念头大多是为自己。愈为自己，人生的路愈狭窄，而当你有一个仁慈之心，路会愈走愈广。所以对于朋友、对于妻子我们都应该“勿厌故，勿喜新”。

我记得在好多年前，我跟我一个初中的朋友借钱，跟他借了几万块钱。他把钱拿给我后就走了，什么也没问。后来我就问他：“你为什么没有问我要干什么？”他说：“认识这么久了，有什么好问的。”这也流露出对我的性格，对我做人的态度，他非常了解也非常信任，所以不用说太多，就可以心心相知相印。

那如何从根本解决一个人喜新厌旧的习性？喜新厌旧就是不念旧，忘本，是吧？那怎么从根本解决？我们的课程有没有解决这个问题？那我请教诸位朋友，为什么现在离婚率这么高？

我讲课经常会讲到一个例子。有一位男士追求一位女士，追求了她三年，三年如一日，几乎是有求必应。晚上这位女士肚子饿了，打通电话给他，他会二话不说，马上买上小吃，赶快送到她家，吃完还会问她：“够不够？不够我再去买。”平常一放假，就赶快打听哪个饭店菜特别好吃，订好位子请她去吃。礼拜天早上，平常都睡到八九点，跟她交往时五六点就起来陪她爬山。但是却从来没陪过父母爬山，也从来没请过父母吃饭。三年后他跟她求婚，刚好这个女士的一个长辈是这个男士的邻居，知道他对父母不孝敬，就跟这个女士讲："他对父母不敬，你自己要考虑清楚。"

我们要了解一个重点，当一个人没有孝，他会忘本，他会没有情义、没有道义、没有恩义。父母对他而言是最大恩德的人，他都生不起这样的态度，那他为什么对这个女士这么好？所以人要冷静一点。当他的人生价值观好的没有长，会长什么？你说好的没长，坏的也没长，有这档子事吗？学如逆水行舟，不是进，铁定退。所以当情义、恩义没有建立起来，就会形成另外一个人生态度，叫利害。

诸位朋友，为什么现在人与人交往都觉得关系很不稳定？正是因为现在人跟人关系建立在利害的基础上，常常都交往了很多年，都感觉不到有一份很深的情谊。所以现在很多人谈恋爱，谈了好多年都不敢结婚，总觉得好像不怎么踏实，我们女性又很强调第六感。

有了利害的人生态度，他做事的标准就是利害，当看到对方年轻貌美，又在某某小学当老师，工作又稳定，有利可图，则必然全力以赴。等追到了，结了婚，三年后，你也帮他生了一个儿子，长得也白白胖胖的。但是因为生了孩子以后很辛劳，母亲要照顾孩子，日也照顾，夜也照顾，所以长了几条皱纹，没有以前那么年轻貌美。突然他在外面又看到一个更年轻貌美的，这个时候你从利变成害。害要怎么办？除掉！

所以你看，没有道义就会做出很薄情的事情。这个动作一做，悲剧就发生了，离婚率上升了。离婚率一上升，孩子因缺乏稳定的家庭照顾，犯罪率就上升了。所以是牵一发而动全身。每一对夫妻就是社会重要的细胞，夫妻关系不稳固，整个社会必然动乱。

那要让人不薄情，不厌故，不喜新，从哪里教起？所谓“往者已矣，来者可追”，现在的小孩一定要教。大人呢？要教，但是教的方法不一样，小孩还可以用说的，大人要怎么样？要用做的，要用德行来感化他。

当一个人很厚道，不只会对人念恩念情，甚至于对物也会很有感情。比方说这个衣服是母亲亲手帮自己织的，因为对父母有情义，所以看到这件衣服一定会非常爱惜，很可能一件衣服穿多少年？几十年。当他能够体谅别人的辛劳，所有亲人买给他的东西，他不会糟蹋，因为他那份孝、那份恭敬已经成了他的存心。可见，对事对物的恭敬，必然是建立在对人的恭敬之上。所以从根本来讲，还是要教孩子懂得珍惜情义、珍惜恩义。

“人不闲，勿事搅；人不安，勿话扰。”仁慈之心是处处都在体现，不是挂在嘴上说：“我对人很好，我很有仁慈之心。”但是可能他人跟我们相处都会觉得很难受，这个时候我们要好好反省反省到底问题出在哪里。为什么我有这样的体会？小学毕业的时候，同学跟同学之间都会写一本纪念册，我也给每一个同学发一张，结果收回来一看，很多人都写到我“太热心”，热心就好了，前面还加一个“太”。的确，很好心有可能给别人造成压力。所以“人不闲，勿事搅”，纵使你要把很多好的东西给他，也要看看他方不方便、有没有空。

当我们打电话给朋友，不能噼里啪啦就一直讲，一定要先问一句：“请问你现在方便说话吗？”当对方听到我们这样的言语，他的内心也会觉得很舒服，如果他真有事，他也会很自然地告诉你：“我现在刚好有事，要不你什么时候再打过来？”所以礼貌处处体现在生活中，是人与人之间很优美的距离，有礼就不容易发生尴尬、发生摩擦。除了打电话过去要先问别人是否方便之外，平常吃饭时间尽量也不要打。不然他刚吃一半，你又噼里啪啦一直讲，他到底是要拒绝你还是不吃饭？所以打电话也要处处替对方着想。除了三餐进食时间不要打电话之外，晚上太晚也不要打电话，不然很可能影响到一个家庭的睡眠、作息。

除了打电话之外，当我们要去跟别人商量事情，也要先观察一下对方是不是在忙，等他不忙了，我们再去找他，去跟他讨论。你看很多小孩子，他一想到什么，不管三七二十一，马上拉着大人的衣服在那里噼里啪啦讲，有时候妈妈正在炒菜，他也不管。这个时候都要进行机会教育。不只小孩，大人也需要。朋友之间互相提醒一下，我们就会提得起这种态度。当然我们提醒大人的时候一定要记住“怡吾色，柔吾声”，保持笑容。纵使是劝他不要抽烟，也要灵活变通：“先生，对不起，我有气喘。”

“人不安，勿话扰”。当一个人情绪很不好的时候，他会想静一下。这个时候你就不要过去跟他啰里啰唆的，我们要学会察言观色。

但是假如我们的亲人情绪跌到了谷底，甚至于还有可能想要了结生命，这时候我们也不能不闻不问，对不对？有时候很多人做出不可挽回的事，都只是一个念头没转过来，这种情况我们也不得不防。这个时候你就端一杯热茶，然后走进他的房间，眼睛不要看他，轻轻地把热茶放在他的桌上，再缓缓地退出房间。你这样做，让他感觉到还有人在关心他。当他一口气真的撑不住的时候，他会去找谁？一定会去找你好好宣泄一下。人只要感受到有人在关怀他，就不会走上绝路。

我们接着看下一句经文：“人有短，切莫揭；人有私，切莫说。道人善，即是善，人知之，愈思勉。扬人恶，即是恶，疾之甚，祸且作。善相劝，德皆建；过不规，道两亏。”

仁慈之心还要落实在言谈中。诸位朋友，课上到目前为止，《弟子规》里面谈到言语的经文多不多？很多。所以说话要不要学？要。“言语”在孔门四科中排在“德行”之后，所以从小孩子讲话的分寸，我们就要多加调教。

“人有短，切莫揭；人有私，切莫说”，当我们有短有私，希不希望别人到处宣扬？不希望。我们不希望别人如此，“己所不欲，勿施于人”，我们也不应该这么做。

之前经文也提到“见人恶，即内省，有则改，无加警”，所以纵使见到别人不好的地方，我们也应该拿来反省自己。之前也提到，有一位朋友说他实在没有办法看到自己的过失，师长教他一个方法，看到太太不好，就想到都是我不好，因为我做得不够好，没让她感动得痛哭流涕；看到儿子不好，就是我教得不够认真；社会很乱，就是我不好，没有捡垃圾给他看，没有扶着老人给他看。处处见人的恶都当作是自己的恶、自己没尽好本分，就会努力去修身。只要转到这样的态度上，可以修身、齐家、治国、平天下。

我们中心的老师，还特别写了一篇文章叫《捡垃圾》，捡垃圾的故事很多，不要小看捡垃圾这个动作。我们中心的老师有一次去爬长城，走在路上，很自然地一路捡垃圾。有个外国人对着我们把这个捡的动作拍下来。为什么他们要拍？难得！

又有一次我跟一位李老师在路上走，后面还有两位老师。我跟李老师一路捡着垃圾。捡的过程中，迎面来了很多初中生，他们都是边吃边丢。后来看到我们在捡，他们就愣住了。当我们走过去，其中有一个初中生就说：“少见，难得。”后面的两位老师也很有教育敏感度，马上就跟他说：“既然少见，既然难得，那你们都一起来捡，那不就不少见、不难得了吗？”这个初中生说：“有道理。”结果他就弯下身来捡起了一个垃圾。可见，我们能“行为世范”，就能唤醒大家的一份善心，一份对家庭、对社会的责任心。

所以见人的恶不要放在心上，要念念想着如何当好榜样去影响他们，不可以把人家的过失到处宣扬，这样很不好。别人错，我们也把它当对的；我们对，也要当错的。别人错为什么对？他没有读《弟子规》，所以才会做错事，“人不学，不知道”。他演出了社会的需要给我们看，我们要赶快尽心尽力去做、去当榜样。为什么我们对也是错的？你常常在那边说：“我对，你错。”这是在制造对立，制造高下。有没有发现很多人常常都说：“我对，你是错的。”这样的人人缘会怎么样？理直气壮压人，不对；应该理直气和，以和为贵，这样才正确。当人能够心气和平，就能够去感染别人，他也会觉得跟你相处、学习，感觉很好。而且说实在的，光找自己的缺点就已经够我们忙的，因为找出来的缺点还没有改过来，突然新的又产生了，所以“若真修道人，不见世间过”。

这节课先讲到这里，谢谢大家。

第三十七讲　公婆爱媳，人子顺亲

诸位朋友，大家好！我们看下一句经文："道人善，即是善，人知之，愈思勉。"当听到很多善人的行持，善人的风范，每个人心中都会生起效法之心，绝对会这样，因为"人之初，性本善"。所以这个"道人善"很好，因为会让更多的人得利益。现在卢叔叔的名字已经传到全中国去了，这也是我落实《弟子规》中"道人善，即是善，人知之，愈思勉"的结果。我们要非常用心地把一些人好的风范记在脑子里，随时都可以告诉别人，让他们都可以得到一个效法的对象，甚至于从中找到一些很好的方法。

"扬人恶，即是恶，疾之甚，祸且作"。当我们去宣扬别人的过失，对方假如知道了，可能会非常难受，所谓"背后之议，受撼者，常若刻骨"，你批评他的一些不好的言语，对他而言就好像刻入骨头里面去了，时时想着报复你。所以不要去"扬人恶"，可能会给自己树立敌人。十个朋友不嫌多，一个敌人就可以把你烦死了。别人有善我们不称扬，有一点小恶马上就到处传，这样不只折损了自己的福分，而且有更大的过恶，会影响团体跟社会的风气，人与人将会纷争不断。所以言语不可不慎。

"善相劝，德皆建；过不规，道两亏"。"善"必须先分辨真善、假善，当你判断正确才能够去劝，不然到时候是非都没分清楚，那就不见得能利益到他人。古代人面对别人善的劝告，或者听到善的言语行为，他们是什么样的态度？孔子赞叹颜渊"得一善则拳拳服膺而弗失之矣"，颜渊只要听到一个善，时时刻刻放在心中，一定会去落实。所以只要提到贤德，孔子都会直接说到"有颜回者好学"。对于颜渊这个学生，夫子非常欢喜，他的学习非常扎实，老师说过的话、说过的善，他都会时时刻刻不忘去实践。当我们有这样学习善的态度，自然就能够“德皆建”。

古代所有当官的，我们都称其为“父母官”，为什么叫父母官？比方说一个县令，他与人民沟通很密切，而且整个县的教育方针、教育内容都是由他在负责，他也有责任把他这一县的人民教育好，做到“爱民如子”，所以被称为父母官。

隋朝有一个读书人叫辛公义。诸位朋友，他的名字好不好？他取这个名字，不可能作奸犯科，因为每天人家都喊他公义，他一定全身都是浩然正气。他曾经到岷州当刺史，岷州就是现在的甘肃。当地有一个风俗，就是只要家里有人染上疫病，就把他抛弃，让他自生自灭。他觉得这种风俗太坏了，孝跟义全丧失了。所以他就主动把那些被丢在路旁的病人，统统接到他的衙门来照顾，也找了很多医生来治疗。等到这些病人恢复健康了，再请他们的家人来接回去，并跟那些家人说：“我跟你爸爸都相处这么久，你看我也没病。”那些做子女的就会觉得很惭愧。他正是以德来唤醒人民的惭愧心，把当地毫无孝义的风气整个扭转过来了。所以当地的人都称他为“慈母”，把他当母亲一样看待。

辛公义不只挽救了百姓的生命，还唤醒了每一个人的良心。人的良心丧失了，纵使还有命在，也是行尸走肉。所以古代的人宁可死也不愿意违背道义。在我们的课程中也举了不少例子，像之前提到一个孩子叫庾衮，不愿意抛弃他的哥哥，村落所有的人都离开了，他却独自留下来照顾哥哥。吉人天相，后来哥哥身体好了，这确实是“精诚所至，金石为开”。

“过不规，道两亏”。假如该规劝的时候不规劝，那我们就失德了。比方说当朋友、先生、儿子的本分没有尽到，我们要进行规劝。规劝要抓对时机，还要有正确的方式态度，我们之前也已经很深入地探讨过，在这里我就不再多说。当我们都可以做到“人有短，切莫揭；人有私，切莫说”，社会就能形成一个很祥和的风气，进而能“道人善，即是善，人知之，愈思勉”。一个团体假如非常和睦，则一定会非常兴旺。所以我们要以和为贵，该规劝的时候要“规过于私室”，要顾及他人的面子。

我们接下来看下一句经文，一起把它读一遍：“凡取与，贵分晓，与宜多，取宜少。将加人，先问己，己不欲，即速已。恩欲报，怨欲忘；报怨短，报恩长。”

“凡取与，贵分晓”。比方说家里分东西，我们也要视情况而定。当对方比较困难，我们应该多给，自己少拿。当人有这种礼让的态度出来，那家庭成员之间就会处处体谅，处处相让，而不会处处相争。当家庭一团和气，确实整个家族都会兴旺。但是如果相互争夺，因为分配不均而闹上法院，可能都不会有好的结局，甚至于会有坏的榜样留给子孙，到时候纵有家财万贯也会败丧。所以能让，我们就去让。周朝也因为泰伯跟仲雍把天下让给了弟弟，让给了自己的侄子，才打造了周朝八百年的盛世，也让全国人民起而效法孝悌的精神。

有些人很怕让，觉得让了自己就没了。人不能只看眼前，当你让了，成全了德行，成全了家庭的和睦，也积累了自己的福分。当你有这么多的福分，往后自然就会有回报，“天道无亲，常与善人”，这是亘古不变的道理。所以人不能随顺烦恼，不能随顺自己的习性，要随顺天理、随顺人心去做。

“将加人，先问己，己不欲，即速已”。我们不愿意别人批评我们、侮辱我们，或者伤害我们，那人同此心，心同此理，我们也不应该去伤害、批评、指责他人，要用心去体谅别人。

乾隆皇帝作过这样一副对联，“愿天下翁姑舍三分爱女之情而爱媳，望世间人子以七分顺妻之意而顺亲”。这副对联很有人生的哲理。我们看上联，“翁姑”是指公公婆婆，自古有一个比较难解开的矛盾，叫“婆媳之争”。这个婆媳之争是因为婆婆没有读过《弟子规》，“将加人，先问己”，媳妇也是别人的女儿。婆婆用三分爱女儿的心思对媳妇，就不会跟媳妇有冲突。其实人真的是很奇怪，比方说先生很懒惰，不做家事也不帮忙，太太很生气。但是她跟她儿子说：“你只要把书念好就好了，其他的你什么都不用管。”她是在养一个会让另外一个女人气死的男人，她没有做到“将加人，先问己”。那很多婆婆为什么对媳妇比较严苛？可能过去婆婆也对她不好。“己所不欲，勿施于人”，我们曾经穷过，看到穷人要倍加关怀才对！

下联，“望世间人子以七分顺妻之意而顺亲”。有一些男人娶了老婆，全听老婆的，这个态度恐怕有失理智，因为太亲了，做法的利弊得失很可能都看不清楚。假如听了老婆的话疏远了父母，那他的败相已露。因为他的孩子学不到孝道，那他这一生再怎么努力，到最后都可能是白忙一场。所以不要用感情来经营人生，要用什么？要用理智来经营。

现在很流行说什么IQ、什么EQ、什么AQ，还有HQ。外国的东西，就是把简单的东西复杂化。什么是EQ？ EQ指情商。IQ呢？智商。这两个怎么分？会讲甜言蜜语叫有情商，智力很好叫有智商，这两个东西能分开吗？一个男人说：“我很理智，我要努力赚钱，所以没什么时间陪儿子，我要睡在公司。”有没有理智？听起来好像很有理智，但这哪是理智？理智应该是可以让人生全面发展。再比方说，一个人感情很丰富，疼儿子疼得要命，什么事都不让儿子做，这叫有情商吗？爱之足以害之。你的情中没有智，那叫滥情；你的智中没有情，那叫薄情。很多企业家事业做得很大，连妻子都跟他分手，他都搞不清楚为什么。

所以什么是情？什么是智？有真情者必有真智，有真智者必有真情，情智不二才是真情真智。所以明明是一个真心，把它讲得那么复杂，让我们都不知道往哪个方向去走。卢叔叔每个礼拜再怎么忙，他都坚持礼拜天一定陪家里的人吃饭。请问这个举动依据的是情商还是智商？对妻子儿女有真感情、有真理智，他才能够排除万难来经营他的家庭。我们学习圣贤的教诲，学习做人的态度，那才叫真情、真义、真智来过一生。诸位朋友，你们觉得我情商高还是智商高？那“依法不依人”，好好跟着《弟子规》、跟着“四书”学习，不要再钻到那些专有名词里面去，会跳不出来。

“恩欲报，怨欲忘”。当一个人能念念不忘恩德，不忘父母、不忘师长、不忘众人对他的恩德，他的精神生活一定非常充实。所以一个人幸福的根基就在爱与感恩。当他懂得爱、懂得付出，就会体认到自己的价值，体认到施比受更有福。所以我们看到很多做义工的人每天都满面笑容，还有许哲居士，已经一百零六岁了，我曾经见过她本人，她笑起来真的跟婴儿没什么两样，她是活在爱与感恩的世界里。

当一个人能处处念恩，他就活在报恩的心境之中。当人在报恩的时候，内心会觉得非常充实。像我也走了这么多地方，觉得自己这一生很幸运，能够跟着好老师，跟着卢叔叔，跟着我的师长，跟着古圣先贤，我是很幸运的人，所以也希望做一点事能够让他们欢喜。过去的日子虽然看起来很忙碌，但是整个精神状况反而愈来愈好，所以活在感恩中确实不一样。

我记得老师有一次包了一个小红包给我，上面写着：“蔡老师，你辛苦了。”我看了，当场眼泪都掉下来。我这一生能够这么幸运，能够走向推广传统文化这条路，正是老师成就的。这一路上，虽然她没有在我的身旁，但是时时处处给我提携、照顾。假如没有老师狠心把我放在海口，我就没有历练的机会。而且老师以弘扬传统文化为己任，所以很多事情都是她运筹帷幄，把很多愿景都规划好，我只是做一个教学的工作而已。在教学的过程中，老师也是处处替我们这些晚辈着想。

我们能够跟随这些善知识学习，这些恩德要念念不忘。那回报这些长者最好的方式是什么？依教奉行。所以我送卢叔叔礼物，他可能也不缺，他最希望的是看到我们这些晚辈听从他的教诲去立身行道，这能给他最大的安慰。

我每次看《德育故事》，都会哭得停不下来。那天我看祖逖的故事，他带着他所有的亲党一起去避难，几百个人他都照顾。他自己徒步行走，车马统统都让给他人。受他照顾的长者都说："我们虽然年纪这么大了，但是在晚年还可以遇到他，遇到这个再世父母，死都无憾。"我看到这里相当感动，我们现在这个社会最缺的是什么？就是爱，就是关怀。当我们肯追随这些圣哲人，相信也会演出像祖逖这样的好戏。

人与人难免会发生冲突，但是"可恶之人必有可怜之处"，他没学过做人才会跟我们发生冲突。发生冲突时，我们要先反省自己，假如自己没有错，要进一步包容别人。你总不能把别人的过失放在自己心上，那是很傻的事。当我们肯原谅别人，其实就是原谅了自己。所以要能够"不念旧恶，不憎恶人"。对于已经发生的冲突，我们不要放在心上，因为当你把怨放在心上，对方能不能感觉到？能。当你有怨气的时候，会通过眼睛、表情传达出去。"诚于中，形于外"，那心不诚，当然也会表现出来。所以当你放不下怨，两个人的关系一定会愈来愈疏远，这样可不好，毕竟还要朝夕相处，或常常在公司里相见。而当两个人不能彼此接纳，很可能又要影响一个家、影响一个团体的和谐，那又何苦来哉！

我有一个长辈，他很有才华，公司比较重用他。因为表现得特别好，他获得了很多奖励，并因此造成其他一些同事的嫉妒。这个长辈就说："被人家嫉妒是光荣的，因为有本事才会被人家嫉妒，所以不需要生气。"有一个同事因嫉妒而四处毁谤他，他也没有放在心上。后来当这个同事遇到困难时，没有人帮他，这位长辈就主动去帮助他。结果这个动作一做出来，对方感觉很惭愧，惭愧自己过去的所作所为。后来他们两个就变成好朋友。

一个人为什么常常会批评别人？内心不平。那他的心为什么会不平？可能因为成长过程或者现在的家庭让他的心无法平息，内心有很多苦没有好好地处理掉。我这个长辈不跟他一般见识，又主动帮助他，这份情义就化解了他心中的苦，进一步又可以给予他一些正确的引导。

“有缘千里来相会”，不管善缘恶缘，只要我们的心保持平等、保持慈悲，相信纵使是恶缘也会转成善缘。真做到怨亲平等，才会让人打从心里佩服。我们看这一句“怨亲平等”，谁排前面？怨，所以要扩宽心量。其实我们很多执着只要转一个念，立刻从执着就变成智慧，所以人要会转念。

我们来想一想，一个人进步最多的时候在什么时候？逆境。所以感谢伤害我们的人，因为他们磨炼我们的心智；感谢欺骗我们的人，因为他们增进了我们的见识，俗话说“不经一事，不长一智”；感谢绊倒我们的人，因为他们强化了我们的能力；感谢遗弃我们的人，因为他们教导我们应该独立。人生靠谁能靠到终老？没有人。一个人要有心智的成长，你的一生最重要的是靠自己的真实智慧。所以感谢斥责我们的人、骂我们的人，因为他们增加了我们的定慧。“父母教，须敬听；父母责，须顺承”，不只是父母，所有的人对我们斥责的时候，我们都能洗耳恭听，当下你的道德学问就提升了。

当一个人转一个念，所有的烦恼都可能变成修养。也由于你能转得过来，那些伤害、欺骗，那些绊倒你的人，会觉得很惊讶，进一步又对你很佩服，“人的修养可以到这样，你到底跟谁学的？”那《弟子规》又可以介绍出去了。所以我们要在圣贤人的脸上贴金！可不能撑不过去，还是跟他一般见识，到最后对方说：“还说学什么《弟子规》。”那就麻烦了。

“报怨短，报恩长”。“报怨短”不是真去报，是把怨恨的念头赶快转过来。“报恩长”，这个长不是时间，是指长长久久。哪有报父母恩报得完的，哪有报师长恩报得完的，我们报这些恩德都要抱持“鞠躬尽瘁，死而后已”的态度。我在讲这句话的时候，你们的眼前有没有突然放光明？因为我高中就放过两次光明，跟诸位讲过了。第一次就是听到范仲淹《岳阳楼记》中的“先天下之忧而忧，后天下之乐而乐”，光明持续了差不多五到十秒钟，之后又开始昏沉，因为我对文言文都没开窍；再有就是读《出师表》的时候，看到孔明那句“鞠躬尽瘁，死而后已”，突然又放了光明。但是光明要能够持续才行，所以遇到圣贤教诲不要再错过。我可不能再错过了，错过会很难受。虽然那时候才十几岁，但是十几岁的年轻人也会有一大堆的痛苦。因为不明理，所以唱着那些情歌也唱得痛苦万分，没人指导，把那么好的青春都浪费掉。

人与人之间都有因缘，我跟这些圣哲人也有很深的缘。我跟朋友讲，假如有前世，我一定是帮孔明端饭的那个士兵，看到丞相愈吃愈少，就特别心痛。因为我看《三国演义》，看到孔明在那里笔都拿不稳了，士兵端饭给他吃，他都不吃，我看到那一幕痛哭流涕。圣哲人用他们的真诚演出这些好戏，我们一定好好效法他们。正是有圣贤人的恩德，才能够让我们的人生走向这样美好的方向。没有他们，就没有我们。所以抱持着这样的态度，我们会全力尽我们的本分，让那些对我们有恩的人都能欢喜看到我们的成长。

我们接下来念下一句经文：“待婢仆，身贵端；虽贵端，慈而宽。势服人，心不然；理服人，方无言。”

“待婢仆，身贵端”。这个“婢仆”我们要广义去理解，家里请的保姆、小时工等都算是在这个范围之内。他们是用他们的劳力付出，我们也应该同样尊重他们，也应该教育孩子把他们当长辈看待，不可以从小就让孩子看人用大小眼，那他那种平等心、恭敬心就建不起来。纵使是开车的司机，孩子也要称他叔叔伯伯，不失恭敬。

现在能够在一个家庭中都是难得的缘分，我们都应该多多体谅，互相照顾。比方说要过年了，大部分媳妇、儿子、孙子都会回来，很多媳妇都是职场女性，平常也忙得不得了，累了，结果好不容易过年放假，回来又要准备年夜饭，更累。当婆婆的也要体恤到媳妇的辛苦，不能说她是媳妇就该做，也要视情况而定。现在请人家做个年夜饭也很方便，假如媳妇确实已经很累了，那去叫个饭菜，这样大家都很轻松愉快。媳妇也会觉得这个婆婆真替她着想，你爱她，她就会爱你，“爱人者人恒爱之，敬人者人恒敬之”。

其实人跟人相处融洽，哪有那么复杂，只是我们太钻牛角尖。当婆婆做出这些体谅媳妇的事情，这个媳妇嘴巴也要甜一点。你就跟这些亲朋好友说：“我婆婆真好！很多事都帮我做，怕我累着。”那婆婆听了会很高兴。好话一句，大家都欢喜，就会互相帮忙。

今天的课我们就上到这里，谢谢大家。

第三十八讲　礼的本质就是恭敬之心

诸位朋友，大家好！上节课我们讲到“待婢仆，身贵端”。我们也提到有缘才会相会，能够共聚在一个屋檐下都是难得的缘分，所以我们应该对来家里帮忙的人都要给予关心，给予爱护。对于小孩子我们也应该教导他，对来帮忙的人也应该恭敬，应该称他们为“叔叔”“阿姨”，让孩子从小能对一切长者恭敬。

汉朝有个读书人叫刘宽，我们看到这个名字就可以了解到他这个人很宽宏大量，因为从小父亲就给他这样的期许。有一次他的家人就想看看他到底会不会生气，所以就吩咐仆人进去端给他热茶，端进去以后就故意弄倒。当时刘宽正穿着朝服要去上早朝，结果这个热茶倒在他的身上，刘宽第一个反应就说:“你的手有没有烫到？”当一个人有这样的德行，相信他的家庭会非常和乐，家人进而会效法他的德行，而他又是朝中大官，也会影响整个朝廷，影响整个民风。

“虽贵端，慈而宽”。我们要了解这个“贵”不是有地位而已，而是本分所在。当我们愈有地位，所承担的社会责任就愈重，我们就更应该战战兢兢，时时去体会到下属、体会到人民的需要，而当我们时时是这样的存心，才能真正契入富贵的真义。

我们之前也提到人敬者贵，当所有的人都打心里尊敬你，这才是真正的贵人。很多到我们家庭来帮忙的人，都是家境比较困苦一点的，我们给予爱护之外，还有一点很重要，也要好好地教育他。有些人才十三四岁就没有机会念书了，我们要赶快把圣贤经典教给他，因为他往后可能还要为人父为人母。当他有这些正确的思想观念，相信他的人生一定会转变，他的家庭一定会有很好的发展。所以说实在的，只要我们肯用心，一定可以让身旁人的生命发光发热，等到缘分尽了，他离开这个家庭，相信他回头想想这段时光也会觉得非常温暖、非常感恩。

假如是我们的房客，虽然只是金钱的关系，但是也都同样住在一个屋檐下，所以见面应该要有三分情才好。假如见面的时候都不打招呼，这样好不好？那他会生病，你也会生病。我们也要珍惜这一段缘分，比方说有什么好吃的，有什么好穿的，我们也给他送一份去，相信他也会觉得很温馨。毕竟房客离乡背井的多，当我们肯给予这样的关怀，就可以落实圣贤教导的“四海之内皆兄弟也”。你有这样的雅量，往后你走到各地，相信也会有很多人把你当兄弟，把你当家人一样看待。

“势服人，心不然；理服人，方无言”。假如我们是用权势、用我们的地位去压别人，对方的心不会很服气，虽然表面上还是对我们毕恭毕敬，但可能鞠完躬，我们离开了他的视线，他就变一个脸，开始骂我们。假如我们获得的尊重是这么肤浅，那我们应该好好反省反省，因为这样的尊重是很浮华的、是很虚幻的，我们要追求比较实在、比较真实的人生。有一个小朋友说：“妈妈打我，我都忘记了；但是爸爸打我，每次我都记得很清楚。”同样是处罚，为什么差这么多？妈妈打他，动机是爱护他，是管教他，打完他心里也明白自己错了，然后会去改正；但是爸爸打他，出发点不见得是要教育他，可能脾气一来就打他一顿，他的心里很不服气，所以每次都记得很清楚。可见，小孩子也是很明白，我们到底用什么态度对待他，他知道得一清二楚。

家庭如是，企业亦如是。领导者也要有一定的规矩，不能你喜欢这个人就重用他，不喜欢那个人，纵使他有能力，也要把他打压下去，这样仗势服人无法赢得人心的支持。应该遵循道理，平等对人，才能让人心平和；用关怀、爱敬对待员工，才能让整个团体气氛愈来愈祥和，愈来愈和善。

纵观中国几千年的历史，用权势、用武力把天下打下来的，那个朝代的时间都不长；而以道德、以孝悌来教化人民，来以身作则的朝代，它的历史都会比较悠久，对于后世的影响也很深。中国历史上绵延时间最长的朝代是哪一朝？周朝。周朝就是以德治天下，以理服人。而用武力打下天下的秦国，只有几十年就被推翻了。所以从历史中我们可以学到很多，要让家庭、企业长治久安，要用道德，要用理智。历史能让我们鉴往知来，避免我们的人生重蹈古人的覆辙，这样才不会辜负老祖宗留下的《二十五史》。

以上是“泛爱众”中的经文，我们先讲到这里。“泛爱众”换作现在的名词，叫作人际关系学，如何把人际关系处好？就是落实“泛爱众”的教诲。其实要爱护众人，也必然是从孝悌开始扎根，有没有人瞬间就可以爱护一切人？一定是从家庭开始学习对人的关怀、对人的付出。孔夫子在《论语》中提到“孝悌也者，其为仁之本与”，所有与人交际的能力必然都是从家庭出发，一个人的人格建立关键还在家庭中。所以我们为人父母的一定要很谨慎，因为家庭教育是在潜移默化中进行。

我把人与人的关系整理成一个“让”字，意思是礼让，“让则有余，争则不足”，人与人相处要能够礼让，礼让是人与人之间最优美的距离。当你遇到一位很有礼貌的朋友，你的感受会很舒服、很欢喜。纵使再亲的人，比如夫妻、父子，也应该以礼相待，不能因为太亲了，就不尊重对方。进门连门都不敲就进去了，一次两次对方可以接受，次数久了会怎么样？可能怨气就上来了。所以再亲的人也要尊敬，也要以礼相待，保持这个优美的距离。当孩子，当一个人从小懂得以礼相待，他就会成为一个懂分寸的人。

其实《弟子规》整个教诲也都是以礼贯穿，对父母恭敬就是“入则孝”，也是礼；再来“出则悌”，友爱兄弟，尊敬长辈，也是礼。“谨”

的部分，讲到对于物品也要爱惜，也要物有定位；对于食物不可以糟蹋，所以这是用礼貌的态度对待物品、食物。“信”的部分，“凡出言，信为先”，我们的言语对人要有礼貌，说出去的话不可以做不到，不然就非常失信、非常失礼。《乐经》里提到“礼者，天地之序也”，“礼”跟道理是相通的。俗话说“有理走遍天下”，我们不能逾越了这个规范，不然就会发生摩擦、冲突。当然“泛爱众”也是礼貌的态度。

再来，后面是“亲仁，余力学文”，对于仁德、对于老师一定要以礼相待。对学问，我们也要恭敬对待，所谓“一分诚敬，得一分利益；十分诚敬，得十分利益”，礼的本质就是恭敬之心，而恭敬心就是我们的本善，就是我们的真心，所以要学礼让。与人相处还要学忍让，我们看这个“忍”字，一把刀还有一个心，代表忍的功夫要达到什么境界？人家拿刀放在你的胸口，你也要不为所动。现实中倒不是真的有一把利刃架在你的心头上，这利刃更多是指人锋利的言辞，当别人讥讽、毁谤你的时候，你也要能够忍得下来。我们不要跟对方计较，应该给予包容的态度。

有句格言提到“以恕己之心恕人，则全交；以责人之心责己，则寡过”，其实很多时候一念转过来，可能就从地狱到了天堂。我们每天宽恕自己多少次？好多次。但有可能别人一犯错，我们情绪就控制不住。我们应该拿宽恕自己的心去宽恕别人，那别人与我们相处就会觉得很舒服，没有压力，所以能“全交”，能够交到很多朋友。我们每天都看到别人很多过失，用责备别人的态度来要求反照自己，那我们的德行会进步得很快，所以能够“寡过”。

子贡曾经问过孔夫子：“夫子，有没有哪个字可以终身奉行？”夫子就举出了这个“恕”，其实“恕”跟仁爱的“仁”意思完全相容。“恕者如其心”，上面一个“如”，下面一个“心”，就是处处从他人的角度去设想，自然很多冲突就解开了。所以当一个人懂得忍让，就可以在无形中化干戈为玉帛。俗话说“忍一时风平浪静，退一步海阔天空”，其实在忍当中我们已经在扩宽心量，也会唤醒对方的惭愧之心。当人在发脾气的时候，往往都是比较情绪化，等他静下来了就会觉得自己理屈。所以这一忍，忍出了自己的德行，也忍出了对方的惭愧，而且更保持了彼此的关系。

不管是亲人还是朋友，缘分都得来不易，不要多年的交情因为一语寒心，结果温情全消，那就不好。有冲突的时候我们要想到“言语忍，忿自泯”，一定要控制情绪，忍住脾气。人与人相处，除了要礼让，还要忍让；再来，还需要谦让。当我们懂得谦虚，别人就如沐春风；相反，当我们有钱、有才华，就得意扬扬，那这股傲气就会让身旁的亲友觉得很有压力。我们小时候，一些同学考试考了很好的成绩，然后对你说：“我回去都在玩，都没有念书。”这样的态度好不好？不好。别人刚好失意，你又大谈你得意的事情，让人家无地自容，这就会伤害人与人之间的关系。

所以，谦让要能够替他人留余地，不要让人家感觉矮你一截。除了能够让人家好受之外，当我们谦卑就能受教有地，就可以赢得很多长者对我们提携、给我们指导，所以这个“谦”益处很多。《易经》说“谦卦六爻皆吉”，当我们处处韬光养晦，处处给人家余地，慢慢地就变成一个时时能替人着想的人。当我们从小就告诉孩子礼让，他会成为一个有分寸的人；告诉他要忍让，他就可以与人相处时一团和气，不发生冲突；教他谦让，他就时时谦卑，懂得替人家着想，替人家留余地。所以不要争，争一定从竞争变成斗争，再进一步就演变成战争。可见，让能够赢得友谊，争必然树立敌人，到最后人生可能大半的精力都耗在怎么去防止别人来伤害自己，那就累死人了。

接下来我们进入第六个单元“亲仁”。“亲”是亲近，是学习的意思。“亲仁”是亲近仁德之人。一个人的学问要有成就，有两个先决要素：一个是好老师，一个是好同学。好老师帮我们指路，把很重要的教诲告诉我们；好同学能够彼此提携、互相提醒，所谓“善相劝，德皆建”“闻誉恐，闻过欣，直谅士，渐相亲”。所以你看人生的问题，是不是《弟子规》都可以解决？以后有朋友问你人生的问题，你要不要紧张？别紧张，一本《弟子规》，保证你没有后顾之忧。

那天就有人问夫妻相处不好怎么办，诸位朋友，用哪些观念来引导他化解夫妻的冲突？“恩欲报，怨欲忘”，有怨才会在那里闹情绪，如果时时想着对方这段时间的付出，气就消掉大半。“将加人，先问己”，不要一直要求别人，我自己又做了多少？“亲有过，谏使更，怡吾色，柔吾声”，讲话的时候那个脸色那么难看，谁受得了！这几句经文出来，他就能够反省自己，慢慢这个难题就开始有解了。假如他不反省自己，保证这道题无解。所以人生的道理都包含在《弟子规》内，只要《弟子规》一门深入，解行相应，确实会开智慧。

好老师能帮我们指路，那我们应该怎么跟老师学习？“父母呼，应勿缓；父母命，行勿懒”，同样的，老师教我们念的书可不可以打折扣？不行！只要是老师的话，赶快去做，不可以拖延。现在这个时代，老师难做，很怕跟学生结冤仇，看你意愿志向不高，他会对你非常客气，以免得罪你，但是你假如依教奉行，那师长一定会尽心尽力教导。所以只要我们用“入则孝”中“孝”的态度来对待师长，那我们的善良就显发出来，我们的理智也可以快速建立。

中国传统文化最重要的两股精神就是孝道跟师道，而师道也是建立在孝道的基础之上，所谓“夫孝，德之本也”，道德的根本在孝，会孝顺父母的人，他一定希望成就自己，扬名于后世，以显父母，所以他对师长一定也会非常恭敬。我们之前也提过亲师合作，父母跟老师密切配合，就能够把孩子教得很好。现在亲师配合的情况好不好？一来家长对家庭教育重要性的认知不足，觉得教孩子是老师的事，二来有的家长比较溺爱小孩，孩子在学校一发生什么事情，比方说老师骂了这个孩子，孩子回来也不知道怎么转述的，家长一听火冒三丈，去找谁？找老师还好，还可以把实际状况搞清楚。但不少家长直接找校长，就把事情搞得很复杂。老师可能训斥你的孩子，也是希望导正他，初心也是为你的孩子好，但因为校长也不在现场，你这个动作一做，可能校长还要找老师面谈，老师的热忱被浇熄了，影响了老师的心境，更麻烦的是影响了孩子对于老师的态度。

在学业中是“一分诚敬，得一分利益”，当小孩看到父母动不动就可以去告老师，那他对老师会不会尊敬？不会。当老师不敢教，孩子怎么可能会有德，怎么会有孝？所以这是一个恶性循环。当然，我们为人师的也要反省反省，不能去求小孩、家长，让他们来尊重我们。现在不能求了，因为师道也比较式微了，为什么这么说？就像我考上师范院校去教书，遇到很多朋友，第一句话问我：“你一个月赚多少钱？”都没有一个人遇到我说：“你考上老师了！”韩愈说“师者，所以传道、授业、解惑也”，要解别人的惑就要先解自己的惑，所以为人师要开智慧才行。明白了这一点，那我的教书生涯一定充满动力，而且不敢松懈。所以师道要靠我们老师自己把它赢回来，不能去求。

海口很多老师都尽心尽力去教《弟子规》，落实《弟子规》，有一个母亲在跟家长的联系簿中用了“非常感谢，非常感谢，非常感谢”，用了三句“非常感谢”的话感谢老师。有一位家长住在内地，除夕正准备搭飞机回他的故乡，在海口的机场打了一通电话给他孩子的老师，他说：“刘老师，我们现在全家要回内地过年，特地向您辞行。”这代表这个家长对老师非常尊敬，这个非常尊敬是结果，请问原因在哪里？在老师真心的付出，家长可以感受得到。为人师者的尊严必须靠家长教孩子，也必须靠老师自己演好的榜样，让人家尊敬。古代为人师者，确实都是安贫乐道，很受社会大众的尊敬，而家长也确确实实能抓住机会教孩子对老师恭敬。古代都有拜师之礼，父亲带着小孩，可能小孩才五六岁，到老师上课的教室，父亲在前面，孩子在后面，先对孔老夫子像行三跪九叩首的大礼，因为是孔老夫子把圣贤的教诲整理得这么完善，所以我们中国人尊孔老夫子为“至圣先师”。拜完孔老夫子，请老师上座，然后父亲带着孩子给老师行三跪九叩首的礼。小孩子五六岁最尊敬的人是谁？父母，尤其是父亲，对父亲都是非常敬畏。而父亲对老师却这么恭敬，那他对老师一定不敢怠慢，不敢造次，非常恭敬。

虽然只是一个礼仪，三跪九叩，却已经把孩子学业的根基扎下去了，现在这个礼还有没有？没有了。我第一年当老师，带六年级，有一个奶奶，应该六七十岁，她的孙子没有带作业本，老人家帮孙子拿来，连爬四层楼，爬得都有一点喘，当然老奶奶这么做不对，孙子都这么大了，要为自己做错的事负责任，不然他很可能一辈子都学不到责任感。当我看到这位长者，她头抬起来也看到我，马上跟我鞠了一个九十度的躬，她说：“蔡老师，您好。”那个躬鞠下去，我的心境都不一样了，“老师”两个字好不好扛？长者这么一鞠躬，说“老师好”，责任重大，我们如果没有用心教人家的孩子，怎么对得起这么真诚的鞠躬！

所以我突然体会到，古代在行拜师礼的时候，当孩子的父亲带着孩子给老师行三跪九叩礼的时候，请问这个老师的心里是什么样的感受？人家这样对待我，假如没把人家的孩子教好，怎么对得起他们，所以心上就好像压了块石头，等这些孩子真的有成就了，老师心里才有点安慰。所以老师坐着受拜，不会觉得很舒服，而会战战兢兢，如临深渊，如履薄冰。老师不只是念着要为人家的孩子、家庭负责，还要念着传统文化的道统不能断送在他的手上。

中国的道统特别强调师承，什么是师承？这值得我们好好来了解。

我的老师受教于他的老师李炳南，第一次去，李老师对他说：“你要跟我学有三个条件，你一定要遵守，你要遵守得了我才能教你。”这三个条件是：第一个，只能听老师一个人讲；第二个，所有要看的书，都要老师同意才能看；第三个，李老师对他说：“你以前所学的我一概不承认。”师长那个时候已经在讲课讲学，结果他的老师对他以前所学一概不承认，那他的内心会怎么样？

我们来细细看看这三条规定。我们不要只看到这规定的严格，还要看到规定所带来的影响、利益，那样我们就能够安下心来遵守。第一个，为什么只能听老师一个人讲？因为当我们还没有契入真实学问，很可能会在枝末中打转，你接触的东西愈多，到最后愈会摸不着头绪。一个老师一条路，两个老师两条路，三个老师三岔路，四个老师十字街头。诸位朋友，你细细去看、去观察，我们身旁有非常多很喜欢看书的人，但是他看了三年五年，你有没有发觉他的思维愈来愈混乱？原因就在于他没有掌握道德的纲领。“教之道，贵以专”，教跟学是一件事，所以“学之道”也要“贵以专”才行。

当你学乱了，再从头来学容不容易？可不容易了，可能还要再花好多年把错误的思想清除出去，所以择师不可不慎，选择老师要谨慎。从我们的课程中，诸位朋友有没有感受到“慎于始”的重要性？你有智慧才能帮你的孩子“慎于始”，你有智慧才能够做出正确的决定。所以老师开出来的第一个条件，为什么是除了他一个人的，其余的不能听？那是在保护学生的知见。

第二个，所接触的书一定要老师同意，不然不可以看，那是对学生的爱护，让他的心专注，不杂乱，因为专注才有定，定才能开智慧。

第三个，以前所学一概不承认，这个用意在哪里？所谓半瓶醋会响叮当，半吊子最难学习。所以老师要他全部放下，把心中的东西倒空，用虚心谦卑的态度来受教，这样才能学得好。所以这三个条件有很深远的意义。

师长答应了，结果守了三个月，内心非常高兴，就跑去跟老师说："老师，这三个月中，因为守了这三条，我已经感受到心愈来愈清净，而清净心能生智慧，能生觉照。"所以他跟老师说："我不只要守五年，我要再加一倍。"当我们要跟着古圣先贤学习的时候，也一定要做到这三点，不能再看一大堆杂书，一定要遵循着老路子走，不然就可能"不听老人言，吃亏在眼前"。我们要找老师，要跟着老师好好学习，这个"跟"最重要的不是身体要跟，是心要跟。老师教一句，我们就要去落实一句。孟夫子没有见过孔老夫子，但是孟夫子非常恭敬虔诚地拜孔夫子为老师，他的真诚恭敬心超越了时空，所以学得相当好，被尊为"亚圣"，是仅次于孔夫子的圣人。司马迁也以左丘明为师，非常恭敬地拜读他的《左传》，深入学习、揣摩左丘明写文章的功夫，所以他也写出了旷世巨作《史记》。所以诸位朋友，我们能否跟圣贤人学得很好，最重要的是好好提升自己好学、恭敬的心境，以此来对待经典，对待善友，对待善知识。

我们这节课先讲到这里，谢谢。

第三十九讲　落实圣贤教诲的三个核心

我们接着看“亲仁”。亲近仁德之人，之前也讲过这个“仁”是会意字，二人，哪两个人？能够想到自己就能想到他人，也就是“己所不欲，勿施于人”“己欲立而立人，己欲达而达人”的一种态度；再讲白一点，处处能替人设想。我们判断一个人是否是仁德之人，可以从几个角度来看，第一个存心仁厚，而且处处谦卑，能够以身作则。

我们在北京办课程，刚好老师到山东去处理一些事情，连夜坐了好几个小时的车，差不多八九点赶到了北京。我们那时候正在办五天培训课，老师还没休息，就到我们上课的这个酒店来看大家。刚好一些学员碰上了，老师就对他们说：“我们的课假如讲得不好，你们一定要帮我们指出缺点来。”接着又对这些学员说：“吃得不好，睡得不好，一定要跟我们反映，一定要告诉我们，不然我们会招待不周。”最后老师又对这些学员说：“上课一定很辛苦，你们要多休息。”

所以确确实实老师处处怎么样？替人着想。有一次刚好老师到海口去，我跟她走在马路上，看到一个老婆婆推着水果在卖，老师带着我挑了一些比较烂的、快要坏掉的香蕉。那“心有疑”怎么样？要发问。我说：“老师，你怎么买这个比较不好的？”老师说：“这个比较不好的，假如再没有人买就烂掉了，因为我们回去马上就要吃了，所以赶快把它买走。”其实本来不买水果，一看到是老人家卖的，所以去买；再者，也珍惜这些食物，不要把它糟蹋了。所以我们可以从她的存心仁厚来观察。

再者，从谦卑的态度，我们看到稻穗愈丰满，它就垂得愈低。所以海纳百川，而大海跟百川比起来却是处在最低下的位置。所以孔老夫子一生教化了那么多的学生，但是孔夫子说他一生述而不作，说明夫子非常谦卑，他说："我所讲述的这些道理，都是古圣先王，都是尧舜禹汤文武周公传下来的。"非常谦虚，也唯有谦虚才能跟道德相应。所以我们可以从第二点谦卑来看。这一点我也在澳洲学到了，因为卢叔叔就坐在我的旁边，坐了一两个礼拜，我还不识庐山真面目。后来幸好学了那一句"事诸父，如事父"，我才懂得主动跟卢叔叔鞠了一躬："卢叔叔好。"不然我就当面错过，那可就差很多了。而从这一件事，我也深刻体会到真正有德行的人看起来怎么样？平易近人，非常谦卑。所以往后在进入一些新的团体时，不会被人家骗。因为我们年轻人，假如听一些人讲得天花乱坠，我又跟哪个官员很熟，我家里有多少财产、事业做多大，一般的年轻人一听会怎么样？怎么这么厉害！很有可能都被带到错误的方向去了。所以第二点是谦卑。

第三点必定是以身作则，就是讲到一定做到，甚至于是先做到了才说出来。所以做到以后才说是圣人，说了以后能做到是贤人，说了以后做不到叫骗人。那我们要作圣或是作贤，不要作骗就对了，"勿自暴，勿自弃，圣与贤，可驯致"。所以时时要提醒自己以身作则，要能够先从修身做起。我曾经去过李炳南老师的纪念馆，感受也非常深刻，老人家确实处处以身作则。他的衣服穿了几十年都没有换过，当我们去看，发现衣服确实还是非常整洁、朴素，那种惜物的态度都体现出来。看到老人家的内衣跟袜子都是补了又补。外面看得到的部分都很整齐，代表对人的尊重；里面看不到的部分，都尽心尽力再把它修补，代表对东西的惜福态度。李老师的学生多不多？多！送他的衣服多不多？多！但是他拿到了这些东西都送给他人，时时都看到别人的需要。

李老师活到九十七岁，到九十七岁还在讲课。他的学生就对他老人家说："老师，你都有这么多学生了，让我们帮你讲就好了，你就不要再这么辛劳。"因为老人家九十七岁讲课要好几个学生一起把他怎么样？抬上讲台。老人家说："众人要我讲一天，只要我活着，活一天就要尽力讲一天。”这样的态度确确实实都是以身作则。李老师有一首诗写道：“未改心肠热，全怜暗路人；但能光照远，不惜自焚身。”时时刻刻不忘这一颗帮助众人的心，对那些身处暗路的人，找不到人生出路、智慧无法开显的人，他都是一份怜悯之心；但能光照远，只要能够让他们的眼前出现光明；不惜自焚身，不惜燃烧自己照亮别人。老人家演出了牺牲奉献的精神。

而我的老师也是“师志如己志”，把李炳南老师的志向也完全当作自己的志向。所以师长已经八十岁了，还在世界各地为了宗教的融合，为了世界的和平，仍然奔波不断。有一次老人家在讲课的时候说：“你们这些年轻人要发出利益众人的心，我年纪都这么大了，还全世界奔波；有没有哪一位年轻人愿意出来多做一些事情，多为这个社会、国家、世界多做些事？你们假如愿意，我老人家都愿意给你们磕头。”当时听到师长这样的一番话，我们做学生的确实感到非常惭愧，能遇到这么好的老师指导，我们应该珍惜。

“师志”，把老师的志向当作自己的志向。所以虽然自己能力不强，但是也要尽力去依教奉行，就起了一个念头，一定帮师长多做一点事。结果后来没过多久，深圳就邀请我过去演讲。所以确确实实一个人所处的境界，完全是他的心招感来的，能感是真心，所感是境界。所以从三月份以后，我就在各地飞来飞去了。确实在目前的社会、目前的世界，有太多重要的事都需要我们真心去付出。在家庭，在很多团体、很多国家，都有刻不容缓的事要做。而要让这些事情能够圆满，一定要我们怎么样？发出愿心才行，相信“人有善愿，天必从之”。所以有这么多好的长辈给我学习，我的内心很欢喜，也非常战战兢兢，不能因自己做不好而辜负了这么多的老师、长者对我们的教导。

我前年曾在台中住了半年，刚好老师带着我去拜见徐醒民老师，徐老师也快八十岁了。当时因为正值过年前夕，所以街道很拥挤，尤其经过一些菜市场，所以晚到了一二十分钟。当我们的车才开到徐老师家的小巷子，徐老师早就已经在巷口等我们，因为徐老师怕我们怎么样？找不到。就看着老人家恭恭敬敬站在那里等，我当时印象很深，学问不是说出来的，学问是怎么样？真正做出来的，所以要以身作则。

因为老师必须在各地奔波处理很多事务，有时候一下飞机就夜里十点十一点，因为一回来又有很多事务，老师都没有休息就马上又开始工作，常常要再忙到凌晨两三点。又有一次因为感冒，身体有点难受，但是工作量太大，也没有休息，结果熬夜熬到四点多，感冒好了。被什么治好了？浩然正气会消毒。所以我们北京就流行一句话叫熬夜会治感冒。不过这要因人而异，一定是为圣贤、为众人才有这个效应，不然会没效！这都是长者给我们树立的榜样，我们时时都要放在心上。

我也很珍惜可以亲近仁德之人的机会，所以我跟卢叔叔真正在这段时间见面的次数可能五个手指头都算得出来。可是只要我一回去，我就找机会去亲近他。他常常一天讲话的时间不比我少，有时候到晚上在跟一些年轻人谈话时，声音都有一点沙哑了，但他还是不知疲倦。所以仁德之人确实都能做到以身作则。当我们从这里去判断，我们就可以确定这样的人会是好的学习榜样，会是好的同参道友。

我们接下来看经文，一起把它念一遍："同是人，类不齐，流俗众，仁者希。果仁者，人多畏，言不讳，色不媚。能亲仁，无限好，德日进，过日少。不亲仁，无限害，小人进，百事坏。"

我们来看第一句，"亲仁"第一句是"同是人，类不齐，流俗众，仁者希"。诸位朋友，这句话你现在能不能感受得到？确实！但是"流俗众，仁者希"是一个结果，抱怨结果没有用，必须把原因找出来。为什么现在是流俗众，仁者希？因为失教了，没有圣贤教诲，不明是非善恶。所以纵使现在是流俗众，其实他们也都是受害者。所谓"先人不善，不识道德，无有语者，殊无怪也"。那现在要怪谁？我们再怪上一辈，上一辈说：“我也没学。”然后再找上去，还要不要找？统统别找了！从哪里开始？从我们这一代开始，不能再让圣贤教诲埋没，要让圣贤教诲彰显，让圣贤教诲能够照亮整个人间。

因为失教了，再加上外面的污染程度愈来愈严重，所以内无基础，外边力量又很大，内外夹攻，必然是兵败如山倒。所以现在大家都不要先看谁流俗众，先要把自己的双脚怎么样？马步要扎稳，先保证自己不会随波逐流。等你双脚都站稳了，双手就可以拉别人，可以扶别人。把我们的能力慢慢都增强，就能够把影响力从修身往齐家、治国、平天下去发展。我们要有信心，只要是真正把圣贤学问扎根扎好的人，不会随波逐流，可以从一个人转一个家，进而转一个团体、一个社会，我们要有这个信心。

所以当我们教到“流俗众，仁者希”，我们会跟小朋友说在现在这个社会你不丢垃圾，但是别人有可能会丢垃圾，所以从小就要让孩子有“学为人师，行为世范”的态度。而且要告诉他们，五加二不能等于零。什么叫五加二等于零？这是一道很普遍的数学题目，你们有没有做对？五加二等于零，有时候还会小于零。就是在学校上课上五天，礼拜六礼拜天回去又看电视看到半夜，隔天又睡到中午，那两天一抹，有没有进步？能够不进不退还有点欣慰，大部分怎么样？退了，小于零。

我们跟小朋友讲，小朋友听了都怎么样？哈哈笑，笑完就告诉他们，我们不要这样，我们回去要做其他小朋友的榜样，而且还要做父母的榜样。这些孩子也很争气，回去照常六点半起床，七点开始朗诵《弟子规》。有一次一个妈妈怕孩子睡不够，没叫她，当他走出房门看客厅的表已经超过八点，突然放声大哭起来。所以孩子习惯成自然，而且她的哭不只是因为没有读《弟子规》，还有一个更重要的因素是什么？她没有听老师的话，因为他们对老师怎么样？非常尊敬。所以

“流俗众，仁者希”，我们了解到这个实际状况，也要常常砥砺自己，提升自己。

“果仁者，人多畏，言不讳，色不媚”。果然是仁者，一般的人见到他都会有敬畏之心。所以在《论语》中学生形容夫子“望之俨然”，远远看到老师非常有威仪，让人会生起恭敬之心；“即之也温”，真正靠近老师跟老师讨研学问，会感觉老师很亲切。因为孔夫子、仁德之人都是处处替人着想，讲的言语处处都是要开人的智慧，所以当然会深刻感觉老师为他着想，这就是即之也温。所以“人多畏，言不讳，色不媚”，他的言语不会有什么避讳，都会很正直地讲出来，因为无欲则刚，所以我们的格言也提到“壁立千仞，无欲则刚”。因为仁德之人不是去求什么名求什么利，所以他都会直言不讳地指导我们、帮助我们。“色不媚”，这里的“媚”是指谄媚、阿谀，因为他们无欲则刚，不求人，所以也不会摆一副讨好的态度出来。

“能亲仁，无限好，德日进，过日少”，这个“亲仁”，我们也要了解，是不是一两个月来亲一次？要多久？（答：时时刻刻。）那请问一下，如何时时刻刻？你不能在走路的时候还拿着“弟子规，圣人训”，怎样达到时时刻刻？依教奉行，然后放在心上，整本经典熟读就能放在心上。还有，传统文化把它浓缩起来可以有一个心法，只有三个字，我们就可以很好地时时提起来观照有没有在圣贤教诲中。传统文化的心法是哪三个字？“君，亲，师”。天地之间最尊贵的就是天地君亲师，很多省份现在的祠堂供的牌位还有天地君亲师。

君亲师最重要的就是要把天地之德落实在立身，落实在齐家，落实在贡献社会上，所以中国人对于君亲师特别恭敬。而这个君亲师除了身份之外，还有它本质的意义，我们只要时时告诉自己有没有“作之君，作之亲，作之师”，你就能时时在圣道中。那很多人说：“我又不是企业老板，怎么作之君？”这个君是以身作则的意思，是指领导，以身作则，也就是身教；再来，作之亲，这个亲是指关怀、爱护，把他当一家人看待，叫作之亲，爱护关怀；再来，作之师，师是代表教导，代表因材施教，这是言教的部分，也是要抓住很多机会教育点。而君亲师一定可以解决所有人与人之间的问题。

当人与人的问题可以解决，那人与社会的问题能不能解决？整个社会只是人群的积累，所有对待人的态度你只要掌握了，人与社会的问题就能解决，人与自然也一定可以和睦相处。因为孟夫子告诉我们“亲亲而仁民”，就可以爱护人民，爱护众人；“仁民而爱物”，这种仁慈之心就可以延伸到对于万物的关怀、尊重。所以只要能把人与人的关系处好，将会天下太平。所以与人相处，应时时提醒自己有没有做到君亲师，用这样的态度，道业精进很快。

但是我们现在也听到家长说孩子不好管，老师说学生不好教，老板说员工不好带。这些都是结果，原因在哪里？儒家的一句心法，叫“行有不得，反求诸己”。这句话很有意思，它来自《中庸》。在《中庸》里面孔夫子提到“射有似乎君子”，射箭就好像君子之道。我们看看射箭的时候，把弓拉开来准备发射，弓箭发射出去，结果没有打中目标，叫作“失诸正鹄”。正鹄是指目标的意思。射出去没有射到目标，怪谁？“反求诸其身”，要怪自己技术不好。结果现在的人是射出去没有射到，马上就说：“那支箭是哪家公司做的？怎么做得这么差！这张弓又是哪家企业做的？怎么做得这么烂！”都没找到什么？问题的症结所在。所以孩子不好教，员工不好带，都没有反求诸其身。

所以我们来看一下，为什么现在的家长觉得孩子教不好？就是没有真正落实君亲师。君亲师要配合得很好，我们来看现在的家长有没有以身作则。家长可能都教孩子要学《弟子规》，要孝顺父母，结果自己对父母讲话的态度可能又不好，那小孩怎么样？上行下效。我记得有一个真实的故事，一个地区有一个不好的风俗，就是父母老到一定程度，就把他们背到山上放在那里，然后自己回来。小孙子看了很不忍心，就一直劝父亲，说不要把爷爷放到山上去。但是他的父亲不听，后来他跟着父亲把爷爷背上去，放下以后准备回来，结果这个小孙子就去把那个竹篓主动地捡回来，他的父亲就跟他说："那个竹篓放那里就好，你怎么还捡回来？"这个小孙子对他父亲说："我要拿回来，以后等你老了，可以背你上来。"这个小孩有没有智慧？有！他用这种善巧把他父亲的孝心先唤醒了，让他也会顾虑到，如果我不孝的话，我的儿子马上怎么样？学去了。所以家长假如没有当好榜样，上梁不正下梁歪。接触的人愈多，愈能深刻感觉到家教真实不虚。

所以我们为人家长要先考虑"君"有没有做到？再者，家长一定会说"亲"我做到了，亲是爱护，每天都尽心尽力赚钱给他花，是不是爱护？假如这个爱护没有智慧，爱之足以害之，把他宠坏了，那还得了！所以闽南话提到"宠猪举灶，宠子不孝，宠妻吵闹，宠夫半夜爬起来哭，宠女儿难入人家的家教"。你看地方的俚语都含有很深的人生智慧，因为这些都是老祖宗传下来的，都是去芜存菁，一句话就可以让人获益一生。

我们来看一下"宠猪举灶"，宠猪宠得它跑到你的厨房，把你的灶都怎么样？掀掉了，你看这句话多有道理。现在人养狗，没有把它好好教训，都跑到床上去那里摇尾巴，主人说："你给我下来！"它还不理你，因为它知道你的底线在哪里。狗都会探你的底线，那人会不会？所以你教育孩子一定要非常有原则，不然一定会被孩子摸得一清二楚。所以猪都不能宠，人就更不能宠。因为宠儿子他就不孝。

我曾经听一个朋友讲，有一对夫妇养了六个儿子，高不高兴？六个都是儿子！养了六个儿子给他们买了六间房子，娶了六个老婆，一个人一个，统统都安排好了，这样的父母伟不伟大？结果下场如何？没地方住。这样是爱护孩子吗？害了。从小到大什么都帮他做好了，他只会生起一种态度，父母帮我做的都是什么？应该的。所以到最后大儿子还有一点良心，在一个猪舍旁边盖了一个小木屋给他们夫妻住，旁边的邻居看不下去，告诉他们：“告你的六个儿子。”要不要告？“居家戒争讼，讼则终凶。”假如真的告赢了，六个儿子分配下去，每一个人养两个月，这养起来是什么结局？可能媳妇拿饭过来是用丢的：“赶快吃！”本来退休以后还可以活十年二十年，结果被六个儿子奉养，只能活三年，每天气死了。早知今日，何必当初！所以教育孩子要以德为本，这样才是真正爱护他。

再来，我们看看“宠子不孝，宠妻吵闹”。连太太都不能宠，因为宠了，她会一哭二闹三上吊。你上班上到一半突然电话响了，都会打个哆嗦，会不会是我太太又有什么事情来了？到最后是事业、家庭都会搞得乱七八糟。所以娶妻要娶什么？娶贤。现在的男人懂不懂？不懂。不能怪他们，他们又没有学过《关雎》，没有学过《诗经》第一篇，“关关雎鸠，在河之洲，窈窕淑女，君子好逑”。为什么《关雎》是《诗经》第一篇，居然是谈鸟，居然谈窈窕淑女？《诗经》是我国一本相当重要的经典，为什么第一篇是《关雎》？有大学问。五伦之首，五伦中最关键的是哪一伦？夫妇。所以第一篇文章就谈夫妇之道。为什么要用鸟来告诉人？都有学问的。我曾经问初中生，我说：“窈窕是什么意思？”有一个初二女生，她就回答：“身材姣好的女性。”我说圣人的意思已经面目全非。你不能怪她，因为她走出去很多瘦身广告都用窈窕，似是而非，所以也不能怪他们。窈窕是指非常有贤德的女性。

为什么《关雎》摆在第一篇？因为这种鸟找到一个伴侣终身不换。因为人很好面子，假如你直接告诉他：“你怎么可以把你太太冷落了？”他会回答你：“你管我这么多！”是不是？但是你用这个诗词告诉他：你看，这鸟类都不愿意背弃它的伴侣，我们当人怎么可以连鸟都不如？用这个方法，他假如有惭愧心，马上知道收敛；假如没有惭愧心，你也没有跟他结怨。所以为什么《诗经》里面有这么多虫鱼鸟兽的名称，都是用来譬喻，用来唤醒人的性德，唤醒人的良知。所以找伴侣要找贤德的人。

《关雎》里面又提到“参差荇菜，左右采之”。这个荇菜是在祭祀祖宗的时候，要放在祖宗面前。那这些荇菜谁去采？媳妇去采，这很有意义。说明好的媳妇去采这个荇菜来祭祀祖宗，让祖宗在天之灵都能觉得很欣慰。因为娶了一个好媳妇可以旺三代，但是娶了一个不好的媳妇，那老祖宗要垂泪三代。所以嫁娶很重要，婚礼是中国礼仪当中最怎么样？最慎重，原因在此。太太不能宠，先生也不能宠。“宠夫半夜爬起来哭”，就是你把先生宠坏了，他在外面流连忘返，你在家里孤枕难眠，独自哭泣，这样就很不好。

最后，女儿怎么样？也不能宠，因为把女儿宠坏了，嫁到别人家里，很可能搞得人家鸡犬不宁、鸡飞狗跳。所以教女儿是大事。现在很多年轻人嫁出去脾气很大，三天两头脾气一来就说：“我要回娘家。”结果一回娘家，父母居然跟她说：“没关系，回来，父母给你当靠山。”有没有这种情况？这么做是不是爱孩子？不是！女儿这一生要为人妇、为人母，一定要懂得忍耐，懂得在境界中接受考验。假如一考验马上就退回去，那她这一生该学的学问就学不到。所以说女儿不能宠。

我记得小的时候，外公外婆曾经到我们家来，而外公外婆到我们家来的次数非常少，几乎十个手指头都算得出来。每一次我的外婆走进我们家来，我就看着外婆握着我奶奶的手，边走就边说：“我这个女儿嘴巴不够甜，我这个女儿动作又很慢，我这个女儿有很多缺点。”就一路把我妈妈的缺点都一一数落出来。结果当两个老人家都坐下来，我的奶奶就说这个媳妇好！哪里好又哪里好。我在旁边看得莫名其妙，不知道什么意思。现在懂了，自己家人的不好要自己先说，自己女儿的好留给婆婆说。所以“人情练达即文章”，而这些人情练达往往从这些长辈、这些已经有很多人生历练的长者身上才学得到。所以我们年轻人要注重伦理，一定要敬老尊贤，不然人生会吃大亏。

所以父母爱护子女的方法也要对，才是真正做到亲。再来要做到什么？“师”，该教导的时候一定要珍惜机会。有些父母教育敏感度太低，该教的时候都没教，慢慢地孩子养成了坏习惯，就为时已晚。所以父母为什么教不好孩子，因为时时没有拿什么来观照？君，亲，师。相同地，领导为什么不能把员工带好，为什么？可能我们只是因为有着经理、总经理之名，但是没有以身作则，底下的人服不服？很难服气。再来，除了当经理之外，有没有把员工当亲人看？假如没有，这个工作气氛好不好？不好，每天只是机械式上班。所以我们当主管的，比方说到哪里去玩了一趟，可以买一点当地的特产请员工一起来分享，他们就会觉得，这个领导处处想到我们。把一个公司的气氛经营得就像家庭一样，这是做到亲。再者，做到师，新进的员工都有很多不懂之处，我们当领导的也要处处提携、处处指导。当你能真正做到君亲师，相信员工会对你非常信服、非常尊敬。

最后，老师要教好小孩也要以身作则，做到君；对待学生也要像自己的小孩一样，做到亲；然后该指导孩子的时候尽心尽力，做到师。相信只要把君亲师做到了，就一定可以教好学生，教好员工，教好自己的小孩。所以我们只要时时用君亲师去观照自己，相信你的道德学问会愈来愈好。

这节课我们就说到这里，谢谢。

第四十讲　解行相应，做世间的榜样

诸位朋友，大家好！我们讲到，“能亲仁，无限好”，这个“亲”是时时刻刻，最重要的是记住圣贤的教诲，不可以松懈。只要常常拿着“君亲师”来观照自己有没有做到，相信“德日进，过日少”，相信人与人一定往愈来愈圆满的境界去发展。上一次也提到，只要领导者，只要父母、老师能够遵守“君亲师”的规范，一定可以把员工、孩子、学生教好。相同地，现在同事之间可不可以作之“君亲师”，可不可以？可以。同事之间，我们都能够遵守公司规则，以身作则给他看，这就是“作之君”；再来，同事之间常常互相关怀、互相照顾，有什么好吃的，你都会毫不吝啬跟他分享，让他觉得你把他当亲人一样看待，这也是“作之亲”；当他有什么不明白，而你有很丰富的经验，我们也很慷慨地指导他，这是“作之师”。所以同事之间要圆满，也可以用“君亲师”来自我观照，相信您一定可以在这个朋友的心目中，成为非常重要、非常有影响的好朋友。

那对于父母能不能作之“君亲师”，可不可以？可以！所以“大道不器”，真正宇宙的大道放诸四海而皆准。因为人老了，有时候没有熏习圣贤教诲，反而会很贪，所以孔夫子才告诫老者“戒之在得”，患得患失。这个时候就很需要为人子女好好地引导，劝他放下这些执着。当你劝他放下这些执着，他的身心才会愈来愈愉悦。所以人老了是不是好命，不是只看他吃得好不好，而是心灵有没有提升。我们要当父母心灵的好老师，一定要先做到“君”，以身作则。不然父母一定会说：“你都这样了，还讲我。”再来，一定要尽心孝顺，这样，父母对我们的信任就愈来愈高。当父母那么信任你，他要听谁的话？当然听你的。所以你就可以适时地给予他们引导、开导，也是“作之师”。用

“君亲师”时时观照自己的言语行为、起心动念，那就是真正时时亲近仁德，亲近圣贤，那就“无限好，德日进，过日少”。

“不亲仁，无限害，小人进，百事坏”。当我们不亲近仁德之人，只是亲近一些小人，可能就会受到影响，所谓“近朱者赤，近墨者黑”。所以人对于环境的选择至关重要。诸位朋友，你的孩子会不会选择良师益友？我们曾经跟初中生演讲，就提到有三个朋友一起出游，到海上旅游。刚好遇到大风浪，结果船沉了。幸好三个人祖宗有德，没死，漂到了一个荒岛上，三个人在那里相依为命。突然在这个沙滩上发现了一个神灯。幸好他们读过《阿拉丁》，就把神灯擦一擦。结果这么一擦，精灵出来了，他说：“主人，我给你们三个愿望，不过因为你们有三个人，三除以三等于一,一个人一个愿望。”结果，第一个因为是开出租车的，就说我每天早也开晚也开，很辛苦，我的愿望是可以有好几台出租车租给别人，我当老板。这个精灵说：“小事一件。”他就回去当他的出租车老板。第二个在超级市场当雇员，有时候还要三班轮值，半夜还要值大夜班，所以他说做这个也很辛苦，希望自己拥有一家便利商店，我当老板请人家来做。这个精灵说：“小事一件。”怎么样？就回去当老板了。第三个人想了半天，平生无大志，只求60分，也没想过要干什么，所以也没什么愿望，整天悠悠放任。他就想：“我没什么愿望，这个荒岛也不错，但是我一个人在这里太寂寞了，我希望他们两个回来陪我。”有没有听到两声哀号？

很多孩子听了都哈哈大笑，我们就问他：“请问你旁边有没有这样的朋友会把你拖下水？”这些孩子都左看看右看看，有没有判断的能力？他们被我问住了，也不知如何是好。我说：“你要有判断好坏朋友的能力就要学《弟子规》。”《弟子规》是照妖镜，《弟子规》也是显圣镜，好朋友坏朋友一看便知道。只要用《弟子规》去衡量，他能够落实个三成四成都不简单。

《朱子治家格言》提到“狎昵恶少，久必受其累”，当自己的德行还没有相当稳固，对于这些比较没有德行的朋友，我们要敬而远之。能不能骂他？不行。“扬人恶，即是恶，疾之甚，祸且作”，我们还是敬而远之，好好修养自己的德行。外在的小人易防，内心的小人怎么样？难防。所以我们不能再认贼作父，现在要下定决心，绝不干这种事。我们认什么贼作父？烦恼贼，烦恼习气。它厉不厉害？明明就不想生气它又来了，明明就不想贪，它又上来了。

所以我跟很多朋友说到，好像我们背着一包垃圾，明明是臭气冲天，背了几十年，突然有个人跟我们说：“那一包是垃圾，对你一点好处都没有。”真的吗？看看，确实也是垃圾。突然又想：可是我已经跟它几十年，不舍得把它放下，就在那里挣扎。所以“观心为要”，处处观照自己的心，有没有不恭敬？有没有贪婪？有没有懒惰？有没有不慈悲？一看到这个贼，马上怎么样？修正，不让它继续嚣张。这样就能够把小人真正彻底赶出去。

我们接下来看第七个单元“余力学文”。我们把经句念一遍：“不力行，但学文，长浮华，成何人。但力行，不学文，任己见，昧理真。”

这句话已经点出来，一个人的学问要增长，必须“力行”加“学文”。这叫解行相应，这个太重要。“解”跟“行”就好像两个轮子，假如只有一个轮子，车子就推不动，一定要两个轮子一起很协调地动起来。假如只有一个动，一个坏了，会有什么结果？我们看到经文上写的不力行，只是学文，只是看书，甚至于只是有很高的学历，这样的下场是什么？“长浮华”。你看那个六七岁的孩子，我去教他们《弟子规》，说：“今天老师教你们《弟子规》。”他们马上说：“我们都学过了，都会背了。”都怎么样？你看傲慢要不要学？自己就来了。所以要谨慎，一开始一定要让孩子知道，学问一定要做到、要力行，不然会长浮华。

曾经看到一篇报道："专业的高才生，生活的低能儿。"为什么学历那么高，看过的书那么多，结果连做人都不会？因为这些读的书拿来干什么？考试用，跟生活脱节。所以哪个学历的离婚率最高？可能是硕士博士离婚率最高。为什么书念得多的人反而连包容、宽恕，连爱护别人都不会？问题在哪里？书给了他什么？长浮华。他觉得我学历这么高，你都得听我的。尤其假如他又是计算机博士，整天都与电脑为伍，电脑很好管，按下去它就得这样给我做。这个方法对人行不行？可能搞得众叛亲离。所以"余力学文"，学了文一定要去力行，不然会"长浮华，成何人"。

"但力行"，他也很认真，只要听一句他就做一句，可是在这个过程中他没有继续学习，没有继续修正，有可能会"任己见，昧理真"。比方说他学"孝"，他说要孝顺，所以爸爸妈妈交代什么事，他就做。爸爸叫他跟太太离婚，好，做。那不对！太太假如没什么过失，只是跟公公婆婆处不好，能不能把她休了？不行，这样没有道义。当你真的把她休了，对你父母来说，你可能陷他们于不义，到时候街坊邻居亲戚朋友又不知道怎么说你的父母了。因为"不教而杀谓之虐"，都没有好好教她，就把人家赶出去，这是很残忍的。

所以你要"学文"，才知道这个"顺"是父母对的时候，我们要全心全意去做，让父母觉得你很懂事；当父母的方法有不妥当之处，我们要顺势而为。当然也不要马上顶回去，可以用迂回战术，等父母比较理智，要赶快"亲有过，谏使更，怡吾色，柔吾声"。所以对父母这个"顺"，不是说什么都照做。如果没有继续读书，没有继续听这些善知识讲课，有可能就会"任己见，昧理真"。所以学问必须力行加学文，解行相应。因为你行得愈彻底愈帮助你理解，那你理解得愈深行得就愈到位。而且这个解行，行是枢纽，当你有所力行，你才会有所感悟。

所以学一条就要做一条。诸位朋友，你假如不相信，你拿一本《弟子规》，你挑十句，你说我这半年绝对要把这十句做到，当你真正在半年之内把这十句做到，你突然会觉得其他几句你也能做到。因为这个行会开你的悟性。当我们学到“缓揭帘，勿有声”，连做一点小动作都会去体谅到别人的感受，当你做得彻底，这个动作就内化成你的存心。当你时时替别人着想，你就从做一句《弟子规》变成做几句？你可能好多句都突然体会到了。“人不闲，勿事搅；人不安，勿话扰”，因为你真正做到这一句，你的恭敬心、你的细心、你的体谅的心就提升了。所以要老实！你不要一开始就说：“这么多句我实在做不完！”你只要领会一句，马上力行，力行就能够让我们法喜充满，所以要解行相应。

我们接着看下一句：“读书法，有三到，心眼口，信皆要。方读此，勿慕彼；此未终，彼勿起。宽为限，紧用功，工夫到，滞塞通。心有疑，随札记，就人问，求确义。”

“读书法，有三到，心眼口，信皆要”。这句很重要，读经书的时候必须要很专注，专心才能有所收获。所以我们第一节课跟孩子上课就会很慎重，先要求他们读经以前一定要坐有坐相，书一定要摆正。当他是用恭恭敬敬的心去读，一开始是这个态度，养成以后就会终身不改。假如第一次上课就坐得歪七扭八，眼睛还飘东飘西，那就很难受益。

我们会跟小孩子讲，告诉他们这一本《弟子规》怎么来的：“这是依据孔老夫子的教诲编出来，而且还是清朝的李毓秀李夫子用了很大的心血，从生活面把它整理出来，所以这本书的成就得来不易。除了这些古人的帮忙，还由我的老师亲笔把它写出来，写得非常工整。我们不好好学，就对不起这些长者。

所以有一次，有个小朋友把另外一个小朋友的书撞掉了，这个小朋友捡起来赶快把书拍一拍，所以这叫先入为主。假如你送他书的时候，说:“这是人家免费送的。”你把书送过去，那你的孩子会不会尊重？不可能。所以我们要处处引导，处处以身作则。

坐好了，对书本恭敬。接下来告诉他们:“学问一定要靠平常不断地积累。”有一个成语叫“滴水穿石”，石头硬还是水硬？石头。那为什么石头这么硬，居然水可以把它穿透？因为它不断一滴接着一滴，可能到十万滴百万滴，甚至于更多的时候，就能够把石头穿透，以柔克刚。这个“滴水穿石”就好比我们求学问，一字一句都要认认真真把它学好读好，到时候你的学问就可以有穿石的力道。所以就告诉小朋友，我们这一只手叫滴水穿石手，一滴一滴，石头渐渐被穿透了，我们的学问就在这一只手不断专注地指着念的字中，每一个字我都把它记起来，都把它领会了。所以在读经时我们都是教孩子，眼睛看书，手指着书，嘴巴跟着念，心也要在，心眼口，还有手，统统都要专注用上。

“方读此，勿慕彼；此未终，彼勿起”。现在求学问也有一个很大的忌讳，很多人都很贪多，好像觉得多就一定好。其实，那不见得，因为多就会乱。所以在《礼记·学记》里面提到一句教诲:“杂施而不孙，则坏乱而不修。”一次让他学一大堆东西，也不考虑他有没有囫囵吞枣，到最后一定学不好，他甚至会觉得不想再学了。你看现在很多孩子同时要学三四个才艺，到最后的结局是什么？厌学。所以学东西、求学问甚至于求世间的技能都要专而不能杂。

老师学书法学了四十一年，她教书法，光是“永”字那一个点一定要让孩子点几千点，才可以再学下一个动作。现在的书法家是不是这样教？很多书法界的人说:“你只要来学三个月，保证你能得奖。”要不要去？我们要冷静！他是用什么心境学艺术？急功近利。我们的书法是拿来修身养性的，是心法。所以一开始用这样的态度，让孩子学的都是功利，这是跟艺术背道而驰，所以确确实实我们要给孩子正确的引导。学习书法，当这一个点能够把它点好，他的耐心、他的毅力就在这个过程中磨出来。他每一个基本功都能够打得很扎实，基础好了再求发展才不会败丧下来；假如基础没扎好，发展得愈快愈怎么样？愈危险。

老师在这个学书法的过程中，她懂得了每一个字都有结构，怎么看起来才非常工整。当她在处理事情的时候，也会提起这种观照能力，事情要怎么安排才不会乱。还有在写书法当中，她的定力怎么样？成就了。而当定力成就了，她对人还有处理事情就能够有条不紊。学艺术的目的终究还在于提升道德修养，所以孔夫子才说“志于道，据于德，依于仁，游于艺”，而游于艺也不离开修道德，也不离开养一个好的心性。当老师再去学其他的艺术，比方说学国画、学篆刻，因为她已经通过书法对于艺术有很高的敏感度，所以再学其他的艺术时，速度都比别人快很多，甚至于学电脑也很快。因为那种定力、耐力已经养成锲而不舍，今天不把它搞懂就不去睡觉，所以老师学电脑也进步很快。我们这些年轻人跟在她旁边都觉得相对失色，也很感恩有这样的长者鞭策我们。

“方读此，勿慕彼”，要把一本书读好了再读下一本。宋朝赵普就跟宋太祖赵匡胤说，他是以半部《论语》就帮宋太祖得天下。所以书要不要很多？最重要的是掌握纲领，能好好落实。后来赵普说：“接下来我只要再用半部《论语》就可以帮你治天下。”所以学习东西切忌贪多，还有不能贪快。你太躁进，心思很浮动，跟学问不相应。所以曾国藩先生也说到心上不可无书，但是桌上不可多书。你不能听完课，知道传统文化很好，把你书柜里面所有的“四书五经”统统搬出来，立定志向这个月统统把它看完，一定会看得很吃力。要掌握纲领，先确定把哪一本先学好，所以“此未终，彼勿起”。

很多人听完就说，那我的孩子以后什么经都不用背，就背《弟子规》吗？不是这个意思，《弟子规》不是背的，是要不断重复提醒，要让他扎扎实实地落实扎根。当他还在念其他的经典，继续念，《孝经》《论语》都可以念；但是这种生活教育、德行教育，每一天都要重复提醒他。因为读经是训练定性，而《弟子规》是让他的言语行为能够循规蹈矩。当他能循规蹈矩，跟这些经典就会暗合道妙。

“宽为限，紧用功，工夫到，滞塞通”。所以读书有所计划，但是也不要排得很密，让自己很有压力，“宽为限，紧用功”，要时时督促自己用功一点。但是假如学习的时候打瞌睡怎么办？在《三字经》里提到“头悬梁，锥刺骨”，这是古人用的方法，他把他的头发跟这屋顶上的柱子绑在一起，等他打瞌睡马上怎么样？整个头发绷紧，痛得睡意全消；另外一个读书人是拿着一个尖尖的东西，假如打瞌睡，马上往大腿怎么样？你不要教你的小孩，到时候说是蔡老师教的。古人有这样的决心，当然你不能让小孩伤害身体，你可以教他打瞌睡的时候，赶快用冷水洗把脸，可能精神就好一点；或者让他在书桌上摆一个孔子像，打瞌睡看到孔子不好意思，继续再读，方法因人而异。或者你家里已经有很好的读书风气，亲人之间互相督促提醒，早上谁先爬起来，赶快叫其他的人起床。我们有很多老师，他们早上起床都是放《弟子规》的读诵带，叫起床号。“宽为限，紧用功，工夫到，滞塞通”，当我们能够解行相应，可能本来觉得困难的事情，都能够迎刃而解，因为有智慧就不怕没有好的方法。

“心有疑，随札记，就人问，求确义”。所以学问学问，也要学着怎么问。但是问也要问对人，他一定要学有专精，所谓“闻道有先后，术业有专攻”，能不能来问我怎么煮菜？那就问错了。可以问我怎么煮面，为什么？因为我到海口去，孤家寡人，叫“中馈犹虚”，只有一个人生活，所以扫地、洗衣服、拖地、煮饭，啥事都自己干。就在做那些事的过程中，突然习劳知感恩，想到了谁？母亲真伟大。在煮饭的时候，因为每天都很忙，必须要强调效率，所以只能煮面。每次烧了一锅水，然后一些菜切一切怎么样？全部放进去。只要二十分钟到三十分钟就可以端出一碗面，上面再加一些芝麻酱，这样我就心满意足，叫知足常乐，那一段时间就学煮面。不过后来因为很多朋友聚在一起工作，就比较没有时间去煮面，大家会互相帮忙。

所以问要问对人，很多朋友在问人的时候，往往都会问那些会认同他想法的人，有没有这个倾向？明明自己就很放不下，还去问那些很执着的人，然后就会觉得："你看我应该也没有错。"所谓"良药苦口利于病，忠言逆耳利于行"，往往都很怕问那个会一针见血的人，而那些人反而都是真正能利益自己的。所以"心有疑，随札记，就人问，求确义"，只要你肯有这一份学习的心，这些有德行的人、有学问的人一定会毫不吝啬地告诉你。你疑惑愈来愈少，就好像乌云都散开了，就会心智清朗，智慧会放光明。这是"就人问，求确义"。

我们接着看下一段经文，一起把它念一遍："房室清，墙壁净；几案洁，笔砚正。墨磨偏，心不端；字不敬，心先病。列典籍，有定处，读看毕，还原处。虽有急，卷束齐，有缺坏，就补之。非圣书，屏勿视，蔽聪明，坏心志。勿自暴，勿自弃，圣与贤，可驯致。"

最后一句很重要，你们念到最后一句要抬头挺胸，"勿自暴，勿自弃，圣与贤，可驯致"。这一段经文，最重要的是自己经营一个很好的读书环境，你修学看书的地方不能乱七八糟，否则你坐下来心能不能稳定？不能。所以要"房室清，墙壁净"，你一走进去就会觉得很清净、很舒服。所以"几案洁，笔砚正"，真的，人的心会受到外界环境的影响，所以环境清净，内心也会清净。"几案洁，笔砚正"，所有的东西也要物有定位，当你要用的时候，心才不会很纷乱，或者找半天。

"墨磨偏，心不端"。其实我们任何的举止都会影响内在的心境。

比方说“立端正”，人在这样的状态下会不会胡思乱想？比较不会。假如他是站着侧靠一边，你就会觉得他的心在怎么样？晃来晃去，不知道在动什么歪脑筋。所以你磨墨这样磨跟放一边磨，一不一样？心境都会不一样。所以做什么都要端正，不能歪一边，这些都会影响一个人的心境。所以他都坐不好、站不好，他的心会愈来愈散漫，愈来愈傲慢。所以我们自己要先要求自己坐正，然后磨墨的时候也要坐端正。所以“墨磨偏，心不端”。

“字不敬，心先病”。写字也要恭敬去写，不然当我们每一次写字，心都很散乱，那学问就在这一颗心的境界里。假如每一次写字都很纷乱，可能学问就在这一点一滴中下降。现在很多小孩写字，笔记本都歪一边，很奇怪！他歪一边还可以写，这还不是少数。所以往后他们写字，书就一定要歪一边，到时候可能眼睛都会怎么样？久了都斜视了。所以这要适时指导，写字要书放正、笔放正。

“列典籍，有定处，读看毕，还原处”。这也是动物归原，这个书本放在哪里就把它放好，看完再放回去，下一次要看就很快可以找到。我们曾经去参观李炳南老师的书房，他的书房书籍非常多，每一本都摆得整整齐齐。

“虽有急，卷束齐，有缺坏，就补之”。所以你放好了，什么时候要拿都方便。然后对书也要很爱惜，“有缺坏”，要赶快把它补好，因为古代的书都不易得到，所以读书人都倍加珍惜，一有坏掉的，赶快把它修补一下。现在的印刷技术很发达，但是也不能因为发达，我们就不尊重书本，不爱惜书本，这样也不对。所以我们可以做一些书套让书不至于脏掉，或者我们做好书柜，书可以用很久，这都是对书的爱护。

“非圣书，屏勿视，蔽聪明，坏心志”。不是好的圣贤书，一定不能看。因为我们也提到，宁可终年不读书，不可一日近小人。这个小人不单是人，还指什么？书本。为什么宁可终年不读书，也不能一日近小人？就好像一杯清澈的水，滴了一滴墨汁下去，多久？可能不到一秒。你要再花多少时间把这一滴墨汁清出去？可能要花十倍百倍，甚至更久的时间都不容易，所以防止污染特别重要。要防自己被污染，也要防孩子被污染，所以也要能判断什么书不能看，最保险的书是经几千年印证真理的经书。孩子看电视你要帮他把关，不能看一些污染的节目，一些杀盗淫妄的节目，这方面我们要做好。

“勿自暴，勿自弃，圣与贤，可驯致”。我们也要自我期许，常常自我砥砺，要有信心，因为“人之初，性本善”，只要我们精进不懈，一定可以契入圣贤的境界。当然根本在信心，所以我们要对自己有信心。再者，还要对谁有信心？对圣贤人要有信心。再下来呢？对老师有信心。你要对你自己的孩子有信心，你要对所有的亲友有信心，因为每个人都有本善之心。大家要有充足的信心，所谓“德不孤，必有邻”“四海之内皆兄弟也”，最后还有一句，责任的承担是成长的开始，所以要学也要教。

诸位朋友，我们可以从自己的修身做起，进一步去付出，在我们的家庭，在我们的社区，我们可以一个礼拜教孩子一次，难不难？不难。已经有很多参考资料可以用，做什么事只要顺势而为，都不会太复杂。所以来三个教三个，来五个教五个。有些好的家长很愿意跟孩子一起学，我们可以通过这个机会跟他再做一些家庭教育的沟通。沟通之后会觉得大家一起学习很好，相观而善，可以互相观摩，然后就可以把这些家长组织起来，固定每个礼拜在一起研讨一节课，长期熏习，他进步了，你也怎么样？进步了。所以很多事都可以水到渠成，我们不要操之过急。

最后，我们学习圣贤的学问，也要明白为什么要学圣贤。“大学之道，在明明德，在亲民，在止于至善”，所以人生就是要自觉觉他、觉行圆满。“明明德”就是让自己本有的善良本性能够彰显开来。当一个人明明德，有智慧了，自然而然可以齐家、治国、平天下，就可以亲民。这个“亲”是指爱护，另外一个意思是“新”，新民，就是让我们身旁的亲友能“苟日新，日日新，又日新”。什么日日新又日新？思想观念，德行。当我们不断提升自己，帮助别人到了极点，到了鞠躬尽瘁，死而后已的地步，就能“止于至善”。

最后我们以一句孟子的教诲，来互相期许，孟子说“君子所以异于人者，以其存心也”。君子跟普通人不一样的地方就在他的存心，因为“君子以仁存心，以礼存心。仁者爱人，有礼者敬人。爱人者，人恒爱之；敬人者，人恒敬之”。所以我们时时以仁、以礼、以圣贤教诲存心，一定会让德行不断提升。而且学圣学贤会不会很痛苦？不会，因为一定会有更多的人爱护你，更多的人礼敬你。所以当我们能够不断用这个存心去面对周遭的人，相信我们的家庭，我们的工作环境，甚至于我们的社会，将会愈来愈和谐、愈来愈团结。

这节课就讲到这里，谢谢大家。

附录　答学员提问

诸位朋友，大家好！看到大家都法喜充满！我们先来回答问题。

问：请问老师，学习《弟子规》有没有其他相辅相成的学习教材可以帮我们更上层楼？其学习的顺序、次第为何？

答:《弟子规》可以配合《德育课本》来学习。《德育课本》就是古圣先贤把理论跟方法总结出来，能够告诉我们对于这些理论方法如何活用，这些人情练达会提升，所以《德育课本》是一个好教材。我们的《德育课本》有白话解释，每位要弘扬传统文化的朋友可以以这个为辅助教材来学习，来跟家长、孩子上课。另外《弟子规》之后，我们可以学习《三字经》，可以学习清朝陈弘谋先生编的《五种遗规》，我们尤其要先扎根的是《养正遗规》，再继续可以研读“四书”。

我们在网络学院将会有一连串的课程，会上《德育故事》，也会上《三字经》这些经典。我们也会上《四库荟要》。《四库荟要》是《四库全书》的精华,《四库全书》有一千五百本,《四库荟要》是把它浓缩成五百本，所以我们会研读《四库荟要》，把它用在课程中，我们可以一起学习。整个“四书”我们能够好好深入、好好学习，整个传统文化的根基会扎得非常牢固，之后我们再继续学习“五经”。其实这个顺序在《三字经》这部经典中有明确的说明，我们也可以翻一下《三字经》。刚刚有提到《弟子规》，再来,《三字经》，还有一本也很重要的书《孝经》，也要好好地学习。

问：这位同修提到，“勿轻訾”是念zī还是念zǐ？

答：这个zī应该是古音读法。读古书的时候一般读音按照古音去读，比方说，“出必告（gù），反必面”。那我们读经典尽量用古音，因为古代人这么念，我们尊重，不要去改。可以读“勿轻訾（zī）”。

问：有时介绍长者出来必须连名带姓，应如何尊称？

答：介绍长者，应该不用我们直接连名带姓讲。一般说“这一位是我父亲，这一位是我叔叔”，这个情况比较多，不可能我们去介绍长辈，然后还介绍他全部的名字。基本上，应该是长辈自己拿出名片来，或者自己讲，“你好，我姓什么”。我们应该只是在当下先让他们互相熟悉一下，了解跟我们之间的关系。我们不可能介绍长辈说“这一位是我爸爸，爸爸叫某某某”，没有这样介绍的。一般比方说，我说“这是我父亲”，那对方会怎么讲？“蔡叔叔你好”“蔡伯伯你好”，因为他是我父亲，所以应该不会有错，跟我同姓。

问：在同一个团体里，有一位以上同姓的长者时，如何尊称才不至于混乱？

答：比方说是陈先生或者陈师兄，应该两个人年纪会不一样，一个可以叫大陈师兄，另外一个可以叫小陈师兄。你看我们古代人，比方说我来自左营，可能就叫“左营蔡礼旭”，很多人都在姓前面加一个自己的出生地，一来好辨认，二来也不忘他是这一片土地养大的，也要时时记住故乡。这样应该就没问题了。或者你就叫他左营蔡师兄，另一个是台南蔡师兄。

问：四岁的幼儿在家自学，落实了《弟子规》，还可以从哪些经典入门？

答：我们刚刚也讲到整个读经典的顺序，《三字经》上讲得很清楚。《弟子规》最重要，要重复提醒，一定要让孩子扎扎实实扎下根去，当他根扎得愈深，这些经典就会跟他愈相应。所以诸位朋友，读书不是读得多就好，最重要要用得出来，半部《论语》都可以治天下。我们为人父母看着孩子背很多经典，就更要注意到一点：他的行为有没有端正？有没有谦恭？我们之前的课曾提到，林则徐先生提到一条有关读书的重要教诲，“行止不端，读书无益”。面对这些圣哲人的教诲，诸位家长不要抱着侥幸的态度，这些都是定则。你不要说孩子背得很多，如果已经发现他的言语行为有贡高我慢，这个时候你可不要再侥幸。一定要让他确确实实养成正确的处世待人态度，这些经典才会利益他的人生。

问：小学四五年级的学生在家自学，“四书五经”已背诵完，没有适合的初中衔接，要如何把孩子带好？除了生活上落实《弟子规》，尚可读哪些经典？或者只要一门深入即可？

答：对于孩子的影响，家庭还是占大的部分，所以我们家长一定要记住，自己要以身作则。我是从小到大没有读过经典，真没有。但是后来从事教育接触经典，为什么很相应？因为父母给我们做了很好的榜样，打了这些做人的根基，所以确确实实愈深入经典、深入教育，愈觉得父母太伟大，父母对我们的影响至深。所以我们还是要抓住教育的本质，“教者，上所施，下所效；育者，教子使作善也”。只要你的家庭有很好的学习气氛，有很好的做人的榜样，这个孩子就不可能有太大的偏颇。而因为我们现在整个教育的政策，还没有办法在短时间内就足够重视传统文化的熏习，所以只要您的孩子在小学以前把《弟子规》的根扎好了，往后纵使到初中去，面临一些与同学相交往的状况，你也可以把这些机会抓住，当作机会教育点来给予辅导，他也会从中有所成长、有所历练。

问：想在社区推广《弟子规》的教学，请教老师应如何着手？可否请老师分享海口启蒙中心的创办经验？

答：教育，我们又回到一个根本就是以身作则，身教大于言教。所以整个经典教育、德行教育的成败不在小孩，而在谁？成人，大人。这个课程真正的核心在家长课，还有教师课，这都是对孩子影响最大的长者。当然假如一开始就叫诸位朋友去教教师课，怕你会太紧张。刚好是因为我已经从事几年教职，我们抱持着一种分享的态度去上教师课。假如你没有教学的经验，你就从小孩子开始上，那你就会累积教孩子德行的这些经验，慢慢又跟家长有比较多互动，就可以开家长的课程。等你办几个月，相信你与家长沟通的能力可能胜过一般学校的老师。我们现在想想，很年轻的老师出来跟家长沟通多不多？愈来愈少，因为学校对德行的重视度不够，德行不重视的时候，就很少跟家长有这方面的沟通。当你不断接触家长、接触小孩，你对于如何去调教孩子德行的经验就会愈来愈丰富，到时候我们厚积薄发，你这些经验有了，就可以开教师的课程。

我们在海口的办学经验，最重要的是了解到孩子德行教育的成败在于家长，因为身教重于言教。我们常说读经读经，读经是目的吗？诸位朋友，读经是不是目的？不是，读经是方法、是手段，它真正的目的在于让孩子有好的德行。所以我们做任何事不要忘了你当初做这件事的目的，不要走到半路迷失了方向，而把它变成背多少。所以既然德行重要，那如何成就孩子的德行，必然要先上行下效。所以我们把重点摆在家长跟老师的课程上，每个礼拜都是一次，不间断地熏习。

因为可能有一些老师不是师范院校毕业，您可以先从小孩教起，积累一些教导孩子德行的经验，慢慢地也可以跟很多家长互动，开始跟家长沟通德行教育、家庭教育。等这些经验愈来愈丰富了，有些老师真的很有心，希望把孩子的人格教好，那这个时候你就可以顺势再开教师的课程。我们也有很多老师，义务的老师，并不是师范院校毕业，他们有的开公司，有的在航空站上班，各行各业都有，但是他们认识到德行的重要性，也愿意出来奉献一分力量，所以也都在几个月之内有很大的成长。真正的专业是在那一份用心。当你真正用心，可能两三年的教学经验会胜过别人十年以上的经验都有可能。所以有愿就有力，最重要的还是要有这一份愿心，就会有力量。

问：这里是一位学员的心得。从以往爱就是慈悲的大概念，进而了解到爱就是用心去感受别人的需要，这么实在贴切，也深切体会出一切唯心造的真谛，而知观照存心的重要。学到了抓住机会教育点，是导正孩子行为的重要关键时刻，尤其是“慎于始”，更学习到解决的方法。事件本身是果，去找出原因才是根本之道，当然力行是成就的关键。

答：这位老师把我十天的课程做了很好的总结，抓到了很多重点。

问：海口孝廉国学启蒙中心是混龄教学还是依年龄层分班级？

答：是混龄。但是我们是每个礼拜上一次课，德行教育一定要回归到家庭，回归到生活之中，而不是上几个小时就能成就的，道在生活。我们其实是带动家长跟老师对于德行的重视程度，希望把重视德行推到家庭、学校去，这是我们国学启蒙中心成立的一个目标。我们才几个人，又能教多少学生？所以我们是要唤醒家庭跟学校对于德行的重视。

问：目前中心的学童最大几岁，最小几岁？

答：最小有差不多两岁的，最大也有初中生。我们刚好在寒假期间办了一个青少年营，本来要开20个人，后来开到80个人。我们也是发现了青少年教育中存在很大的问题，所以就安排这个寒假来办，也是都在积累经验。平常每个礼拜是办小孩、小学以下的，当然他是初中生来听，我们也欢迎。至于往后有没有要开初中的，我们会视情况而定。这一次中学生的传统文化研习班，假如反响很大，说不定我们会继续开这中学的班，一个礼拜也开一次，一定要长时熏修才行。因为教育能不能等？不能等。

问：中心的课程只教《弟子规》吗？一面教一面落实，预计多久可授完这套课程？

答：当然不只教《弟子规》，我们还教《朱子治家格言》，还教《孝经》。因为后来我常去各地演讲，所以确实我跟我的老师回头一看，都不知道我们怎么跑到这个地方来，真的不知道能做得这么快，想都没想到，都是古圣先贤冥冥中的保佑。所以我们现在都是以各地的这些老师来教学。当然教学的顺序也是依照《三字经》的教诲来推广，所谓“依法不依人”。

一般我们对家长或者对小孩，一本《弟子规》讲多久？你们猜猜看讲多久？一个礼拜一次，假如我们这一次讲《弟子规》讲四十节课，讲多久？十个月。一个月假如上四次，那应该差不多上十个月。我们在上这本《弟子规》的课，是不是只有上《弟子规》这本经典？诸位朋友，我们有没有上《大学》？有没有上《中庸》？有没有上《论语》？有没有上《格言联璧》？理是相融的！所以当你去准备课程，自然就会对这些相应的教诲一起融入、一起学习。

这是跟我的老师学习，你看师长虽然是讲这一部经典，所有其他经典的重要教诲，他都把它用在最适当的地方，让我们一听马上对这句话产生深刻的印象。所以跟到一个好的师长，你可以少花很多时间，就可以把很多重要的教诲领纳于心。

问：“一门深入，长时熏修”，中心将来是否会再安排读诵“四书五经”、《唐诗》《古文选》之类的课程？

答：“四书”是纲领核心，这是一定要读的。我们先把前面的步伐踏稳一点，最好是您可以持续每个礼拜背一篇古文，三百字就好，每一个礼拜背一篇古文，一年下来可以背几篇？差不多五十多篇，那你的古文基础就扎得很扎实。读这些经典，最重要的是自利利他，所以读“四书”、读“五经”，要把这些道理用在生活之中，不然书读愈多可能愈变书呆子了。我们要活学活用，学问贵在能够通权达变，而通权达变很难从书本里面悟出来，都是在哪里悟出来？在生活中悟出来。

比方说，我们说“凡出言，信为先”，那完全不能说谎吗？是不是都不能说谎？要权变。假如你说谎可以救一个人的命，那当然要说谎，因为所有的学问都是在利益他人。所以只要能利益他人，当然要懂得权变。举一个例子，当初孔夫子在卫国，刚好发现有个臣子要叛乱，在那里制造大量的刀具，结果这个臣子就把孔夫子团团围住，跟孔夫子说："你已经发现我的行动，所以你必须对天立誓，我才能放你走。"孔夫子就对天立誓："我绝对不把你的事说出去。"他把军队撤掉了。军队撤完，孔夫子马上说："走，我们去告诉他的国君。"子路在旁边就说："老师，你怎么可以言而无信？凡出言，信为先。"夫子就说："在被强迫之下而承诺的信用，不用遵守，那是他强迫你的。纵使我因为不守信用而丧失了我的名誉，我也不愿意看到一个国家再发生大的战争，生灵涂炭。"所以什么东西比孔夫子的名誉更重要？人民的性命。我们学习的一个最高指导原则，叫念念为众生。怎样做能够对众生好，你就懂得通权达变，该开戒、开方便谎话，你就会开了。而这些都要经历过一些事情，你才能够积累这些人情练达。

唐诗，我们比较不鼓励先背，因为诗里面有太多的情感。在康熙皇帝的著述里面，他二十岁以前的皇子、皇孙，不让他读诗词，为什么？人的理智不知道要几十年才建得很稳固，但是人的情感不用教都自己来。我也在课程里面讲过，自己没有谈过恋爱，唱情歌还可以让底下的人在那里掉眼泪，不用学就很会。所以明明就没什么苦，被那些歌曲一影响，感觉愈来愈苦，触动了很多情绪的部分，触动多了就容易感情用事。所以我们看看现代年轻人怎么样？以前看一个地区的社会风气，直接把他们当地正在唱的歌拿来听一听就知道。所谓"移风易俗，莫善于乐"，音乐可以移风易俗，音乐也可以败坏社会风气。所以现在的社会如何？请我们去看看排在前十名的歌曲是唱什么，就知道了。为什么必须在小学的时候就教他们如何判断好的对象？因为上了初中，一大堆情歌一唱下去就没有理智，所以先打预防针。所以唐诗并不是安排在读古文的前面。

我们看《四库全书》，经、史、子、集，集是属于文学类，文学都是排在后面。最重要从哪里下手？经典。再接着便是历史，因为历史是经典表演，所以我们才读《德育故事》。再来“子”，这个“子”是对经再进一步去发挥。因为经书都已经传了几千年，所以各个朝代的读书人都会在那个朝代再下他的注解。现在让你去看宋朝的注解，你看懂不懂？有点懂，可能又不会太懂；但是你假如看清朝的，可能就更亲切一点。

问：现在很多小家庭不是三代同堂，或双亲已故，因此无法落实《弟子规》中孝亲的教导，请问要用怎样的认知或方法来教导下一代？

答：孝的根本在不忘本，在念恩，这是人的本性就有的。所以纵使他双亲已故，总有长辈照顾他。这个照顾他的长辈，就可以让他学习念恩，学习报恩。另外不是三代同堂，而是小家庭，那也事在人为。比方说，可能不能常常回老家去看望，那我们每一次，比方说汇钱给父母的时候，你就把儿子带去，甚至于教他如何填写汇款单，让他知道我们是时时刻刻在关心爷爷奶奶的生活。常常天气变化了，孩子也在旁边，打一通电话问爸爸、问妈妈有没有多穿一点。晨昏定省，可以表演给他看。

然后一有空，开着车子回去探望父母，纵使没有住在一起，也能够落实孝道。回去探望父母，不在于次数，而是你每次回去都是非常真诚的孝心，孩子很敏感，都感受得到。你假如到最后做成形式，那孩子的感受就不强烈。之前我们在课程里也举过，有的人确实常常回去，一进门，打开报纸，坐在那里等着吃饭，吃完饭说：“妈，我回去了。”回去以后，两个老人家累得半死坐在沙发上，像这样还不如不要回来！重实质不重形式，这个重要。拿出真心，拿出德行，不要在行为中看表面而已。

问：请问老师，如果学校并不是很认同《弟子规》，而家长也以升学为己任，作为老师，在这样的环境里要怎样尽到老师的责任？是否有什么善巧方便？

答：学校不认同，正常；家长以升学主义为己任，正常，没教！对不对？整个大洪流都是这样，这很正常。所以这个时候教学校的老师重要，因为家长并不是很懂教育；而我们老师都读了四年，读了几年的教育学，总比家长懂一些。当老师教孩子《弟子规》，教他孝顺，谁的感受最强烈？当然是他的父母！那父母尝到甜头自然就支持老师。所以今天你要这样走过去，你也要看到远景在哪里？远景就是有德行的孩子学习一定好。学习分数很好的孩子，德行不一定好，而且很可能会不好，因为他面对学习时，心里只有分数的话，那要学到做人很困难。

这里就有一封信，待会儿我念给大家听。就提到孩子从小不做家事，后来嫁为人妻，她的先生受不了了，跟她离婚，待会儿我们再来看看。这些做人做事都影响一生。但是人往往都要到事情发生了才说："怎么会这样？"所以，我们很多话语很难听，但是也很贴切，叫作"不见棺材不掉泪"。确实，一个人要谦卑，要有受教的态度，那是非常大的福分。

家长只要感受到孩子的德行有进步，孩子回家还会帮家长盛饭，可能都把家长感动得怎样？感动得眼泪都掉下来，从来没有这么好过，自然而然家长就会开始认同老师的教导。所以我记得我要离开我教的那个学校，就有家长过来说："老师，你今年就要走？"我说："对，我去澳洲念书。"他说："都已经有人在打听，希望孩子能够到你班上去。"其实家长只是暂时还体会不到德行教育的重要，只要有人、有老师真正重视并把它做出来了，家长也会慢慢重视德行的教育。

当一个孩子有孝心的时候，还要拿着鞭子叫他念书吗？不要。但是假如是拿着鞭子叫他念书的孩子，那一支鞭子要拿多久？我们怎么都干那么遥遥无期的事情？难怪老得特别快，忧能使人老。家长假如真正重视德行，学校的风气就会转，所以家长还是关键，因为有句话说：小孩怕老师，老师怕校长，校长怕家长，家长又怕小孩。构成了一个微妙的循环，不知道是恶性还是良性的。

问：请问老师，推广圣贤教育，是否会很难？

答：诸位朋友，万事开头难，但是难行能行，功德才大。在这个大时代，一则以忧，一则以喜，忧的是怎么这么乱，喜的是建功立业更待何时。人生自古谁无死，其实好坏只在你一念之间。诸位朋友，我们这一生已逢圣贤教诲，这一生已经知道往后的去处，就是全心全意为众人服务，你心都安住了，还有什么好怕的？

问：请问老师，现在经济不景气，在工作与教养孩子的时间上有所取舍，要用怎样的态度和做法，才能尽到教养子女的责任？

答：照顾孩子，不只在时间的长短，重质比重量更重要。我们也曾经提到，假如每天十分钟、二十分钟坚持跟孩子讲《德育故事》，而且每次讲的时候手机都关掉，谁找都没用，就是陪儿子。等你能够做三个月五个月，这样的父子关系好不好？一定好。因为父子关系会疏离，那不是一天两天的事。而且，当我们不去关心孩子，久而久之，惰性就上来了。亲情确实是需要经营的，你不经营当然就愈来愈淡。

而且我们回想一下，像我父亲那一辈，爸爸会常常在家吗？每天工作很辛劳！但是因为父母工作很辛劳，孩子都看在眼里。那现在为什么孩子教不好？因为父母看起来工作也没有什么辛苦，每天都睡得比他们还晚，可能还常常出去，因为有钱，买东买西的！所以你真心去为这个家庭付出，孩子可以感受得到的。

我们有很多朋友很优秀，父亲很早就不在身边了，母亲带大的。一个母亲要带两三个小孩，辛不辛苦？辛苦！赚钱就耗掉她大半的时间，但是当一位母亲有这样的决心、这样的魄力，愿意去扛起教育子女的重责，光是她这一个决心，她的孩子对她就很尊敬。母亲也演出屹立不摇，演出一种勇气给孩子看。所以我几个同学当了老师以后都跟他妈妈说：“你不要工作了，我来养你。”所以你看，辛苦了几十年，晚年也是很好。人生不要去求有一盘好得不得了的棋，最重要的，纵使这一盘棋不是那么好下，我们也能下得有声有色，保证中晚年你会很好。所以还是在那份真诚对家庭、对孩子的付出。

图书在版编目（CIP）数据

《弟子规》四十讲 / 蔡礼旭著. —北京：世界知识出版社，2011.6（2025.8重印）

ISBN 978-7-5012-4077-7

Ⅰ.①弟… Ⅱ.①蔡… Ⅲ.①汉语—古代—启蒙读物②弟子规—演讲—文集 Ⅳ.① H194.1-53

中国版本图书馆CIP数据核字（2011）第 091576 号

《弟子规》四十讲

Dizigui Sishi Jiang

作　　者　蔡礼旭

责任编辑　薛　乾　　　　特邀编辑　杨　娟

责任出版　李　斌

装帧设计　周周设计局　　内文制作　宁春江

出版发行　世界知识出版社

地　　址　北京市东城区干面胡同51号（100010）

网　　址　www.ishizhi.cn

联系电话　010-65265919

经　　销　新华书店

印　　刷　廊坊市海涛印刷有限公司

开本印张　710×1000 毫米　1/16　28印张

字　　数　363 千字

版次印次　2011年7月第一版　2025年8月第三十三次印刷

标准书号　ISBN 978-7-5012-4077-7

定　　价　32.00 元